EUROPEES SOCIALE-ZEKERHEIDSRECHT

REEKS EUROPEES RECHT

Coordinator Prof. Dr. Roger Blanpain, K.U. Leuven

1. De Europese Ondernemingsraad, R. Blanpain en P. Windey
2. Europees Arbeidsrecht, R. Blanpain en C. Engels
3. Europees Fiscaal Recht, D. Albregtse en S. Van Eijck
4. De Europese Unie, W. Devroe en J. Wouters
5. De Bosman Case. Einde van het transfertijdperk?, R. Blanpain
6. De Europese Ondernemingsraad in België. De CAO nr. 62 van 6 februari 1996. R. Blanpain, C. Engels en O. Vanachter
7. Europees Sociale-zekerheidsrecht, F. Pennings

Europees Sociale-zekerheidsrecht

PENNINGS Frans

Vakgroep sociaal recht KU Brabant te Tilburg

PEETERS
LEUVEN
1996

ISBN 90-6831-864-0
D. 1996/0602/88

INHOUD

AFKORTINGEN

AAW	Algemene Arbeidsongeschiktheidswet
ABP	Algemene Burgerlijk Pensioenwet
AG	Advocaat-Generaal
AKW	Algemene Kinderbijslagwet
AMvB	Algemene Maatregel van Bestuur
AOW	Algemene Ouderdomswet
AWW	Algemene Weduwen- en Wezenwet
BTSZ	Belgisch Tijdschrift voor Sociale Zekerheid
BV	Bedrijfsvereniging
CMLR	Common Market Law Reports
CMLRev	Common Market Law Review
COM	voorstel van Europese Commissie
CRvB	Centrale Raad van Beroep
E(E)G	Europese (Economische) Gemeenschap
EER	Europese Economische Ruimte
EGKS	Europese Gemeenschap voor Kolen en Staal
ELR	European Law Review
EP	Europees Parlement
ESH	Europees Sociaal Handvest
EVA	Europese Vrijhandelsassociatie
EVO	Europees verdrag inzake het recht dat van toepassing is op verbintenissen uit overeenkomsten
EVRM	Europees Verdrag tot bescherming van de Rechten van de Mens en de fundamentele vrijheden
EVSMB	Europees Verdrag betreffende Sociale en Medische Bijstand
GAB	Gewestelijk Arbeidsbureau
GS	Gedeputeerde Staten
HvJ	Hof van Justitie van de Europese Gemeenschappen
HR	Hoge Raad
ILJ	Industrial Law Journal
ILR	International Labour Review
IAO	Internationale Arbeidsorganisatie
IOAW	Wet Inkomensvoorziening Oudere en gedeeltelijk Arbeidsongeschikte werkloze Werknemers
IOAZ	Wet Inkomensvoorziening Oudere en gedeeltelijk Arbeidsongeschikte gewezen zelfstandigen

IVBP	Internationaal Verdrag voor Burger en Politieke Rechten
Jur.	Jurisprudentie van het Hof van Justitie van de Europese Gemeenschappen
KB	Koninklijk Besluit
LIEI	Legal Issues of European Integration
MR	Migrantenrecht
NCIP	non-contributory invalidity pension
NJB	Nederlands Juristenblad
NJCM-bulletin	Bulletin van het Nederlands Juridisch Comité voor de Mensenrechten
NYIL	Netherlands Yearbook of International Law
PB C	Publikatieblad van de Europese Gemeenschappen (mededelingen)
PB L	Publikatieblad van de Europese Gemeenschappen (wetgeving)
PS	Periodiek voor sociale verzekering, sociale voorzieningen en arbeidsrecht
RMC	Revue du Marché Commun
r.o.	rechtsoverweging
RSV	Rechtspraak Sociale Verzekering
RSZ	Rijksdienst voor de Sociale Zekerheid
RTDE	Revue Trimistrielle de Droit Européen
RV	Rechtspraak Vreemdelingenrecht
RvA	Raad van Arbeid
RvB	Raad van Beroep
RvS	Raad van State
SDA	severe disablement allowance
SER	Sociaal Economische Raad
SEW	Tijdschrift vor Europees en economisch recht
SMA	Sociaal Maandblad Arbeid
SR	Nederlands tijdschrift voor sociaal recht
SGB	Sozialgesetzbuch
Stb	Staatsblad
Stcrt	Staatscourant
SVB	Sociale Verzekeringsbank
TK	Stukken van de Tweede Kamer
Trb	Tractatenblad
TW	Toeslagenwet
WAO	Wet op de Arbeidsongeschiktheidsverzekering
Weekblad	Weekblad voor Fiscaal Recht
WW	Werkloosheidswet
WWV	Wet Werkloosheidsvoorziening
WVD	Wet verplichte deelneming in de pensioenregeling
YEL	Yearbook of European Law
ZAR	Zeitschrift für Ausländerrecht

PROLOOG

De invloed van het Europese recht neemt op alle rechtsgebieden toe. Dat is ook sterk te merken op het terrein van de sociale zekerheid. In bijna elke zaak voor de rechter zal een advocaat of rechtshulpverlener wel verwijzen naar een bron van internationaal recht, en dat is meestal het recht van de EU. Daarnaast werken steeds meer mensen een tijd in een andere Lid-Staat, of verhuizen naar een andere Lid-Staat na hun pensionering. Er ontstaan dan al snel vragen over hun rechtspositie.

In deze studie zal ik systematisch de verschillende aspecten behandelen van de sociale-zekerheidspositie van migrerende werknemers en daarnaast zal ik ingaan op de gelijke behandeling van mannen en vrouwen. Dit zijn de hoofdgebieden waarop het sociale-zekerheidsrecht van de Europese Unie tot tot dusver tot uitdrukking is gekomen.

Beide onderdelen hebben fascinerende ontwikkelingen laten zien, aangezien het Hof van Justitie als motor heeft gefungeerd om de principes die ten grondslag liggen aan de respectievelijke velden verder te ontwikkelen. Het Hof heeft een radicale wijze van rechtsvinding getoond. De doorzetting van de beginselen van het vrij verkeer van werknemers en de gelijke behandeling is voor het Hof van groot belang en het Hof deinst daarbij niet terug voor praktische problemen bij de uitvoering of voor juridische details.

Deze terreinen zijn daarnaast extra interessant omdat ze ook niet van dramatische kanten ontbloot zijn: soms moet het Hof immers enigszins op zijn schreden terugkomen, als er vanuit de Lid-Staten een te zware kritiek op een bepaalde uitspraak is gekomen. Deze wijze van reageren, die bij de procedure voor het Hof ook zijn officiële pendant heeft (Lid-Staten kunnen immers hun advies aan het Hof kenbaar maken), is opmerkelijk en levert interessante, maar soms wel zeer complexe, resultaten op.

In dit boek zal ik niet nader ingaan op het sociale-zekerheidsrecht van de Raad van Europa, of op het nationale recht van de Lid-Staten, al zou de titel van dit boek erop kunnen wijzen dat dat wel gebeurt. Gelet op het samenhangend geheel van het rechtsgebied van de EU heb ik gemeend er goed aan te doen me te beperken.

F.P.

DEEL I.
COÖRDINATIE VAN SOCIALE ZEKERHEID

HOOFDSTUK I

INLEIDING TOT COÖRDINATIEVRAAGSTUKKEN

§1. De noodzaak van coördinatie

1. Indien een werknemer zich over de landsgrenzen begeeft, kan dit gevolgen hebben voor zijn sociale-zekerheidsrechten. Nationale sociale-zekerheidswetgevingen maken immers vaak onderscheid op basis van nationaliteit. Sommige stelsels bepalen bijvoorbeeld dat uitkering alleen betaald wordt aan personen met de nationaliteit van het betreffende land. Een andere bepaling die migrerende werknemers kan treffen is die welke inhoudt dat uitkeringen niet buiten de eigen landsgrenzen betaald worden. Ook al heeft iemand een pensioen verworven, dan wordt dit toch niet in het buitenland betaald. Een derde type bepalingen waardoor een migrerende werknemer gehinderd kan worden, betreffen die waarin het recht op uitkering afhankelijk is van het vervullen van tijdvakken in het land waar uitkering aangevraagd wordt. Als perioden in het buitenland niet meetellen om te voldoen aan de eisen die voor een bepaalde uitkering gelden, kan het gebeuren dat een migrerende werknemer geen uitkering heeft of een lagere dan wanneer hij niet over de grenzen was gaan werken.

2. Dat een staat zijn verantwoordelijkheid op het terrein van de sociale zekerheid beperkt tot zijn eigen grondgebied en/of zijn eigen onderdanen is een algemeen verschijnsel. De binding van het sociale-zekerheidssysteem aan het grondgebied wordt wel het *territorialiteitsbeginsel* genoemd. Het territorialiteitsbeginsel is geen juridisch beginsel, maar een term die een verklaring biedt voor bepaalde verschijnselen. Volgens dit beginsel is het sociale-zekerheidsrecht slechts van toepassing op feiten die zich binnen de eigen staatsgrenzen voordoen of hebben voorgedaan. Hiermee wordt bedoeld dat risico's zich op het grondgebied van een staat moeten hebben voorgedaan, en/of dat men perioden op het grondgebied van de staat moet hebben gewerkt of gewoond en/of dat uitkeringen alleen op het grondgebied van de staat worden uitbetaald. Anders gezegd, er wordt een band gelegd tussen enerzijds het grondgebied van een staat en anderzijds personenkring, premies, prestaties en risico's.

3. Als ieder land aan de hand van territoriale criteria de werkingssfeer van het eigen sociale-zekerheidsstelsel zou blijven mogen afbakenen, dan zouden problemen ontstaan voor het internationale vrij verkeer van werknemers. Het is denkbaar dat staat *x* de werking van zijn sociale-zekerheidsstelsel beperkt

tot personen die ingezetene zijn, terwijl staat *y* dit doet met behulp van werknemerschap. Daardoor zou, zonder coördinatieregels, een werknemer die in staat *x* werkt en in staat *y* woont, niet verzekerd zijn, terwijl in het omgekeerde geval hij in beide landen verzekerd is.

Een tweede probleem is dat een werknemer die van plan is te gaan werken in land *x*, dat verlangt dat hij ten minste vijf jaar verzekerd is geweest in dat land voordat hij recht kan hebben op een arbeidsongeschiktheidsuitkering, wel even zal aarzelen als blijkt dat de perioden die hij tot dusver werkte helemaal niet voor dit doel meetellen. Als hij recht op uitkering verwerft, maar vervolgens niet meer terug kan naar het land van herkomst zonder dat recht op uitkering te verliezen, dan is zijn recht op vrij verkeer sterk belemmerd. Om deze problemen te ondervangen is *coördinatie* van de nationale sociale-zekerheidsstelsels noodzakelijk.

§2. Wat is coördinatie?

4. We hebben in het vorige nummer al de term *coördinatie* laten vallen. Deze term vereist nadere toelichting. In de literatuur zijn de volgende twee definities te vinden.

5. Definitie 1. Pieters hanteert als definitie: het verbinden en op elkaar afstemmen van de werking van nationale sociale-zekerheidsstelsels ter regulering van zaken waaraan transnationale aspecten verbonden zijn en, in ruimere zin, ter bescherming van de sociale zekerheid van migrerende personen en hun rechthebbenden.[1]

6. Definitie 2. Schuler kiest een andere formulering: coördinatie betreft de voorschriften van het internationale sociale recht die zich met sociaalrechtelijke vragen van migrerende werknemers en vergelijkbare personengroepen bezighouden en direct toepasbaar recht voorstellen.[2]

7. Als we beide definities met elkaar vergelijken dan valt op dat de eerste definitie als doelstelling van coördinatie noemt de bescherming van migrerende personen en dat tevens de afstemming van zaken die slechts indirect met migranten te maken hebben, zoals de samenwerking van uitkeringsinstanties, inbegrepen is.

De tweede definitie omschrijft coördinatiebepalingen als voorschriften van het internationale sociale recht, terwijl de eerste definitie zich niet uit over het

[1] Pieters (1988: 20).
[2] Schuler (1988: 61).

niveau van de regelgeving. Voorts noemt de eerste definitie als object alleen nationale stelsels. Coördinatie zal echter ook betrekking moeten hebben op de afstemming van internationale verdragen onderling. Zo bestaan naast de EU-coördinatieverordening ook Europese Interimovereenkomsten, IAO- verdragen en bilaterale coördinatieverdragen. De tweede definitie geeft geen doelstellingen van coördinatie. Voorts geeft deze tweede definitie een belangrijke beperking van coördinatie, het moet namelijk gaan om direct toepasbaar recht.

8. Op basis van de vergelijking van deze definities wordt gekozen voor de volgende definitie: coördinatie betreft de voorschriften van het (internationale) sociale recht die gericht zijn op de afstemming van sociale-zekerheidsstelsels (op elkaar en op andere internationale regelingen) ter regulering van zaken waaraan transnationale aspecten verbonden zijn, met in het bijzonder het doel de sociale-zekerheidspositie van migrerende personen, hun rechthebbenden en vergelijkbare personengroepen te waarborgen.

9. De definitie van de term coördinatie heeft met name betekenis voor de afbakening ten opzichte van *harmonisatie*. Op harmonisatie komen we terug in nr. 437 e.v. (deel II, hoofdstuk XVII); hier kan echter al worden opgemerkt dat onder harmonisatie wordt verstaan de som van de internationale voorschriften die tot staten gericht zijn en die tot doel hebben of de verplichting inhouden dat deze staten hun nationale recht in overeenstemming met deze voorschriften aanpassen. De coördinatiedefinitie die hierboven gegeven is, verhindert niet dat internationale regels inhouden dat het nationale stelsel wordt aangepast ten behoeve van het vrij verkeer van werknemers, maar dwingt daar niet toe.

Aangezien het doel van coördinatie is het waarborgen van de sociale-zekerheidspositie van migranten, hoeft een stelsel niet in zijn geheel aangepast te worden met het oog op de bevordering van coördinatie, want dat is ingrijpender dan nodig.

10. Harmonisatie en coördinatie kunnen elkaar overlappen, in die zin dat als voorschriften ter bevordering van het vrij verkeer inhouden dat nationale regels aangepast moeten worden, er sprake is van zowel coördinatie als harmonisatie. Het coördinatiebegrip als zodanig sluit niet uit dat nationale regels aangepast worden, en evenmin dwingt het ertoe. Of aanpassing nodig is, hangt met name af van de redactie van de bepaling die de bevoegdheid geeft tot het maken van coördinatievoorschriften.

11. Een manier om het verschil tussen coördinatie en harmonisatie te illustreren, is dat een belangrijk doel van coördinatieregels is om het sociale-zekerheidsstelsel van een bepaald land aan te wijzen dat van toepassing is. Tevens moet

het er voor te zorgen dat personen ook aan de aansluitingsvoorwaarden van dat stelsel kunnen voldoen, in die zin dat perioden in het buitenland mee kunnen tellen om aan die voorwaarden te voldoen. Ondanks regels die met het oog op deze doelstelling zijn gemaakt, kan het toch nog zo zijn dat een migrerende werknemer geen recht op uitkering blijkt te hebben in het land dat door de verordening aangewezen is, omdat hij niet aan de eisen voldoet die de nationale regeling van dat land stelt of omdat in dit land een bepaald risico niet verzekerd is. Daarbij kan het zijn dat hij in het land van herkomst wèl recht op een uitkering, of op een hogere uitkering, zou hebben gehad. Deze verschillen worden door coördinatie niet weggenomen. Coördinatie gaat namelijk niet zo ver dat de stelsels van de verschillende Lid-Staten aangepast, geharmoniseerd, worden.

12. EG-Verordening 1408/71, welke coördinatieregeling uitvoerig onderwerp van studie zal zijn in dit boek, bevat geen definitie van coördinatie, evenmin als het EG-Verdrag en ook het Hof van Justitie heeft geen omschrijving van coördinatie gegeven. Wel constateerde het Hof in verschillende arresten dat de verordening de Lid-Staten de vrijheid laat om de aard en de omvang van het verstrekkingenpakket van het betreffende nationale stelsel te bepalen.[3] Het Hof spreekt in deze arresten over 'de coördinatie die mogelijk gemaakt wordt door artikel 51 EG-Verdrag en Verordening 1408/71'. In sommige arresten heeft het Hof het over 'de thans van kracht zijnde eenvoudige coördinatie'.[4] Zou het EG-verdrag een verdergaande bevoegdheid voor het maken van coördinatievoorschriften (gaan) bevatten, dan zou ook de interpretatie door het Hof van dit begrip kunnen veranderen.

§3. Taken van coördinatie

13. Bescherming van sociale-zekerheidsrechten van migrerende werknemers, zoals volgt uit de definitie van coördinatie, houdt in dat de volgende essentiële onderwerpen geregeld moeten worden:
- voorkomen van wetsconflicten, zoals dat meerdere stelsels tegelijkertijd van toepassing zijn of dat geen enkel stelsel van toepassing is;
- opheffing van discriminatie op basis van nationaliteit;
- waarborg van betaling van verworven rechten;
- herstel van breuken in de loopbaan als gevolg van het grensoverschrijdend verkeer, welke nadelig zijn voor het ontstaan van het recht op uitkering en/of de berekening van de hoogte van de uitkering.

We zullen deze onderwerpen in deze paragraaf wat uitgebreider behandelen.

[3] Bijvoorbeeld in HvJ 15 januari 1986, zaak 41/84, *Pinna*, *Jur*. 1986, 1, vgl. nr. 204.
[4] HvJ 13 oktober 1977, zaak 22/77, *Mura*, *Jur*. 1977, 1699.

A. Voorkomen van wetsconflicten

14. In nr. 3 is als taak van coördinatie al genoemd dat als een werknemer in een andere staat gaat werken, het duidelijk moet zijn welk sociale-zekerheidsstelsel op hem van toepassing is. Het feit dat op dit terrein regelingen nodig zijn zal in nr. 15 e.v. nader geanalyseerd worden. Een theoretische uiteenzetting is nodig om de reikwijdte van het coördinatiebegrip te kunnen overzien, met andere woorden om te kunnen begrijpen wanneer coördinatieregels wèl in staat zijn om aansluitingsvoorwaarden van een nationaal stelsel die nadelig zijn voor migrerende werknemers te doorkruisen en wanneer niet.

15. Het verschijnsel dat op iemand meerdere wetgevingen tegelijkertijd van toepassing zijn of dat helemaal geen wetgeving van toepassing is, wordt aangeduid met 'wetsconflicten'. Wetsconflicten zijn een gevolg van het feit dat het territorialiteitsprincipe tot uitdrukking komt in de zogenaamde *grensnormen*, die het bereik van een nationaal sociale-zekerheidsstelsel bepalen. Onder *grensnormen* worden de regels verstaan, die aangeven tot welke personen en feiten een nationaal rechtsstelsel zich uitstrekt. Synoniemen voor *grensnormen* zijn *verwijzings-* of *afgrenzingsnormen*.

16. Kenmerk van grensnormen van het publiekrecht is dat deze eenzijdig zijn; dit betekent dat een staat niet kan bepalen dat een bepaalde persoon, aangezien hij niet binnen de grensnormen valt van het eigen stelsel, onder een ander stelsel valt, en zodoende recht heeft op bijv. een paspoort van een bepaald land of op een buitenlandse uitkering. In dit opzicht wijken publiekrechtelijke grensnormen af van privaatrechtelijke grensnormen; in het privaatrecht is het wel denkbaar dat een Nederlandse rechter het Amerikaanse recht toepast als blijkt dat partijen voor dat recht gekozen hebben. Eenzijdige grensnormen bewerkstelligen dat een bepaald onderwerp hetzij binnen de regelingsbevoegdheid van een bepaalde staat valt, hetzij er buiten. Als het er buiten valt, dan is nog niet vastgesteld welke andere staat bevoegd is.

17. Bij eenzijdig werkende grensnormen kunnen wetsconflicten ontstaan; nationale wetgevingen hanteren namelijk niet steeds dezelfde territoriale aanknopingspunten in de grensnormen. Zo kan de ene staat de woonplaats van de werknemer, de andere de werkplaats van de werknemer en weer een derde staat de vestigingsplaats van de werkgever als grensnorm hanteren.

18. Er is sprake van een *positief wetsconflict* als iemand tegelijkertijd onder meerdere rechtsstelsels valt; een *negatief wetsconflict* is aanwezig indien iemand onder geen enkel rechtsstelsel valt.

19. De kenmerken van publiekrechtelijke grensnormen leiden tot een veel grotere behoefte aan supranationale regels die bepalen welk stelsel van toepassing is, dan die van het privaatrecht. Terwijl in het privaatrecht, vergelijk bijvoorbeeld het verdrag van Rome van 19 juni 1980 (EVO)[5], rechtskeuze van partijen voorop staat, is bij de coördinatie op het terrein van de sociale zekerheid een veel dwingender regime van toepassing.

20. Coördinatieregels moeten alzijdig zijn, dat wil zeggen dat ze gelden ten aanzien van alle verdragsluitende partijen. Deze alzijdige verwijzingsnormen leggen gelijkluidende eenzijdige grensnormen vast voor alle betrokken Lid-Staten en ondervangen daarmee het probleem dat publiekrechtelijke normen eenzijdig zijn.

Coördinatieregels die de relevante wetgeving ter voorkoming van wetsconflicten aanwijzen, worden *aanwijsregels* genoemd. Door middel van deze regels moet voorkomen worden, dat een werknemer als gevolg van grensoverschrijdend verkeer, hetzij in geen enkele Lid-Staat verzekerd is, hetzij in verschillende Lid-Staten tegelijkertijd verzekerd is. Aanwijsregels hebben dus invloed op grensnormen.

21. In coördinatieregelingen op het terrein van de sociale zekerheid is de aanwijzing van het toepasselijke stelsel *dwingend* geregeld.

22. Een zeer belangrijke vraag is of aanwijsregels *exclusieve* en *sterke* werking hebben.

23. Met *exclusieve* werking wordt bedoeld, dat aanwijsregels bepalen dat slechts één wetgeving tegelijkertijd van toepassing is. Stel dat de aanwijsregels inhouden dat iemand onder het stelsel van land *x* valt, terwijl hij ook een band heeft met land *y*, bijvoorbeeld omdat hij daar woont. Exclusieve werking van de aanwijsregels houdt in dit voorbeeld in, dat indien de nationale grensnormen van Lid-Staat *y* inhouden dat de betrokken werknemer onder het stelsel van *y* valt, deze door de aanwijsregels uitgeschakeld worden.

24. Met *sterke* werking van aanwijsregels wordt in feite gedoeld op dezelfde situatie, maar waar de problemen bij land *x* liggen. Een aanwijsregel kan bijvoorbeeld bepalen dat een persoon onder land *x* valt, terwijl de grensnormen

[5] *PB L* 1980, 266. In Nederland opgenomen in *Trb*. 1980, 156; *Trb*. 1991, 109, *Trb*. 1992, 172, *Stb*. 1991, 53. Voor de goedkeuringswet zie MvT TK 1988 21.059. In België goedgekeurd door de wet van 14 juli 1987, *B.S.* 9 oktober 1987, herplaatst op 18 april 1989. Zie J. van Rijn, 'Een belangrijk stuk communautair internationaal privaatrecht. Het Verdrag van Rome van 19 juni 1980 inzake het toepasselijke recht op verbintenissen uit overeenkomst'. In:*AA* 1991, blz. 399, S.F. Rammeloo, *Das neue EG-Vertragskollisionsrecht*. Köln, 1992; en Blanpain en Engels, *Europees arbeidsrecht*. Reeks Europees recht. Leuven, 1995.

van land *x* zouden inhouden dat de betreffende persoon niet onder het stelsel van *x* valt (bijvoorbeeld omdat hij geen ingezetene is). In dat geval houdt de sterke werking van de aanwijsregel in, dat de aanwijsregel de grensnorm van die staat doorkruist, en bewerkstelligt dat de betreffende persoon toch onder het stelsel van land *y* valt.

Of in andere woorden, als op grond van de in de nationale wetgeving neergelegde territoriale criteria het eigen rechtsstelsel niet toepasselijk is, terwijl op grond van de in de aanwijsregels gehanteerde criteria het betreffende stelsel wèl toepasselijk is, schakelt de aanwijsbepaling de betreffende nationale grensnorm uit.

25. Exclusieve werking van aanwijsregels beoogt een positief wetsconflict te voorkomen en sterke werking van aanwijsregels dient ter voorkoming van een negatief wetsconflict.

B. Zaaknormen.

26. Het territorialiteitsbeginsel komt ook tot uitdrukking in zaaknormen. Zaaknormen betreffen de voorwaarden en bepalingen van een stelsel die bepalen welke feiten buiten het eigen territorium meetellen voor het eigen rechtsstelsel. Deze normen uit een rechtsstelsel komen pas aan de orde, nadat door middel van grensnormen vastgesteld is, dat bepaalde rechtsstelsel van toepassing is. Zaaknormen kunnen bijvoorbeeld bepalen welke categorieën migranten gelijk behandeld worden met de onderdanen van een bepaald land. Een bepaling die inhoudt dat personen van een land waarmee een wederkerigheidsakkoord is gesloten gelijk behandeld worden, is een voorbeeld van een zaaknorm. Een staat kan ook bepalen dat perioden doorgebracht in het buitenland gelijkgesteld worden met perioden vervuld op het eigen territorium; ook dit is een zaaknorm.

27. Zaaknormen kunnen, anders dan grensnormen, een tweezijdig karakter hebben, in die zin dat ze verwijzen naar feiten in het buitenland. Zo kunnen nationale anticumulatiebepalingen inhouden dat een eventuele buitenlandse uitkering wordt ingehouden op de uitkering waar volgens de regeling van de betreffende staat recht op bestaat, zie bv. nr. 318 e.v. (hoofdstuk XII).

28. Ook op het terrein van de zaaknormen kunnen conflicten ontstaan. Indien de ene staat de buitenlandse uitkering aftrekt van de nationale uitkering, en de andere staat doet hetzelfde, dan houdt de uitkeringsgerechtigde te weinig over. Ook op dit terrein is een gemeenschappelijke regeling nodig ter bevordering van het vrij verkeer van werknemers, en deze wordt gegeven in coördinatieverdragen.

C. Voorkomen van discriminatie

29. Gelijke behandeling van migranten met de eigen onderdanen is fundamenteel voor elke coördinatieregeling. Discriminatie kan worden onderscheiden in directe en indirecte discriminatie.

30. Met *directe discriminatie* wordt bedoeld dat onderscheid gemaakt wordt op basis van een verboden criterium, zoals nationaliteit.

31. Van een *indirect discriminerende* regeling is sprake als de betreffende bepaling weliswaar geen verboden criterium bevat, maar in haar uitwerking wel leidt tot een speciale effecten voor bepaalde categorieën personen die met het verboden criterium gedefinieerd kunnen worden (zoals 'buitenlandse werknemers'). Omdat in geval van indirecte discriminatie geen verboden criterium wordt gehanteerd, is het veel moeilijker om gevallen van indirecte discriminatie aan te wijzen dan gevallen van directe discriminatie. Dit betekent dat in de praktijk in eerste instantie vooral een vermoeden zal bestaan dat een bepaalde regel indirect discrimineert, namelijk wanneer deze regel in overwegende mate een bepaalde groep treft, zoals migranten. Of de opsteller ook de bedoeling heeft gehad om die groep te discrimineren is niet van belang.

Als zo'n vermoeden bestaat, en met cijfers onderbouwd kan worden, heeft degene die de regeling opgesteld heeft, of de regel toepast, de mogelijkheid rechtvaardigingsgronden aan te voeren waaruit moet blijken dat er voor de regeling objectief gerechtvaardigde redenen bestaan, waaraan iedere gedachte van discriminatie vreemd is. Als de betreffende persoon of organisatie daar in slaagt, dan is er geen sprake van indirecte discriminatie. Of een bepaald argument kan dienen als een objectieve rechtvaardigingsgrond is moeilijk om in zijn algemeenheid te stellen. In de hoofdstukken VIII en XIX zullen we ingaan op de jurisprudentie van het Hof van Justitie over dit onderwerp.

32. Indirecte discriminatie kan bijvoorbeeld tot uitdrukking komen in woonplaatseisen. Een regeling kan bijvoorbeeld verlangen dat uitsluitend de tijdvakken doorgebracht in het eigen stelsel meetellen voor het recht op uitkering. Een regeling kan ook verlangen dat de uitkering alleen uitbetaald wordt als de betrokken werknemer of zijn gezinsleden in het land wonen waar ze een beroep op uitkering doen.

Omdat deze kwesties vaak gecompliceerd zijn, geven coördinatieregelingen meer specifieke bepalingen met betrekking tot deze onderwerpen, vaak per type uitkering verschillend. Indien deze bepalingen echter in bepaalde situaties niet voorzien of tekort schieten, dan kan alsnog een beroep worden gedaan op anti-discriminatiebepalingen.

D. Waarborg van betaling van verworven rechten

33. De noodzaak om te waarborgen dat verworven rechten betaald worden behoeft eigenlijk geen algemene toelichting. Als een werknemer in een bepaald land een uitkering verworven heeft, wil hij deze vaak in een ander land, zoals het land van herkomst, uitbetaald krijgen. Ook kan het voorkomen dat hij een uitkering wil aanvragen (bijvoorbeeld kinderbijslag) voor gezinsleden, die niet bij hem, maar in het land van herkomst wonen. Nationale regelingen gaan ook bij dit onderdeel vaak uit van het territorialiteitsbeginsel, hetgeen betekent dat de uitkering niet buiten de landsgrenzen betaald wordt. Vandaar dat coördinatieregelingen hier een belangrijke taak hebben.

Deze kwestie is voor een aantal uitkeringen bovendien nogal gecompliceerd: geldt het uitgangspunt van export bijvoorbeeld ook voor werkloosheids- en bijstandsuitkeringen? Dit vraagstuk komt in de volgende hoofdstukken nog uitgebreid terug.

E. Herstel van breuken

34. Het laatste vraagstuk dat geregeld dient de worden is het herstel van breuken. Indien een werknemer bijvoorbeeld vijf jaar in land *x* gewerkt heeft, en vervolgens één jaar in land *y* en daar arbeidsongeschikt wordt, dan zou hij in een nadelige positie terecht komen, indien dat laatste land zou verlangen dat hij ten minste vijf jaar in dat land gewerkt moet hebben, wil hij recht kunnen doen gelden op een invaliditeitsuitkering. Ook op andere gebieden, zoals de opbouw van pensioenrechten, zou een dergelijke, met het territorialiteitsbeginsel verbonden eis, nadelige gevolgen kunnen hebben bij grensoverschrijdend verkeer. Een coördinatieregeling moet daarom regels geven om tijdvakken die in het ene land zijn doorgebracht te laten meetellen voor het voldoen aan de uitkeringsvoorwaarden in een ander land. Deze kwestie kan overigens soms erg gecompliceerd zijn. Denk bijvoorbeeld aan de situatie dat iemand in het ene land vrijwillig verzekerd is geweest of niet verzekerd was, maar wel gewerkt heeft. In hoeverre tellen die tijdvakken dan mee om aan de voorwaarden in het nieuwe land te voldoen? Deze vragen komen met name in hoofdstuk XII aan de orde.

HOOFDSTUK II

DE COÖRDINATIEREGELINGEN RELEVANT VOOR EUROPA

§ 1. Bilaterale verdragen

35. De eerste coördinatieregelingen stammen uit het begin van de twintigste eeuw. In deze tijd kwamen in verschillende landen werknemersverzekeringen tot stand en op gegeven moment bleken er problemen te bestaan bij werknemers die in een andere staat werkten dan waar ze woonden. Als ze een beroep deden op beroepsongevallenuitkeringen, dan kwam het voor dat zij dubbel verzekerd of geheel niet verzekerd waren. Deze problemen moesten opgelost worden; daartoe werden de eerste internationale cordinatiebepalingen opgesteld en deze werden opgenomen in bilaterale *handels*verdragen. De opname van deze bepalingen in handelsverdragen toont dat ze met name gezien werden als middel om concurrentievervalsing tegen te gaan. Concurrentie mocht niet plaatsvinden door middel van sociale zekerheid. Later zijn er ook zelfstandige bilaterale coördinatieverdragen tot stand gekomen, zoals België-Nederland en Duitsland-Nederland. De verhouding van de huidige EU-coördinatieregels tot deze bilaterale verdragen komt aan de orde in nr. 52.

§ 2. De Internationale Arbeidsorganisatie.

36. De Internationale Arbeidsorganisatie (IAO), die kort na de Eerste Wereldoorlog werd opgericht, heeft een klein aantal verdragen speciaal met betrekking tot de coördinatie van de sociale zekerheid vastgesteld. Daarnaast bevat een aantal algemene IAO-verdragen coördinatiebepalingen. Gezegd kan worden dat coördinatie op mondiaal niveau, dat wil zeggen de IAO, nog niet echt van de grond is gekomen.[1] Mondiale coördinatieverdragen kunnen namelijk, in dit stadium van de ontwikkeling van de sociale zekerheid in de wereld, slechts een beperkte afstemming inhouden; is er sprake van een uitgebreidere regeling, dan zullen daaraan maar zeer weinig Lid-Staten meedoen.

37. Het IAO-verdrag dat specifiek aan coördinatie gewijd is, is Verdrag 48. Dit verdrag geeft uitgebreide voorschriften ten behoeve van het behoud van aanspraken en verkregen rechten op basis van ouderdoms-, invaliditeits- en de

[1] Zie ook Keunen (1992).

weduwen- en wezenverzekeringen.[2] Zoals in nr. 36 aangegeven, worden uitgebreide coördinatieverdragen zoals Verdrag 48 maar door weinig staten geratificeerd. Het is daarom slechts van beperkte betekenis.[3] Een nieuw verdrag, Verdrag 157, zal Verdrag 48 uiteindelijk moeten vervangen. Het IAO-coördinatieverdrag dat de meeste ratificaties heeft verworven (Verdrag 118[4]) kent slechts één dwingend voorgeschreven coördinatiebepaling, te weten het verbod van discriminatie naar nationaliteit.

38. De IAO-coördinatieverdragen zijn op de achtergrond geraakt nu de coördinatieregels van de EU een veelomvattender werking hebben en dwingend kunnen worden opgelegd aan alle Lid-Staten van de Europese Unie. De IAO heeft wel belangrijke technische steun geboden bij het opstellen van EG-coördinatieregelingen.[5]

§3. De Raad van Europa

39. De Raad van Europa bracht ten behoeve van de bevordering van het vrije verkeer van werknemers in 1953 drie verdragen inzake de sociale zekerheid tot stand, de zogenaamde Interimverdragen.[6] Deze verdragen waren bedoeld ter overbrugging van de periode tot het Verdrag van de Sociale Zekerheid van de Raad van Europa gerealiseerd zou zijn. Dit laatste verdrag werd in 1972 aangenomen.[7] Het verdrag waarop de Interimverdragen preludeerden wilde een omvattende coördinatie van de sociale zekerheid van de Lid-Staten bewerkstelligen. Het verdrag kon dit doel vanwege het geringe aantal ratificaties echter niet bereiken.[8]

40. Naast de beide Interimverdragen werd op 11 december 1953 te Parijs het Europees Verdrag betreffende sociale en medische bijstand opgesteld.[9] Dit is

[2] Verdrag van 22 juni 1935. Het verdrag is in Nederland goedgekeurd bij Wet van 21 november 1936, *Stb.* 99 I en door Nederland geratificeerd op 6 oktober 1938. Vgl. over dit verdrag, Keunen (1992).

[3] Dit verdrag is thans nog slechts van kracht voor Hongarije, Israël, Italië, Nederland en Spanje.

[4] Verdrag van 28 juni 1962, *Trb* 1964, 23.

[5] Vgl. Perrin (1969).

[6] Europese Interim-Overeenkomst betreffende de regelingen inzake sociale zekerheid voor ouderdom, invaliditeit en overlijden en Europese Interim-Overeenkomst betreffende sociale zekerheid met uitsluiting van de regelingen voor ouderdom, invaliditeit en overlijden, Parijs, 11 december 1953, (voor België *B.S.* 27 juni 1957; voor Nederland *Trb.* 1954, 98, 99 en 198, 199).

[7] Verdrag van 14 december 1972 (voor België *B.S.* 14 maart 1986; voor Nederland *Trb.* 1976, 54 en 158, en ratificatie in *Trb.* 1977, 35).

[8] Zie over de coördinatiebepalingen van dit Verdrag, Urbanetz (1991).

[9] Voor België B.S. 29 maart 1957; voor Nederland *Trb.* 1954, 100 en 200 en ratificatie in *Trb.* 1955, 116; recentere tekst in *Trb.* 1983, 26.

het enige multilaterale *bijstands*verdrag. Dit verdrag is wel door veel landen geratificeerd, namelijk door zestien Lid-Staten van de Raad van Europa. Dit verdrag heeft de taak overgenomen van de voorheen bestaande bilaterale verdragen over bijstand.

41. Artikel 1 van het bijstandsverdrag legt de verdragstaten de verplichting op om vreemdelingen die rechtmatig op hun grondgebied verblijven, en die niet beschikken over voldoende middelen van bestaan, op gelijke voet te behandelen met eigen onderdanen bij de toekenning van sociale en medische bijstand. De kosten van bijstand aan een onderdaan van een van de verdragstaten worden gedragen door de staat die de bijstand heeft toegekend.[10] De bijstandskosten worden dus niet onderling vergoed. Het verdrag bepaalt tevens dat personen niet op grond van het genieten van een bijstandsuitkering mogen worden uitgezet.[11]

§ 4. De Europese Unie

A. De juridische basis voor coördinatie

42. De belangrijkste coördinatievoorschriften die gelden voor Lid-Staten van de EU zijn te vinden in een EU-verordening, Verordening 1408/71. Deze verordening vindt zijn grondslag in artikel 51 van het EG-Verdrag. De artikelen 48-51 uit het EG-Verdrag hebben betrekking op het vrij verkeer van werknemers en op coördinatie in het kader van de sociale zekerheid.

43. Artikel 48 van het Verdrag verbiedt elke vorm van discriminatie op grond van nationaliteit tussen werknemers van de Lid-Staten bij de werkgelegenheid, de beloning en de overige arbeidsvoorwaarden. Het artikel heeft geen betrekking op ambtenaren. Het Hof van Justitie heeft evenwel in verband met zaken die het vrije verkeer van werknemers betreffen[12] bepaald dat slechts die banen in overheidsdienst van het vrije verkeer zijn uitgesloten, die verband houden met de specifieke taken van de overheid, die al dan niet rechtstreeks deelname aan het openbare gezag inhouden en de werkzaamheden omvatten die strekken tot bescherming van de algemene belangen van de staat of andere openbare lichamen. Dit betekent dat bijvoorbeeld een onderwijzer die de ambtenarenstatus heeft niet uitgesloten is van het vrij verkeer van werknemers; voor dit type banen mogen bijvoorbeeld geen nationaliteitseisen worden gesteld.

[10] Vgl. artikel 4 van dit verdrag.

[11] Artikel 6. Uitgebreid over dit verdrag, Vonk (1991).

[12] Vgl. HvJ 3 juni 1986, zaak 307/84, *Commissie tegen Frankrijk*, *Jur.* 1986, 1725. Zie voor de betekenis voor de verordening nr. 121 e.v.

44. Artikel 51 EG-Verdrag verlangt dat de Raad een regeling maakt op het terrein van de sociale zekerheid, om op dit terrein problemen voor migrerende werknemers op te lossen. Daarmee biedt dit artikel de bevoegdheid tot het maken van supranationale coördinatieregeling.

45. Artikel 51 EG-Verdrag luidt:

> 'De Raad stelt met eenparigheid van stemmen op voorstel van de Commissie de maatregelen vast welke op het gebied van de sociale zekerheid noodzakelijk zijn voor de totstandkoming van het vrije verkeer van werknemers, met name door een stelsel in te voeren waardoor het mogelijk is voor migrerende werknemers en hun rechthebbenden te waarborgen:
> (a) dat, met het oog op het verkrijgen en het behoud van het recht op uitkeringen, alsmede voor de berekening daarvan, al die tijdvakken worden bijeengeteld welke door de verschillende nationale wetgevingen in aanmerking worden genomen;
> (b) dat de uitkeringen aan personen die op het grondgebied van de Lid-Staten verblijven zullen worden betaald.'

46. Dit artikel geeft de bevoegdheid en ook de plicht om die maatregelen te nemen die noodzakelijk zijn op het terrein van de sociale zekerheid voor het vrije verkeer van werknemers. Het artikel noemt een aantal onderwerpen die met name geregeld dienen te worden. Uit de redactie van dit artikel mag worden afgeleid dat de opsomming van te regelen onderwerpen niet limitatief is.[13] De regeling die op basis van dit artikel wordt voorgesteld moet unaniem worden aangenomen.

47. De bevoegdheid van de Raad is beperkt tot die maatregelen op het terrein van de sociale zekerheid die noodzakelijk zijn voor het vrije verkeer van werknemers. Tot dusver heeft het Hof van Justitie echter nog niet geoordeeld dat de Raad een coördinatievoorschrift niet zou hebben mogen maken omdat deze bevoegdheid ontbrak. Wel is het voorgekomen dat in een zaak voor het Hof van Justitie lacunes bleken in de bescherming van werknemers;[14] het Hof past in zulk geval een regel toe die analoog is aan een bepaling die wel in de verordening voorkomt, omdat 'anders de Raad niet voldaan zou hebben aan de eis dat de noodzakelijke maatregelen getroffen moeten zijn'. Met deze formulering creëert het Hof voor zichzelf de mogelijkheid om de lacune in de verordening te vullen.

48. De maatregelen die de Raad moet nemen op basis van artikel 51 zijn neergelegd in Verordening 1408/71, verordening 'betreffende de toepassing van de

[13] Het Hof heeft deze opvatting bevestigd in HvJ 12 juli 1984, zaak 242/83, *Patteri*, *Jur.* 1984, 3171.

[14] Vgl. HvJ 14 december 1989, zaak 168/88, *Dammer*, *Jur.* 1989, 4553 (nr. 360); HvJ 21 februari 1991, zaak 140/88, *Noij*, *Jur.* 1991, 387 (nr. 280) en HvJ 22 november 1995, zaak 443/93, *Vougioukas*, nog niet gepubliceerd in de Jurisprudentie van het Hof (nr. 122).

sociale-zekerheidsstelsels op werknemers (en zelfstandigen) evenals hun gezinsleden, die zich binnen de Gemeenschap verplaatsen' en Verordening 574/72, die nadere technische regels geeft voor de uitvoering van Verordening 1408/71.[15]

Verordening 1408/71 is de opvolger van Verordening 3/58[16] die in 1958 tot stand gekomen was. Verordening 3/58 was één van de eerste EG-verordeningen, want dat coördinatie van de sociale zekerheid voor een vrij verkeer van werknemers essentieel is, stond voor de oprichters van de EEG als een paal boven water.

Nu was het ook niet zo moeilijk om Verordening 3/58 snel tot stand te laten komen, want er was al belangrijk voorwerk verricht. In 1958 was immers de tekst voor een Europees verdrag inzake de sociale zekerheid van migrerende werknemers al gereed[17], hetwelk gebaseerd was op artikel 69, vierde lid van het Verdrag van de Europese Gemeenschap van Kolen en Staal. Na oprichting van de EEG werd dit verdrag niet aangenomen, maar de tekst werd gebruikt om de verordening zoals bedoeld in artikel 51 van het EG-Verdrag op te stellen. Het vaststellen van een verordening gaat immers gemakkelijker dan het vaststellen van verdragen. De Raad heeft immers zelf de bevoegdheid verordeningen vast te stellen, terwijl voor verdragen een ratificatieprocedure gevolgd moet worden.

49. Artikel 51 maakt deel uit van titel III van het EEG-verdrag, dat 'het vrije verkeer van personen, diensten en kapitaal' genaamd is. Binnen deze titel maakt het deel uit van het hoofdstuk 'de werknemers'. Deze plaats van artikel 51 in het verdrag houdt in dat het *doel* van de coördinatiebepalingen die op basis van dit artikel worden gemaakt, bestaat in het bevorderen van het vrije verkeer van werknemers.[18]

In een aantal uitspraken heeft het Hof een bepaalde bepaling uit de verordening geheel of ten dele onverbindend verklaard wegens strijd met artikel 51 van het Verdrag.[19] De verdragsbepalingen zijn dus richtinggevend voor de interpretatie en rechtsgeldigheid van bepalingen van Verordening 1408/71 en Verordening 574/72.

B. Structuur van de Verordening 1408/71

50. Titel 1 van de verordening bevat de artikelen 1 tot 18. In artikel 1 zijn definities van enkele begrippen opgenomen.

[15] Verordening 1408/71 is voor de eerste keer gepubliceerd in *PB L* 149 van 5 juli 1971 en is sindsdien regelmatig geamendeerd. In *PB C* 325 van 10 december 1992 is een geconsolideerde versie van Verordening 1408/71 en Verordening 574/72 opgenomen.

[16] *PB* 30 van 16 december 1958.

[17] Verdrag van 9 december 1957, *Trb* 1958, 541.

[18] Zie bijvoorbeeld HvJ 9 juni 1964, zaak 92/63, *Nonnenmacher*, *Jur*. 1964, 1261 (nr. 160) en HvJ 21 oktober 1975, zaak 24/75, *Petroni*, *Jur*. 1975, 1149 (nr. 313).

[19] Zie bijvoorbeeld HvJ 15 januari 1986, zaak 41/84, *Pinna I*, *Jur*. 1986, 1 (nr. 204).

De bepalingen zijn voor ons van belang:

Artikel 1, (r) luidt: onder *tijdvakken van verzekering* worden verstaan de tijdvakken van premie- of bijdragebetaling, van arbeid of van anders dan in loondienst verrichte werkzaamheden die als zodanig worden omschreven of aangemerkt ingevolge de wetgeving waaronder zij zijn vervuld, of geacht worden te zijn vervuld, alsmede alle met deze tijdvakken gelijkgestelde tijdvakken, voor zover zij als zodanig door deze wetgeving zijn erkend.[20]

Art 1, (s) luidt: *tijdvakken van arbeid* zijn die tijdvakken die als zodanig worden omschreven of aangemerkt ingevolge de wetgeving waaronder zij zijn vervuld, of geacht worden te zijn vervuld, alsmede alle met deze tijdvakken gelijkgestelde tijdvakken, voor zover zij als gelijkwaardig met tijdvakken van arbeid door deze wetgeving zijn erkend.

Artikel 2 betreft de personele werkingssfeer (nr. 78 e.v.); artikel 3 bevat het discriminatieverbod (zie verder nr. 201 e.v.).

51. Artikel 5 bepaalt dat de Lid-Staten bepaalde zaken die hen aangaan (bv. welke uitkeringen onder de verordening vallen) in een verklaring kunnen vermelden. Deze wordt op basis van artikel 97 van de verordening bekendgemaakt en opgenomen in bijlagen bij de verordening. De bijlagen vormen een onderdeel van de verordening en worden door het Hof beschouwd als produkt van de gemeenschapswetgever.[21] Met andere woorden, als de Raad accepteert dat een Lid-Staat een bepaalde verklaring omtrent de in artikel 5 genoemde zaken uitvaardigt, dan wordt dit een product van de gemeenschapswetgever. Dit wil overigens niet zeggen dat daarmee de bijlagen onaantastbaar zijn. Dit bleek in arrest *Beerens*.[22] In dit arrest overwoog het Hof dat artikel 5 bepaalt dat de Lid-Staten de wettelijke regelingen vermelden die onder de materiële werkingssfeer van de verordening vallen. Nederland had in zijn verklaring ook de Wet Werkloosheidsvoorziening opgenomen. In geding was de vraag of deze wet inderdaad onder de materiële werkingssfeer van de verordening viel. Het Hof oordeelde dat als een wet niet in een verklaring ex artikel 5 opgenomen is, dat niet voldoende is om de wet niet onder de verordening te laten vallen. Als de betreffende wet echter wèl in de verklaring genoemd wordt, dan staat vast dat de wet onder de verordening valt, aldus het Hof.

52. Artikel 6 regelt de verhouding van de verordening tot internationale verdragen. Er zijn verschillende internationale verdragen van toepassing naast de Verordening 1408/71. Volgens artikel 6 heeft Verordening 1408/71 in beginsel voorrang op

[20] In het *Warmerdam*-arrest, HvJ 12 mei 1989, zaak 388/87, *Jur.* 1989, 1203 (nr. 384) wordt een verduidelijking gegeven van deze definitie.

[21] Vgl. HvJ 2 mei 1990, zaak 293/88, *Winter-Lutzins*, *Jur.* 1990, 1623 en HvJ 20 september 1994, zaak 12/93, *Drake*, *Jur.* 1994, I-4337.

[22] HvJ 29 november 1977, zaak 35/77, *Jur.* 1977, 2249.

internationale sociale-zekerheidsverdragen. Deze voorrang geldt slechts binnen de grenzen van de personele en materiële werkingssfeer van Verordening 1408/71. Dus als de betreffende verdragen bepalingen bevatten die buiten het toepassingsgebied van de verordening vallen, dan worden ze niet door de verordening terzijde gesteld. Voorts bepaalt artikel 7 dat Verordening 1408/71 de verplichtingen onverlet laat, die voortvloeien uit een IAO-verdrag dat via bekrachtiging door een of meer Lid-Staten in werking is getreden. Datzelfde geldt voor de Europese Interimovereenkomst van 1953 (zie nr. 39). De betekenis van deze verdragen is hierdoor beperkt geworden, vgl. ook het *Thévenon*-arrest, nr. 341.

53. Artikel 10 bevat een regeling voor de export van bepaalde typen uitkeringen, namelijk voor nabestaanden-, invaliditeits- en ouderdomspensioenen. Omtrent de export van andere typen uitkeringen bestaat geen algemene bepaling, maar hierover zijn in de hoofdstukken over de diverse typen uitkeringen specifieke regels opgenomen, bijv. artikel 69 over werkloosheidsuitkeringen. Nrs. 233 e.v. zijn gewijd aan woonplaatseisen, zoals deze door artikel 10 terzijde worden gesteld.

54. Het kan voorkomen dat personen uitkeringen uit verschillende Lid-Staten krijgen, die elkaar overlappen. Vandaar dat de verordening een anticumulatiebepaling kent.

Deze is opgenomen in artikel 12:

'1. Krachtens deze verordening kan geen recht worden verkregen of gehandhaafd op verscheidene uitkeringen van dezelfde aard welke betrekking hebben op een zelfde tijdvak van verplichte verzekering. Deze bepaling is evenwel niet van toepassing op uitkeringen bij invaliditeit, ouderdom, overlijden (pensioenen) en bij beroepsziekten, welke door de organen van twee of meer Lid-Staten overeenkomstig artikel 41, artikel 43, leden 2 en 3, de artikelen 46, 50 en 51 of artikel 60, eerste lid onder (b) worden vastgesteld.
2. Tenzij in deze verordening anders is bepaald, zijn de bepalingen inzake de vermindering, schorsing of intrekking waarin de wetgeving van een Lid-Staat voorziet ingeval van samenloop van een uitkering met andere uitkeringen van sociale zekerheid of met andere inkomsten van welke aard ook, op de rechthebbende van toepassing, zelfs indien het gaat om uitkeringen welke op grond van de wetgeving van een andere Lid-Staat zijn verkregen of om inkomsten welke op het grondgebied van een andere Lid-Staat zijn verworven.'

Het eerste lid van dit artikel verbiedt dat ten gevolge van de toepassing van de verordening uitkeringen van dezelfde aard die betrekking hebben op hetzelfde tijdvak van verplichte verzekering tot uitbetaling komen.

Een uitzondering op deze regel geldt voor de langdurige uitkeringen uit verschillende Lid-Staten op grond van een verzekeringsloopbaan in meerdere staten. Dit is bepaald in de tweede zin van het eerste lid. Zie hierover nr. 318 en volgende, hoofdstuk XII.

Indien een nationale regeling een anticumulatiebepaling heeft (een intern werkende regel), dan wordt de toepassing ervan op grond van artikel 12, tweede lid uitgebreid tot buitenlandse uitkeringen of inkomsten (externe anticumulatie). Deze regel geldt echter niet als elders in de verordening regels worden gegeven over de werking van nationale anticumulatievoorschriften (deze zijn te vinden in bijv. artikel 46 *bis*, artikel 46 *ter* en artikel 46 *quater* (zie nr. 318, hoofdstuk XII).

55. Titel 2 van Verordening 1408/71 bevat de aanwijsregels (artikel 13 – artikel 17). Nr. 142 e.v. van dit boek zijn aan deze algemene aanwijsregels gewijd.

56. Titel 3 van Verordening 1408/71 bevat specifieke regelingen voor de verschillende typen uitkeringen, namelijk ziekte-uitkeringen, invaliditeitsuitkeringen, ouderdomsuitkeringen, beroepsongevallenregelingen, werkloosheidsuitkeringen en kinderbijslag en bijslagen voor pensioentrekkers en wezen. In de verschillende hoofdstukken van de verordening wordt een nadere uitwerking gegeven aan de maatregelen die op basis van artikel 51 genomen moeten worden, zoals de samentelling van tijdvakken, de positie van gezinsleden, en (soms) de export van uitkeringen.

57. Artikel 80 van Verordening 1408/71 noemt de Administratieve Commissie; deze commissie bestaat uit regeringsvertegenwoordigers en heeft o.a. tot taak alle vraagstukken van administratieve of interpretatieve aard te behandelen die in verband met de verordening gerezen zijn. De commissie houdt zich ook bezig met het opstellen van voorstellen om de verordening te wijzigen.

Het Hof neemt besluiten van de commissie in overweging indien relevant, maar kent deze besluiten geen bindende kracht toe[23]: een besluit van deze commissie 'kan weliswaar een hulpmiddel zijn voor de sociale-zekerheidsorganen, doch kan die organen niet verplichten een bepaalde methode of uitlegging te volgen bij de toepassing van communautaire voorschriften'.

§ 5. De Europese Economische Ruimte

58. De Overeenkomst betreffende Europese Economische Ruimte (EER) had oorspronkelijk betrekking op de EG en de Lid-Staten van de Europese Vrijhandels-Associatie (EVA), Finland, Noorwegen, Liechtenstein, Oostenrijk, IJsland en Zweden. Inmiddels zijn Oostenrijk, Finland, en Zweden toegetreden tot de EU. Het EER-verdrag bewerkstelligt het vrij verkeer van werknemers en

[23] HvJ 14 mei 1981, zaak 98/80, *Romano*, *Jur.* 1981, 1241.

zelfstandigen en de coördinatie van de sociale zekerheid zoals geregeld in het EG-verdrag voor de onderdanen van de Lid-Staten van de EER.

59. Dit verdrag houdt in dat grote delen van het EU-recht naar de stand van 1 augustus 1991 van toepassing zijn geworden op de EVA-staten die het verdrag getekend hebben. De EER-overeenkomst kent een aantal bepalingen die ook in het EG-verdrag voorkomen en bevat voorts een lijst van bijlagen waarin de verordeningen en richtlijnen vermeld zijn die van toepassing zijn. In een bijlage zijn Verordening 1408/71 en Verordening 574/72 vermeld.

60. Een EER-raad, die bestaat uit leden van de Raad van de EU, leden van de Europese Commissie, en één lid van de regering van elke deelnemende EVA-staat, moet de daadwerkelijke tenuitvoerlegging en werking van het EER-Verdrag verzekeren (artikel 90 EER-Verdrag).

De bepalingen van het EER-verdrag moeten voorzover ze overeenkomen met die van het EG-Verdrag en het secundaire recht worden uitgelegd overeenkomstig de desbetreffende uitspraken van het Hof van Justitie van de EG (artikel 6 EER-Verdrag). Dit geldt echter voor de stand van zaken tot de ondertekening van het EER-Verdrag.

61. Probleem is dat het EU-recht van na die datum niet rechtstreeks kan doorwerken in het recht van de EVA-landen. Per slot van rekening is het EER-Verdrag een verdrag van regeringen met de EU. Wel is er een procedure gemaakt die er voor zorgt dat veranderingen in EU-recht zo spoedig en zo volledig mogelijk van toepassing zijn op de EVA-staten, en wel door wijziging van de betreffende bijlage bij het verdrag. De EVA-staten worden, om dit ook daadwerkelijk mogelijk te maken, betrokken bij de voorbereiding van veranderingen van EU-recht, zoals het opstellen van nieuwe verordeningen en wijzigingsverordeningen.

62. Artikel 28 van het EER-Verdrag bepaalt dat tussen de Lid-Staten van de EU en de EVA-Staten vrij verkeer van werknemers tot stand wordt gebracht. Dit houdt de afschaffing in van elke discriminatie op grond van nationaliteit tussen de werknemers van de Lid-Staten van de EU en de EVA-Staten, wat betreft de werkgelegenheid, de beloning en de overige arbeidsvoorwaarden. Ook voor het overige loopt dit artikel parallel aan artikel 48 van het EG-Verdrag.

63. Artikel 29 EER-Verdrag correspondeert met artikel 51 EEG-Verdrag. Het luidt:

> 'Met het oog op de totstandkoming van het vrije verkeer van werknemers en zelfstandigen waarborgen de overeenkomstsluitende partijen voor werknemers en zelfstandigen en hun rechthebbenden op het gebied van de sociale zekerheid, overeenkomstig bijlage VI, met name:

(a) dat, met het oog op het verkrijgen en het behoud van het recht op uitkeringen alsmede voor de berekening daarvan, al die tijdvakken worden bijeengeteld welke door de verschillende nationale wetgevingen in aanmerking worden genomen;
(b) dat de uitkeringen aan personen die op het grondgebied van de overeenkomstsluitende partijen verblijven, zullen worden betaald'.

64. Artikel 29 is 'moderner' dan artikel 51 van het EG-verdrag, aangezien artikel 29 ook spreekt over zelfstandigen. De nagelaten betrekkingen en gezinsleden komen in artikel 51 niet voor, terwijl artikel 29 het wel heeft over 'rechthebbenden'. Omdat het EU-recht op dit terrein al regelingen kent in Verordening 1408/71, betekenen deze formuleringen overigens geen verschillen met het EU-recht.

65. In bijlage VI is de verwijzing opgenomen naar het terzake diende EU-recht, i.c. Verordening 1408/71 en Verordening 574/72. Deze verordeningen gelden daarom ook voor de EVA-staten. In bijlage VI bij het EER-Verdrag zijn speciale regelingen opgenomen die nodig zijn om rekening te houden met de stelsels van deze landen.

66. In nr. 454 (hoofdstuk XVIII), komen we terug op de EER-landen in verband met harmonisatie.

HOOFDSTUK III

DE TERRITORIALE WERKINGSSFEER VAN VERORDENING 1408/71

§ 1. De territoriale werkingssfeer van de verordening

67. Uit de naam van de verordening blijkt dat het een verordening betreft ten behoeve van werknemers en zelfstandigen die zich *verplaatsen*. De verordening speelt inderdaad alleen een rol indien een werknemer of zelfstandige zich verplaatst (heeft) binnen de Europese Unie (zie echter nr. 77). Iemand die steeds binnen de grenzen van zijn land gebleven is, kan geen beroep doen op de verordening, ook al wordt hij geconfronteerd met discriminerende bepalingen. Het Hof heeft dit bevestigd in het *Petit*-arrest.[1] De Belg Petit had een verzoekschrift bij de arbeidsrechter ingediend in het Frans. De Belgische wet over de toepasselijke talen in het recht had voor de actie die Petit instelde het Nederlands voorgeschreven. Als hij een andere taal gebruikte, dan was hij niet-ontvankelijk. Petit had de Belgische nationaliteit en was alleen in België werkzaam geweest. Het Hof oordeelde dat de regels van het verdrag met betrekking tot het vrije verkeer en Verordening 1408/71 niet kunnen worden toegepast op activiteiten waarvan alle elementen zich beperken tot het grondgebied van een enkele Lid-Staat.

68. Overigens worden geen eisen gesteld aan de reden van verplaatsing. Het grensoverschrijdend verkeer hoeft dus niet in de hoedanigheid van een migrerende werknemer te geschieden. Het *Unger*-arrest betreft bijvoorbeeld een vrouw die zich verplaatste in het kader van een familiebezoek;[2] zij kon een succesvol beroep op de verordening doen (zie nr. 85). Als de werknemer pas gebruik maakt van het recht op vrij verkeer nadat hij gepensioneerd is, ontzegt het Hof hem niet het beroep op de verordening.[3] Het is ook niet nodig dat de werknemer eerst in een ander land gewerkt heeft; het hebben van een andere nationaliteit dan die van het werkland is al voldoende.

69. Ook gezinsleden en nagelaten betrekkingen van werknemers en zelfstandigen vallen onder de personenkring van de verordening. Als de overleden

[1] HvJ 22 september 1992, zaak 153/91, *Jur*. 1992, I-4973.
[2] HvJ 19 maart 1964, zaak 75/63, *Jur*. 1964, 369.
[3] HvJ 25 februari 1986, zaak 284/84, *Spruyt*, *Jur*. 1986, 685; HvJ 24 september 1987, zaak 43/86, *De Rijke-Van Gent*, *Jur*. 1987, 3611.

werknemer of zelfstandige niet de nationaliteit had van een van de EU-Lid-Staten kan de nagelaten betrekking eveneens een beroep doen op de verordening, op voorwaarde dat de nagelaten betrekking zelf wel onderdaan is van een van de EU-lid-staten (of statenloze of vluchteling).

Als het gaat om de toepasselijkheid van de verordening op gezinsleden dan is het niet nodig dat de werknemer gebruik heeft gemaakt van grensoverschrijdend verkeer om de verordening van toepassing te doen zijn. De bepalingen betreffende gezinsleden (bijv. artikel 19, tweede lid) kunnen van toepassing zijn zodra de gezinsleden in een andere Lid-Staat wonen dan de werknemer of zelfstandige.

70. Het werkingsterrein van verordening 1408/71 geldt voor alle Lid-Staten van de EU. Vallen nu ook regelingen onder de verordening die op het (ex-) koloniale gebied van een Lid-Staat betrekking hadden? Deze vraag kwam aan de orde in het *Bozzone*-arrest.[4] Bozzone is een Italiaan, die tot 1960 in Belgisch Congo gewerkt heeft. Hij vroeg in België een invaliditeitspensioen aan, en ging in Italië wonen. De aanvraag was gebaseerd op een Koninklijk Besluit van 1956 dat een invaliditeitsverzekering voor kolonialen bood. Dit pensioen dat hem in eerste instantie werd toegekend, werd later beëindigd omdat hij niet in België woonde. De vraag was nu of artikel 10 van Verordening 1408/71 (ongeldigheid woonplaatsbeginsel) van toepassing was op iemand die uitsluitend in koloniaal gebied gewerkt heeft. Het Hof overwoog dat de verordening van toepassing is op werknemers op wie de wetgeving van een Lid-Staat van toepassing is of geweest is. Nu het koloniaal besluit voor zieke werknemers bij de Belgische wet van 1960 (na de onafhankelijkheidsverklaring) bekrachtigd was, viel deze regeling onder 'nationale wetgeving' in de zin van de verordening, aldus het Hof.

71. Tevens is voor het Hof de vraag aan de orde geweest of een regeling die van toepassing was op personen die werkzaamheden verrichten *buiten* het grondgebied van een Lid-Staat (dat wil zeggen buiten (ex)koloniën) onder de verordening vallen. In het *Van Roosmalen*-arrest[5] oordeelde het Hof dat het belangrijkste criterium voor de term 'wetgeving' niet de plaats is waar de beroepswerkzaamheden zijn uitgeoefend, maar de verhouding tussen de werknemer – om het even waar hij zijn beroepswerkzaamheden heeft verricht – en het stelsel van sociale zekerheid van de Lid-Staat in het kader waarvan hij verzekeringstijdvakken heeft vervuld.

De nationale wetgeving die de werking uitbreidt tot personen die buiten de Gemeenschap werkzaamheden verrichten, moet dus worden aangemerkt als

[4] HvJ 31 maart 1977, zaak 87/76, *Jur*. 1977, 687.
[5] HvJ 23 oktober 1986, zaak 300/84, *Jur*. 1986, 3097.

wetgeving in de zin van artikel 2 van de verordening. Deze jurisprudentie is bevestigd in het *Buhari Haji*-arrest.[6]

72. Verordening 1408/71 beperkt zijn werkingssfeer in het algemeen tot personen die op het grondgebied van de Gemeenschap wonen. Personen die buiten de Gemeenschap wonen en in één Lid-Staat werken vallen op die wijze niet onder de werkingssfeer.[7] Veel bepalingen van de verordening sluiten aan bij de woon- of verblijfplaats en bij de plaats waar de werkzaamheden worden verricht. Artikel 3 bepaalt bijvoorbeeld dat het verbod van discriminatie naar nationaliteit bij de toepassing van nationale voorschriften slechts van toepassing is op personen die *op het grondgebied van een der Lid-Staten wonen* (cursivering van de auteur).

73. Bij de aanwijsregels ligt dit wat anders. Artikel 13, tweede lid verklaart de wetgeving van een Lid-Staat van toepassing *zelfs indien hij op het grondgebied van een andere Lid-Staat woont* (cursivering van de auteur). Deze formulering lijkt de toepasselijkheid van de verordening te beperken tot personen die op het grondgebied van een van de Lid-Staten wonen. Toch heeft het Hof de werkingssfeer van de aanwijsregels niet beperkt tot het grondgebied van de Gemeenschap. Dit bleek in het *Aldewereld*-arrest.[8]

De Nederlander Aldewereld woonde in Nederland toen hij in dienst trad van een in Duitsland gevestigde onderneming. Deze zond hem onmiddellijk na indienstneming uit naar Thailand, waar hij in 1986 werkzaam is geweest. Aldewereld ontving van Duitsland een aanslag sociale-zekerheidspremies en ook in Nederland moest hij voor de volksverzekeringen premies betalen. Als Aldewereld onder de verordening zou vallen, dan kon deze voorkomen dat hij in twee Lid-Staten premies moest betalen. Daarvoor was echter relevant of hij, nu hij in Thailand werkte, onder het territoriale bereik van de verordening viel. Het Hof overwoog dat de enkele omstandigheid dat een werknemer zijn werkzaamheden buiten het grondgebied van de Gemeenschap verricht, niet de toepassing van de gemeenschapsregels inzake het vrije verkeer van werknemers kan verhinderen wanneer de arbeidsverhouding een voldoende nauwe aanknoping met dat grondgebied behoudt.[9]

De conclusie uit deze beslissing kan zijn dat als iemand buiten het grondgebied van de Gemeenschap werkt, maar de sociale-zekerheidsstelsels van ten minste twee Lid-Staten van toepassing dreigen te zijn, de conflictregels van de verordening toch van toepassing zijn. Een complicatie kan zijn dat betrokkene ook onder het sociale-zekerheidsstelsel van het land valt waar hij werkzaam is.

[6] HvJ 14 oktober 1990, zaak 105/89, *Jur.* 1990, 4211.
[7] Van der Steen (losbladig: par III – 7.1.)
[8] HvJ 29 juni 1994, zaak 60/93, *Jur.* 1994, 2991.
[9] Zie verder nr. 150 betreffende de keuze van de aanwijsregels in dit geval.

Er is nog geen aanzet van jurisprudentie voor een oplossing in dit geval te vinden.

74. Een werknemer of zelfstandige moet de nationaliteit hebben van één van de Lid-Staten om onder de personenkring van de verordening te kunnen vallen (artikel 2 van de verordening, vgl. nr. 79). De vraag rijst dan op welk moment aan de nationaliteitsvoorwaarde voldaan moet zijn. Stel: een Irakees werkte van 1980 tot 1990 in België en neemt in 1989 de Belgische nationaliteit aan. Als hij vervolgens naar de Bondsrepubliek verhuist en daar gaat werken als werknemer, maar binnen een maand arbeidsongeschikt wordt, kan hij dan een beroep doen op de verordening om aan de referte-eisen van de Duitse arbeidsongeschiktheidswet te voldoen (die een wachttijd van vijf jaar kent)?

Het antwoord van het Hof op deze vraag was dat men dient te kijken naar de periode waarin de betrokkene de arbeid verricht, de bijdragen voor de verzekeringstijdvakken betaalt en de rechten verwerft. Dit betekent dat met betrekking tot de perioden waarin iemand nog niet de nationaliteit had van een Lid-Staat geen beroep op de verordening kan worden gedaan. Ook als men steeds verzekerd is geweest als onderdaan van een Lid-Staat, maar op het moment dat men uitkering aanvraagt niet meer de nationaliteit van een EU Lid-Staat heeft, kan men geen beroep doen op de verordening. Deze laatste situatie kwam voor in het *Belhouab*-arrest.[10] Het hangt dan af van het nationale recht welk recht betrokkene in dat geval heeft.

75. Een andere casuspositie is die, waarin iemand als onderdaan van een staat gewerkt heeft die pas later EU-Lid-Staat wordt, en de nationaliteit van die staat verloren heeft vóór de toetreding van die staat tot de EU. Dit kwam aan de orde in de *Buhari Haji*-zaak.[11] Buhari is in 1914 geboren in Nigeria, en had tot 1964 de Britse nationaliteit. Na 1960 verkreeg hij de Nigeriaanse. Van 1937 tot 1986 werkte hij in Belgisch Congo en betaalde tot de onafhankelijkheid van deze staat premies aan het Belgische orgaan. Hij vraagt nu Belgisch pensioen aan.

Het Hof overwoog dat de nationaliteitsvoorwaarde niet geacht kan worden te zijn vervuld wanneer de betrokken werknemer ten tijde dat hij zijn beroep uitoefende en zijn bijdragen betaalde, onderdaan was van een staat die nog geen lid was van de EU en de status van onderdaan van die staat heeft verloren voor diens toetreding tot de EU. Deze situatie heeft immers niet meer te maken met vrijheid van verkeer van werknemers zoals gewaarborgd in artikel 51 EG-Verdrag.

[10] HvJ 12 oktober 1978, zaak 10/78, *Jur*. 1978, 1915.
[11] HvJ 14 oktober 1990, zaak 105/89, *Jur*. 1990, 4211.

76. Volgens artikel 2, derde lid is alleen bij vluchtelingen en staatlozen vereist is dat zij binnen de EG wonen en niet voor werknemers en zelfstandigen.[12] Van Limberghen stelt dat als een werknemer of zelfstandige die onderdaan is van een Lid-Staat buiten de EU woont, maar onder de pensioenwetgeving van twee of meer Lid-Staten heeft behoord, ook kan eisen dat zijn pensioen volgens de verordeningsbepalingen wordt berekend.[13]

§2. De uitbreiding tot de landen van de EER

77. De verordening is niet alleen van toepassing op de landen van de Europese Unie, maar ook op de Europese Economische Ruimte. De EER-overeenkomst kent een aantal bepalingen die ook in het EG-verdrag voorkomen en bevat voorts een lijst van bijlagen waarin de verordeningen en richtlijnen vermeld zijn die van toepassing zijn. In bijlage VI is de verwijzing opgenomen naar het terzake diende EU-recht, i.c. Verordening 1408/71 en Verordening 574/72. Deze verordeningen gelden daarom ook voor de EVA-staten. In bijlage VI bij het EER-verdrag zijn speciale regelingen opgenomen die nodig zijn om rekening te houden met de stelsels van deze landen. Het toepassingsbereik van Verordening 1408/71 betreft hiermee ook het grondgebied van de EER (zie nr. 58 e.v.).

[12] Van der Steen (losbladig: hoofdstuk IV, par. 2.1) vraagt zich af of de Raad wel de bevoegdheid heeft om met betrekking tot deze groep regels te stellen.

[13] Van Limberghen (1991: 23).

HOOFDSTUK IV

DE PERSONELE WERKINGSSFEER VAN VERORDENING 1408/71

§ 1. Algemeen

78. Artikel 51 van het EG-Verdrag bepaalt dat de Raad maatregelen moet treffen om het vrij verkeer van *werknemers* mogelijk te maken. Verordening 3/58 was dan ook beperkt tot het geven van regels voor werknemers en ook de personenkring van Verordening 1408/71 was geruime tijd tot die groep bepaald. In 1981 is de werkingssfeer van de verordening uitgebreid tot zelfstandigen. De verordening waarmee deze uitbreiding in Verordening 1408/71 werd opgenomen[1] was gebaseerd op artikel 235 van het verdrag (zie nr. 453), aangezien artikel 51 niet de bevoegdheid om het vrij verkeer van zelfstandigen te regelen. Het Hof heeft de uitbreiding tot zelfstandigen geaccepteerd in het *Van Roosmalen*-arrest,[2] zie nr. 91.

79. Momenteel is de personenkring als volgt gedefinieerd (artikel 2).

De verordening is van toepassing op:

1. werknemers of zelfstandigen op wie de wetgeving van één of meer Lid-Staten van toepassing is of geweest is, en die onderdaan zijn van een der Lid-Staten. Met onderdanen zijn gelijkgesteld op het grondgebied van een der Lid-Staten wonende staatlozen of vluchtelingen;
2. gezinsleden en nagelaten betrekkingen van de onder (1) genoemden;
3. nagelaten betrekkingen van werknemers of zelfstandigen op wie de wetgeving van een of meer Lid-Staten van toepassing is geweest, ongeacht de nationaliteit van deze werknemers of zelfstandigen, wanneer hun nagelaten betrekkingen onderdanen van een der Lid-Staten zijn; met onderdanen zijn staatlozen en vluchtelingen gelijkgesteld;
4. ambtenaren en personeel dat volgens de toepasselijke wetgeving met hen gelijkgesteld is, voorzover zij onderworpen zijn of geweest zijn aan de wettelijke regelingen van een Lid-Staat waarop de verordening van toepassing is.

We zullen achtereenvolgens de verschillende leden van dit artikel behandelen.

80. Om onder de toepassing van het eerste lid van artikel 2 te vallen, is van belang dat men (A) werknemer of (B) zelfstandige is, en dat (C) de wetgeving

[1] Verordening 1390/81 van 12 mei 1981.
[2] HvJ 23 december 1986, zaak 300/84, *Jur.* 1986, 3097.

van één van de Lid-Staten van toepassing is of geweest is. De wetgeving bedoeld in onderdeel (C) is de sociale-zekerheidswetgeving van een van de Lid-Staten, en wel de sociale-zekerheidswetgeving die onder de materiële werkingssfeer valt van de verordening. Bovendien moet betrokkene (D) onderdaan van een Lid-Staat zijn (vgl. nr. 65 e.v. *supra*). Is de werknemer of zelfstandige namelijk geen onderdaan van een der Lid-Staten (noch staatloze of vluchteling) dan valt hij buiten de personele werkingssfeer van de verordening. Een Israëliër die eerst in België werkt en daarna in Nederland valt hiermee niet onder de verordening.

81. We herinneren hier aan nr. 59 uit hoofdstuk III, waarin het bereik van de verordening is beschreven. Zo kan iemand slechts een beroep doen op de verordening als hij zich over de grenzen van een Lid-Staat heeft begeven.

§2. Het werknemers- en zelfstandigenbegrip in Verordening 1408/71

A. *Het werknemersbegrip*

82. Voor de bepaling van wie werknemer of zelfstandige is, zijn op de eerste plaats de definities van artikel 1 van de verordening van belang.

83. Onder *werknemer en zelfstandige* verstaat artikel 1 (a) ieder:

(i) die verplicht of vrijwillig voortgezet verzekerd is tegen een of meer gebeurtenissen, behorende tot de takken van een stelsel van sociale zekerheid dat op werknemers of zelfstandigen van toepassing is;

(ii) die in het kader van een stelsel van sociale zekerheid dat voor alle ingezetenen of voor de gehele beroepsbevolking geldt, verplicht verzekerd is tegen een of meer gebeurtenissen behorende tot de takken van sociale zekerheid waar deze verordening op van toepassing is:

  (a) wanneer hij door de wijze van beheer of van financiering van dit stelsel als werknemer of zelfstandige kan worden onderkend, dan wel

  (b) indien dergelijke criteria niet aanwezig zijn, wanneer hij verplicht of vrijwillig voortgezet verzekerd is tegen een andere in bijlage I omschreven gebeurtenis, in het kader van een voor werknemers of zelfstandigen ingesteld stelsel of sub (iii) bedoeld stelsel,
  dan wel, bij gebreke van zulk een stelsel in de betrokken Lid-Staat, wanneer hij beantwoordt aan de in bijlage I gegeven definitie;

(iii) die in het kader van een stelsel voor sociale zekerheid dat volgens de in bijlage I vastgestelde criteria op uniforme wijze is georganiseerd ten behoeve van de gehele plattelandsbevolking, verplicht verzekerd is tegen meerdere gebeurtenissen behorende tot de takken van sociale-zekerheid waarop deze verordening van toepassing is;

(iv) die, in het kader van een stelsel van sociale zekerheid van een Lid-Staat, ingesteld voor werknemers of voor zelfstandigen of voor alle ingezetenen of voor bepaalde categorieën ingezetenen, vrijwillig verzekerd is tegen een of meer gebeurtenissen behorende tot de takken van sociale zekerheid waarop deze verordening van toepassing is:

(a) indien hij al dan niet in loondienst werkzaam is, of
(b) indien hij tevoren in het kader van een voor werknemers of zelfstandigen ingesteld stelsel van dezelfde Lid-Staat verplicht verzekerd is geweest tegen dezelfde gebeurtenis.

84. Ook met deze definitie in artikel 1, (a) blijft de vraag staan hoe nu precies moet worden vastgesteld of iemand werknemer is. Is het bijvoorbeeld vereist dat iemand, om onder deze categorie te vallen, een arbeidsovereenkomst heeft? In sommige sociale-zekerheidsstelsels is het mogelijk dat personen gelijkgesteld worden met werknemers, ook al hebben ze niet zelf de status van werknemer. Voorbeelden zijn in een aantal stelsels thuiswerkers, die, ook al hebben ze geen arbeidsovereenkomst, onder bepaalde voorwaarden als werknemer zijn verzekerd.[3]

85. Voor dit vraagstuk is vooral het *Unger*-arrest van belang.[4] Dit arrest werd weliswaar gewezen onder Verordening 3/58, maar uit verschillende latere arresten van het Hof bleek dat het Hof dit arrest nog steeds van belang vindt voort het werknemersbegrip in communautair recht.[5] In deze zaak ging het om een werkneemster die ontslag genomen had, en die vervolgens toegelaten was tot een vrijwillige verzekering op basis van de Nederlandse Ziektewet. Zij werd ziek in Duitsland, en vroeg na terugkeer naar Nederland Ziekengeld aan. Dit werd haar geweigerd, omdat ze tijdens haar ziekte in het buitenland verbleef. Als ze onder de verordening zou vallen, dan kon deze territorialiteitsvoorwaarde niet gesteld worden (artikel 19 van Verordening 3/58). Nu zij geen werkneemster was, was echter de vraag aan de orde of zij wel onder de personenkring viel en een beroep op artikel 19 kon doen.[6] Ter beantwoording van de vraag of een persoon in haar situatie onder de verordening valt, overwoog het Hof dat de verordening is vastgesteld ter uitvoering van artikel 51 van het EG-Verdrag. Het voornaamste doel van dit artikel is het totstandkomen van een zo groot mogelijke vrijheid van verkeer van werknemers. Dit beïnvloedt, aldus het Hof, de uitleg van de hierop gebaseerde verordeningen. Als gevolg hiervan heeft het begrip 'werknemer' een gemeenschapsrechtelijke betekenis. Als het begrip afhankelijk zou zijn van het nationale recht, dan kon iedere Lid-Staat de inhoud van dit begrip wijzigen en bepaalde categorieën van personen naar welgevallen van de bescherming van het verdrag uitsluiten. Dit

[3] Vergelijk voor Nederland het Koninklijk Besluit 24 december 1986, *Stb.* 655.

[4] HvJ 19 maart 1964, zaak 75/63, *Jur.* 1964, 369.

[5] Een voorbeeld is HvJ 14 december 1995, zaak 444/93, *Megner en Scheffel*, (nr. 573). Het opmerkelijke in dit arrest was dat het *Unger*-arrest ook gebruikt werd om het begrip *werknemer* in de zin van Richtlijn 79/7 te interpreteren.

[6] Verordening 3 kende nog geen definitie van werknemer, zoals Verordening 1408/71. In Verordening 1408/71 zou artikel 1 (a) (i), zie nr. 83, dat ook personen die 'vrijwillig voortgezet' tot zijn personenkring rekent, met betrekking tot mevrouw Unger hebben duidelijk gemaakt dat ze onder de personenkring valt.

zou de artikelen 48 tot en met 51 EG-Verdrag van iedere zin beroven en fnuikend zijn voor de doelstellingen van het verdrag om tot een zo groot mogelijke vrijheid van verkeer van werknemers te komen, aldus het Hof.

86. Het Hof heeft hiermee in het *Unger*-arrest bepaald dat het begrip werknemer een gemeenschapsrechtelijke betekenis heeft. Hiermee is nog niet vastgesteld wat die betekenis zou moeten zijn. Wel is duidelijk dat niet bepalend is dat mevrouw Unger volgens het toenmalige Nederlandse recht geen werkneemster meer was.[7]

87. Bepalend voor de vraag of iemand werknemer in de zin van de verordening is, is als gevolg van dit arrest of een sociale-zekerheidsregeling voor werknemers op betrokkene van toepassing is of geweest is. Daarmee valt ook iemand die onder de nationale regeling gelijkgesteld was met een werknemer onder de personenkring van de verordening, ongeacht hoe deze personen onder het nationale recht benoemd worden.[8] Het is aan de nationale wetgever te bepalen of iemand verzekerd is onder een regeling die voor werknemers geldt. Indien een Lid-Staat besluit om uitsluitend personen met een arbeidsovereenkomst onder een regeling te laten vallen, dan verhindert het gemeenschapsrecht dat niet. Zodra een Lid-Staat ook andere categorieën van personen onder een sociale-zekerheidsregeling voor werknemers verzekert, dan voldoen ze aan het 'werknemersbegrip' van de verordening.

88. De bepaling uit artikel 1, (a) (i) maakt het mogelijk om personen die onder een werknemersregeling vallen aan te wijzen als 'werknemers'. Nu zijn er echter ook Lid-Staten waarin geen speciale stelsels voor werknemers bestaan, maar waarin algemene stelsels werknemers beschermen, naast andere categorieën. Het is daarom van belang dat ook bij deze stelsels uitgemaakt kan worden wie werknemer (of zelfstandige) is en wie niet.

Artikel 1, (a) (ii) bepaalt met het oog op deze stelsels: of iemand de hoedanigheid van werknemer of zelfstandige heeft die verplicht verzekerd is in een stelsel van sociale zekerheid dat voor alle ingezetenen of voor de gehele beroepsbevolking geldt, moet af te leiden zijn uit bepaalde criteria. Enerzijds kunnen de wijze van beheer of van financiering van het desbetreffende stelsel als werknemer of als zelfstandige dienen ter bepaling van wie werknemer of zelfstandige is. Als een stelsel bijvoorbeeld verschillen kent in premies voor respectievelijk werknemers, zelfstandigen en anderen, dan kan op basis van die verschillen worden bepaald wie werknemer is of zelfstandige. Het Britse stelsel kent bijvoorbeeld zulke verschillen. Ook is het denkbaar dat er binnen

[7] Zie over de ontwikkeling van het werknemersbegrip ook het overzichtsartikel van Steyger (1988).

[8] Zie Govers (1977: 762).

een bepaald algemeen stelsel speciale fondsen zijn waarin de respectievelijke premies betaald worden voor zelfstandigen, werknemers en anderen; ook dan kan onderscheid op basis van dit artikellid gemaakt worden.

Als in een stelsel niet op deze wijze werknemers en zelfstandigen van elkaar onderscheiden kunnen worden, dan, zo luidt artikel 1, (a) (ii), wordt verwezen naar bijlage 1 van de verordening, waarin voor ieder land waar dit relevant is, criteria zijn aangegeven voor wie zelfstandige of werknemer in een dergelijk stelsel is.

Voor Nederland is in bijlage 1 als criterium voor 'zelfstandige' opgenomen: 'degene die anders dan in dienstbetrekking zijn beroepswerkzaamheden uitoefent'. Voor België is geen definitie opgenomen, omdat dit land speciale stelsels voor zelfstandigen kent, waardoor duidelijk is wie zelfstandige is en wie niet.

89. Artikel 1 (a) (iv) bepaalt dat ook werknemer of zelfstandige is iemand die, in het kader van een werknemers-, zelfstandigen- of volksverzekeringsstelsel van sociale zekerheid *vrijwillig* verzekerd is tegen een van de risico's waarop de verordening van toepassing is. Hiervoor moet aan één van de volgende twee voorwaarden voldaan worden: betrokkene is werkzaam al dan niet in loondienst of is tevoren in het kader van een voor zelfstandigen of werknemers ingesteld stelsel van dezelfde Lid-Staat verplicht verzekerd geweest tegen dezelfde gebeurtenis. Deze bepaling verschilt van die in artikel 1 (a) (i) omdat het hier niet gaat om een vrijwillig *voortgezette* verzekering, maar om een verzekering die vanaf het eerste moment op vrijwillige basis aangegaan is.

B. Het zelfstandigenbegrip

90. Het Hof baseerde zijn oordeel in het *Unger*-arrest (nr. 85) om tot een ruime interpretatie te komen van het werknemersbegrip op het beginsel van vrij verkeer van werknemers. In verband met artikel 51 van het verdrag moet het vrij verkeer van werknemers immers zo ruim mogelijk baan te krijgen. Het past in deze benadering dat ook het zelfstandigenbegrip uit de verordening zo ruim mogelijk wordt geïnterpreteerd. Dat het Hof dit inderdaad doet, bleek uit het *Van Roosmalen*-arrest.[9]

91. In het *Van Roosmalen*-arrest ging het om een priester, die in Zaïre arbeidsongeschikt was geworden. Deze had zich vrijwillig verzekerd onder de Nederlandse arbeidsongeschiktheidsverzekering (Algemene Arbeidsongeschiktheidswet). In Zaïre liep hij rugklachten op. Hij keerde terug naar de abdij in Postel (België), maar kreeg geen uitkering, op grond dat hij volgens de regelgeving pas recht op AAW-uitkering zou hebben, als hij in Nederland onafgebroken tweeënvijftig weken arbeidsongeschikt zou zijn geweest. Als de verordening

[9] HvJ 23 oktober 1986, zaak 300/84, *Jur.* 1986, 3097.

op hem van toepassing was, dan mocht deze territorialiteitseis niet gesteld worden. Van belang was daarom of hij zelfstandige was. Van Roosmalen ontving als priester geen inkomsten van zijn orde, maar werd onderhouden door zijn parochianen.

92. Het Hof overwoog in dit arrest dat de Raad bij Verordening 1390/81 het toepassingsbereik van Verordening 1408/71 heeft uitgebreid tot zelfstandigen. Verordening 1390/81 heeft dezelfde doelstellingen als van Verordening 1408/71, en daarom beoogt het begrip zelfstandige dezelfde sociale bescherming (vanuit het perspectief van het vrije verkeer) te bieden als aan loontrekkenden en moet dus ruim worden opgevat.

Van Roosmalen was vrijwillig verzekerd. Vandaar dat de regeling van artikel 1 (a) (iv) relevant was. Het Hof overwoog dat als gevolg van de formulering in (a) (iv) een zelfstandige hieronder valt als hij vrijwillig verzekerd is en hij niet in loondienst werkzaam is. Om nu verder te analyseren wat onder zelfstandige verstaan wordt, nu Van Roosmalen verzekerd was onder een volksverzekering die geen onderscheid maakte tussen werknemers, zelfstandigen en anderen, verwees het Hof naar artikel 1 (a) (ii), welk artikel de verplichte verzekering betreft. Dit artikel bepaalt dat zelfstandigen moeten worden onderscheiden aan de hand van de wijze van beheer of financiering van het stelsel of op basis van de in bijlage 1 van de verordening gegeven definitie. Zoals we gezien hebben in nr. 88 wordt volgens punt I van deze bijlage voor Nederland als zelfstandige aangemerkt 'degene die anders dan in dienstbetrekking zijn beroepswerkzaamheden uitoefent'. Daaruit volgt, aldus het Hof, dat in het kader van een vrijwillige verzekering die is opgezet voor loontrekkenden, zelfstandigen of alle ingezetenen, het begrip 'zelfstandige' wordt gekenmerkt door het soort werkzaamheden dat iemand uitoefent of heeft uitgeoefend. Dit moeten wel beroepswerkzaamheden zijn. Het begrip 'beroepswerkzaamheden' moet ruim worden opgevat; daarom is het niet noodzakelijk dat de zelfstandige als rechtstreekse tegenprestatie voor zijn werkzaamheden loon ontvangt. Vergoedingen van parochianen volstaan ook; als de vergoedingen de priester in staat stellen geheel of gedeeltelijk in zijn levensonderhoud te voorzien. Nu dit het geval was, kon Van Roosmalen als zelfstandige worden aangemerkt.

C. Werknemer is op wie de wetgeving van toepassing is of geweest is

93. Bij dit criterium uit artikel 2, eerste lid gaat het om de vraag of de sociale-zekerheidswetgeving van een Lid-Staat op betrokkene van toepassing is of is geweest. Deze bepaling sluit aan bij artikel 4 van de verordening, dat de materiële werkingssfeer betreft. Bedoeld wordt de sociale-zekerheidswetgeving van de Lid-Staat waar iemand werkzaam is als werknemer of zelfstandige; deze sociale-zekerheidswetgeving telt alleen mee als deze onder de materiële werkingssfeer van de verordening valt. Ambtenarenwetgeving valt (nog) niet

onder de materiële werkingssfeer van de verordening, zodat iemand die uitsluitend als ambtenaar heeft gewerkt, niet onder de personenkring van Verordening 1408/71 valt.

94. De nationale sociale-zekerheidswetgeving is dus de primaire bron om te bepalen of iemand onder de personenkring van de verordening valt. Voorts valt op, dat als men ooit onder de personenkring van de verordening is geweest, men daartoe blijft behoren. Overigens levert de verordening op zichzelf nog geen uitkeringsrechten op, zodat de opmerking dat men onder de personenkring valt niet zonder meer iets betekent. Bepalend voor de uitkeringsrechten is of men aan de nationale uitkeringsvoorwaarden voldoet van het stelsel dat van toepassing is. De verordening kan echter in sommige gevallen relevant zijn om te voldoen aan nationale voorwaarden, zoals we in latere nummers nog zullen zien.

95. Onderdeel van de omschrijving van de personele werkingssfeer is dat de wetgeving van een of meer Lid-Staten op een persoon van toepassing is, of geweest is. De vraag of dat het geval is, hangt niet alleen af van de vraag wat de nationale wetgeving daaromtrent bepaalt. Juist voor dit onderdeel zijn de aanwijsregels van de verordening van belang, omdat die o.a. moeten voorkomen dat iemand die in dienstbetrekking staat of gestaan heeft onder geen enkele regeling meer valt (zie ook nr. 21 -hoofdstuk I). In het hoofdstuk over de aanwijsregels zal dit onderwerp uitgebreid worden besproken, zie nr. 142.

96. In het *Zinnecker*-arrest[10] kwam de vraag aan de orde, in welke volgorde bepalingen van de verordening toegepast moeten worden om vast te stellen of iemand onder de personenkring van de verordening valt. Zinnecker was namelijk werkzaam in twee Lid-Staten, maar hij was in geen van beide verzekerd volgens de regels van de wetgeving van die staten. Hij was enerzijds niet verplicht verzekerd in zijn woonstaat Duitsland, aangezien het Duitse stelsel voor hem geen verplichte verzekering kende (en hij had zich ook niet vrijwillig verzekerd), en anderzijds viel hij niet onder het Nederlandse stelsel (omdat hij daar niet woonde viel hij niet onder de volksverzekeringen). Met behulp van de sterke werking van de aanwijsregels (zie nr. 24) zouden de woonplaatseisen van het Nederlandse stelsel terzijde kunnen worden gesteld en dan zou hij onder de personenkring vallen. Kunnen de aanwijsregels echter wel worden toegepast als niet eerst vastgesteld is dat betrokkene onder de personenkring valt? Dit is, met andere woorden, een kip- of eiprobleem. Voor Zinnecker was dit relevant omdat hij voor het jaar 1982 een aanslag premieheffing voor de Nederlandse volksverzekeringen kreeg opgelegd. Uit de

[10] HvJ 13 oktober 1993, zaak 121/92, nog niet gepubliceerd.

aanwijsregels zou volgen (artikel 14 *bis*, tweede lid)[11] dat het Duitse stelsel op hem van toepassing is. Als we naar dit land zouden kijken, dan zou moeten worden vastgesteld dat Zinnecker niet onder de verordening valt, aangezien hij in deze Lid-Staat niet verzekerd is. Dit zou dan echter niet verhinderen dat hij onder twee stelsels zou vallen.

Het Hof overwoog dat om onder de personele werkingssfeer van de verordening te vallen, een onderdaan van een Lid-Staat aan een sociale-zekerheidsregeling van een of meer Lid-Staten onderworpen moet zijn of geweest zijn. Er mag dan gekeken worden naar alle landen waar betrokkene werkzaamheden verricht, ongeacht het stelsel dat door de aanwijsregels is aangewezen. Voor Zinnecker volstaat het als de Nederlandse dan wel de Duitse wetgeving op hem van toepassing is. Wat de Nederlandse wetgeving betreft, blijkt dat Zinnecker in dezelfde periode in Nederland werkzaam was als zelfstandige en dat hij daar niet verplicht verzekerd was, omdat hij niet voldeed aan het door de Nederlandse wetgeving gestelde woonplaatsvereiste. Als Zinnecker onder de personele werkingssfeer van de verordening zou vallen als zelfstandige, dan werden die woonplaatseisen terzijde gesteld. Zinnecker zou dan onder het stelsel van volksverzekeringen vallen. Volgens artikel 1 (a) (ii) valt hij dan onder de personenkring van de verordening indien hij als zelfstandige in dit stelsel kan worden aangewezen. Hier is bijlage 1 bepalend, die al eerder vermeld is in nr. 88, waarin voor Nederland is bepaald dat als zelfstandige in de zin van artikel 1 (a) (ii) van de verordening wordt aangemerkt degene die anders dan in dienstbetrekking zijn beroepswerkzaamheden uitoefent. Volgens deze bepaling behoeft Zinnecker om zelfstandig te zijn, dus niet noodzakelijkerwijs in Nederland te wonen.[12] Hieruit volgt dat Zinnecker ondanks het feit dat hij niet voldoet aan het door de Nederlandse wetgeving gestelde woonplaatsvereiste, moet worden beschouwd als een zelfstandige die onder de personele werkingssfeer van de verordening valt.

97. De benadering van het Hof lijkt op het eerste gezicht ad hoc, omdat het verwijst naar een bijlage bij de verordening, die toevallig voor Nederland een aanknopingspunt gaf. Die bijlage biedt overigens eigenlijk een beperking ten aanzien van de personen die in Nederland als ingezetene verzekerd zijn (zie nr. 88).[13]

[11] Zoals we nog in het hoofdstuk over de aanwijsregels zullen zien (zie nr. 142 e.v.) heeft het werken in twee Lid-Staten tot gevolg dat artikel 14 *bis* van de verordening van toepassing is, welk artikel bepaalt dat 'op degene die gewoonlijk op het grondgebied van twee of meer Lid-Staten werkzaamheden anders dan in loondienst uitoefent, de wetgeving van de Lid-Staat van toepassing is van die op het grondgebied waarop hij woont, indien hij een deel van zijn werkzaamheden op het grondgebied van die Lid-Staat uitoefent'. Dit betekent dat de Duitse wetgeving van toepassing is (ook al biedt deze geen verplichte verzekering voor Zinnecker) en niet de Nederlandse, waardoor ook niet de Nederlandse aanslag volksverzekeringspremies kon worden opgelegd.

[12] Zie ook Brinkman (1994)

[13] Vgl. ook Van Steen (losbladig: hoofdstuk IV, par. 3.5).

De benadering van het Hof kan echter in algemenere woorden weergegeven worden. Wat in wezen het doel is van de jurisprudentie, is te voorkomen dat er positieve of negatieve wetsconflicten optreden. Met het oog hierop kijkt het Hof eerst naar de vraag of iemand als werknemer of zelfstandige verzekerd is in de Lid-Staten waar hij werkzaam is. Daarbij mogen territorialiteitseisen geen rol spelen, dat wil zeggen, dat waar de verordening deze terzijde zou stellen, als ze van toepassing zou zijn, dan mogen ze geen rol spelen. Op deze wijze kon ook de bijlage in het *Zinnecker*-arrest in het vizier komen.

De uitschakeling van de territorialiteitsvoorwaarden berust op een fictie. Er zijn immers nog geen gronden om dat op basis van de verordening zelf te doen, nu juist nog moet worden vastgesteld of ze van toepassing is.

Met deze benadering uit de jurisprudentie kan dus worden vastgesteld of iemand onder de personenkring van de verordening valt. Daarna kunnen de aanwijsregels bewerkstelligen dat er geen positief of negatief wetsconflict ontstaat.

D. Is een minimumaantal uren vereist?

98. Een interessante vraag is of voor de toepassing van Verordening 1408/71 eisen gesteld mogen worden aan de omvang van de werkzaamheden op grond waarvan men verzekerd is. Deze vraag kwam aan de orde in de zaak *Kits van Heijningen*.[14] Kits van Heijningen, die gepensioneerd was uit zijn eerdere hoofdbaan, gaf per week in totaal nog vier uur les, verspreid over twee dagen in de week. Zijn aanvraag voor kinderbijslag in Nederland werd afgewezen, nu hij niet op de eerste dag van het kalenderkwartaal in Nederland verzekerd was, omdat hij niet woonachtig was in Nederland en ook niet werkte op de betreffende dag. De voorwaarde dat men verzekerd is op de eerste dag van het kwartaal gold toentertijd voor de Nederlandse kinderbijslag. Het Hof oordeelde in deze zaak dat in de relevante bepalingen over de personenkring (artikel 2 en artikel 1, (a) van Verordening 1408/71) geen eisen worden gesteld aan de hoeveelheid tijd die iemand aan de uitoefening van zijn werkzaamheden moet besteden wil hij onder de personenkring vallen. Vandaar dat Kits met behulp van de verordening de woonplaatseisen in de kinderbijslagregeling terzijde kon stellen.

E. Een gefragmenteerd of een algemeen werknemersbegrip?

99. In de definities van artikel 1 (a) is sprake van een 'werknemer of zelfstandige die verplicht of vrijwillig verzekerd is tegen een of meer gebeurtenissen, behorende *tot de takken van een stelsel* van sociale zekerheid dat op werknemers of zelfstandigen van toepassing is'. Enige tijd speelde de vraag of iemand

14 HvJ 3 mei 1990, zaak 2/89, *Jur.* 1990, 1755, vervolgprocedure CRvB 19 september 1990, in *RSV* 1991/34.

die als werknemer verzekerd is geweest tegen een gebeurtenis die valt onder slechts één van de sectoren van een op werknemers toepasselijk sociale-zekerheidsstelsel, voor de hele verordening als werknemer moet worden beschouwd. Sommige auteurs beantwoorden deze vraag ontkennend.[15] Het arrest waarop deze twijfel gebaseerd was, was het *Brack*-arrest.[16] In dit arrest was de vraag aan de orde of een Brits accountant die zeventien jaar sociaal verzekerd was geweest in de hoedanigheid van zelfstandige, beschouwd kon worden als werknemer in verband met de toepassing van artikel 22, eerste lid van Verordening 1408/71, welk artikel ondermeer een terugbetalingsregeling inhoudt voor de kosten van geneeskundige verstrekkingen die in een andere Lid-Staat werden toegediend. Het Hof overwoog in dit arrest dat personen (zoals de heer Brack) verkerende in de omstandigheden zoals door de Engelse verwijzende rechter omschreven, *met het oog op de toepassing van artikel 22* (mijn cursivering) als werknemers in de zin van deze verordening waren te beschouwen. Sommige auteurs meenden dat het Hof bedoelde dat Brack uitsluitend voor artikel 22 als werknemer moest worden beschouwd.

100. Nadat het Hof, anders dan de Advocaat-Generaal, in het *Warmerdam*-arrest[17] niet expliciet op dit vraagstuk was ingegaan, werd in het *Van Poucke*-arrest[18] meer duidelijkheid geschapen. Van Poucke was als militair arts (ambtenaar) in België en als zelfstandig arts in Nederland werkzaam. Omdat hij als zelfstandig arts werkzaam was in Nederland werden van hem premies voor de Belgische zelfstandigenverzekering gevraagd. Van Poucke viel als ambtenaar in beginsel niet onder de verordening, maar onder het Belgische recht was de verplichte werknemersverzekering tegen ziekte en invaliditeit uitgebreid tot ambtenaren. Aangezien Van Poucke in België de status van ambtenaar had, viel hij uitsluitend voor dit onderdeel onder de werknemersbepalingen. Artikel 2, derde lid van de verordening bepaalt immers dat de verordening van toepassing is op ambtenaren voorzover zij onderworpen zijn of geweest zijn aan de wettelijke regelingen van een Lid-Staat waarop de verordening van toepassing is. De nationale rechter wilde vernemen of de in artikel 2, derde lid van de verordening bedoelde personen daadwerkelijk aan de toepasselijke wetgeving in de zin van dat artikel onderworpen zijn, wanneer slechts een bepaalde tak van sociale zekerheid op hen van toepassing is. Het Hof antwoordde hierop dat iemand die slechts aan een bepaalde tak van sociale zekerheid onderworpen is, wanneer de betrokken tak van sociale zekerheid deel uitmaakt van een wetgeving waarop de verordening van toepassing is in de zin van artikel 2, derde lid, daadwerkelijk onder die wetgeving valt. Dit

[15] Van Limbergen (1991: 22).
[16] HvJ 29 september 1976, zaak 17/76, *Brack*, *Jur*. 1976, 1429.
[17] HvJ 12 mei 1989, zaak 388/87, *Jur*. 1989, 1203, zie nr. 383.
[18] HvJ 24 maart 1994, zaak 71/93, *Jur*. 1994, 1101, zie ook nr. 157.

betekent dat de betreffende aanwijsregel op Van Poucke van toepassing is (artikel 14 quater, lid 1 (a); vgl. ook nr. 157 in hoofdstuk VI). België mocht hem dus premies voor zelfstandigen opleggen.

F. De nationaliteitsvoorwaarde.

101. Onderdeel van de definiëring van de personenkring in artikel 2 is dat iemand de nationaliteit moet hebben van één van de Lid-Staten om onder de personenkring van de verordening te kunnen vallen. Onderdanen van de staten van het EER-verdrag zijn voor de verordening gelijkgesteld met onderdanen van EU-staten. De vraag rijst dan op welk moment aan de nationaliteitsvoorwaarde voldaan moet zijn.

102. Zoals we hebben gezien in nr. 74, diende men te kijken naar de periode waarin de betrokkene de arbeid verrichtte, de bijdragen voor de verzekeringstijdvakken betaalde en de rechten verwierf, vgl. het *Belhouab*-arrest.[19]

Deze benadering is ook wel logisch. Als immers de nationaliteit op het moment van de aanvraag van belang zou zijn, dan zou een niet-EU-onderdaan die in verschillende Lid-Staten gewerkt heeft en vlak voor zijn pensionering de nationaliteit van een Lid-Staat verkrijgt, opeens onder het gemeenschapsrecht vallen. Anderzijds zou, als het moment van de aanvraag bepalend is, een werknemer die als onderdaan van een Lid-Staat gewerkt heeft, indien hij zijn nationaliteit verliest, opeens buiten het gemeenschapsrecht vallen. Dat zou niet bevorderlijk zijn voor het vrije verkeer en onbillijk zijn.

103. De verordening is ook van toepassing op vluchtelingen en staatlozen die op het grondgebied van een der Lid-Staten wonen en die zelfstandige of werknemer zijn. Ze hoeven niet de nationaliteit van een der EU-Lid-Staten te hebben.

§3. Gezinsleden en nagelaten betrekkingen

104. Zoals we in artikel 2 hebben gezien vallen ook gezinsleden en nagelaten betrekkingen van werknemers en zelfstandigen onder de personenkring van de verordening. Ook als de overleden werknemer of zelfstandige niet de nationaliteit had van een van de EU-Lid-Staten kan de nagelaten betrekking een beroep doen op de verordening, op voorwaarde dat de nagelaten betrekking zelf wel onderdaan is van een van de EU-lidstaten (of statenloze of vluchteling).

105. De begrippen statenloos en vluchteling zijn gedefinieerd in artikel 1, (f) respectievelijk (g). Deze bepalingen geven aan dat het antwoord op de vraag

[19] HvJ 12 oktober 1978, zaak 10/78, *Jur.* 1978, 1915.

of men *gezinslid* of *nagelaten betrekking* is, in de eerste plaats afhangt van de nationale wetgeving op basis waarvan de uitkeringen worden verleend.

Artikel 1, (f) (i) bepaalt dat onder gezinslid wordt verstaan iedere persoon die in de wetgeving krachtens welke de prestaties worden verleend als gezinslid wordt aangemerkt of erkend, of als huisgenoot wordt aangeduid of erkend; indien deze wetgevingen echter uitsluitend als gezinslid of huisgenoot beschouwen degene die bij de werknemer of de zelfstandige inwoont, wordt aan deze voorwaarde geacht te zijn voldaan, wanneer de betrokkene in hoofdzaak op kosten van deze werknemer of zelfstandige wordt onderhouden.

Artikel 1, (f) (ii) luidt dat wanneer het echter om prestaties voor gehandicapten gaat die op grond van de wetgeving van een Lid-Staat worden toegekend aan alle onderdanen van die staat die aan de vereiste voorwaarden voldoen, dan wordt onder gezinslid ten minste verstaan de echtgenoot, de minderjarige kinderen, alsmede de te zijnen of hare laste komende meerderjarige kinderen van een werknemer of zelfstandige.

106. Ook al behoort men via de hoedanigheid van gezinslid of nagelaten betrekking tot de personenkring van de verordening, dan is daarmee nog niet gezegd dat men dan ook een beroep kan doen op alle bepalingen van de verordening. Deze problematiek kwam in het *Kermaschek*-arrest aan de orde.[20] Een Joegoslavische echtgenote van een Duitse onderdaan, die in Nederland als werkneemster gewerkt had, wilde de in Nederland doorgebrachte tijdvakken laten meetellen met behulp van de verordening om aan de referte-eisen van de Duitse werkloosheidsuitkering te voldoen. Het Hof oordeelde dat zij geen gebruik van de verordeningsbepalingen kon maken; gezinsleden kunnen slechts een beroep op de verordening doen voor zover het gaat om rechten die zij ontlenen aan hun hoedanigheid als (ex)-gezinslid. Voor kinderen gaat hen dan om bijv. kinderbijslag of een wezenpensioen en voor volwassenen kan het gaan om een weduwe- of weduwnaarspensioen. Een werkloosheidsuitkering behoort echter niet tot de door de verordening bedoelde prestaties voor *gezinsleden*.

107. In het *Echtelieden Fracas*-arrest[21] volgde het Hof een afwijkende benadering, welke niet door latere arresten bevestigd is. Hier ging het om de zoon van een Italiaanse werknemer die sedert zijn geboorte (in 1959, in België) voor honderd procent arbeidsongeschikt was. In augustus 1973 dienden de ouders namens hun zoon in België een aanvraag in voor een gewone tegemoetkoming aan mindervaliden. De wet over de tegemoetkoming aan mindervaliden bepaalt dat Belgische onderdanen die in België verblijven, mits zij ten

[20] HvJ 23 november 1976, zaak 40/76, *Jur.* 1976, 1669.
[21] HvJ 17 juni 1975, zaak 7/75, *Jur.* 1975, 679.

minste veertien jaar oud zijn en ten minste dertig procent blijvend arbeidsongeschikt, en niet over bestaansmiddelen boven een bepaalde grens beschikken, aanspraak kunnen maken op een tegemoetkoming. Voor personen die niet de Belgische nationaliteit hadden bevat de wet de eis dat ze sinds hun twintigste levensjaar ten minste vijftien jaar in België gewoond hebben of onder de Europese Interimovereenkomst vallen.

Het Hof overwoog dat gezinsleden van een werknemer in het genot dienden te worden gesteld van de wettelijke voorzieningen van de woonstaat onder dezelfde voorwaarden als de onderdanen van die staat, en wel op basis van artikel 2 en artikel 3 van verordening. In het bijzonder in het geval van een gehandicapt kind dat reeds tijdens zijn minderjarigheid aan de voorwaarden voldoet om als gezinslid tegemoetkomingen aan mindervaliden te genieten, kan de gelijkheid van behandeling krachtens artikel 3 van de verordening niet eindigen bij het meerderjarig worden, als het kind wegens zijn handicap de hoedanigheid van werknemer niet zelf kan verwerven. Als reden hiervoor voerde het Hof aan dat anders de werknemer ertoe gebracht zou kunnen worden de werkstaat te verlaten.

Deze benadering werd ook gevolgd in het *Inzirillo*-arrest[22], in welke zaak het ook om een gehandicapt kind ging.

De vraag is of het Hof deze zaken niet beter met behulp van Verordening 1612/68 (zie nr. 218) had kunnen oplossen.[23] Deze jurisprudentie lijkt slechts bedoeld geweest voor het speciale geval van een gezinslid dat nooit in staat zou zijn om voor zichzelf te gaan zorgen ('vroeggehandicapten'). Een dergelijke situatie, die een niet door dat gezinslid op te heffen belasting voor zijn ouders meebrengt, verschilt van die waarin een werkloos kind met behulp van de verordening een werkloosheidsuitkering wil aanvragen. In de tweede situatie is een beroep op de verordening niet succesvol. In het latere *Deak*-arrest[24] sluit het Hof weer aan bij de *Kermaschek*-benadering.

108. In de *Zaoui*-zaak[25] hanteerde het Hof eveneens een strikte interpretatie van de personenkring. Zaoui deed een beroep op een toeslagenregeling die gold voor personen die een ouderdoms-, weduwe- en invalidenuitkering ontvangen. Deze toeslagenregeling diende om hen een bestaansminimum te garanderen (ten laste van het *Fonds national de solidarité*). Zaoui had de Algerijnse nationaliteit en hij ontving een arbeidsongeschiktheidsuitkering; hij was gehuwd met een Française. De aanvullende uitkering werd hem geweigerd omdat hij niet de Franse nationaliteit had. Zaoui had aangevoerd dat hij als gezinslid van een gemeenschapsonderdaan recht had op de toeslag. Het

[22] HvJ 16 december 1976, zaak 63/76, *Jur.* 1976, 2057.
[23] Zie aldus ook Vonk (1991: 353-355).
[24] HvJ 20 juni 1985, zaak 94/84, *Jur.* 1985, 1873.
[25] HvJ 17 december 1987, zaak 147/87, *Jur.* 1987, 5511. Zie ook nr. 227.

Hof overwoog dat de toeslag betaald wordt aan de ontvanger van bepaalde pensioenen, ongeacht of zij al dan niet verwant zijn met een werknemer. Het recht op deze uitkering is dus geen afgeleid recht in de zin van de verordening.[26] Zaoui kon daarom als gezinslid geen beroep doen op Verordening 1408/71. Zie ook nr. 228.

109. Het is, met het oog op het beroep van een nagelaten betrekking op de verordening niet noodzakelijk dat het de werknemer of zelfstandige is die zich verplaatst; als zijn nagelaten betrekking van Lid-Staat verandert, is de verordening ook van toepassing.[27] Een voorbeeld daarvan was te vinden in de zaak *Laumann*.[28] Het ging in deze zaak om twee minderjarige kinderen van wie de vader overleden was. De kinderen ontvingen een wezenpensioen. Dat werd geschorst op grond van artikel 79, derde lid, zie nr. 366, omdat de echtgenoot van de hertrouwde moeder kinderbijslag ontving in België. In deze zaak werd ten eerste de vraag gesteld of de verordening wel van toepassing is, aangezien noch de vader, noch de moeder, noch de stiefvader zich verplaatst hebben ter uitoefening van werkzaamheden. Het Hof antwoordde hierop dat Verordening 1408/71 niet alleen werknemers betreft, maar ook gezinsleden en nagelaten betrekkingen die zich in de Gemeenschap verplaatsen. De werkingssfeer is dus niet beperkt tot werknemers die in meer dan één Lid-Staat werkzaam zijn geweest.

§4. Ambtenaren en gelijkgestelden

110. Onder de personele werkingssfeer van de verordening vallen ook de ambtenaren die en personeel dat volgens de toepasselijke wetgeving met werknemers gelijkgesteld is, voorzover zij onderworpen zijn, of geweest zijn, aan de wettelijke regelingen van een Lid-Staat waarop de verordening van toepassing is. De verwijzing naar de wettelijke regeling waarop de verordening van toepassing is, houdt in dat degene die alleen onder de speciale regelingen van ambtenaren vallen niet onder de personenkring van de verordening vallen. Deze regelingen zijn immers in artikel 4, van de materiële werkingssfeer van de verordening uitgesloten, zie nr. 121. Ambtenaren (en met hen gelijkgestelden) vallen dus wel onder de verordening, voorzover zij onderworpen zijn (geweest) aan een wettelijke regeling die onder de materiële werkingssfeer van de verordening valt. De werkingssfeer met betrekking tot ambtenaren moet zodoende in samenhang met de materiële werkingssfeer gezien worden; zie verder nr. 121 e.v.

[26] Zie ook het arrest HvJ 8 juli 1992, zaak 243/91, *Taghavi*, *Jur.* 1992, I-4401, zie verder nr. 228.
[27] Cf. Schulte (1988: 60).
[28] HvJ 16 maart 1978, zaak 115/77, *Jur.* 1978, 805.

Uit het *Van Poucke*-arrest volgt dat ook al valt een ambtenaar slechts onder één regeling die tot de materiële werkingssfeer van de verordening behoort, hij toch onder de personenkring van de verordening valt (zie ook nr. 100).

111. *Conclusie.* De jurisprudentie van het Hof heeft een aantal keren de betekenis van het werknemers- en zelfstandigenbegrip uitgebreid. Het Hof hanteerde hierbij, zoals we ook nog in de komende hoofdstukken zullen zien, een teleologische interpretatie, die uitgaat van het doel van de verordening, namelijk het bevorderen van het vrij verkeer van werknemers. Een belangrijke lacune zit nog in de uitsluiting van personen die niet de nationaliteit hebben van een van de EU-/EER-Lid-Staten. Al geruime tijd wordt er over gesproken om deze personen ook onder de verordening te brengen.

HOOFDSTUK V

DE MATERIËLE WERKINGSSFEER VAN VERORDENING 1408/71

§ 1. Algemeen.

112. Verordening 1408/71 is van toepassing op alle wettelijke regelingen betreffende de volgende takken van sociale zekerheid (artikel 4, eerste lid):

a) prestaties bij ziekte en moederschap;
b) prestaties bij invaliditeit, met inbegrip van die tot instandhouding of verbetering van de verdiencapaciteit;
c) uitkeringen bij ouderdom;
d) uitkeringen aan nagelaten betrekkingen;
e) prestaties bij arbeidsongevallen en beroepsziekten;
f) uitkeringen bij overlijden;
g) werkloosheidsuitkeringen;
h) gezinsbijslagen.

113. In een voorstel van de Commissie wordt voorgesteld hieraan toe te voegen:

i) de prestaties bij vervroegde uittreding.[1]

Onder 'prestaties bij vervroegde uittreding' worden alle uitkeringen verstaan, met uitzondering van een vervroegd ouderdomspensioen, die vanaf een bepaalde leeftijd worden verstrekt aan een volledig werkloze, tot de leeftijd waarop hij recht heeft op een ouderdomspensioen of een niet verlaagd vervroegd ouderdomspensioen en waaraan niet de voorwaarde verbonden is dat de rechthebbende zich ter beschikking stelt van de diensten voor arbeidsbemiddeling van de bevoegde Lid-Staat. Deze definitie is opgenomen in het nieuwe artikel 1, (w).

114. De materiële werkingssfeer is beperkt tot *wettelijke regelingen*. Om te weten wat onder dit begrip moet worden verstaan, moeten we kijken naar artikel 1 (j) van de verordening.

Dit bepaalt dat:

> 'onder wetgeving en wettelijke regeling wordt verstaan, de bestaande of toekomstige wetten, regelingen, statutaire bepalingen en alle andere uitvoeringsmaatregelen, welke betrekking hebben op de in artikel 4, eerste en tweede lid, bedoelde takken en stelsels van sociale zekerheid.

[1] Com (95) 735 def. van 10 januari 1996.

Onder deze term vallen niet de bestaande of toekomstige contractuele bepalingen, ongeacht of deze al dan niet bij een besluit van de overheid algemeen verbindend zijn verklaard, dan wel een ruimere werkingssfeer hebben verkregen.
Ten aanzien van contractuele bepalingen welke de verplichte deelneming aan een verzekering voortvloeiende uit de in de vorige subalinea bedoelde wetten of regelingen beogen, of waarbij een stelsel wordt ingevoerd dat wordt beheerd door hetzelfde orgaan dat het beheer voert over de stelsels die zijn gevoerd door de in de vorige subalinea bedoelde wetten of regelingen, kan deze beperking te allen tijde worden opgeheven door een verklaring van de betrokken Lid-Staat waarin dergelijke regelingen waarop deze verordening wel van toepassing is worden vermeld.'

115. 'De bestaande of toekomstige wetten, regelingen, statutaire bepalingen en alle andere uitvoeringsmaatregelen, welke betrekking hebben op de in artikel 4, eerste en tweede lid, bedoelde takken en stelsels van sociale zekerheid' is op zichzelf een brede omschrijving en allerlei typen regelingen kunnen er onder vallen. In verband met dit begrip speelde het in nr. 62 (hoofdstuk III) behandelde *Bozzone*-arrest,[2] waarin het Hof oordeelde dat het belangrijkste criterium voor toepasselijkheid van de verordening op een regeling niet de plaats is waar de beroepswerkzaamheden zijn uitgeoefend, maar de verhouding tussen de werknemer – om het even waar hij zijn beroepswerkzaamheden heeft verricht – en het stelsel van sociale zekerheid van de Lid-Staat in het kader waarvan hij verzekeringstijdvakken heeft vervuld.

In verschillende landen wordt een substantieel deel van de sociale zekerheid, in plaats van in wettelijke regelingen, in cao's geregeld. Een voorbeeld daarvan is Frankrijk.[3] Vaak worden deze cao's algemeen verbindend verklaard, om voor alle betrokkenen binnen een bepaalde bedrijfstak of landelijk te laten gelden. Indien een cao algemeen verbindend verklaard is, vervult deze dezelfde functie als de wettelijke sociale zekerheid. Artikel 1 (j) bepaalt echter expliciet dat onder de term *wettelijke regeling* niet contractuele bepalingen (zoals cao's) vallen, ongeacht of deze al dan niet bij een besluit van de overheid algemeen verbindend zijn verklaard, dan wel een ruimere werkingssfeer hebben verkregen. Na deze uitzondering volgt echter de bepaling uit de laatste zin van dit artikel: 'deze beperking kan te allen tijde worden opgeheven door een verklaring van de betrokken Lid-Staat.'

Frankrijk, dat zijn werkloosheidsverzekeringen door middel van algemeen verbindend verklaarde cao's regelt, blijkt zo'n verklaring te hebben gegeven.[4] Deze cao's vallen dus onder de verordening.

116. Een voorbeeld van de consequenties van artikel 1 (j) is te zien in het arrest *Commissie tegen Frankrijk*.[5] Frankrijk hield ziektekostenpremies in op

[2] HvJ 31 maart 1977, zaak 87/76, *Jur.* 1977, 687.
[3] Frankrijk heeft verklaard dat ook de werkloosheidsuitkeringen, die in cao's geregeld worden, onder de verordening vallen, vgl. *PB L* 90 van 2 april 1987.
[4] Lyon-Caen (1991: 211).
[5] HvJ 16 januari 1992, zaak 57/90, *Jur.* 1992, I-75.

aanvullende pensioenen en vut-uitkeringen. De Franse wet in kwestie bepaalde dat een premie voor het algemene sociale-zekerheidsregime wordt ingehouden op de aanvullende pensioenen, ongeacht de plaats waar de uitkeringsgerechtigden verblijven. De Commissie spande de procedure aan tegen Frankrijk om vast te laten stellen dat als deze premies ook worden geheven bij personen die woonachtig zijn in een andere staat dan Frankrijk en van wie de verzekering voor moederschap en ziekte niet ten laste van een Frans stelsel komt, dit in strijd is met artikel 33 van de verordening.[6]

De vut-uitkeringen die hier in het geding waren worden betaald door de staat, nadat er speciale overeenkomsten gesloten zijn door de bevoegde autoriteiten met de beroepsorganisaties. De uitkering voor een aanvullend pensioen geschiedt op basis van cao's die verplicht en algemeen verbindend verklaard zijn voor bepaalde bedrijfstakken. Het Hof stelde vast dat het handelen van Frankrijk in strijd was met de verordening voorzover het gaat om wettelijke regelingen; volgens artikel 1 (j) van de verordening vallen cao-bepalingen echter niet onder de verordening. Deze beperking kan wel worden opgeheven door een verklaring van de betrokken Lid-Staat, maar die verklaring was i.c. niet gegeven.[7] Daarom kon deze praktijk niet verboden worden.

117. Artikel 4, tweede lid bepaalt dat de verordening van toepassing is op de algemene en bijzondere stelsels van sociale zekerheid, welke al of niet op premie- of bijdragebepaling berusten, alsmede op de regelingen betreffende de verplichtingen van de werkgever of de reder met betrekking tot de in het eerste lid bedoelde prestaties. Deze vraag speelt bijv. in stelsels waarin in geval van ziekte het loon doorbetaald wordt gedurende een aantal weken (Duitsland) of de gehele ziekteperiode (Nederland).

In het *Paletta-Brennet*-arrest[8] was de vraag aan de orde of (op grond van een wettelijke regeling verplichte) loondoorbetalingen bij ziekte door de werkgever ook onder de verordening vallen. Een Italiaanse werknemer, Paletta, werd ziek in Italië gedurende het verlof dat hem door Brennet werd toegestaan; de werkgever weigerde het loon door te betalen op basis van de *Lohnfortzahlungsgesetz* op grond dat hij zich niet gehouden achtte aan medische gegevens uit het buitenland. De verordening regelt hoe in dit geval gehandeld moet worden; voor de toepasselijkheid van deze bepalingen is dan wel van belang of deze loondoorbetalingen ziekte-uitkeringen vormen in de zin van Verordening 1408/71. Het Hof beantwoordde deze vraag bevestigend met verwijzing naar artikel 4, tweede lid. Het Hof wees er op dat de term 'beloning' uit artikel 119 EG-verdrag ook slaat op loondoorbetaling in geval van ziekte

[6] In nr. 278 zullen we op deze premieregeling ingaan.
[7] Zie voor een gelijkluidende uitspraak ook HvJ 6 februari 1992, zaak 253/90, *Commissie tegen België*, *Jur* 1991, I-531.
[8] HvJ 3 juni 1992, zaak 45/90, *Jur* 1992, I-3423.

zoals hier in geding, maar dat betekende niet dat deze betalingen niet tegelijkertijd ook ziekte-uitkeringen in de betekenis van Verordening 1408/71 konden vormen. Het antwoord op de vraag of een uitkering onder het toepassingsbereik van Verordening 1408/71 valt, hangt in essentie af, aldus het Hof, van de constitutieve elementen van die uitkering, en met name van zijn doeleinden en toekenningsvoorwaarden en niet van de naam van de uitkering. Het Hof oordeelde dat de onderhavige betalingen onder de verordening vallen, want ze worden slechts toegekend in geval van ziekte, en de betaling van die uitkeringen schort voor de duur van zes weken de betaling van ziekte-uitkeringen op grond van de sociale-zekerheidswet op.

118. In het *Rheinhold en Mahla*-arrest[9] kwam de vraag aan de orde of de verordening ook van nut is als een buitenlandse werkgever in gebreke blijft om premies te betalen voor de sociale zekerheid. In deze casus ging het om een in Nederland gevestigde onderneming die in België isolatiewerkzaamheden verrichtte als onderaannemer van Rheinhold, een vennootschap naar Belgisch recht. In 1985 ging de onderaannemer failliet. Bij de afwikkeling van het faillissement bleek zij aan de bedrijfsvereniging verschillende premies niet te hebben betaald. Aangezien de onderaannemer niet over voldoende middelen beschikte, sprak de bedrijfsvereniging Rheinhold tot betaling van die premies aan. Dit is mogelijk op basis van de Nederlandse Coördinatiewet Sociale Verzekeringen, welke bepaalt dat de aannemer hoofdelijk aansprakelijk is voor de premie en de voorschotpremie die de onderaannemer verschuldigd is in verband met het verrichten van werkzaamheden door zijn werknemers. De eerste vraag aan het Hof was of Verordening 1408/71 van toepassing is op een nationale wettelijke regeling die – zoals de Coördinatiewet – de verschillende takken van sociale zekerheid van een Lid-Staat coördineert. Het Hof antwoordde hierop dat de nationale stelsels van sociale zekerheid in hun geheel aan de toepassing van de regels van het gemeenschapsrecht zijn onderworpen. Niet alleen de specifieke wetten inzake de verschillende in artikel 4, eerste lid genoemde takken van sociale zekerheid kunnen derhalve onder de materiële werkingssfeer van de verordening vallen, maar ook wettelijke regelingen die, zoals de Nederlandse Coördinatiewet, de coördinatie tussen een aantal takken van sociale zekerheid onderling dienen te verzekeren. In dit verband is het van weinig belang dat deze wet niet wordt genoemd in de verklaring van de Nederlandse regering in de zin van artikel 5 (zie nr. 52).

119. Een andere vraag is echter of de onderhavige aansprakelijkheidsbepalingen – gelet op de strekking van artikel 51 van het EG-Verdrag – onder de werkingssfeer van Verordening 1408/71 vallen. Het feit dat een voorschrift voorkomt in

[9] HvJ 18 mei 1995, zaak 327/92, *Jur.* 1995, I-1223.

een wet die buiten de werkingssfeer van de verordening valt, betekent niet noodzakelijkerwijs, aldus het Hof in het *Rheinhold en Mahla*-arrest, dat dit voorschrift eveneens daarbuiten valt.[10] Omgekeerd betekent het feit dat een wet als de Coördinatiewet binnen de materiële werkingssfeer van de verordening kan vallen, niet noodzakelijkerwijze dat dan ook elke bepaling daarvan door die verordening wordt bestreken. Het doorslaggevende element is de – rechtstreekse en voldoende relevante – samenhang die de betrokken bepaling moet vertonen met de wetten die de in artikel 4 van de verordening genoemde takken van sociale zekerheid regelen. De verordening is onder meer van toepassing op de regelingen betreffende de verplichtingen van de werkgever met betrekking tot de prestaties en uitkeringen bij ziekte etc. De bepaling die in onderhavige zaak in geding is, ziet evenwel op een volstrekt andere situatie. Zij betreft immers niet de verplichting van de in een andere Lid-Staat gevestigde werkgever om de door hem ingevolge de Nederlandse wetgeving verschuldigde sociale-zekerheidspremies te betalen, maar de verplichting van een in een andere Lid-Staat gevestigde derde om aan de bedrijfsvereniging een bedrag te voldoen, overeenkomend met de sociale-zekerheidspremies die een in Nederland gevestigde werkgever niet heeft betaald. Hoewel een zekere samenhang tussen de verplichtingen van de werkgever ter zake van de sociale zekerheid en de aansprakelijkheid van de hoofdaannemer, zoals geregeld in de onderhavige aansprakelijkheidsbepalingen, niet kan worden ontkend, moet worden vastgesteld dat dit slechts een indirecte samenhang is, aldus het Hof. Het in de Nederlandse wetgeving neergelegde beginsel van aansprakelijkheid van de hoofdaannemer berust niet op het feit dat tussen de hoofdaannemer en de werknemers voor wie de premies verschuldigd zijn, een verhouding bestaat als die van werkgever-werknemer. De aansprakelijkheid vloeit daarentegen voort uit het feit, dat de hoofdaannemer gebruik heeft gemaakt van de diensten van een onderaannemer, die de sociale-zekerheidspremies niet heeft betaald, die hij verschuldigd was in verband met de werkzaamheden die door zijn werknemers zijn verricht in het kader van een werk waartoe door de hoofdaannemer opdracht is gegeven. Ingevolge deze bepalingen is deze aannemer dus strikt genomen niet verplicht de sociale-zekerheidspremies te betalen, maar moet hij het verlies aan inkomsten compenseren dat de bedrijfsvereniging heeft geleden als gevolg van het feit dat de werkgever deze premies niet heeft betaald.

In deze omstandigheden kan, aldus het Hof, deze aansprakelijkheid van derden niet worden geacht een rechtstreekse en voldoende relevante samenhang te vertonen met de werkingssfeer van de verordening zoals deze in artikel 4 is gedefinieerd. Dit zou anders kunnen zijn wanneer voor de toepassing van de betrokken bepalingen fraude van de hoofdaannemer moet worden aangetoond.

[10] Vgl het *Paletta*-arrest in nr. 117 *supra*.

Van fraude zou sprake kunnen zijn, indien werd bewezen dat hij in feite de echte werkgever van de arbeiders is voor wie geen sociale-zekerheidspremies zijn betaald. Daarvan is hier echter geen sprake. Conclusie is dat in deze verhaalprocedure geen beroep op de verordening kon worden gedaan.

§ 2. Uitsluiting van oorlogscompensatie-uitkeringen

120. De verordening is niet van toepassing op prestaties voor slachtoffers van oorlogshandelingen of de gevolgen daarvan.[11] De consequenties van deze uitsluiting zijn bijvoorbeeld te zien in het geval van een Italiaan, Fossi, die in 1942/43 werkte op het toenmalige grondgebied van Duitsland als mijnwerker. Hij kreeg een Duits mijnwerkerspensioen toegekend, maar dit werd niet uitbetaald, omdat hij buiten het grondgebied van de Bondsrepubliek had gewerkt en verzekerd was geweest. Het Hof overwoog dat het hier om een herstelbetaling gaat in verband met het naziregime; deze betaling heeft jegens de eigen onderdanen een discretionair karakter als ze in het buitenland wonen. De uitkering valt daarom niet onder de materiële werkingssfeer van de verordening.[12] Ook de heer Even kon met behulp van de verordening niet de regeling van Belgische oorlogspensioenen bestrijden, welke bepaalde dat deze alleen aan Belgen betaald werden.[13]

§ 3. De uitsluiting van ambtenarenregelingen

121. Artikel 4, vierde lid bepaalt dat de bijzondere regelingen voor ambtenaren of met hen gelijkgestelden onttrokken zijn aan de materiële werkingssfeer van Verordening 1408/71. De Europese Commissie heeft eind 1991 voorgesteld om ook ambtenarenregelingen onder de Verordening te laten vallen;[14] dit voorstel ontmoet echter nog tal van problemen en is nog niet aangenomen.

Het Hof heeft in verband met zaken die het vrije verkeer uit artikel 48 EG-verdrag betreffen[15] bepaald, dat slechts die banen in overheidsdienst van het vrije verkeer zijn uitgesloten, die verband houden met de specifieke taken van de overheid, die al dan niet rechtstreeks deelname aan het openbare gezag inhouden en de werkzaamheden omvatten strekkende tot bescherming van de algemene belangen van de staat of andere openbare lichamen. Het zou in de

[11] Artikel 4, vierde lid van Verordening 1408/71.

[12] HvJ 31 maart 1977, zaak 79/76, *Fossi, Jur.* 1977, 667.

[13] HvJ 31 mei 1979, zaak 207/78, *Even, Jur.* 1979, 2019. Zie ook nr. 225 over Verordening 1612/68.

[14] *PB C* 46 van 20 februari 1992.

[15] Vgl HvJ 3 juni 1986, zaak 307/84, *Commissie tegen Frankrijk*, *Jur.* 1986, 1725, zie ook nr. 43 *supra*.

lijn van deze jurisprudentie liggen om ook met betrekking tot Verordening 1408/71 het ambtenarenbegrip beperkt op te vatten (om daarmee de uitsluitingen te beperken). Daarmee zouden bijvoorbeeld leerkrachten bij het onderwijs, ook als ze onder de nationale wetgeving formeel de ambtenarenstatus hebben, onder de verordening vallen.

Het Hof heeft deze benadering echter met betrekking tot Verordening 1408/71 niet gevolgd, zoals bleek uit het *Lohman*-arrest.[16] Lohman, een Nederlander die woonachtig is in België, was Nederlandse kinderbijslag geweigerd, omdat hij niet in Nederland woonde. Met behulp van artikel 77 van Verordening 1408/71 zou hij deze voorwaarde terzijde kunnen stellen, maar daarvoor moest hij wel onder de personenkring van de verordening vallen. Lohman ontving een invaliditeitspensioen op basis van de Algemene Burgerlijke Pensioenwet, een wettelijke sociale-zekerheidsregeling voor ambtenaren. Artikel 2, derde lid is van toepassing op ambtenaren voorzover zij onderworpen zijn of geweest zijn aan de wettelijke regeling van een Lid-Staat waarop deze verordening van toepassing is. Het Hof overwoog dat met *wettelijke regeling* niet bedoeld werd de regeling waarop aanspraak gemaakt wordt; omdat de AKW als volksverzekering voor alle ingezetenen, dus ook voor ambtenaren geldt, zou Lohman op die wijze onder de Verordening vallen. Gekeken moet echter worden of de ambtelijke pensioenregeling waaronder hij verzekerd is onder het begrip wettelijke regeling valt.

De definitie in artikel 1 bepaalt dat onder 'wetgeving' wordt verstaan de wetten die betrekking hebben op de in artikel 4, eerste en tweede lid bedoelde takken en stelsels van sociale zekerheid. Impliceert nu het feit dat artikel 4, vierde lid waarin bepaald is dat ambtenarenstelsels uitgesloten zijn, niet vermeld is in artikel 1, dat de beperking van artikel 4, vierde lid geen betrekking heeft op de betekenis van de term 'wettelijke regeling'? In dat geval zou Lohman wel onder de personenkring vallen. Het Hof oordeelde dat die verwijzing overbodig is, omdat personen in overheidsdienst al uitgesloten zijn (op grond van artikel 48, vierde lid van het EG-Verdrag). Dus het voorbehoud van artikel 4, vierde lid bleef bestaan onder deze jurisprudentie.

122. In het *Vougioukas*-arrest[17] was de uitsluiting van ambtenarenregelingen uit de materiële werkingssfeer van Verordening 1408/71 wederom aan de orde. Ten eerste werd de vraag gesteld of artikel 4, vierde lid enkel doelt op de ambtenaren waarop de uitzondering van artikel 48, vierde lid van het verdrag, zoals uitgelegd door het Hof, van toepassing is. De vraag was of artsen, als die welke voor het Griekse sociale-zekerheidsinstituut (IKA) werken, eventueel als dergelijke ambtenaren moeten worden beschouwd. Het Hof antwoordde dat

[16] HvJ 8 maart 1979, zaak 129/78, *Jur.* 1979, 853.

[17] HvJ 22 november 1995, zaak 443/93, nog niet gepubliceerd in de Jurisprudentie van het Hof.

artikel 48, vierde lid van het verdrag en artikel 4, vierde lid van de verordening ieder een ander voorwerp hebben. Artikel 48, vierde lid biedt de Lid-Staten enkel de mogelijkheid, onderdanen van andere Lid-Staten de toegang tot bepaalde betrekkingen in overheidsdienst te weigeren, terwijl artikel 4, vierde lid van de verordening de bijzondere regelingen voor ambtenaren of met hen gelijkgestelden in het algemeen onttrekt aan de coördinatie van de sociale-zekerheidsstelsels waarop de verordening is gericht. De uitsluiting van artikel 4, vierde lid omvat daarom alle ambtenaren in overheidsdienst en de met hen gelijkgestelden. Dit artikel kent dus een ruimer ambtenarenbegrip.

123. Ten tweede wilde de nationale rechter weten wat het begrip 'bijzondere regelingen voor ambtenaren' in artikel 4, vierde lid inhield. Het Hof oordeelde dat voor de kwalificatie 'bijzonder' volstaat dat de betrokken nationale sociale-zekerheidsregeling verschilt van de algemene sociale-zekerheidsregeling die in de desbetreffende Lid-Staat voor werknemers geldt, en dat die regeling rechtstreeks op alle of bepaalde categorieën ambtenaren van toepassing is of naar een in die Lid-Staat reeds bestaande sociale-zekerheidsregeling voor ambtenaren verwijst, zonder dat andere elementen in dit verband in aanmerking moeten worden genomen.

124. Voorts was in dit arrest de principiële vraag aan de orde of de uitsluiting van de bijzondere regelingen voor ambtenaren van de werkingssfeer van de verordening in strijd moet worden geacht met de artikel 48 en 51 van het EG-Verdrag. Het betekent immers dat tijdvakken van arbeid die een aan een bijzondere regeling voor ambtenaren of met hen gelijkgestelden onderworpen persoon, zoals een arts in vaste dienst van het IKA, heeft vervuld in openbare ziekenhuizen in een andere Lid-Staat, geen pensioenrechten doen ontstaan. De nationale wetgeving staat wel toe dergelijke tijdvakken in aanmerking te nemen wanneer zij in soortgelijke instellingen op het nationale grondgebied zijn vervuld. Het Hof overwoog hierop dat de Raad teneinde de daadwerkelijke uitoefening van het in artikel 48 van het verdrag neergelegde recht op vrij verkeer te waarborgen, ingevolge artikel 51 van het verdrag een stelsel diende in te voeren dat de werknemers in staat stelt de moeilijkheden te overwinnen die voor hen kunnen voortvloeien uit de nationale wettelijke regelingen inzake sociale zekerheid. De gemeenschapswetgever heeft echter nog niet de nodige maatregelen genomen om de materiële werkingssfeer van Verordening 1408/71 uit te breiden tot de bijzondere regelingen voor ambtenaren en met hen gelijkgestelden. Artikel 4, vierde lid van de verordening handhaaft zodoende een aanzienlijke leemte in de coördinatie van de sociale-zekerheidsregelingen binnen de Gemeenschap.

Gelet op de in artikel 51 van het verdrag aan de Raad opgedragen taak kan het bestaan van technische moeilijkheden, die bij het opstellen van het verdrag de uitsluiting hadden gerechtvaardigd, het ontbreken van elke coördinatie van de bijzondere regelingen voor ambtenaren of met hen gelijkgestelden echter niet voor onbepaalde tijd rechtvaardigen, aldus het Hof. Dit klemt te meer omdat de Commissie in december 1991 bij de raad een voorstel heeft ingediend tot wijziging van Verordening 1408/71 waarmee onder meer wordt beoogd dergelijke regelingen onder de materiële werkingssfeer van de verordening te brengen, zie nr. 121 *supra*.

Het Hof stelde vast dat de raad de hem bij artikel 51 van het verdrag opgelegde verplichting niet volledig heeft uitgevoerd, door sedert het einde van de voor het vrije verkeer van werknemers voorziene overgangsperiode geen enkele coördinatiemaatregel ter zake te nemen. Het voorgaande heeft echter geen gevolgen voor de geldigheid van artikel 4, vierde lid, aldus het Hof, omdat de Raad, gelet op de ruime beoordelingsbevoegdheid waarover hij beschikt bij de keuze van de meest passende maatregelen om het in artikel 51 van het verdrag beoogde resultaat te bereiken, vrij blijft om althans gedeeltelijk af te wijken van de thans in Verordening 1408/71 voorziene methodes bij de coördinatie van de bijzondere regelingen voor ambtenaren en met hen gelijkgestelden.

De aldus bepaalde geldigheid van artikel 4, vierde lid brengt evenwel niet mee dat een verzoek om samentelling zou falen, wanneer er rechtstreeks op grond van artikel 48 tot en met 51 van het verdrag aan kan worden voldaan, zonder dat daarbij door de raad vastgestelde coördinatiemaatregelen behoeven te worden betrokken. Het doel van de artikel 48 tot en met 51 van het verdrag zou niet worden bereikt, wanneer werknemers door de uitoefening van hun recht op vrij verkeer voordelen op het gebied van de sociale zekerheid verliezen die hun door de wettelijke regeling van een Lid-Staat worden gewaarborgd. Een dergelijk gevolg zou een werknemer in de Gemeenschap ervan kunnen weerhouden zijn rechten van vrij verkeer uit te oefenen en dit zou daarmee een belemmering voor dit vrije verkeer opleveren. Van een dergelijke afschrikwekkende werking is voor de werknemer sprake, wanneer ingevolge een nationale wettelijke regeling enkel de tijdvakken van arbeid vervuld in nationale openbare ziekenhuizen voor het verkrijgen van het recht op pensioen in aanmerking kunnen worden genomen, terwijl soortgelijke tijdvakken vervuld in openbare ziekenhuizen in andere Lid-Staten niet als zodanig kunnen worden erkend. Een dergelijke wettelijke regeling schept een verschil in behandeling tussen werknemers die hun recht op vrij verkeer niet hebben uitgeoefend en migrerende werknemers, in het nadeel van laatstgenoemden. Aangezien het dossier in de onderhavige zaak niets bevat wat deze verschillende behandeling van migrerende werknemers en werknemers die geen gebruik hebben gemaakt van hun recht op vrij verkeer objectief zou kunnen rechtvaardigen, moet dit verschil als discriminerend worden aangemerkt en is het dus in strijd met de fundamentele regels van het verdrag betreffende het vrij verkeer van werknemers, aldus het Hof. Met deze jurisprudentie doorbrak het Hof de algemene uitsluiting van ambtenarenregelingen door middel van artikel 4, vierde lid.

§4. De uitsluiting van bijstandsuitkeringen.

A. Jurisprudentie tot Verordening 1247/92.

125. In artikel 4, vierde lid van de verordening wordt de *sociale en medische bijstand* van de materiële werkingssfeer van de verordening uitgesloten. De uitsluiting van de bijstand was omstreden, omdat niet a priori vaststond waarom de bevordering van het vrij verkeer van werknemers beperkt zou moeten zijn tot sociale zekerheid en niet tot de bijstand.[18]

Voorts is niet steeds duidelijk wanneer een regeling tot de bijstand gerekend moet worden en wanneer niet. Het Hof vindt niet dat als een bepaalde regeling Bijstandswet genoemd wordt, deze dan ook altijd onder ‘bijstand’ in de zin van dit artikel valt; anderzijds kan het natuurlijk ook zou zijn, dat een regeling die Bestaansminimum heet, of een Toeslagstelsel, wel onder het bijstandsbegrip valt.

126. In het definitie-artikel van de verordening, artikel 1, wordt geen definitie gegeven van het begrip *sociale zekerheid.* Een belangrijk onderscheidend criterium tussen bijstand en sociale-zekerheid vormde oorspronkelijk dat bij bijstand liefdadigheid en (in een later ontwikkelingsstadium) de discretionaire bevoegdheid van de uitkeringsadministratie een grote rol speelde, terwijl dat bij de sociale zekerheid niet het geval is. Een tweede onderscheidend criterium is dat bijstand uit de algemene middelen betaald wordt, en sociale zekerheid traditioneel uit premies. Deze verschillen zijn evenwel al enige tijd aan het vervagen.[19]

Met betrekking tot het eerste onderscheidende criterium (het rechtskarakter) kan worden vastgesteld, dat in steeds meer regelingen een subjectief recht op uitkeringen bestaat, ook als de uitkering geheel uit overheidsmiddelen wordt betaald.
Ook de financieringswijze kan daarom niet als onderscheidend criterium dienen. Traditionele werknemersverzekeringen ontvangen immers soms eveneens overheidssubsidies. In het licht van de verordening zou het financieringscriterium toch al moeilijk onderscheidend kunnen werken, want artikel 4, tweede

[18] In sommige nationale systemen en/of doctrines wordt de bijstand overigens ook tot de sociale zekerheid gerekend.

[19] Zie ook Perrin (1961) en Vonk (1991: 35). Vgl ook de Advocaat-generaal in de *Frilli*-zaak, zie volgend nummer.

lid bepaalt dat de verordening van toepassing is op stelsels van sociale zekerheid, die al of niet op premie- of bijdragebetaling berusten.

127. Een van de eerste zaken waarin de vraag aan de orde kwam, of een bepaalde regeling als bijstand moest worden uitgesloten, betrof een Italiaans werkneemster, mevrouw Frilli, die korte tijd in België in loondienst geweest was en daar was blijven wonen.[20] Toen mevrouw Frilli vijfenzestig werd, ontving ze een Belgisch ouderdomspensioen, dat slechts 350 BF per maand bedroeg; daarom deed ze een beroep op het Belgische *gewaarborgd inkomen voor bejaarden.* Deze Belgische uitkering is bedoeld om bejaarden met onvoldoende bestaansmiddelen een minimuminkomen te verzekeren, maar heet geen 'bijstand'. Onduidelijk was daarom of deze uitkering uitgesloten was op grond van artikel 4, vierde lid. Het gewaarborgd inkomen wordt betaald door de Rijkskas voor pensioenen en komt geheel ten laste van de staat. Deze uitkering kent een middelentoets, maar deze toets is beperkt van aard: zo worden alimentatie en bijstandsuitkeringen niet in aanmerking genomen. Ook is de rechtsbescherming en uitvoering van deze uitkering overgelaten aan de instanties die deze taken ook bij de werknemersverzekeringen hebben. Mevrouw Frilli werd deze uitkering niet toegekend omdat in de Belgische wet bepaald was dat de gerechtigde hetzij Belg moest zijn, hetzij onderdaan van een land waarmee België terzake een wederkerigheidsovereenkomst had gesloten. Mevrouw Frilli voldeed niet aan deze voorwaarden. Voor haar was daarom relevant of zij een beroep op de verordening kon doen en wel op de gelijke-behandelingsnorm (artikel 3).

Het Hof overwoog dat deze uitkering door bepaalde kenmerken verwant is aan de sociale bijstand. Dat geldt met name waar ze van de behoefte als wezenlijk toepassingscriterium uitgaat en geen enkele eis stelt met betrekking tot tijdvakken van beroepsarbeid, van lidmaatschap of premiebetaling. Aan de andere kant komt de regeling dicht bij de sociale zekerheid, doordat zij afziet van een individuele beoordeling die kenmerkend is voor de bijstand. Ook kent ze de begunstigde een wettelijk omschreven positie toe, die recht geeft op een uitkering analoog aan de in de verordening genoemde ouderdomsuitkeringen. Een dergelijke regeling heeft, aldus het Hof, gezien de ruime omschrijving van de kring van begunstigden, in feite een tweeledige functie. Enerzijds bestaat die in het garanderen van een bestaansminimum aan personen die volledig buiten het stelsel van sociale zekerheid vallen. Anderzijds bestaat die functie in het verzekeren van een aanvullend inkomen aan degenen die een ontoereikende uitkering van sociale zekerheid genieten.[21]

[20] HvJ 22 juni 1972, zaak 1/72, *Jur.* 1972, 457.

[21] Vanwege het door het Hof gesignaleerde hybride karakter van de uitkeringen, namelijk dat ze zowel eigenschappen van een bijstandsuitkering als van sociale-zekerheidsuitkering hebben, worden ze wel *gemengde prestaties* genoemd. Een andere aanduiding is *non-contributieve prestaties,* maar deze term heeft eigenlijk betrekking op een te grote groep uitkeringen.

Het Hof komt vervolgens tot de conclusie dat ten aanzien van een werknemer in loondienst, of een daarmee gelijkgestelde persoon, die tijdvakken van verzekering of arbeid in een Lid-Staat heeft vervuld en daar woonachtig is en een pensioen geniet, de betreffende regeling binnen het gebied van de sociale zekerheid valt. Dat is het geval, zelfs als een dergelijke regeling ten aanzien van andere categorieën begunstigden niet aldus zou kunnen worden gekwalificeerd. Als een wederkerigheidsovereenkomst ontbreekt, mag dat niet relevant zijn voor deze werknemers, aangezien een dergelijke voorwaarde niet verenigbaar is met de regel van gelijke behandeling, aldus het Hof.

128. Het Hof vervolgde het betoog in het *Frilli*-arrest door te erkennen, dat zich bij deze toepassing van de coördinatieverordening problemen kunnen voordoen bij de algemene stelsels van sociale bescherming die voor een gehele bevolking zijn bedoeld en uitgaan van de nationaliteit en woonplaats. Deze problemen zijn inherent aan dergelijke stelsels, omdat ze gelijkelijk bescherming willen bieden aan zowel werknemers in loondienst die als zodanig aan de sociale zekerheid zijn onderworpen, als aan personen die daaraan niet zijn onderworpen. Ook de Advocaat-Generaal had in zijn conclusie gewezen op de 'moeilijkheden, welke zich in verband met de gemeenschapsregeling kunnen voordoen bij de toepassing van algemene stelsels van sociale bescherming'. Het probleem kan zich namelijk voordoen dat personen zich vlak voor het bereiken van de pensioengerechtigde leeftijd in het betreffende land vestigen en dan een beroep op uitkeringen van die Lid-Staat doen. Het Hof overwoog dat deze moeilijkheden slechts volledig kunnen worden opgelost in het kader van een wetgevend optreden der Gemeenschap. Maar als een rechter in staat is rechten van werkenden te beschermen dan moet hij dat ook doen, aldus het Hof. In dit geval bleek het verlenen van bescherming naar de mening van het Hof mogelijk zonder dat daarmee het stelsel van de betrokken nationale wetgevingen werd doorkruist. Het ging immers om een persoon die kon worden aangemerkt als een werknemer in loondienst in de zin van de verordening, die reeds krachtens een vroegere beroepsactiviteit viel onder het stelsel van sociale zekerheid van de Lid-Staat waarvan de wetgeving werd ingeroepen.

129. Uit deze jurisprudentie volgt dat een belangrijk criterium om te bepalen of een uitkering onder de verordening valt, is of betrokkene een duidelijk subjectief recht op die prestatie heeft. Indien het uitvoeringsorgaan iedere beoordelingsvrijheid bij de toekenning van een uitkering mist, zal de prestatie in kwestie niet als sociale bijstand in de zin van de verordening kunnen worden aangemerkt.

Naast dit criterium geldt nog een belangrijk aanvullend criterium waar het Hof consequent van uitgaat; dit luidt dat, wil een uitkering onder de materiële werkingssfeer van de verordening vallen, de betreffende wettelijke regeling verband houdt met één van de risico's die in nr. 111 onder (a) – (h) genoemd zijn. Dit bleek uit de zaak van Nederlandse vrouw die in België toekenning vraagt van een bestaansminimumuitkering, het *Hoeckx*-arrest.[22] Zij had een aantal jaren in Frankrijk gewerkt, maar op het moment van aanvraag had ze geen recht meer op een werkloosheidsuitkering. De regels betreffende de Belgische bestaansminimumuitkering waar ze recht op wilde doen, bepalen dat men werkelijk in België verbleven moet hebben gedurende ten minste de laatste vijf jaar vóór de aanvraag. Deze voorwaarde gold alleen voor niet-Belgen. De vraag luidde dus of de periode in Frankrijk op grond van Verordening 1408/71 meetelde om aan dit vereiste te voldoen. Het Hof oordeelt dat om tot het bereik van de verordening te behoren, de regeling verband moet houden met een van de in artikel 4, eerste lid van de verordening genoemde risico's. Een niet genoemde tak van sociale zekerheid kan niet als dusdanig worden gekwalificeerd, ook niet als ze de rechthebbende een wettelijk recht op uitkering geeft. Daarom voldeed de onderhavige uitkering niet aan de voorwaarden om onder de verordening te kunnen vallen. We komen op dit arrest terug in nr. 224, in verband met Verordening 1612/68.

130. Een mogelijk aanvullend criterium dat aan het *Frilli*-arrest viel te ontlenen, was dat de wettelijke bepalingen inzake het gewaarborgd inkomen slechts onder de materiële werkingssfeer vielen ten aanzien van 'een werknemer in loondienst of daarmee gelijkgestelde die tijdvakken van arbeid in een Lid-Staat heeft vervuld en daar woonachtig is en een pensioen geniet', vgl. nr. 127, laatste alinea. Op dit terrein volgde het Hof eerst een royalere en in een later stadium een restrictievere interpretatie.

In de zaak *Costa*[23] overwoog het Hof namelijk dat een wettelijke regeling, die aan mindervaliden een wettelijk beschermd recht op een uitkering geeft, ten aanzien van de in de verordening bedoelde personen tot het terrein van de sociale zekerheid behoort.

In het *Newton*-arrest[24] sloot het Hof weer aan bij de formulering uit het *Frilli*-arrest over de personenkring. Newton was een Brits onderdaan die in Frankrijk als zelfstandige werkte. In 1980 overkwam hem een verkeersongeval, waardoor hij verlamd raakte. Toen hij in 1981 in het Verenigd Koninkrijk terugkwam, vroeg hij een *mobility allowance* aan, een uitkering die wordt verstrekt aan personen die lijden aan een handicap waardoor ze niet kunnen lopen. Voor deze uitkering is vereist dat de aanvrager enige tijd in het Verenigd Koninkrijk doorgebracht heeft, daar steeds aanwezig is en er zijn gebruikelijke woonplaats heeft. De uitkering is een wekelijkse prestatie waarvan de hoogte vaststaat en niet afhangt van de middelen van de uitkeringsgerechtigde. De

[22] HvJ 27 maart 1985, zaak 249/83, *Jur*. 1985, 982.
[23] HvJ 13 november 1974, zaak 39/74, *Jur*. 1974, 1251.
[24] HvJ 20 juni 1991, zaak 356/89, *Jur*. 1991, I-3017.

uitkering werd aan Newton toegekend, maar toen hij in 1984 definitief naar Frankrijk vertrok, werd de uitkering stopgezet, omdat hij niet meer aan de woonplaatseis voldeed. In de beantwoording van de vraag of dit geoorloofd was, antwoordde het Hof dat deze uitkering onder de materiële werkingssfeer van de verordening valt, gelet op de in nr. 129 genoemde criteria. Wanneer het om een werknemer of zelfstandige gaat die reeds op basis van eerdere beroepsactiviteiten onder een sociale zekerheidsuitkering valt van een staat waarvan de wetgeving wordt ingeroepen, maakt die wetgeving deel van de sociale zekerheid in de zin van artikel 51 EG-Verdrag. Dat is ook zo, al zou deze regeling aan de kwalificatie van sociale zekerheid kunnen ontsnappen met betrekking tot andere categorieën uitkeringsgerechtigden. Met name zou een wet van een Lid-Staat van een type dat hier aan de orde is, niet onder artikel 51 EG-Verdrag en de verordening vallen als het gaat om *personen die uitsluitend aan de wetgeving van andere Lid-Staten als werknemer of als zelfstandige onderworpen zijn geweest* (curs. van de auteur).

Het Hof maakt dus bij dit type uitkeringen onderscheid: sommigen kunnen wel een beroep doen op de verordening, anderen niet.

Ter ondersteuning van deze benadering overwoog het Hof dat als dit type uitkeringen met betrekking tot personen die uitsluitend aan de wetgeving van andere Lid-Staten als werknemer of als zelfstandige onderworpen zijn geweest ook onder de Verordening 1408/71 zouden vallen, het evenwicht in een nationaal stelsel waarin de Lid-Staat solidariteit met gehandicapten toont, ernstig verstoord zou kunnen worden. Welnu, Verordening 1408/71 heeft niet een gemeenschappelijk regime van de sociale zekerheid geschapen, maar stelt coördinatieregels met het doel het vrije verkeer van werknemers te waarborgen. Het Hof overweegt dat als er onzekerheid bestaat over de interpretatie van bepaalde bepalingen van de verordening, deze bepalingen niet zo'n betekenis moeten krijgen dat ze een (non-contributief) stelsel zouden ontwrichten.

131. In het *Acciardi*-arrest[25] was een Nederlandse uitkering aan de orde waarvan betwist werd of deze onder de verordening viel. Het gaat om de Inkomensvoorziening oudere en gedeeltelijk arbeidsongeschikte werknemers (IOAW), vgl. verder nr. 407. Deze uitkering voorziet in een aanvulling op een uitkering of inkomen tot het minimumloon voor personen die gehuwd zijn; voor alleenstaanden is de aanvulling tot 70% van dit bedrag. De eerste vraag was of er een wettelijk omschreven recht op uitkering is; het Hof overwoog dat weliswaar het aan de aanvrager verschuldigde bedrag afhankelijk van zijn inkomen en dat van zijn echtgenoot, doch dit is een wettelijk omschreven objectief criterium dat recht op de uitkering geeft zonder de bevoegde instantie rekening kan houden met andere persoonlijke omstandigheden. De toekenning van deze

[25] HvJ 2 augustus 1993, zaak 66/92, *Jur.* 1993, I-4567.

uitkering hangt dus niet af van een individuele beoordeling van de persoonlijke behoeften van de aanvrager.

Met betrekking tot de tweede voorwaarde (aansluiting bij de prestaties genoemd in artikel 4) was van belang of de onderhavige uitkering een werkloosheidsuitkering is. Daarvoor is relevant, aldus het Hof, dat artikel 4 van de IOAW het recht op de aldaar bedoelde uitkering beperkt tot de werkloze werknemer en, in voorkomend geval, zijn echtgenoot. In de tweede plaats vervalt het recht op die uitkering zodra de belanghebbende de wettelijke pensioenleeftijd van 65 jaar bereikt. In de derde plaats ontstaat het recht op een IOAW-uitkering onmiddellijk bij het einde van het recht op een werkloosheidsuitkering. Volgens artikel 26 IOAW ten slotte, heeft, behoudens uitzonderingen, de werkloze werknemer slechts recht op de uitkering indien hij voldoet aan bepaalde voorwaarden die dienen tot zijn wederinschakeling in het arbeidsproces, met name dat hij zich als werkzoekende doet inschrijven bij het arbeidsbureau, dat hij naar vermogen tracht arbeid in dienstbetrekking te verkrijgen en dat hij passende arbeid aanvaardt.

Uit het voorgaande blijkt, dat een wettelijke regeling als de IOAW rechtstreeks verband houdt met het risico van werkloosheid. Hier kan niet tegen worden ingebracht dat de IOAW-regeling uit de algemene middelen wordt gefinancierd. De IOAW-uitkering is daarom een werkloosheidsuitkering en wordt bijgevolg beheerst door Verordening 1408/71, aldus het Hof.

B. Verordening 1247/92

132. Inmiddels geldt een nieuwe regeling met betrekking tot bijstandsuitkeringen, die de relevantie van de voorgaande nummers over de bijstand beperkt. De nieuwe regeling is ingevoerd door Verordening 1247/92.[26]

133. Artikel 4, lid 2 *bis* luidt sindsdien:

> 'deze verordening is van toepassing op de bijzondere, niet op premie- of bijdragebetaling berustende prestaties die vallen onder een andere wetgeving of een ander stelsel dan bedoeld in lid 1 of dan die welke krachtens lid 4 zijn uitgesloten, wanneer deze prestaties bestemd zijn:
> a) of wel om, bij wijze van vervangende, aanvullende of bijkomende prestatie, de gebeurtenissen te dekken die onder de in lid 1, (a) tot en met (h) bedoelde takken van sociale verzekering vallen.
> b) of wel uitsluitend zijn voor de specifieke bescherming van gehandicapten.'[27]

134. De redactie van dit nieuwe artikel is geen toonbeeld van helderheid. De uitkeringen die op basis van dit artikel onder de verordening vallen worden

[26] *PB L* 136 van 30 april 1992, blz. 1-6.

[27] In het voorstel (*PB C* 240 van 21 september 1985) was een onderdeel (c) opgenomen 'of wel bestemd zijn om een sociaal minimuminkomen te garanderen'. Dit onderdeel is niet opgenomen in de definitieve verordening.

immers aangeduid als die uitkeringen die op grond van het vierde lid zijn uitgesloten of niet onder het eerste lid vallen. Een negatieve definitie dus. Het Hof had nu juist in bijvoorbeeld het *Frilli*-arrest aangegeven dat gemengde uitkeringen *niet* op grond van het vierde lid waren uitgesloten en wèl onder het eerste lid vallen.

Het geamendeerde artikel 4 van de verordening geeft geen uitsluitsel over wat onder sociale zekerheid en wat onder de bijstand valt. Het beoogde resultaat zal bereikt moeten worden door de in artikel 5 van de verordening opgenomen mogelijkheid dat de Lid-Staten de in artikel 4, eerste en tweede lid, en lid *2 bis* bedoelde bijzondere, niet op premie- of bijdragebetaling berustende stelsels in verklaringen vermelden (bijlage II *bis* bij de verordening).

135. Het nieuwe artikellid vereist onder (a) de aansluiting bij de verzekeringsrisico's die in het eerste lid van artikel 4 van de verordening vermeld zijn; de *Hoeckx*-jurisprudentie (zie nr. 129) blijft hiermee ongewijzigd.

De uitkeringen onder (b) zijn de uitkeringen die ook in de arresten *Echtelieden Fracas* en *Inzirillo* (zie nr. 107) aan de orde waren. Deze twee arresten zijn behandeld in hoofdstuk IV, omdat daarin afgeweken werd van de *Kermaschek*-doctrine.

Tegelijk met dit nieuwe artikel is ook een definitie van gezinslid toegevoegd aan artikel 1, die afwijkt van de algemene definitie van gezinslid in dit artikel (zie nr. 105): wanneer het om prestaties voor gehandicapten gaat die op grond van de wetgeving van een Lid-Staat worden toegekend aan alle onderdanen van die staat die aan de vereiste voorwaarden voldoen, wordt onder 'gezinslid' ten minste verstaan de echtgenoot of echtgenote van een werknemer of zelfstandige, en de minderjarige kinderen van die werknemer of zelfstandige, en die meerderjarige kinderen die ten laste komen van de werknemer of zelfstandige.

136. Stel dat een Lid-Staat een uitkering niet vermeldt in een verklaring ex artikel 5, terwijl de betreffende regeling aan degenen die er een beroep op doen een subjectief recht op deze prestatie biedt en aansluit bij een van de risico's vermeld in artikel 4, eerste lid, dan zal die uitkering gerekend worden tot de materiële werkingssfeer in de zin van artikel 4, eerste lid.[28]

137. Met betrekking tot de in artikel 4, lid 2 *bis* bedoelde uitkeringen gelden in principe dezelfde regels als bij de overige uitkeringen; belangrijk onderdeel daarvan is het discriminatieverbod. Er geldt echter een speciale aanwijsregel voor deze uitkeringen, welke is opgenomen in het nieuwe artikel 10 *bis*:

[28] Omdat het Hof geen doorslaggevende betekenis aan de opname van prestaties in de bijlagen toekent, ligt niet geheel vast welke uitkering wel en welke niet onder de verordening valt; zie omtrent de betekenis van artikel 5, nr. 51 *supra*.

> 'Niettegenstaande de bepalingen van artikel 10 en van titel III ontvangen de personen op wie deze verordening van toepassing is, de bijzondere, niet op premie- of bijdragebetaling berustende prestaties als bedoeld in artikel 4, lid 2 *bis*, uitsluitend op het grondgebied van de Lid-Staat waar zij wonen en krachtens de wetgeving van die Lid-Staat, voorzover deze prestaties vermeld zijn in bijlage II *bis*. De prestaties worden door en voor rekening van het orgaan van de woonplaats verleend.'

138. Met dit nieuwe artikel 10 *bis* is dus het woonlandbeginsel met betrekking tot deze uitkeringen ingevoerd; deze formulering gaat veel verder dan de benadering in het *Newton*-arrest (nr. 130), omdat de verplichting tot export van dit type uitkeringen nu weggenomen is ten aanzien van *alle* rechthebbenden.

139. In het geval dat de wetgeving van een Lid-Staat de toekenning van voor invaliden of gehandicapten bestaande speciale gemengde prestaties afhankelijk stelt van de voorwaarde, dat de invaliditeit of de handicap voor de eerste maal op het grondgebied van die Lid-Staat is geconstateerd, geldt een aparte regel.

Artikel 10 *bis*, vierde lid bepaalt dat, wanneer de wetgeving van een Lid-Staat de toekenning van voor invaliden of gehandicapten prestaties (gemengde uitkeringen) afhankelijk stelt van de voorwaarde dat de invaliditeit of handicap voor de eerste maal op het grondgebied van die Lid-Staat is geconstateerd, deze voorwaarde geacht wordt te zijn vervuld wanneer de vaststelling voor de eerste maal op het grondgebied van een andere Lid-Staat is geschied.

140. Artikel 10 *bis* regelt in het tweede lid de situatie waarin de wetgeving het recht op de in het eerste lid bedoelde prestaties afhankelijk stelt van het vervullen van tijdvakken van arbeid, of van anders dan in loondienst verrichte beroepswerkzaamheden of van wonen. Volgens dit artikel houdt de Lid-Staat, voorzover nodig, rekening met de op het grondgebied van een andere Lid-Staat vervulde tijdvakken van arbeid, van anders dan in loondienst verrichte beroepswerkzaamheden of van wonen, alsof de tijdvakken op het grondgebied van de eerste Lid-Staat waren vervuld.

141. Ten slotte regelt het derde lid van artikel 10 *bis* het geval dat een wetgeving van een Lid-Staat het recht op een aanvullende prestatie als bedoeld in het eerste lid afhankelijk stelt van het ontvangen van een prestatie als bedoeld onder (a) tot en met (h) van het eerste lid van artikel 4, en krachtens die wetgeving geen prestatie van deze aard verschuldigd is. In dat geval wordt elke overeenkomstige prestatie die krachtens de wetgeving van een andere Lid-Staat wordt toegekend, voor de toekenning van de aanvullende prestatie beschouwd als een krachtens de wetgeving van de eerste Lid-Staat toegekende prestatie.

142. *Conclusie*. Het Hof heeft de bepalingen betreffende de materiële werkingssfeer, net als die van de personele werkingssfeer, ruim uitgelegd. Toch

geldt hierbij de aantekening dat ten aanzien van de materiële werkingssfeer het Hof weer wat gas teruggenomen heeft in het *Newton*-arrest. In de nieuwe verordening is het bereik van de verordening ten aanzien van bijstandsuitkeringen nog verder teruggebracht. De Lid-Staten blijken er nog niet aan toe te zijn om ook bijstand in de coördinatie op te nemen. Dat hangt samen met de belangrijke verschillen die er nog zijn tussen de Lid-Staten. Aan de andere kant zien we dat voor de artikel 4, lid 2 *bis* uitkeringen speciale aanwijsregels gelden, zoals het woonplaatsbeginsel. Vanuit dat perspectief zou uitbreiding van de verordening tot deze uitkeringen niet problematisch moeten zijn.

Met betrekking tot de werkgeversverplichtingen ten aanzien van socialezekerheidsuitkeringen (ziekte), is er ook opschudding geweest in de Lid-Staten (*Paletta*).[29] Hier heeft het Hof echter nog consequent volgehouden aan eerdere jurisprudentie. Dat is ook volledig terecht, want anders zouden de privatiseringsontwikkelingen die in de Lid-Staten te zien zijn (Nederland heeft nu een loondoorbetalingsverplichting van 52 weken voor de werkgevers in plaats van de Ziektewet) de coördinatie snel ondergraven.

Met betrekking tot ambtenarenregelingen heeft het Hof de Raad eigenlijk de wacht aangezegd. Wellicht brengt dit het voorstel tot coördinatie van ook ambtenarenregelingen in een stroomversnelling.

[29] Vgl. Schuler (1995).

HOOFDSTUK VI

DE AANWIJSREGELS IN HET ALGEMENE DEEL VAN VERORDENING 1408/71

§ 1. De hoofdaanwijsregel in Verordening 1408/71

143. Een essentiële taak van een coördinatieregeling is om aan te geven welk rechtsstelsel van toepassing is. De betreffende bepalingen van Verordening 1408/71 zijn te vinden in de artikelen 13 tot en met 17. Het doel van deze bepalingen is te voorkomen dat er als gevolg van grensoverschrijdend verkeer tussen de Lid-Staten geen enkele wetgeving van toepassing zou zijn, dan wel dat er meerdere wetgevingen tegelijkertijd van toepassing zijn.
Aanwijsregels hebben ten doel te bepalen welke regeling van toepassing is. Ze zijn dwingend van aard en laten geen keuze toe tussen 'betere' of 'slechtere' stelsels. Aanwijsregels kunnen dus ook meebrengen dat een werknemer onder een ongunstiger stelsel verzekerd is dan dat van zijn land van herkomst.

144. De meeste aanwijsregels van de verordening bepalen dat het stelsel van het werkland van toepassing is. Dit is voor de hand liggend, omdat dit inhoudt dat personen die bij een bepaalde werkgever werkzaam zijn dezelfde premies moeten betalen als de andere werknemers die in dat land werkzaam zijn. Daarmee ontstaat geen oneerlijke concurrentie, welke wel zou optreden als verschillen in premies toegestaan zouden worden. Concurrentie door middel van premies zou al heel snel leiden tot algemene verslechteringen van uitkeringsstelsels, een neerwaartse spiraal. In nr. 154 e.v. moeten we overigens op de algemene regel terug komen in verband met de mogelijkheid van detachering.

145. Artikel 13, eerste lid maakt op de eerste plaats duidelijk dat, behoudens enkele specifieke uitzonderingen, degenen op wie de verordening van toepassing is, slechts aan de wetgeving van één enkele Lid-Staat onderworpen zijn. Daarmee stelt de tekst van de verordening zelf vast, dat er sprake is van *exclusieve werking*. Onder Verordening 3/58 bestond er onduidelijkheid over de vraag of er sprake was van exclusieve werking van die verordening, zie nr. 157 e.v.

146. De bepaling dat aanwijsregels exclusieve werking hebben, houdt in dat er slechts één wetgeving tegelijkertijd van toepassing is op een verzekerde persoon. De verordening bepaalt welke wetgeving dat is. In veel gevallen luidt

de aanwijsregel, zoals gezegd, dat op een werknemer het stelsel van toepassing is van het land waar hij werkt; op een Nederlander die in België werkt is dan ook in principe uitsluitend het Belgische sociale-zekerheidsrecht van toepassing.[1] Dit wordt de bevoegde staat genoemd. Tijdens de periode dat het Belgische recht van toepassing is moet hij premies betalen aan de Belgische sociale-zekerheidsinstanties en, als hij ziek wordt, moet hij een beroep doen op een Belgische ziekte-uitkering, en ook bouwt hij pensioenrechten op onder het Belgische recht.

147. Hiervan moet onderscheiden worden dat iemand tijdens zijn loopbaan achtereenvolgens uitkeringsrechten kan opbouwen in verschillende Lid-Staten; dat op iemand uitsluitend het recht van één land van toepassing is, staat er niet aan in de weg dat hij bijvoorbeeld bij het bereiken van de pensioengerechtigde leeftijd deze verworven uitkeringen op kan eisen uit andere Lid-Staten (zie nr. 282 e.v.). Deze mogelijkheid moet niet worden verward met het vraagstuk van de exclusiviteit van de aanwijsregels.

148. De hoofdregel is dat op een werknemer en zelfstandige slechts de wetgeving van het land waar hij 'werkzaamheden in loondienst verricht', resp. 'werkzaamheden anders dan in loondienst' verricht. Het gaat hier om de feitelijke werkzaamheden. Als hij bijv. ziek wordt, is hij slechts aangewezen op de uitkeringen van het land waarin hij het laatst werkzaam is. Hij moet dan uiteraard wel voldoen aan de voorwaarden van dat stelsel voor het recht op uitkering. Soms helpt de verordening hem om aan die voorwaarden te voldoen, doordat hij tijdvakken doorgebracht in een ander land mee kan laten tellen om aan de voorwaarden te voldoen. Dit onderwerp is geregeld in de verschillende hoofdstukken van titel III van de verordening, met specifieke bepalingen voor de verschillende soorten prestaties. Zie in dit boek bv. nr. 250 en nr. 382. Dit neemt echter niet weg dat het voor kan komen, als gevolg van het feit dat hij ook met behulp van de samentellingsregels niet kan voldoen aan de voorwaarden van de nationale stelsels, dat een migrerende werknemer die in een bepaald land werkzaam is geen recht op uitkering blijkt te hebben in het land dat door de verordening aangewezen is (meestal dus het werkland), terwijl hij in het land van herkomst wèl recht op een uitkering, of op een hogere uitkering, zou hebben gehad. Deze verschillen worden door de verordening niet weggenomen, aangezien de verordening dient tot coördinatie van nationale stelsels en niet tot harmonisatie ervan.

[1] Dit is anders, indien deze persoon bij twee werkgevers werkzaam is in verschillende landen of als iemand bijvoorbeeld als werknemer werkzaam is in België en als zelfstandige in een ander land; op de aanwijsregels die in dat geval gelden kom ik nog terug in nr. 150.

§ 2. Overzicht van de overige aanwijsregels

149. De verordening moest ook voorzien in een aantal situaties die gecompliceerder zijn dan die van een werknemer die in een andere staat gaat werken. Hier worden slechts een paar hoofdregels genoemd:

- op personen die op het grondgebied van twee of meer Lid-Staten werkzaamheden uitoefenen, of die verbonden zijn aan meer dan één werkgevers die hun zetel of domicilie hebben op het grondgebied van verschillende Lid-Staten, is de wetgeving van de *woonstaat* van toepassing indien ze ook in die staat werken (artikel 14, tweede lid); deze regel zullen we tegenkomen in het *Kuypers*-arrest, (zie nr. 165);
- als personen in meer dan één Lid-Staat werken en in geen van die staten wonen dan is de wetgeving van toepassing van de Lid-Staat op het grondgebied waarvan de zetel van de werkgever gevestigd is bij wie zij werkzaam zijn;
- als iemand tegelijk werkzaamheden in loondienst en werkzaamheden anders dan in loondienst in verschillende Lid-Staten uitoefent, dan is de wetgeving van de Lid-Staat waar hij werkzaamheden in loondienst verricht de toepasselijke (artikel 14 *quater*). Onder werkzaamheden in loondienst kunnen ook werkzaamheden als ambtenaar vallen, zoals we zullen zien in het *Van Poucke*-arrest (zie nr. 152).

De laatste regel, uit artikel 14 *quater,* biedt in sommige gevallen een uitzondering op de exclusieve werking van aanwijsregels die in het algemeen geldt: een persoon kan gelijktijdig aan de wetgeving van twee Lid-Staten onderworpen zijn wanneer hij gelijktijdig in de ene Lid-Staat als werknemer en in een andere Lid-Staat als zelfstandige werkt. Van de mogelijkheid van zulke gelijktijdige toepassing van nationale wetgevingen moet de betreffende Lid-Staat wel melding maken, welke mededeling wordt opgenomen in een bijlage bij de verordening.

150. Voor sommige situaties bleek de verordening niet in aanwijsregels te voorzien. Een voorbeeld is te vinden in het *Aldewereld*-arrest[2], waar het ging om een Nederlander die in dienst trad van een in Duitsland gevestigde onderneming, die hem onmiddellijk na indienstneming uitzond naar Thailand. In deze zaak was de vraag aan de orde welke aanwijsregels in dit geval gelden. Het Hof oordeelde dat de enkele omstandigheid dat een werknemer zijn werkzaamheden buiten het grondgebied van de Gemeenschap verricht, niet de toepassing van de gemeenschapsregels inzake het vrije verkeer van werknemers kan verhinderen wanneer de arbeidsverhouding een voldoende nauwe aanknoping met dat grondgebied behoudt. In een geval als het onderhavige bestond een dergelijke aanknoping in de omstandigheid dat de communautaire werknemer in dienst was van een onderneming uit een andere Lid-Staat en daardoor aangesloten was bij de sociale-zekerheidsregeling van die staat.

[2] HvJ 29 juni 1994, zaak 60/93, *Jur.* 1994, I-2991.

In het algemeen zijn, aldus het Hof, de enige aanknopingsfactoren met de wetgeving van een Lid-Staat de woonplaats van de werknemer en anderzijds de plaats waar de werkgever is gevestigd. Uit die aanknopingspunten moest, nu er niets geregeld was in de verordening met betrekking tot deze situatie, het criterium voor de vaststelling van de op de betrokken situatie toepasselijke wetgeving worden gekozen, aldus het Hof. De toepassing van de wetgeving van de woonstaat van de werknemer is in het stelsel van de verordening een ondergeschikte regel, die slechts wordt toegepast wanneer die wetgeving een aanknoping heeft met de arbeidsverhouding. Wanneer de werknemer dus niet woont op het grondgebied van één van de Lid-Staten waar hij zijn werkzaamheden verricht, wordt gewoonlijk de wetgeving van de staat van de zetel of het domicilie van de werkgever toegepast.

In het geval dat hier aan de orde was, kon de wetgeving van de woonstaat van de werknemer niet worden toegepast, aangezien die wetgeving geen enkele aanknoping had met de arbeidsverhouding, zulks in tegenstelling tot de wetgeving van de staat waar de wetgever is gevestigd. Deze laatste moest derhalve worden toegepast. Het Hof concludeerde dat bij gebreke van een bepaling die uitdrukkelijk ziet op het geval van een persoon in de wereld van Aldewereld, een dergelijke persoon volgens het stelsel van de verordening valt onder de wetgeving van de Lid-Staat waar de werkgever is gevestigd.

151. In het *Van Poucke*-arrest was de vraag aan de orde of iemand die in de ene staat werkt als ambtenaar en in de andere staat als zelfstandige, ook een beroep kan doen op artikel 14 *quater*. Artikel 14 *quater* spreekt immers over enerzijds 'werkzaamheden in loondienst' en anderzijds over 'werkzaamheden anders dan in loondienst'. Het kon worden betwijfeld of werkzaamheden als ambtenaar hetzelfde zijn als werkzaamheden in loondienst. Het Hof bleek van oordeel dat ambtenaren in het stelsel van het verdrag als werknemers worden aangemerkt. Bij de omschrijving van het communautaire begrip werknemer in de zin van artikel 48 van het EG-verdrag moet immers worden uitgegaan van objectieve criteria die kenmerkend zijn voor de arbeidsverhouding, waarvan het hoofdkenmerk is dat iemand voor een ander en onder diens gezag prestaties levert en als tegenprestatie een beloning ontvangt. Iemand die als ambtenaar werkzaamheden verricht die binnen de werkingssfeer van de verordening vallen, verricht werkzaamheden in loondienst in de zin van artikel 14 *quater*.

Vervolgens was de vraag aan de orde of voor de werkzaamheden anders dan in loondienst de toepassing van de in artikel 14 *quater*, eerste lid (a) bedoelde wetgeving moet worden beperkt tot de takken van sociale zekerheid waarvoor de betrokkene ter zake van zijn werkzaamheden in loondienst binnen de werkingssfeer van de verordening valt. Ter beantwoording van deze vraag verwees het Hof naar artikel 14 *quater*, eerste lid (a) dat bepaalt dat op degene die gelijktijdig werkzaamheden in loondienst op het grondgebied van een

Lid-Staat en werkzaamheden anders dan in loondienst op het grondgebied van een andere Lid-Staat uitoefent, de wetgeving van toepassing is van de Lid-Staat op het grondgebied waarvan hij werkzaamheden in loondienst uitoefent. In artikel 14 *quinquies*, eerste lid is gepreciseerd dat de aldus bedoelde persoon voor de toepassing van de wetgeving die aldus aangewezen is, wordt aangemerkt alsof hij zijn volledige beroepswerkzaamheden uitoefende op het grondgebied van de betrokken Lid-Staat. Vandaar dat Van Poucke valt onder de Belgische regeling.

152. De Lid-Staat die door de aanwijsregels aangewezen wordt, wordt de *bevoegde staat* genoemd. In verschillende bepalingen van de verordening wordt verwezen naar de bevoegde staat.

§3. Uitzondering op de hoofdregels: detachering

153. Een belangrijke uitzondering op het werkland beginsel is detachering. We zullen dit onderwerp in een apart hoofdstuk behandelen, nr. 185 en volgende. Hier worden de hoofdregels genoemd.

154. Artikel 14 luidt:

> 'Ten aanzien van de toepassing van de in artikel 13, tweede lid, (a) neergelegde regel gelden de volgende uitzonderingen en bijzonderheden:
> (1) (a). Op degene die op het grondgebied van een Lid-Staat werkzaamheden in loondienst verricht voor een onderneming waaraan hij normaal verbonden is, en door deze onderneming gedetacheerd wordt op het grondgebied van een andere Lid-Staat ten einde aldaar voor haar rekening arbeid te verrichten, blijft de wetgeving van eerstbedoelde Lid-Staat van toepassing, mits de te verwachten duur van de arbeid niet meer dan twaalf maanden bedraagt en hij niet wordt uitgezonden ter vervanging van een andere persoon wiens detachering beëindigd is.
> (b). Indien de te verrichten arbeid door onvoorziene omstandigheden de oorspronkelijk voorziene tijdsduur overschrijdt en meer dan twaalf maanden duurt, blijft de wetgeving van eerstbedoelde Lid-Staat van toepassing tot aan de beëindiging van die arbeid, mits de bevoegde autoriteit van de Lid-Staat op het grondgebied waarvan de betrokkene gedetacheerd is, of het door deze autoriteit aangewezen lichaam, hiervoor toestemming verleent; deze toestemming moet vóór het einde van het oorspronkelijke tijdvak van twaalf maanden worden aangevraagd. Deze toestemming mag echter niet voor een langer tijdvak dan twaalf maanden worden verleend.'

155. Een andere belangrijke mogelijkheid om af te wijken van het werklandbeginsel vormt artikel 17 van Verordening 1408/71. Dit artikel bepaalt dat twee of meer Lid-Staten in onderlinge overeenstemming in het belang van bepaalde (groepen van) werknemers uitzonderingen op de artikelen 13 tot en

met 16 kunnen vaststellen. Daarmee geeft dit artikel de mogelijkheid om overeenkomsten te sluiten ten aanzien van bepaalde personen of groepen personen. Zij kunnen daarmee onder het stelsel blijven vallen, waaronder ze eerst verzekerd waren. In deze bepaling geldt geen termijn van twaalf maanden, zoals bij detachering.

§4. Exclusieve werking

156. We hebben in nr. 146 e.v. gezien dat de aanwijsregels van de verordening exclusieve werking hebben. Dit houdt in dat slechts één wetgeving tegelijkertijd van toepassing is op een verzekerde persoon. Met betrekking tot een aantal uitkeringen gelden bijzondere aanwijsregels, met name indien iemand een beroep doet op een werkloosheidsuitkering, vgl. nr. 391 e.v. Ook kan het bij de kinderbijslag voorkomen dat de verordening met zich meebrengt dat een bepaald stelsel van toepassing is, terwijl iemand uit een ander stelsel tegelijk een aanvulling moet ontvangen omdat de uitkering uit dat andere stelsel hoger zou zijn (zie nr. 367 over de kinderbijslag). Zo'n regeling maakt echter niet dat niet langer van exclusieve werking van de aanwijsregels in het algemene deel van Verordening 1408/71 kan worden gesproken.[3] Deze speciale regels worden besproken in de genoemde nummers.

157. *Conclusie*. Exclusieve werking houdt in dat de werknemer slechts aan één wetgeving tegelijkertijd onderworpen is en daarbij dient men te denken aan de *gehele* wetgeving van één Lid-Staat. Deze werking verhindert niet dat een verzekerde aanspraak kan maken op een uitkering in een andere Lid-Staat. Zo'n aanspraak is dan gebaseerd op eerdere verzekeringstijdvakken en/of specifieke bepalingen van de verordening (en de jurisprudentie daarover).

158. Onder Verordening 3/58 bestond twijfel over de vraag of de algemene aanwijsregels exclusieve werking hadden. Aanleiding daarvoor was het *Nonnenmacher*-arrest.[4] In deze zaak trad namelijk het effect op dat iemand in zijn land van herkomst wel recht zou hebben gehad op uitkering, maar niet onder het stelsel van het land dat door de aanwijsregels op hem van toepassing is verklaard. Het ging om de weduwe van een Nederlandse werknemer die tot september 1959 in Nederland werkte, en daarna in Frankrijk ging werken. Na anderhalve maand overleed de werknemer. Hij was wel in Nederland blijven wonen. Onder het Nederlandse recht zou zijn weduwe recht hebben op een weduwe-uitkering op grond van de Algemene Weduwen- en wezenwet

[3] HvJ 9 december 1992, zaak 119/91, *Una McMenamin*, *Jur.* 1992, I-6393.
[4] HvJ 9 juni 1964, zaak 92/63, *Jur.* 1964, 583.

(AWW), deze wet kende uitkeringen toe aan weduwen van ingezetenen. Onder het Franse stelsel, dat onder de aanwijsregels van toepassing was, zou ze niet in aanmerking komen voor een weduwepensioen, omdat dit alleen bestond voor arbeidsongeschikte vrouwen.

Het Hof overwoog dat de regeling omtrent de aanwijsregels gebaseerd is op artikel 51 EG-Verdrag. Dit artikel beoogt te voorkomen dat belanghebbenden buiten de bescherming van de sociale verzekering vallen. Maar artikel 51 bevat geen verbod op gelijktijdige toepassing van verschillende wetgevingen. Gelijktijdige toepassing mag alleen niet, wanneer dat in strijd is met de geest van het verdrag. Het verdrag beoogt juist een zo volledig mogelijke vrijheid van verkeer der werknemers tot stand te brengen: wettelijke beperkingen die de migrerende werknemers in een nadelige positie zouden brengen moeten daarom worden opgeheven. De betreffende bepaling verbood daarom, aldus het Hof, slechts de toepassing van wetgeving van een andere Lid-Staat dan die waarin betrokkene werkzaam is, voorzover zij deze laatste verplichtte bijdragen te betalen aan een sociale-verzekeringsinstantie, zonder dat dit hem een aanvullend voordeel opleverde ten aanzien van eenzelfde risico en eenzelfde periode.

In deze uitspraak werd beoogd om, waar dat mogelijk was, te voorkomen dat iemand geen recht kon doen gelden op een uitkering, waar hij zonder de aanwijsregel wel recht op zou hebben gehad.

159. Ofschoon het geval van mevrouw Nonnenmacher wel schrijnend was, was de benadering van het Hof niet erg geslaagd, want ze schiep veel rechtsonzekerheid. In feite zou er in veel gevallen sprake van kunnen zijn dat een werknemer wèl een aanvullend voordeel zou hebben als hij in meerdere landen verzekerd zou zijn, namelijk als verzekering in beide landen tot een uitkering zou leiden die niet aangetast zou worden door nationale of communautaire regels. Probleem was echter dat een werknemer weliswaar er voordeel van kan hebben om tweemaal uitkering x te verwerven, maar hij moet dan wel tweemaal premies te betalen. Die situatie zou het weer erg onaantrekkelijk maken om in het buitenland te gaan werken.

160. Zoals gezegd bestaat deze problematiek niet meer onder Verordening 1408/71, aangezien deze verordening er duidelijk over is dat de aanwijsregels ervan exclusieve werking hebben. Dat de consequenties van exclusieve werking voor het individu niet steeds even gunstig zijn, is te zien in de *Ten Holder*-zaak.[5] Het ging hier om een Nederlandse vrouw, die enige tijd in Duitsland werkzaam was. Ze werd ziek in Duitsland en had recht op *Krankengeld*. Vervolgens ging ze weer in Nederland wonen en nadat de maximumuitkeringsduur

[5] HvJ 12 juni 1986, zaak 302/84, *Jur.* 1986, 1821.

van *Krankengeld* verstreken was, vroeg zij daar een arbeidsongeschikheidsuitkering aan. Het Hof overwoog dat in deze situatie de wetgeving van het werkland, i.c. Duitsland, van toepassing is; die blijft van toepassing op de werknemer totdat hij in een andere Lid-Staat werkzaamheden opneemt. Mevrouw Ten Holder had dus geen recht op een Nederlandse arbeidsongeschiktheidsuitkering. Dat ze niet aan de voorwaarden van de Duitse arbeidsongeschiktheidsuitkering voldeed, doet hier niets aan af. Ze kon dan ook geen recht doen op een Nederlandse arbeidsongeschiktheidsuitkering. Ze was aangewezen op een bijstandsuitkering in Nederland, welke uitkering niet onder de verordening valt, zodat de aanwijsregels niet verhinderden dat ze daar aanspraak op maakte.

161. De verhouding tussen de algemene aanwijsregels en de bijzondere uit de verschillende hoofdstukken van de verordening kwam aan de orde in het *Una McMenamin*-arrest.[6] Volgens de verordening is bij een grensarbeider in sommige gevallen de partner die bij de kinderen woont gerechtigd tot kinderbijslag, terwijl de grensarbeider geen kinderbijslag krijgt uit het werkland. Indien evenwel de kinderbijslag van de partner lager is dan die uit het werkland van de grensarbeider verschuldigd zou zijn, dan heeft de grensarbeider recht op een aanvulling uit het werkland (artikel 76 van de verordening). Voor de precieze regels, zie nr. 351. Omdat in dit geval enerzijds de verordening de kinderbijslag aanwees van het woonland (in afwijking van artikel 13), en anderzijds toch nog een aanvulling ten laste van het werkland mogelijk maakte, waardoor recht uit twee landen tegelijk kan ontstaan, was de vraag welke betekenis artikel 13 van Verordening 1408/71 in een situatie als deze heeft. Het Hof oordeelde dat de regel dat een persoon slechts onderworpen is aan een de wetgeving van de werkstaat, zoals neergelegd in artikel 13, niet verhindert dat bepaalde uitkeringen geregeerd worden door de meer specifieke regels van die verordening. De onderhavige regeling moest daarom worden gezien in het licht van de overlappingsbepalingen, dat wil zeggen artikel 76 van Verordening 1408/71 en artikel 10 van Verordening 574/72 welke regels bevatten om te voorkomen dat uitkeringsregels van de verblijfstaat overlappen met die van de werkstaat.

§5. Sterke werking van de aanwijsregels.

162. Nu kunnen aanwijsregels wel een bepaald stelsel aanwijzen, maar minstens zo belangrijk is dat het aangewezen stelsel niet vreemde werknemers alsnog door zijn aansluitingsvoorwaarden uitsluit. Aansluitingsvoorwaarden in de vorm van nationaliteitseisen zijn uiteraard niet geoorloofd (vgl. artikel 3

[6] HvJ 9 december 1992, zaak 119/91, *Jur.* 1992, I-6393, zie ook nr. 356.

van de verordening). Maar stel nu dat een Belg als zelfstandige werkzaam is in Nederland, terwijl hij in België woont. Het stelsel dat op hem van toepassing is, is het Nederlandse; om verzekerd te zijn voor de Algemene Ouderdomswet of Algemene Arbeidsongeschiktheidswet is echter vereist, volgens de Nederlandse regelingen, dat hij in Nederland ingezetene is of aan de loonbelasting onderworpen is. Daar voldoet deze persoon niet aan. Het Nederlandse stelsel kent aldus grensnormen die ongunstig uit kunnen pakken voor migrerende werknemers. De vraag is nu of en hoe deze door de verordening behandeld worden.

163. Artikel 13, tweede lid (a) van de verordening bepaalt dat op degene die op het grondgebied van een Lid-Staat werkzaamheden in loondienst uitoefent de wetgeving van toepassing is van die staat, *zelfs* indien hij op het grondgebied van een andere Lid-Staat woont (mijn cursivering). Het tweede lid (b) geeft een vergelijkbare regeling voor zelfstandigen. Het woord *zelfs* uit de aanwijsregels moet bewerkstelligen dat in het voorbeeld van nr. 162 de Belg toch aangesloten is bij het Nederlandse stelsel, al voldoet hij niet aan de aansluitingsvoorwaarden zoals neergelegd in de nationale wetgeving. De aanwijsregels hebben met andere woorden *sterke werking*. Met sterke werking van de aanwijsregels wordt bedoeld dat als op grond van de in de nationale wetgeving neergelegde territoriale criteria het eigen rechtsstelsel niet toepasselijk is, het betreffende stelsel op grond van de verordeningsbepaling wèl toepasselijk is. De aanwijsregel schakelt de nationale bepalingen uit voorzover deze de vreemde arbeider hadden willen buitensluiten. Dat heeft als effect, dat men verzekerd is tegen de regels van de nationale wetgeving in.

164. Dat artikel 13, tweede lid sterke werking heeft is bevestigd in het *Kuijpers*-arrest.[7] In deze zaak was een aanwijsregel van belang, die geldt indien een werknemer in twee landen tegelijk werkt, vgl. nr. 149. Artikel 14 bepaalt, dat op een werknemer die in twee Lid-Staten pleegt te werken, de wetgeving van toepassing is van de woonstaat als hij ten minste ook deel van zijn werkzaamheden in die woonstaat uitoefent. Kuijpers woonde in Nederland en werkte in België. Van 1966 tot 1972 werkte hij in Nederland tevens in een avondbaan. Toen hij in 1976 een ouderdomspensioen in Nederland aanvroeg werden een aantal jaren niet meegerekend voor de berekening van de hoogte van de uitkering. De reden hiervoor was dat een Nederlandse Algemene Maatregel van Bestuur bepaalde dat een ingezetene niet verzekerd is die onder een buitenlandse wettelijke regeling voor ouderdomsuitkeringen verzekerd is, hetgeen i.c. het geval was geweest.

Het Hof overwoog dat Kuijpers op grond van de verordening (artikel 14) aangesloten zou moeten zijn geweest bij het Nederlandse stelsel en dus ook bij

[7] HvJ 23 september 1982, zaak 276/81, *Jur.* 1982, 3027.

de ouderdomsverzekering. Op grond van de Nederlandse regeling was hij echter uitgesloten. Lid-Staten mogen wel zelf de voorwaarden voor het recht op uitkering vastleggen, maar niet in hoeverre de eigen of een andere wettelijke regeling van toepassing is, aldus het Hof.

Nu de in de Nederlandse wetgeving vastgelegde territorialiteitsvoorwaarde niet spoorde met de aanwijsregel uit de verordening, werd die nationale voorwaarde terzijde gesteld. Kuijpers werd daarom verzekerd geacht, ook tijdens zijn Belgische periode. Hieruit kunnen we de conclusie trekken dat de aanwijsregels van de verordening sterke werking hebben.

165. Het criterium van het Hof, dat Lid-Staten wel zelf de voorwaarden voor het recht op uitkering mogen vastleggen, maar niet in hoeverre de eigen of een andere regeling van toepassing is, geeft niet steeds even scherp aan welke nationale voorwaarde nu wel of niet geoorloofd is.

Een voorbeeld van deze problematiek is te zien in het *Coonan*-arrest.[8] Mevrouw Coonan was een Ierse die na haar 65ste jaar nog een nieuw arbeidsleven wilde beginnen, en wel in het Verenigd Koninkrijk. Een voorwaarde om voor de Britse ziekte-uitkeringen verzekerd te zijn was, dat zij ook verzekerd was voor de Britse ouderdomsuitkeringen. Mevrouw Coonan kon zich, in verband met haar leeftijd, niet meer verzekeren voor een ouderdomspensioen. Daarom hield deze koppeling van uitkeringen in, dat ze zich niet kon aansluiting voor ziekte-uitkeringen. De vraag is nu of de aanwijsregels deze aansluitingsvoorwaarden voor de ziekteverzekering konden doorbreken. Het Hof was van oordeel dat dit niet het geval is, op grond van de overweging dat de verordening de bevoegdheid van de Lid-Staten onverlet laat om zelf de aansluitingsvoorwaarden te bepalen.

166. Voorwaarden die gerelateerd zijn aan het territorialiteitsbeginsel worden wel doorbroken door de aansluitingsvoorwaarden van de verordening. Dit zijn o.a. de voorwaarden dat men ingezetene moet zijn, of dat men ingeschreven is bij een bepaald orgaan in een andere Lid-Staat[9], de voorwaarden aan de vestigingsplaats van de werkgever en de koppeling aan de plaats waar het werk verricht wordt. Deze aansluitingsvoorwaarden worden door de sterke werking van de aanwijsregels terzijde gesteld.

167. Een opmerkelijk effect van het doorbreken van woonplaatseisen door middel van de aanwijsregels kan optreden bij de zgn. volksverzekeringen. Dit type verzekeringen verzekert personen primair op basis van het feit dat ze ingezetene zijn. Dit is in feite het enige aansluitingscriterium en als deze eis

[8] HvJ 24 april 1980, zaak 110/79, *Coonan*, *Jur.* 1980, 1445.
[9] HvJ 22 februari 1990, zaak 228/88, *Bronzino*, *Jur.* 1990, 531.

niet gesteld mocht worden, dan zijn ook personen buiten de betreffende staat verzekerd. Dit betekent niet, overigens, dat alle onderdanen van de Europese Unie aanspraak op uitkering zou kunnen krijgen. De territorialiteitseis wordt immers alleen terzijde gesteld als de aanwijsregels het betreffende stelsel als toepasselijk hebben aangewezen.

De mogelijkheid dat aanwijsregels woonplaatseisen van volksverzekeringen terzijde stellen is bevestigd in de zaak *Kits van Heijningen*[10] (zie nr. 98), waar het ging om de Nederlandse kinderbijslagregeling. De kinderbijslagwet verzekert iedereen in Nederland met kinderen beneden een bepaalde leeftijd van kinderbijslag, op voorwaarde dat men in Nederland aan de loonbelasting is onderworpen of ingezetene is. Voor deze regeling zijn geen premies vereist.

We zijn dit arrest al tegengekomen in verband met de personenkring; hieruit bleek dat ook personen in kleine deeltijdbanen onder de personele werkingssfeer van de verordening vallen. Toen eenmaal vastgesteld was dat Kits onder het Nederlandse stelsel viel, was de vraag aan de orde of hem Nederlandse kinderbijslag geweigerd mocht worden. Hij was immers geen ingezetene van Nederland. Verbood artikel 13 nu dat wooneisen aan de betrokken gepensioneerde werknemer werden tegengeworpen? Het Hof beantwoordde die vraag bevestigend: artikel 13, tweede lid bepaalt uitdrukkelijk dat op degene die op het grondgebied van een Lid-Staat werkzaamheden in loondienst uitoefent, de wetgeving van die staat van toepassing is, zelfs indien hij op het grondgebied van een andere Lid-Staat woont. Deze bepaling zou elk *nuttig effect* verliezen als een wettelijke regeling een woonplaatseis zou mogen stellen, aldus het Hof.

168. Een apart voorbeeld van doorbreking van nationale grensnormen was te zien in het *De Paep*-arrest.[11] Hier was een grensnorm aan de orde die tot dusver nog niet besproken is, maar die bij zeelieden als bevoegde staat aanwijst de staat onder welks vlag men vaart (artikel 14 *ter* van de verordening). In deze zaak ging het om twee schippers die op een schip, dat vanwege opgelopen averij niet-zeewaardig was verklaard, naar de nieuwe eigenaar in Groot-Brittannië voeren. Het schip bleek inderdaad niet zeewaardig en verging; de man en zoon van de eigenaresse kwamen om het leven. Zij vroeg een arbeidsongevallenuitkering aan. Op grond van de Belgische wet inzake arbeidsovereenkomsten voor zeelieden, eindigde het contract toen de niet-zeewaardigheid van een schip officieel vastgesteld was. Dit had tot gevolg dat de schipper niet meer in dienst was van de Belgische vennootschap ten tijde van het ongeval. Voor een uitkering uit het Belgische arbeidsongevallenfonds was vereist dat betrokkene onder de Belgische vlag voer. Aangezien aan deze eis niet voldaan werd, werd mevrouw De Paep uitkering geweigerd.

[10] HvJ 3 mei 1990, zaak 2/89, *Jur.* 1990, 1755.
[11] HvJ 4 oktober 1991, zaak 196/90, *Jur.* 1991, I-4815.

Het Hof overwoog dat de aanwijsregel, die bij zeelieden de staat onder welks vlag men vaart als bevoegde staat aanwijst, elk nuttig effect zou verliezen, indien de nationale aansluitingsvoorwaarden zouden verhinderen dat de personen op wie dit artikel betrekking heeft, een beroep zouden willen doen op de betreffende wetgeving.

De leer van het *nuttig effect* brengt ook hier mee dat zij toch aangesloten waren gebleven bij het Belgische stelsel.

169. We zien in het *De Paep*-arrest dat het stelsel van conflictregels niet alleen moet voorkomen dat meerdere wetgevingen tegelijkertijd van toepassing zijn, maar ook dat er geen enkele regel van toepassing is (negatief wetsconflict).

170. Aanwijsregels zijn relevant voor het opbouwen van uitkeringsrechten, maar ook voor de beslissing in welke Lid-Staat eventueel premies betaald moeten worden. De aanwijsregels wijzen de Lid-Staat aan, waar men verzekerd is. Als een bepaalde wetgeving premies verlangt, dan moet men daar aan voldoen, ook al woont men in een andere Lid-Staat.

171. Een voorbeeld van het effect van de exclusieve werking bij de premieheffing is te zien in het *Perenboom*-arrest.[12] De Nederlander Perenboom had in 1972 gedurende 143 dagen in de Bondsrepubliek gewerkt; hij werkte dat jaar niet in Nederland. Hij kreeg echter wel een aanslag voor de premies voor de Nederlandse volksverzekeringen, omdat hij in Nederland woonde. Het inkomen dat hij in Duitsland verdiend had werd voor het gedeelte van het jaar dat hij in Duitsland werkte aan Duitsland toegerekend en voor het gedeelte dat hij niet in Duitsland had gewerkt aan Nederland. Over dit 'Nederlandse' deel moest hij premies betalen. Perenboom had hier bezwaar tegen, nu hij zowel in de werkstaat als in de woonstaat premies moest betalen. Het Hof oordeelde dat artikel 13 meebrengt dat een werknemer slechts aan één wetgeving tegelijk is onderworpen. Een andere oplossing zou leiden tot dubbele premieheffing, en die zou onverenigbaar is met artikel 13. Alleen de werkstaat, Duitsland, mocht dus premies heffen.

§6. De aanwijsregels en post-actieven

172. In nr. 162 hebben we gesproken over het *Ten Holder*-arrest.[13] Uit deze uitspraak volgde dat men onderworpen bleef aan het sociale-zekerheidsstelsel van een Lid-Staat, totdat men in een andere Lid-Staat activiteiten ondernam als werknemer of zelfstandige. Dit arrest was nogal omstreden. Enerzijds kon het

[12] HvJ 5 mei 1977, zaak 102/76, *Jur.* 1978, 815.
[13] HvJ 12 juni 1986, zaak 302/84, *Jur.* 1986, 1821.

arrest met zich meebrengen dat personen geen beroep konden doen op bepaalde voorzieningen van het woonland, zoals mevrouw Ten Holder op een arbeidsongeschiktheidsuitkering in haar woonstaat Nederland.

Anderzijds werd deze uitspraak ook problematisch geacht in verband met de mogelijkheid om oneigenlijk gebruik te maken van sociale-zekerheidsregelingen van een Lid-Staat. Dat is met name het geval als die Lid-Staat een stelsel heeft van volksverzekeringen, en zeker als daarvoor geen of slechts lage premies hoeven te worden betaald. In Nederland zijn er verschillende van die regelingen, die personen verzekeren op basis van ingezetenschap. Men is alleen premies verschuldigd als men een zeker inkomen heeft; als geen premies verschuldigd zijn, dan is men toch verzekerd. Basisvoorwaarde is dus het ingezetenschap. Als nu iemand in Nederland verzekerd is geweest en naar een andere Lid-Staat gaat, zonder dat hij onder een nieuw stelsel valt (omdat hij in het nieuwe land geen werkzaamheden gaat verrichten – hij wordt bijvoorbeeld onderhouden door een ander of kan rentenieren), dan houdt de verordening in dat hij onder het Nederlandse stelsel blijft vallen. En dan wordt de eis van ingezetenschap terzijde gesteld door de aanwijsregels van de verordening. De vraag was nu of dit ongelimiteerd zou moeten kunnen plaatsvinden. Met andere woorden, zijn de aanwijsregels ook van toepassing op personen die al lange tijd niet meer werkzaam zijn, en die naar een ander land (veelal het land van herkomst) verhuizen? Deze vraag was door het Hof in het al genoemde *Ten Holder*-arrest bevestigend beantwoord. De wetgeving van het werkland blijft dus van toepassing op de werknemer totdat hij in een andere Lid-Staat werkzaamheden opneemt, ongeacht de tijd die verlopen is sinds de beëindiging van de werkzaamheden. Deze jurisprudentie leidde in Nederland tot ongerustheid over de mogelijkheid om de volksverzekeringen te kunnen handhaven (zie ook nr. 168).[14] Deze jurisprudentie zou er namelijk toe kunnen leiden dat het volksverzekeringstelsel een zeer ruime kring van rechthebbenden kan krijgen. Soms hoeven daar geen premies voor betaald te worden (kinderbijslag), maar ook als wel premies vereist zijn, dan blijkt het in de praktijk moeilijk om ze bij betrokkenen te innen.

173. Het *Ten Holder*-arrest werd voor sommige categorieën werknemers genuanceerd in het *Daalmeijer*-arrest.[15] Daalmeijer was een ambtenaar van het ministerie van Defensie, die steeds verzekerd was geweest voor de Nederlands ouderdomsverzekering, de AOW. Op zesenvijftigjarige leeftijd ging hij met pensioen en vestigde zich met zijn vrouw in Frankrijk. Het was nu de vraag of ook de periode vanaf deze vroege pensionering meetelde voor de opbouw van zijn ouderdomspensioen, dat inging op zijn 65e jaar. Hij voldeed immers niet

[14] Zie bijv. Keunen (1987: 98 e.v.) en Schell (1991) en Levelt-Overmars (1988).
[15] HvJ 21 februari 1991, zaak 245/88, *Jur.* 1991, I-555. Zie ook Vonk (1988).

aan de eis dat hij ingezetene was, welke voorwaarde gold om per jaar 2% van het volledige ouderdomspensioen op te bouwen. Artikel 13 van de verordening zou hem echter kunnen helpen om deze eis terzijde te stellen, zodat hij toch aan de voorwaarden kon voldoen. Het Hof oordeelde nu dat artikel 13 niet meer op Daalmeijer van toepassing was nadat hij definitief zijn beroepswerkzaamheden beëindigd had. De ratio van artikel 13 is namelijk, aldus het Hof, dat wetsconflicten worden opgelost die zich kunnen voordoen als gedurende een bepaald tijdvak de woon- en werkplaats niet in dezelfde Lid-Staat liggen. Deze functie is echter niet meer nodig als iemand zijn werkzaamheden definitief beëindigd heeft. Daarom heeft dit artikel geen betrekking op post-actieven, aldus het Hof. Nu artikel 13 niet van toepassing geacht werd, mocht het nationale stelsel woonplaatseisen eisen, i.c. verlangen dat hij ingezetene was. Omdat Daalmeijer hieraan niet voldeed, telden zijn jaren in Frankrijk niet mee voor de berekening van de hoogte van de AOW-uitkering.

174. Dit arrest sluit dus een bepaalde groep ex-werknemers uit van een aantal voordelen die de verordening biedt. Dit bleek uit het *Commissie tegen Nederland*-arrest[16], waarin de Europese Commissie er bezwaar tegen maakte dat personen die een vut-uitkering (een uitkering bij vervroegde uitkering) kregen, welke regeling een bedrijfstaksregeling is, alleen kinderbijslag krijgen als ze in Nederland wonen. Artikel 73 van de verordening zou deze woonplaatseis verhinderen. Het Hof oordeelt evenwel, conform het *Daalmeijer*-arrest, dat artikel 13, tweede lid (a) niet van toepassing is op vervroegd uitgetreden werknemers, nu het gaat om personen die definitief hun beroepswerkzaamheden hebben gestaakt.

175. Het *Daalmeijer*-arrest liet en laat overigens nog heel veel problemen open. Wanneer is immers sprake van 'voorgoed zijn werkzaamheden beëindigen'? Hoe zit het bijvoorbeeld met gedeeltelijke of volledige arbeidsongeschikten?

Inmiddels is de verordening aangepast en deze vragen dienen in samenhang met de nieuwe verordening en het *Daalmeijer*-arrest te worden besproken. De overwegingen die de Commissie gaf in de notitie die de wijziging van de verordening voorstelde, waren dat de *Ten Holder*-jurisprudentie met name ongunstig zou kunnen uitpakken voor inactieve personen die laatstelijk in een Lid-Staat gewerkt hebben waar het verzekeringstelsel gebaseerd is op de uitoefening van beroepswerkzaamheden en die woonachtig zijn in een andere Lid-Staat, met een verzekeringstelsel gebaseerd op woonplaats.[17] Ze zouden dan niet meer werken en dus niet verzekerd zijn in het land dat aangewezen was door de verordening. Ze konden veel beter verzekerd zijn in hun woonland.

[16] HvJ 28 november 1991, zaak 198/90, *Jur.* 1991, I-5799.
[17] Com 90 335 def (d.d. 24 juli 1990, *PB C* 221/3 van 5 september 1990).

176. De aanpassing hield in dat Verordening 2195/91 een nieuw punt aan artikel 13, tweede lid toevoegde, punt (f).[18]

Artikel 13, tweede lid (f) luidt:

> 'op degene die ophoudt onderworpen te zijn aan de wettelijke regeling van een Lid-Staat zonder dat hij op grond van een van de in de voorgaande punten genoemde regels, of van één van de in artikelen 14-17 genoemde uitzonderingen of bijzondere regels, aan de wettelijke regeling van een andere Lid-Staat wordt onderworpen, is de wetgeving van toepassing van de Lid-Staat op het grondgebied waarvan hij woont, overeenkomstig de bepalingen van deze wettelijke regeling alleen'.

177. Op iemand die geen werkzaamheden in loondienst meer uitoefent en die niet langer onderworpen is aan de wetgeving van dien Lid-Staat, zonder dat de wetgeving van een andere Lid-Staat van toepassing wordt, is dus het woonlandbeginsel van toepassing.

Enerzijds is het *Daalmeijer*-arrest van belang om te bepalen wanneer men niet langer onderworpen is aan de wetgeving van een staat. Anderzijds is ook de nationale wetgeving voor dit onderwerp van belang. Dat belang wordt benadrukt door het nieuwe artikel 10 *ter* van de Verordening 574/72. Dit luidt dat de datum en de voorwaarden waarop een persoon als bedoeld in artikel 13, tweede lid (f) van de verordening ophoudt onderworpen te zijn aan de wettelijke regeling van een Lid-Staat, moet worden vastgesteld overeenkomstig de bepalingen van deze wettelijke regeling.[19]

178. Als gevolg van deze regelgeving geldt nu het volgende:
- op de eerste plaats blijft van belang, of iemand definitief of niet uit het arbeidsproces is getreden. Is hij nog niet uitgetreden, dan blijft hij aangesloten bij het stelsel dat aangewezen is door de aanwijsregels, ook al voldoet hij niet aan de aansluitvoorwaarden, bijvoorbeeld omdat hij geen ingezetene is;
- als iemand *definitief* zijn werkzaamheden heeft beëindigd, dan is het aan het stelsel zelf waar hij het laatst aan onderworpen was, om te bepalen of hij er nog onder valt.[20] Met betrekking tot personen die geen arbeid meer verrichten en die geen recht hebben op een uitkering uit hun laatste werkland, zal in het laatste werkland meestal geen verzekering meer bestaan in het kader van de werknemers- of de volksverzekeringen. Sommige stelsels kennen echter in bepaalde uitkeringsregelingen de bepaling, dat uitkeringsgerechtigden verzekerd zijn voor onderdelen van de sociale zekerheid. Postactieven die

[18] Verordening van 25 juni 1991, *PB L* 1992/206 van 29 juli 1991.
[19] Vergelijk over dit vraagstuk ook Brinkman (1992).
[20] Art. 10 *ter* van Verordening 574/72.

recht hebben op dc betreffende uitkeringen blijven dan uiteraard onder het stelsel vallen van het land waar ze het laatst gewerkt hebben. Voor de andere uitkeringsgerechtigden treedt het tweede lid (f) in werking;
Indien betrokkene toch – achteraf gezien – niet definitief zijn beroepswerkzaamheden heeft beëindigd, doordat hij na verloop van tijd weer nieuwe beroepswerkzaamheden gaat uitoefenen, dan is artikel 13, tweede lid (f) niet langer van toepassing. De aanwijsregels van titel II herleven in dit geval.

179. Op dezelfde dag dat het *Daalmeijer*-arrest werd gewezen, wees het Hof ook een ander arrest, waaruit de consequenties van de *Daalmeijer*-benadering voor de premieheffing bleken, het *Noij*-arrest.[21] Het ging hier om een Nederlander die vele jaren in België gewerkt had, en daar een rustpensioen verworven had. Het recht op dit rustpensioen betekende dat hij recht had op Belgische kinderbijslag en medische verstrekkingen. Nadat Noij in Nederland was gaan wonen, kreeg hij echter een aanslag voor de Nederlandse volksverzekeringspremies (premies die opliepen tot drientwintig procent van zijn pensioen), terwijl hij voor de betreffende risico's al (grotendeels) gedekt was. Uit het *Daalmeijer*-arrest volgde echter dat artikel 13 niet van toepassing is op personen die voorgoed hun beroepsactiviteiten hebben gestaakt. Voor Noij had dit tot gevolg dat artikel 13 niet langer voor hem verbood dat meerdere wetgevingen tegelijkertijd van toepassing waren. Premieheffing door Nederland was dus in beginsel toegelaten. Met behulp van analoge toepassing van de regels omtrent de ziektepremies die geheven mogen worden aan personen die een pensioen ontvangen, kon het Hof hier toch een bevredigende oplossing geven. We zullen hier in nr. 280 op terugkomen.

180. Omdat de situatie van Noij slechts met analoge toepassing van de regels kon worden geregeld, zou er hier nog een lacune in de verordening kunnen zijn. Om deze te dichten is tegelijk met het nieuwe artikel 13, tweede lid (f) een nieuw artikel 17 *bis* in de verordening opgenomen[22], dat luidt:

> 'een persoon die recht heeft op een pensioen of rente overeenkomstig de wetgeving van een of meer Lid-Staten, en die op het grondgebied van een andere Lid-Staat woont, kan op zijn verzoek worden vrijgesteld van de toepassing van de wettelijke regeling van deze laatste Lid-Staat, mits hij niet uit hoofde van uitoefening van een beroepswerkzaamheid aan deze wetgeving is onderworpen'.

181. Deze bepaling geeft individuen de mogelijkheid om premievrijstelling te vragen. Het artikel biedt een discretionaire bevoegdheid. Indien een verzoek geweigerd wordt, kan het uiteraard aan de rechter worden voorgelegd volgens

[21] HvJ 21 februari 1991, zaak 140/88, *Jur*. 1991, I-387.
[22] *PB L* 206/2 van 29 juli 1991.

de nationale regelgeving. In Nederland zal de uitoefening van deze bevoegdheid getoetst worden aan de algemene beginselen van behoorlijk bestuur, waaronder het beleid dat de uitkeringsorganisatie terzake voert en hoe dat in het concrete geval wordt toegepast.

§7. De bijzondere uitkeringen uit art 4 lid 2 *bis*

182. In nr. 137 hebben we de speciale aanwijsregels genoemd van de uitkeringen uit art. 4, lid 2 *bis*.

Er geldt een speciale aanwijsregel voor deze uitkeringen, welke is opgenomen in het nieuwe artikel 10 *bis*:

> 'Niettegenstaande de bepalingen van artikel 10 en van titel III ontvangen de personen op wie deze verordening van toepassing is, de bijzondere, niet op premie- of bijdragebetaling berustende prestaties als bedoeld in artikel 4, lid 2 *bis*, uitsluitend op het grondgebied van de Lid-Staat waar zij wonen en krachtens de wetgeving van die Lid-Staat, voorzover deze prestaties vermeld zijn in bijlage II *bis*. De prestaties worden door en voor rekening van het orgaan van de woonplaats verleend.'

Met dit nieuwe artikel 10 *bis* is dus het woonlandbeginsel met betrekking tot deze uitkeringen ingevoerd.

183. *Conclusie*. Het leerstuk dat de aanwijsregels sterke en exclusieve werking hebben is inmiddels wel algemeen aanvaard. De consequenties van de sterke werking zijn overigens niet steeds voorspelbaar (vgl. het *Coonan*-arrest en het *De Paep*-arrest resp.).

De regeling met betrekking tot de postactieven kan voor menig uitkeringsgerechtigde tot een (onaangename) verrassing leiden, als namelijk blijkt dat hij opeens van het sociale-zekerheidsstelsel van het werkland in dat van het woonland terechtkomt. Een voorbeeld betreft de Nederlandse regeling dat personen die een arbeidsongeschiktheidsuitkering ontvangen van ten minste 35% van het minimumloon, verzekerd blijven voor de volksverzekeringen (zoals AOW, de ouderdomspensioenen). In 1996 heeft de regering aangekondigd deze voortdurende verzekering af te schaffen; voor personen die buiten Nederland deze uitkering genoten, heeft dit belangrijke gevolgen voor de rechtspositie, terwijl de keuze om te remigreren al eerder was gemaakt.

HOOFDSTUK VII

DETACHERING

§1. Detacheringsverklaringen

184. In het vorige hoofdstuk over de aanwijsregels hebben we gezien dat er een uitzondering was op de hoofdregel, dat het stelsel van het werkland van toepassing is. Deze uitzondering is te vinden in artikel 14, eerste lid van de verordening. Indien namelijk het stelsel van het werkland van toepassing zou zijn op een werknemer die voor korte tijd in het buitenland gaat werken, dan zou dit het vrije verkeer van werknemers kunnen belemmeren. Artikel 14, eerste lid luidt dat een werknemer die op het grondgebied van een Lid-Staat werkzaamheden in loondienst verricht voor een onderneming waaraan hij normaal verbonden is, en door deze onderneming *gedetacheerd* wordt om in een andere Lid-Staat voor rekening van deze onderneming arbeid te verrichten, onderworpen blijft aan de sociale wetgeving van eerstbedoelde Lid-Staat (cursivering van de auteur). De verordening definieert de term 'detachering' niet (ook niet in artikel 1). Artikel 14 *bis* geeft eenzelfde bepaling voor zelfstandigen die tijdelijk op het grondgebied van een andere Lid-Staat werkzaam zijn.

185. Deze constructie is mogelijk voor een periode van maximaal twaalf maanden; de werknemer mag niet worden uitgezonden ter vervanging van een andere persoon wiens detachering beëindigd is.

Ten behoeve van detachering kunnen werkgever en werknemer een zgn. E-101-formulier aanvragen bij de daarvoor aangewezen organen van de Lid-Staten, in Nederland de SVB en in België de RSZ. Verlenging dient met een zgn. E-102-verklaring te worden aangevraagd. Voor een E-102 verklaring is, zoals gezegd, voorafgaande toestemming van de autoriteit van het ontvangende land vereist.

186. Bij onvoorziene omstandigheden kan de detachering eenmaal verlengd worden met twaalf maanden; in dit geval is echter vereist dat toestemming gegeven wordt door de Lid-Staat waar gedetacheerd is.[1] Bij de eerste keer dat gedetacheerd wordt, is geen toestemming vereist. Deze bepaling lijkt in te houden dat detachering alleen mogelijk is bij werknemers die voor een langere tijd voor een bepaalde onderneming gewerkt hebben en vervolgens voor een

[1] Artikel 14, eerste lid (b).

beperkte tijd voor deze onderneming op het grondgebied van een andere Lid-Staat gaan werken.

187. Volgens rechtspraak van het Hof is er echter ook sprake van detachering op het terrein van de sociale zekerheid, in die zin dat de betreffende detacheringsbepaling van Verordening 1408/71 van toepassing is, bij een werknemer die niet gewerkt heeft in het land waar de onderneming is gevestigd, doch die uitsluitend wordt aangenomen om naar het buitenland te worden uitgezonden, mits er gedurende zijn detachering een organische band tussen de onderneming en de werknemer bestaat én mits de onderneming haar activiteiten gewoonlijk uitoefent op het grondgebied van de eerste Lid-Staat. De bepaling is eveneens toepasselijk op de ondernemingen die zelf geen arbeid laten verrichten, maar alleen arbeidskrachten ter beschikking stellen en ook in de gevallen van uitlening van een werknemer.[2]

188. De detacheringsregel voorziet in een vanzelfsprekende behoefte om niet bij kortdurende uitzending naar het buitenland meteen al onder een ander stelsel te moeten vallen; ze is echter nogal omstreden, met name in de bouwsector in Duitsland, omdat toepassing ervan het mogelijk maakt om werknemers uit lage-lonenlanden in te zetten in de rijkere landen.[3] De praktijk van een Lid-Staat om erg gemakkelijk te zijn met het afgeven van deze verklaringen of niet adequaat de voorwaarden voor afgifte te controleren (beschuldigingen op dit terrein zijn frequent te horen), is niet gemakkelijk aan te pakken, in ieder geval niet vanuit de ene Lid-Staat tegen de andere.[4]

189. In Besluit 128[5] heeft de Administratieve Commissie een interpretatie vastgelegd van het begrip *detachering* in Verordening 1408/71. Voor detachering is volgens dit besluit vereist dat er tussen de uitzendende onderneming en de werknemer een ‘organische’ band bestaat. Om die band aan te nemen is o.m. belangrijk, aldus de overwegingen van dit besluit, dat de onderneming aan de werknemer het loon uitbetaalt en de ontslagbevoegdheid heeft.[6] Ook andere elementen dienen hierbij in aanmerking te worden genomen; Cornelissen noemt hierbij aanwerving, vaststelling van de aard der werkzaamheden, de vakantieregeling en andere bepalingen van de arbeidsvoorwaarden.[7] Dit besluit

[2] HvJ 5 december 1967, zaak 19/67, *Van der Vecht*, *Jur.* 1967, 431; HvJ 17 december 1970, zaak 35/70, *Manpower*, *Jur.* 1970, 1251. Vgl. Briers en Jorens (1993: 252).

[3] Vgl. B. Köbele en G. Leutschner (red.), *Dokumentation der Konferenz ‘Europäischer Arbeitsmarkt Grenzenlos mobil?’ 6 bis 8 März.* Bonn, 1995.

[4] Vgl. vragen van de leden van de Tweede Kamer Rosenmöller e.a. van 2 juni 1995, TK 1993-1994, aanhangsel blz. 1989; en Köbele en Leutschner (1995).

[5] *PB C* 141 van 7 juni 1986.

[6] HvJ EG december 1970, zaak 35/70, *Manpower*, *Jur.* 1970, 1251.

[7] Cornelissen (1993: 25).

kent echter geen verbindende kracht en in de literatuur was verondersteld dat de instanties die de detacheringsverklaringen uitgeven deze eis niet stellen.[8]

190. Uit een praktijkonderzoek[9] blijkt dat dit element vooral gecontroleerd wordt door te kijken naar de betaling van sociale-zekerheidspremies in het land van uitzending. In de meeste Lid-Staten (waaronder België) is degene die de detacheringsverklaringen afgeeft ook de instantie die de sociale-zekerheidspremies int. Voorts vragen sommige landen ook wie het recht op ontslag heeft en wie het loon betaalt.[10] Een ander controlemechanisme is dat de verklaringen regionaal worden afgegeven, zodat bedrijven die detacheringsverklaringen aanvragen bekend zijn bij de uitgevende instantie.

Het is moeilijk te controleren of een werknemer een andere vervangt; dat kan eigenlijk alleen op de werkplek (in het werkland). Voor de bevoegde autoriteiten (d.w.z. van het uitzendende land) is het eigenlijk niet doenlijk onderzoek te verrichten op de werkplek. Wel wordt door de meeste landen gekeken of personen naar dezelfde werkplek als eerdere zendingen worden gestuurd. In dat geval wordt meestal aanvullende informatie gevraagd.

191. Een vaak gehoorde vraag is of er tussen twee detacheringen een minimumperiode gewerkt moet worden voor de uitzendende onderneming. Artikel 14, eerste lid geeft hier geen uitsluitsel over; gelet op de bepalingen omtrent de beperking van de duur van de detachering en de verlenging ervan zou het stellen van een minimumperiode voor de hand liggen. Er zijn echter geen expliciete eisen vastgelegd in de regelgeving, en evenmin in uitvoeringsstukken zoals Besluit 128 van de Administratieve commissie.

192. Tot dusver is er nog geen algemene uitwisseling van afschriften van detacheringsverklaringen tussen uitzendend en ontvangend land; vaak weet het ontvangende land dan ook niet wie er gedetacheerd is. Nederland en België wisselen wel deze kopieën uit, en gebruiken ze ook, naar eigen zeggen, voor een actief onderzoek op de werkplek. Overigens blijkt dan dat de informatie op de verklaring niet klopt met de feitelijke situatie op de werkplek.[11]

193. Er zijn ook personen die zonder detacheringsverklaring in het buitenland gaan werken. Dit komt vaak voor. Ook in dit geval kan de detacheringsbepaling van de verordening van toepassing zijn. Een detacheringsverklaring is immers geen constitutieve voorwaarde voor detachering. In de praktijk worden eventuele problemen vaak achteraf opgelost met behulp van een artikel 17

[8] Storm (1993: 61).
[9] Donders (1995: 26).
[10] Donders (1995: 26).
[11] Donders (1995: 28).

overeenkomst (zie nr. 197). Als er geen detacheringsverklaring is, dan is controle wel moeilijk.

194. Bij zelfstandigen kan niet het criterium gesteld worden van een organische band en een niet toegestane vervanging van de ene werknemer door de andere. Wel is van belang dat betrokkene zelfstandig is in de zin van de wetgeving van het uitzendende land. Een zelfstandige wordt niet uitgezonden door een ander, maar 'detacheert zichzelf'.

Verordening 1408/71 verlangt van een zelfstandige alleen dat hij werkzaamheden anders dan in loondienst uitoefent op het grondgebied van een Lid-Staat (artikel 14 *bis*) en op het grondgebied van een andere Lid-Staat arbeid verricht. Dit geeft dus geen scherpe definitie. Met name het Verenigd Koninkrijk geeft regelmatig verklaringen voor zelfstandigen af waar Nederland, Duitsland en belgië moeite mee hebben.

195. Belangrijk gevolg van coördinatie- en detacheringsbepalingen is de aanwijzing van het land waar premie verschuldigd is; vervolgens is van belang dat die premie ook daadwerkelijk geïnd kan worden. Krachtens artikel 92 van de verordening kunnen premies die aan een orgaan van een Lid-Staat verschuldigd zijn, op het grondgebied van een andere Lid-Staat worden geïnd volgens de administratieve procedure en met de waarborgen en voorrechten die van toepassing zijn op de inning van premies die aan het overeenkomstige orgaan van laatstbedoelde staat verschuldigd zijn.[12]

§2. Artikel 17 overeenkomsten

196. Een andere belangrijke mogelijkheid om af te wijken van het werklandbeginsel vormt artikel 17 van Verordening 1408/71. Dit artikel bepaalt dat twee of meer Lid-Staten in onderlinge overeenstemming in het belang van bepaalde (groepen van) werknemers uitzonderingen op de artikelen 13 tot en met 16 kunnen vaststellen. Daarmee geeft dit artikel de mogelijkheid om overeenkomsten te sluiten ten aanzien van bepaalde personen of groepen personen. Zij kunnen daarmee onder het stelsel blijven vallen waaronder ze eerst verzekerd waren. In deze bepaling geldt geen termijn van twaalf maanden, zoals bij detachering. De Nederlandse Sociale Verzekeringsbank, die voor Nederland deze overeenkomsten sluit, heeft als beleid om een maximumtermijn van vijf jaar aan te houden voor deze overeenkomsten. Dit geldt ook voor de Belgische RSZ.

[12] Deze bepaling kan nader in bilaterale verdragen uitgewerkt zijn (bijlage 5 bij Verordening 574/72). Uit deze bijlage blijkt dat zowel België als Nederland met al hun grenslanden bilaterale overeenkomsten inzake de inning van sociale-zekerheidspremies hebben gesloten (Cornelissen, 1993: 34).

197. Kan zo'n overeenkomst nu ook afgesloten in het geval bijvoorbeeld dat op iemand een verkeerde of geen wetgeving was toegepast en met terugwerkende kracht een en ander gerepareerd dient te worden? Deze vraag kwam aan de orde in het *Brusse*-arrest.[13] Op Brusse, correspondent bij *de Volkskrant* in Londen, had de Britse wetgeving toegepast moeten worden toen hij in Londen ging werken. Brusse had zich echter niet aangemeld bij het Britse stelsel, maar bleef vrijwillig premies betalen voor de Nederlandse volksverzekeringen. Toen in 1977 de Britse autoriteiten hier achter kwamen, was er een probleem. De Britten sloten vervolgens een overeenkomst met de Nederlandse autoriteiten, die inhield dat Brusse tot 1978 onder de Nederlandse regeling viel en daarna onder de Britse. De werkgever van Brusse vroeg vervolgens aan de Nederlandse uitvoerder van de kinderbijslagregeling om tot 1978 kinderbijslag te betalen aan Brusse. Deze instantie weigerde dit op grond dat volgens de Algemene Kinderbijslagwet alleen ingezetenen verzekerd zijn in het Rijk. Met behulp van Verordening 1408/71 zouden deze stellingen weerlegd kunnen worden, maar dan was wel van belang of een overeenkomst op grond van artikel 17 iemand met terugwerkende kracht aan de wetgeving van een Lid-Staat kan onttrekken. Het Hof antwoordde hierop dat artikel 17 de mogelijkheid geeft om af te wijken van de artikelen 13 tot en met 16. Het is aan de Lid-Staten om die bepaling toe te passen, mits die in het belang van de werknemers is.

Hieruit volgt dat het belang van de werknemer bepalend is voor de mogelijkheid om artikel 17 toe te passen. Ook als de ongewenste situatie die gecorrigeerd moet worden door de werkgever, werknemer of de overheid zelf veroorzaakt is, kan dit artikel gebruikt worden om een overeenkomst terzake af te sluiten.

§3. Twijfelgevallen

198. Er kan zich een complicatie voordoen als iemand in een bepaald tijdvak zeer frequent in twee Lid-Staten werkzaamheden verricht.

In dat geval is artikel 14, tweede lid b (i) en (ii) van toepassing:

> 'Op degene die op het grondgebied van twee of meer Lid-Staten werkzaamheden in loondienst pleegt uit te oefenen, wordt de toepasselijke wetgeving als volgt vastgesteld: (..)
>
> (b) (i) de wetgeving van de Lid-Staat op het grondgebied waarvan de betrokkene woont, indien hij een deel van zijn werkzaamheden op dit grondgebied uitoefent of indien hij verbonden is aan meer dan één onderneming of meer dan één werkgever die hun domicilie op het grondgebied van verschillende Lid-Staten hebben;

[13] HvJ 17 mei 1984, zaak 101/83, *Jur.* 1984, 1285.

(ii) de wetgeving van de Lid-Staat op het grondgebied waarvan de zetel van de onderneming of het domicilie van de werkgever waarbij hij werkzaam is, zich bevindt, indien hij niet woont op het grondgebied van een der staten waar hij zijn werkzaamheden uitoefent'.

199. Bij iemand die in een bepaalde staat 'gedetacheerd' wordt en ook in het oorspronkelijke land werkt, kunnen daarom twijfels ontstaan over zijn positie.

Het is niet scherp bepaald wanneer detachering overgaat in 'plegen uit te oefenen van werkzaamheden'. Het zal afhangen van de feitelijke omstandigheden. Als iemand iedere week meerdere uren in een andere Lid-Staat werkt, gedurende een periode langer dan twaalf maanden, is er geen sprake meer van detachering.

200. In het *Calle Grenzshop*-arrest[14] kwam de vraag aan de orde of een Deense werknemer die in Denemarken woont, en die uitsluitend in dienst is van een onderneming die haar zetel in Duitsland heeft, en die in het kader van die arbeidsverhouding een deel van zijn werkzaamheden geregeld meerdere uren per week, voor een tijdsduur die niet beperkt is tot twaalf maanden, in Denemarken verricht, onder de detacheringsbepalingen van artikel 14 valt.

Het bedrijf Calle Grenzshop exploiteerde in Duitsland, dichtbij de Duits-Deense grens, een detailhandelsbedrijf in levensmiddelen, alcoholhoudende dranken en geschenkartikelen. Zij had nagenoeg enkel in Denemarken woonachtige Deense werknemers in dienst, waaronder Wandahl. Wandahl, die sinds 1979 voor Calle werkte, was aanvankelijk verkoper en sinds 1981 bedrijfsleider.

Noch Wandahl noch de overige Deense werknemers zijn door Calle bij de Duitse sociale-zekerheidsorganen aangemeld. Calle beschikte wel over een E-101-verklaring afgegeven door het Deens ministerie van sociale zaken. De vraag was nu of de detacheringsverklaring bindend was of dat naar de feitelijke situatie moest worden gekeken. Wandahl kreeg een beschikking van het Duitse orgaan dat hij sociale-zekerheidspremies moest gaan betalen. Calle betoogde dat Wandahl in het tijdvak waarover premies geheven werden ongeveer tien uur per week voor rekening van de onderneming in Denemarken had gewerkt en dat hij derhalve overeenkomstig artikel 14, tweede lid, (b) (i) van Verordening 1408/71 uitsluitend aan de Deense wetgeving onderworpen was.

Het Hof oordeelde dat artikel 14 tot titel II van de verordening behoort, waarvan de bepalingen volgens vaste rechtspraak van het Hof een volledig en eenvormig stelsel van conflictregels vormen. Dit heeft tot doel de binnen de Gemeenschap migrerende werknemers onder de sociale-zekerheidsregeling van één enkele Lid-Staat te brengen, ten einde samenloop van nationale regelingen en de mogelijke complicaties daarvan te voorkomen. Artikel 14, eerste lid, (a) bepaalt dat op degene die op het grondgebied van een Lid-Staat

[14] HvJ 16 februari 1995, zaak 425/93, *Jur.* 1995, I-269.

werkzaamheden in loondienst verricht voor een onderneming waaraan hij normaal verbonden is, en door deze onderneming gedetacheerd wordt op het grondgebied van een andere Lid-Staat ten einde aldaar voor haar rekening arbeid te verrichten, de wetgeving van eerstbedoelde Lid-Staat van toepassing blijft, mits de te verwachten duur van die arbeid niet meer dan twaalf maanden bedraagt en hij niet wordt uitgezonden ter vervanging van een andere persoon, wiens detachering beëindigd is. Bijgevolg kan een situatie als bedoeld in de eerste twee prejudiciële vragen niet onder deze bepaling vallen, daar de duur van de arbeid die de betrokken persoon in Denemarken verricht voor rekening van de in Duitsland gevestigde onderneming waaraan hij normaal verbonden is, naar in de vragen zelf wordt verklaard meer dan twaalf maanden bedraagt. Het Hof concludeerde dus dat de afgegeven detacheringsverklaring niet bindend was.

Deze situatie valt daarentegen onder artikel 14, tweede lid, (b) (i) dat bepaalt dat degene die op het grondgebied van twee of meer Lid-Staten werkzaamheden in loondienst pleegt uit te oefenen, valt onder de wetgeving van de Lid-Staat op het grondgebied waarvan hij woont, indien hij een deel van zijn werkzaamheden op dit grondgebied uitoefent of indien hij verbonden is aan meer dan één onderneming of meer dan één werkgever die hun zetel of domicilie op het grondgebied van verschillende Lid-Staten hebben.

Uit het gebruik van het voegwoord *of* blijkt immers, dat het eerste alternatief ook geldt wanneer de betrokken persoon zijn werkzaamheden op het grondgebied van twee of meer Lid-Staten voor rekening van één onderneming verricht.

Deze conclusie wordt gestaafd door artikel 14, tweede lid, (b) (ii), aldus het Hof, dat uitdrukkelijk bepaalt dat degene die op het grondgebied van twee of meer Lid-Staten werkzaamheden in loondienst pleegt uit te oefenen, is onderworpen aan de wetgeving van de Lid-Staat op het grondgebied waarvan de zetel van de onderneming of het domicilie van de werkgever (in het enkelvoud) waarbij hij werkzaam is, zich bevindt, indien hij niet woont op het grondgebied van een der Lid-Staten waar hij zijn werkzaamheden uitoefent.

Het Hof concludeerde dat de situatie van een Deense werknemer die in Denemarken woont, die uitsluitend in dienst is van een onderneming waarvan de zetel zich in Duitsland bevindt, en die in het kader van die arbeidsverhouding een deel van zijn werkzaamheden geregeld meerdere uren per week, voor een tijdsduur die niet beperkt is tot twaalf maanden, in Denemarken verricht, onder artikel 14, tweede lid (b) (i) valt. De verwijzende rechter wenste ook te vernemen, of het begrip 'werkzaamheden' in de zin van artikel 14, tweede lid, (b) (i) het begrip 'werkzaamheden in loondienst' omvat. Het Hof beantwoordde deze vraag bevestigend.

HOOFDSTUK VIII

GELIJKE BEHANDELING OP BASIS VAN NATIONALITEIT

§ 1. Het discriminatieverbod in het algemeen

201. Verbod van discriminatie op grond van nationaliteit is essentieel voor het vrij verkeer van werknemers en komt dan ook in elke coördinatieregeling voor. Een algemeen verbod op discriminatie is opgenomen in artikel 6 EG-Verdrag (totdat het EU-verdrag in werking trad, had het betreffende artikel het nummer 7). Dit artikel luidt: 'Binnen de werkingssfeer van dit verdrag en onverminderd de bijzondere bepalingen daarin gesteld, is elke discriminatie op grond van nationaliteit verboden'. Voorts bepaalt artikel 48, tweede lid met het oog op het vrije verkeer van werknemers, dat dit vrij verkeer de afschaffing inhoudt van elke discriminatie op grond van de nationaliteit tussen de werknemers van de Lid-Staten, op het terrein van de werkgelegenheid, de beloning en de overige arbeidsvoorwaarden. Voor de sociale zekerheid is het beginsel van gelijkheid van behandeling expliciet bevestigd in artikel 3 van Verordening 1408/71.

Afgezien van Verordening 1408/71 kan ook Verordening 1612/68 relevant zijn voor de bestrijding van ongelijke behandeling in de sociale zekerheid. Deze laatste verordening wordt besproken in nr. 219 e.v. (hoofdstuk IX).

202. Gelet op deze diversiteit aan artikelen is het belang te zien in welke volgorde ze toegepast moeten worden. Daarover heeft het Hof in het *Masgio*-arrest[1] gezegd dat het algemene antidiscriminatie-artikel, artikel 6 EG-Verdrag,[2] slechts betrekking heeft op onderwerpen ten aanzien waarvan het verdrag niet voorziet in specifieke antidiscriminatieregels. Als er dus sprake is van een beschuldiging van discriminatie op basis van nationaliteit bij het vrij verkeer van werknemers, zullen de artikelen 48 tot en met 51 Verdrag en artikel 3 van Verordening 1408/71 beoordeeld moeten worden.

Artikel 48, derde lid staat slechts die beperkingen van de uitoefening van het recht op vrij verkeer van werknemers toe, die uit hoofde van de openbare orde, openbare veiligheid en volksgezondheid kunnen worden gerechtvaardigd. Buiten deze in het EG-verdrag uitdrukkelijk geregelde gevallen kan een belemmering van het vrije verkeer niet worden gerechtvaardigd, aldus het Hof in het *Masgio*-arrest.

[1] HvJ 7 maart 1991, zaak 10/90, *Jur*. 1991, I-1119.
[2] Ten tijde van het wijzen van het arrest nog artikel 7.

203. De rechtvaardigingsgrond van de openbare orde uit artikel 48 van het EG-Verdrag was aan de orde in het *Bachmann*-arrest.[3] In deze zaak waren uitkeringen in geding die niet onder de verordening vallen, namelijk aanvullende pensioenen. De Duitser Bachmann had vóór zijn vertrek naar België een aantal vrijwillige verzekeringen bij een particuliere Duitse maatschappij afgesloten tegen ziekte en invaliditeit. Ook had hij een levensverzekering afgesloten. Hij wilde de premies voor deze verzekeringen van de Belgische inkomstenbelasting aftrekken. De Belgische wetgeving stond dit niet toe; op grond van artikel 54 van de belastingwet mochten zulke premies alleen worden afgetrokken als ze betaald zijn aan een Belgische maatschappij. De Belgische regering bracht ter verdediging van deze bepalingen naar voren, dat zij ook gelden voor Belgische werknemers en voor werknemers van andere Lid-Staten die er voor kiezen om overeenkomsten die ze eerder in het buitenland hadden afgesloten te laten voortbestaan. Het Hof vond deze redenering onvoldoende. Omdat zo'n geval zich vooral voordoet bij migrerende werknemers, bestaat namelijk het risico dat deze regeling vooral ten nadele is van werknemers die onderdaan zijn van andere Lid-Staten. België bracht hiertegen in dat de pensioenen, renten en kapitaal die op basis van deze overeenkomsten tot uitkering zullen komen, geen belastbaar inkomen vormen voor de Belgische wet. Dit is ook de logica van de Belgische wet: geen aftrekbaarheid van premies en geen belastingplichtigheid van uitkeringen. Nu kan het wel zo zijn, dat na terugkeer naar het land van herkomst deze mensen wel belasting over die sommen moeten betalen. Dat is dan, aldus België, een inbreuk op het vrije verkeer van werknemers die niet het gevolg van de Belgische wet, maar van een gebrek aan harmonisatie van de fiscale wetgeving van andere Lid-Staten. Ook dit argument kan, aldus het Hof, niet worden geaccepteerd. In de praktijk zijn het vooral onderdanen van andere Lid-Staten die terugkeren naar landen waar belasting geheven wordt over deze sommen; deze onderdanen zijn niet in staat om de niet-aftrekbaarheid te compenseren. Inderdaad is dit het gevolg van het gebrek aan harmonisatie, maar zulke harmonisatie wordt niet geëist als voorwaarde voor toepassing van artikel 48 EG-Verdrag. Ook het Belgische argument dat een onderdaan het probleem kan oplossen door de buitenlandse verzekering op te zeggen, werd niet geaccepteerd, want dat brengt moeite en kosten mee die inbreuk kunnen maken op het vrije verkeer.

Al deze argumenten komen neer op een indirecte discriminatie die verboden is door artikel 48 EG-Verdrag. Er is echter geen sprake van verboden discriminatie, o.a. als de openbare orde in het geding is. Als zodanig onderzocht het Hof de mogelijkheden van de Lid-Staten om de coherentie van het belastingregime te behouden als ze de aftrekbaarheid moeten toestaan van premies die betaald zijn in een andere staat. Die coherentie veronderstelt dan dat die

[3] HvJ 28 januari 1992, zaak 204/90, *Jur.* 1992, I-249.

Lid-Staat belasting kan heffen over die sommen als ze tot uitkering komen, ook als dat in een andere Lid-Staat geschiedt. Nu zijn er praktische problemen om in een andere Lid-Staat te weten te komen of en hoeveel er uitgekeerd is; ook zijn er problemen de verzekeraar te verplichten tot inhouden van de belastingen. Natuurlijk kan een verplichting van de verzekeraar om die belasting te betalen worden gerealiseerd door het vragen van een cautie, maar dit levert weer extra kosten op voor de werknemer, die in de premies doorberekend kunnen worden. Bovendien is dubbele belastingheffing over die sommen mogelijk, zodat mede als gevolg van die verhoogde premieheffing de verzekerden geen enkel belang meer zullen hebben om die buitenlandse verzekering te behouden. Een oplossing is alleen denkbaar door middel van (een sluitend stelsel van) bilaterale overeenkomsten of door harmonisatie door de Commissie. Dus bij de huidige stand van het gemeenschapsrecht kan de coherentie van het fiscale regime niet worden verzekerd door minder restrictieve bepalingen dan die in de Belgische wetgeving en deze zijn daarom niet in strijd met artikel 48 van het EG-Verdrag.

We zien hier een voorbeeld waar het Hof, gelet op de ontwrichtende consequenties van een radicale toepassing van het indirecte-discriminatiebegrip, er voor terugdeinst om dit van toepassing te verklaren.

§2. Artikel 48 en 51 EG-verdrag

204. Bij de sociale-zekerheidsaspecten van het vrij verkeer van werknemers zal primair artikel 3 van de verordening van toepassing zijn. Bij wijze van uitzondering kan echter ook verordening 1408/71 discrimininerende bepalingen bevatten. Een voorbeeld is te vinden in het *Pinna*-arrest.[4] In dit arrest was artikel 73, tweede lid (*oud*) van de verordening in het geding, dat met betrekking tot de kinderbijslag een onderscheid maakte tussen Frankrijk en andere Lid-Staten. Voor de andere staten dan Frankrijk gold dat de kinderbijslag betaald werd volgens de regels en de hoogte van het werkland dat verplicht was tot kinderbijslagbetaling (het werkland), ook al woonden de kinderen in een andere Lid-Staat. Voor Frankrijk gold als speciale regel dat Frankrijk de hoogte van de kinderbijslaguitkeringen mocht aanpassen aan het niveau van het land waar de kinderen verbleven. De kinderen van een werknemer werkzaam in Frankrijk, die bijvoorbeeld in Griekenland woonden, kregen kinderbijslag volgens de Griekse regels (dus ook de Griekse hoogte). Het Hof verklaarde deze bepaling uit de verordening gedeeltelijk ongeldig; hantering van deze bepaling zou namelijk neerkomen op een verkapte vorm van discriminatie, verboden door het EG-verdrag, en met name door de artikelen 48 en 51.

[4] HvJ 15 januari 1986, zaak 41/84, *Jur.* 1986, 1.

Weliswaar gold de bepaling ook voor Franse werknemers; als zij kinderen in Griekenland hadden werd voor deze kinderen ook Franse kinderbijslag ter hoogte van de Griekse normen betaald. Deze regels leiden echter met name tot lagere uitkeringsbedragen bij niet-Franse werknemers die in Frankrijk werken en die gezinsleden in het buitenland hebben. Deze bepaling heeft daarom, aldus het Hof, voor Franse werknemers geenszins hetzelfde belang als voor migrerende werknemers. We zien hier een succesvol beroep op het verbod van indirecte discriminatie.

205. Het Hof overwoog in het *Pinna*-arrest tevens dat op grond van artikel 51 EG-Verdrag, op welk artikel de verordening gebaseerd is, geen nieuwe dispariteiten in het leven geroepen mogen worden. Het verdragsartikel is immers bedoeld om het vrije verkeer van werknemers te bevorderen; nieuwe dispariteiten zouden het vrije verkeer van werknemers juist kunnen belemmeren. Bij een aparte regeling voor Frankrijk, zoals in casu, is van zulke nieuwe dispariteiten sprake.

206. Een arrest waarin woonplaatseisen niet verhinderd werden door de artikelen 48 en 51 van het verdrag betreft het *Lenoir*-arrest.[5] Lenoir had tot zijn pensionering uitsluitend in Frankrijk gewerkt en gewoond. In Frankrijk had hij recht op een alleen-verdienerstoeslag en schooltoelage voor zijn kinderen. Na zijn pensionering vestigde hij zich in Engeland, maar daar kon hij geen aanspraak maken op deze Franse uitkeringen. De betreffende uitkeringen konden volgens de definitie in de verordening (artikel 1, sub (u) (ii) – zie nr. 343) niet onder de kinderbijslagregeling vallen, en daarom bestond op dit punt ook geen regeling in de verordening die behulpzaam kon zijn voor de export van dit type uitkeringen. De Advocaat-Generaal was van oordeel dat deze bepaling indirecte discriminatie naar nationaliteit oplevert. Het zullen immers voornamelijk migrerende werknemers zijn die daarvan het slachtoffer zullen worden. Door de beperking van de export tot de kinderbijslagen wordt afbreuk gedaan aan het door artikel 51 EG-Verdrag geëiste vrije verkeer van werknemers.

Het Hof was echter van oordeel dat dit artikel enkel in een coördinatie van sociale-zekerheidsregelingen van de Lid-Staten voorziet en niet in een harmonisatie. Artikel 51 laat aldus de verschillen tussen de sociale-zekerheidsregelingen bestaan, evenals die tussen de rechten van de aldaar werkzame personen. Het Hof heeft hier weliswaar in het *Pinna*-arrest aan toegevoegd dat de gemeenschapsregelingen geen nieuwe dispariteiten in het leven mogen roepen naast die, die reeds het resultaat zijn van het ontbreken van de harmonisatie van nationale wetgevingen. Dit arrest betekent echter niet dat alle dispariteiten ongeoorloofd zijn, aldus het Hof. Zo werd in het *Kenny*-arrest

[5] HvJ 27 september 1988, zaak 313/86, *Jur*. 1988, 5391.

vastgesteld, zie nr. 211 hierna, aldus het Hof, dat artikel 7 (momenteel artikel 6) en artikel 48 van het verdrag geen betrekking hebben op de eventuele dispariteiten in behandeling die kunnen voortvloeien uit de verschillen tussen de *nationale* wetgevingen, op voorwaarde dat deze regelingen op grond van objectieve criteria en ongeacht de nationaliteit van betrokkenen gelden voor allen op wie de voorschriften van toepassing zijn.

De regel die in de *Lenoir*-zaak in geding is, regelt de export van kinderbijslagen voor gepensioneerden (artikel 77). Dit is een regel van algemene strekking en van toepassing op alle ingezetenen van Lid-Staten en gebaseerd op objectieve voorwaarden. Dit heeft tot gevolg dat als een Lid-Staat een stelsel van gezinsbijslagen heeft, dan moeten deze worden toegekend ongeacht de verblijfplaats van betrokkenen. Daar staat tegenover dat andere uitkeringen dan de kinderbijslagen of uitkeringen met andere voorwaarden, zoals de schooluitkeringen, meestal direct gekoppeld zijn aan de sociale omgeving en daarmee aan de woonplaats van de betrokkenen. Onder deze omstandigheden kan men niet stellen dat zo'n nationale regeling die de betaling van deze uitkeringen aan woonplaatseisen verbindt, aanvullende dispariteiten in het leven roept of dat ze criteria toepast die leiden tot een discriminatie op grond van nationaliteit, aldus het Hof.

207. In het *Roviello*-arrest[6] was een bepaling in geding, die opgenomen was in een bijlage van de verordening; op grond van deze bepaling werden voor de hoogte van het Duits beroepsinvaliditeitspensioen alleen in Duitsland uitgeoefende werkzaamheden in aanmerking genomen. Het Hof oordeelde dat deze bepaling onverenigbaar was met de door het verdrag gewaarborgde gelijkheid van behandeling. Het bewuste onderdeel van de bijlage was namelijk, ofschoon het geen onderscheid maakte naar nationaliteit, niettemin van dien aard, dat het hoofdzakelijk van toepassing was op migrerende werknemers uit andere Lid-Staten die achtereenvolgens in die Lid-Staten en in de Bondsrepubliek hebben gewerkt.

§3. Artikel 3 van Verordening 1408/71

208. Artikel 3 van Verordening 1401/71 bepaalt dat personen die op het grondgebied van een der Lid-Staten wonen en op wie de bepalingen van deze verordening van toepassing zijn, de rechten en plichten hebben, voortvloeiende uit de wetgeving van elke Lid-Staat, zulks onder dezelfde voorwaarden als de onderdanen van die staat, behoudens bijzondere bepalingen van deze verordening.

[6] HvJ 7 juni 1988, zaak 20/85, *Jur.* 1988, 2805.

Het beginsel van gelijkheid van behandeling moet ruim worden opgevat. Het verbiedt niet alleen de directe discriminatie gebaseerd op nationaliteit, maar alle vormen van discriminatie die, aan de hand van andere onderscheidingscriteria, in feite tot hetzelfde resultaat leiden, de zgn. indirecte discriminatie.[7] Op het terrein van de Verordening 1408/71 zal met name indirecte discriminatie vermoed worden, als de voorwaarden voor uitkering veel gemakkelijker kunnen worden vervuld door de eigen onderdanen, of als het eindigen van de uitkering veel eerder voorkomt bij vreemde onderdanen.

In zo'n situatie is er slechts een *vermoeden* van indirecte discriminatie; er is immers geen sprake van indirecte discriminatie als er sprake is van een objectieve rechtvaardigingsgrond.

209. Ingevolge het derde lid van artikel 3 worden de rechten, voortvloeiende uit bepalingen van verdragen inzake sociale zekerheid welke krachtens artikel 7, tweede lid (c) van toepassingen blijven, alsmede uit bepalingen van verdragen, welke krachtens artikel 8, eerste lid worden gesloten, uitgebreid tot allen op wie deze verordening van toepassing is, tenzij in Bijlage III van de verordening anders is bepaald.

Onder 'wetgeving van elke Lid-Staat' moet dus ook de inhoud van bilaterale verdragen met een andere Lid-Staat worden begrepen (zie ook het *Rönfeldt*-arrest in nr. 340); de vraag was nu of onder het begrip 'wetgeving van elke Lid-Staat' ook de inhoud van bilaterale verdragen met een derde land moet worden begrepen. In het *Grana Novoa*-arrest[8] kwam deze vraag aan de orde.

Mevrouw Grana was Spaans onderdaan, die nooit had gewerkt in het land van oorsprong. Ze heeft daarentegen wel een beroepsactiviteit uitgeoefend, terwijl ze verplicht verzekerd was, eerst in Zwitserland van 1970-1975 en daarna in Duitsland 1975-1982. Daar werd ze arbeidsongeschikt en vroeg ze een arbeidsongeschiktheidspensioen aan. Dit werd haar echter geweigerd, op grond dat het aantal jaren in Duitsland onvoldoende was om de wachttijdcondities te vervullen. Als de periode in Zwitserland mee zou tellen, dan zou ze wel recht hebben op een Duits pensioen. Mevrouw Grana riep voor de Duitse rechter twee bilaterale verdragen in, een van Duitsland met Spanje en een van Duitsland met Zwitserland. Het Duits-Zwitserse kent de toepassing van het principe van de optelling van perioden van verzekering vervuld in Duitsland en Zwitserland, maar beperkt deze tot de onderdanen van deze twee staten. Dezelfde techniek komt in het Duits-Spaanse verdrag voor. Volgens de Duitse grondwet zijn deze verdragen door een nationale wet geïncorporeerd in het federale recht.

De vraag was nu of artikel 3 van Verordening 1408/71 inhoudt dat deze verdragen niet mogen discrimineren. Het Hof overwoog dat de term *wetgeving*

[7] Zie over het discriminatiebegrip ook Timmermans (1982).
[8] HvJ 2 augustus 1993, zaak 23/92, *Jur.* 1993, I-4505.

in artikel 3 gedefinieerd is in artikel 1. Hieronder worden niet de internationale sociale-zekerheidsconventies genoemd. De relatie tot de conventies wordt wel geregeld in artikel 6 en 7. Geen enkele bepaling heeft echter betrekking op verdragen tussen een Lid-Staat en een of meer derde staten, aldus het Hof. Men moet daarom concluderen, dat de verordening deze verdragen uit zijn toepassingsbereik heeft willen sluiten. Als het anders was, dan zou de speciale bepaling niet opgenomen zijn om de toepassing van de verordening op de andere verdragen te regelen. Het begrip *wetgeving* kan dus geen sociale-zekerheidsverdrag bevatten gesloten tussen een Lid-Staat en een derde staat. Deze interpretatie wordt niet anders als die verdragen door middel van een wet in het nationale recht zijn opgenomen. De draagwijdte van de verordening moet immers in alle Lid-Staten dezelfde zijn, teneinde een uniforme toepassing te verzekeren die niet moet afhangen van de vraag of een staat een monistisch of dualistisch stelsel kent, aldus het Hof.

210. Het discriminatieverbod verbiedt niet alle mogelijke verschillen tussen sociale-zekerheidsstelsels van de Lid-Staten. Het gelijke-behandelingsgebod is immers onderdeel van een coördinatieverordening en dat impliceert dat de Lid-Staten vrij blijven in de vaststelling van de uitkeringsvoorwaarden, mits er niet op basis van nationaliteit gediscrimineerd wordt.

Artikel 51 EG-Verdrag laat, zoals we al eerder hebben gezien, verschillen tussen de sociale-zekerheidsregelingen van de Lid-Staten voortbestaan en laat bijgevolg ook verschillen onverlet tussen de rechten van de personen die er werkzaam zijn. Hieruit vloeit voort dat een ongelijkheid van behandeling tussen EG-onderdanen van verschillende Lid-Staten die voortvloeit uit het feit dat de wettelijke regelingen onderling niet gelijk zijn ingericht, niet door het discriminatieverbod kan worden aangetast.

211. Een voorbeeld hiervan is te zien in het *Kenny*-arrest.[9] Het ging hier om een Ier, Kenny, die in Groot-Brittannië woonde, maar in Ierland nog een straf had lopen. Hij werd, toen hij op gegeven moment weer in Ierland was, gevangen genomen. In de gevangenis werd hij ziek; terug in Groot-Brittannië vorderde hij over die periode Brits ziekengeld. De Britse wet bepaalde echter dat men geen aanspraak heeft op ziekengeld als men zich in hechtenis bevond in Groot-Brittannië. Aan het Hof werd gevraagd of een Lid-Staat gerechtigd is feiten op het grondgebied van een andere Lid-Staat gelijk te stellen met overeenkomstige feiten op het eigen grondgebied, wanneer die feiten, als die zich voordoen op het eigen grondgebied, het recht op uitkering doen vervallen. Het Hof oordeelde dat de nationale wetgevers zelf de voorwaarden mogen stellen voor aansluiting bij het stelsel, afgezien de regels van artikel 18 (dat gaat over

[9] HvJ 28 juni 1978, zaak 1/78, *Jur.* 1978, 1489.

het samentellen van verzekeringstijdvakken). Als voorwaarde geldt wel dat die voorwaarden niet mogen discrimineren. Het verbod van discriminatie op grond van nationaliteit verhindert echter niet eventuele verschillen in behandeling die van Lid-Staat tot Lid-Staat kunnen voortvloeien uit de verschillen tussen de wettelijke regels van de onderscheiden landen, mits deze regelingen op grond van objectieve criteria en ongeacht de nationaliteit van de betrokkene gelden. De Britse voorwaarde was dus toegestaan.

212. Indirecte discriminatie kan ook bij andere voorwaarden dan woonplaatseisen een rol spelen. Een voorbeeld is te zien in het *Toia*-arrest,[10] waarin de voorwaarde voor de Franse bijslag voor huismoeders in geding was, welke onder andere vereiste dat de kinderen de Franse nationaliteit moesten hebben. Omdat vijf van haar kinderen de Italiaanse nationaliteit hebben, werd mevrouw Toia bijslag geweigerd. Frankrijk had aangevoerd dat de bijslag aan huismoeders ten doel had het geboortecijfer in Frankrijk te doen stijgen. Het Hof overwoog dat de gewraakte voorwaarde ertoe kan leiden dat een buitenlandse huismoeder slechts in uitzonderingsgevallen in het genot komt van de uitkering. Een objectieve rechtvaardiging hiervoor kan niet worden gegrond op het argument dat de bijslag ten doel heeft het geboortecijfer te doen stijgen. De verordening maakt bij sociale-zekerheidsstelsels immers geen onderscheid naar gelang zij bevolkingspolitieke doelstellingen nastreven. Het Hof vond de aangevoerde gronden dus onvoldoende; het overwoog dat eventuele problemen volgens normale maatstaven moeten worden opgelost. Nu andere argumenten niet aanwezig zijn kwam het Hof met betrekking tot deze uitkering tot de conclusie dat er sprake was van indirecte discriminatie.

213. Het kan ook zo zijn dat een migrerende werknemer als gevolg van verordeningsbepalingen beter af is dan een werknemer die steeds in dezelfde Lid-Staat gebleven is. Dit probleem speelt voornamelijk bij de effecten van de berekening van langlopende uitkeringen die in nr. 282 e.v. (hoofdstuk XII) worden beschreven. Maar deze ongelijkheden worden niet door de antidiscrimininatiebepalingen verboden: ze zijn enkel het gevolg van het feit dat de verordening slechts coördinatie en geen harmonisatie heeft gebracht.[11]

214. Als een regeling er van beschuldigd wordt dat ze indirect discrimineert, dan kunnen er objectieve rechtvaardigingsgronden aangevoerd worden, die maken dat er toch geen sprake is van indirecte discriminatie. Natuurlijk doet zich dan de vraag voor wat 'objectieve rechtvaardigingsgronden' zijn. In verschillende arresten heeft het Hof overwogen dat kosten-, uitvoerings- en

[10] HvJ 12 juli 1979, zaak 237/78, *Jur.* 1979, 2645.
[11] HvJ 13 oktober 1977, zaak 22/77, *Mura*, *Jur.* 1977, 1699.

rechtvaardigheidsoverwegingen geen objectieve rechtvaardigingsgronden zijn. Dat gebeurde bijvoorbeeld in het al genoemde *Masgio*-arrest (zie nr. 202).

215. Dat ondanks het indirecte-discriminatie verbod personen ook nog uitgesloten kunnen blijven van uitkeringsstelsels blijkt uit het *Coonan*-arrest.[12] Dit arrest is al eerder aan de orde geweest, in nr. 166 met betrekking tot de aanwijsregels; mevrouw Coonan was een Ierse vrouw, die zich op drieënzestigjarige leeftijd in Groot-Brittannië vestigde. Ze had toen de Ierse pensioengerechtigde leeftijd nog niet bereikt, de Britse wel. Mevrouw Coonan ging in loondienst werken in Groot-Brittannië; ze werd echter niet toegelaten tot de verzekering voor ziekte-uitkeringen omdat in de Britse regeling de regel gold dat men zich na het bereiken van de pensioengerechtigde leeftijd niet meer kon aansluiten bij het sociale-zekerheidsstelsel voor ziekte-uitkeringen. Recht op ouderdomspensioenen kon alleen voortvloeien door aansluiting bij de sociale zekerheid vóór de pensionering. Het probleem kon alleen opgelost worden indien de verordening dwong tot gelijkstelling van tijdvakken in Ierland met die in Groot-Brittannië.

De vraag was nu of Verordening 1401/71 de werknemer recht op aansluiting geeft bij het stelsel van sociale zekerheid van de Lid-Staat waar hij voor het eerst gaat werken, wanneer dit recht hem op grond van de nationale bepalingen werd ontzegd. Het Hof verwees voor de beantwoording van deze vraag naar artikel 1, (a) en naar artikel 3 van de verordening. Artikel 1 geeft een definitie van het werknemersbegrip, waaruit volgt dat de wetgeving van de bevoegde staat bepaalt wie werknemer is. Blijkens de combinatie van artikel 1 en artikel 3 is het, aldus het Hof, aan elke Lid-Staat om de voorwaarden vast te stellen voor de uitkeringen, zolang hierbij maar geen onderscheid wordt gemaakt tussen eigen onderdanen en die van andere Lid-Staten. Hieruit volgt dat als een wettelijke regeling als voorwaarde stelt dat een werknemer eerst bij het nationale stelsel van sociale zekerheid aangesloten is geweest, Verordening 1401/71 de Lid-Staten niet verplicht in een andere Lid-Staat vervulde verzekeringstijdvakken gelijk te stellen met die welke voordien op het eigen grondgebied zouden zijn vervuld, aldus het Hof.

Het Hof ging niet wezenlijk in op de vraag of er sprake was van indirecte discriminatie. De Advocaat-Generaal had vastgesteld dat daarvan bij deze regeling wel gesproken kon worden. Het argument van de Europese Commissie, dat Britten hiermee evengoed geconfronteerd werden, en dat het onrechtvaardig zou zijn om voor vreemdelingen de Britse regeling te doorbreken, werd door de Advocaat-Generaal weerlegd: het is immers aan de Lid-Staten om die oplossing te zoeken voor de eigen onderdanen.[13]

[12] HvJ 24 april 1980, zaak 110/79, *Jur*. 1980, 1445.

[13] De Advocaat-Generaal kaartte nog een ander probleem aan, namelijk dat er een Britse-Ierse overeenkomst was die aan Ieren wel de bescherming zou bieden voor ziekte-uitkeringen;

216. In het *Coonan*-arrest valt m.i. niet te betwisten dat een regeling die personen boven de pensioenleeftijd van de ziekte-uitkering uitsluit een ernstig vermoeden van discriminatie oplevert. Het Hof gaat echter niet in op de discriminatieproblematiek, maar noemt enkel de bevoegdheid van Lid-Staten om zelf de aansluitingsvoorwaarden te bepalen.

Probleem bij het indirecte discriminatiebegrip lijkt te zijn dat bij een ruime toepassing daarvan veel verschillen tussen de stelsels van de Lid-Staten ter discussie komen te staan; dat doet dan afbreuk aan het principe dat de verschillen tussen de Lid-Staten onverlet mogen blijven bij maatregelen op basis van artikel 51 EG-Verdrag. Ook in zijn inbreng in het *Lenoir*-zaak (zie nr. 206) bracht de Europese Commissie een vergelijkbare redenering in: de Commissie sprak hier de vrees uit dat een te ruime uitleg van het begrip indirecte discriminatie zou leiden tot een ontwrichting van de coördinatieregels van de Verordening. Een differentiatie zou volgens de Commissie geoorloofd moeten zijn indien 'die differentiatie het noodzakelijk technisch complement is van de dispariteiten tussen de nationale wetgevingen van de Lid-Staten'.

Kennelijk was het Hof in de *Coonan*-zaak beducht voor een te ruime toepassing van het indirecte-discriminatiebegrip. Aan de andere kant is een wisselvallige toepassing van het indirecte discriminatiebegrip problematisch, omdat hierdoor aanzienlijke rechtsonzekerheid ontstaat over de vraag wanneer er nu sprake is van indirecte discriminatie en wanneer niet. In dit geval lag overigens die vraag niet eens zo heel principieel, omdat de gelijkstelling van tijdvakken, die niet in de verordening gevonden kon worden, wel uit artikel 51 van het EG-Verdrag afgeleid kon worden. Met zo'n gelijkstellingsoplossing waren de aansluitingsvoorwaarden in Groot-Brittannië op zich onaangetast gebleven.

217. Er zijn belangrijke beperkingen aan de mogelijkheid om een beroep te doen op Verordening 1401/71. Deze beperkingen zijn in eerdere hoofdstukken al aan de orde geweest, maar voor de volledigheid worden ze hier kort vermeld voorzover het discriminatiezaken betreft. Een werknemer die zich niet over de grenzen verplaatst heeft, kan geen beroep doen op Verordening 1401/71, zie het *Petit*-arrest.[14] Petit had namelijk een verzoekschrift bij de arbeidsrechter ingediend in het Frans. De Belgische wet over de toepasselijke talen in het recht, had voor de actie die Petit instelde het Nederlands voorgeschreven. Als hij een andere taal gebruikt, dan is hij niet-ontvankelijk. Petit heeft de

het punt van de verhouding tussen internationale verdragen en bilaterale verdragen is nogal gecompliceerd, omdat toentertijd naar aanleiding van het *Walder*-arrest (zie nr. 339) discussie was of de vervanging van bilaterale verdragen door Verordening 1408/71 werknemers mocht beroven van voordelen waar ze op grond van zo'n verdrag recht op zouden hebben gehad. Het Hof ging hier niet op in.

[14] HvJ 22 september 1992, zaak 153/91, *Jur.* 1992, I-4973.

Belgische nationaliteit en is alleen in België werkzaam is geweest. Het Hof overwoog dat de regels van het Verdrag met betrekking tot het vrije verkeer en de verordening ter toepassing van deze bepalingen niet worden toegepast op activiteiten waarvan alle elementen zich beperken tot het grondgebied van een enkele Lid-Staat. De betekenis van artikel 3 van Verordening 1401/71 is voorts beperkt tot personen die onder de personele werkingssfeer van Verordening 1401/71 vallen. Vergelijk de *Buhari Haji*-zaak.[15] Buhari was in 1914 geboren in Nigeria, en had tot 1964 de Britse nationaliteit. Na 1960 verkreeg hij de Nigeriaanse. Van 1937 tot 1986 werkte hij in Belgisch Congo en betaalde tot de onafhankelijkheid van deze staat premies aan het Belgische orgaan en vraagt nu Belgisch pensioen aan. Volgens de Belgische regeling wordt het rustpensioen betaald aan personen die op het grondgebied verblijven van een land waarmee het een wederkerigheidsaccoord heeft. De Arbeidsrechtbank stelde vast dat het nationale recht naar nationaliteit discrimineerde. Het Hof kwam echter tot het oordeel dat Buhari geen beroep kan doen op artikel 3 omdat hij niet onder de personele werkingssfeer van de verordening viel.

218. *Conclusie.* Het verbod van discriminatie op grond van nationaliteit is essentieel voor coördinatie. Toepassing van het verbod op indirecte discriminatie blijkt echter lastig, aangezien bij radicale toepassing veel verschillen tussen nationale stelsels ter discussie kan komen te staan. Aangezien artikel 51 geen harmonisatie beoogt, bestaat er terughoudendheid bij het Hof om de jurisprudentie over indirecte discriminatie te sterk harmoniserende effecten te geven, welke te zeer een inbreuk zouden maken op de nationale autonomie. Zie voor een parallelle discussie ook de jurisprudentie over indirecte discriminatie bij mannen en vrouwen, nr. 563.

[15] HvJ 14 oktober 1990, zaak 105/89, *Jur.* 1990, I-4211.

HOOFDSTUK IX

HET DISCRIMINATIEVERBOD UIT VERORDENING 1612/68

§ 1. Algemeen

219. Het materiële en personele geldingsbereik van Verordening 1408/71 is beperkt; personen die geen band hebben gehad met het arbeidsproces vallen buiten de personele werkingssfeer van die verordening. Ter aanvulling op de bepalingen van Verordening 1408/71 kan Verordening 1612/68[1] daarom nuttig zijn in discriminatiezaken. Verordening 1612/68 is gebaseerd op artikel 48 EG-Verdrag.

Het discriminatieverbod is vervat in artikel 7, tweede lid van Verordening 1612/68. Dit artikel luidt:

> '1. Een werknemer die onderdaan is van een Lid-Staat mag op het grondgebied van andere Lid-Staten niet op grond van zijn nationaliteit anders worden behandeld dan de nationale werknemers wat betreft alle voorwaarden voor tewerkstelling en arbeid, met name op het gebied van beloning, ontslag en, indien hij werkloos is geworden, wederinschakeling in het beroep of tewerkstelling.
> 2. Hij geniet er dezelfde sociale en fiscale voordelen als de nationale werknemers.'

§ 2. De materiële werkingssfeer van artikel 7.

220. Lange tijd is het niet duidelijk geweest of het begrip *sociale voordelen* uit het tweede lid van artikel 7 beperkt is tot voordelen die inherent zijn aan de hoedanigheid van werknemer (moeten ze verband houden met de arbeidsovereenkomst?) of dat het een ruimere betekenis heeft.[2]

De omslag die in deze jurisprudentie plaatsvond lag in het *Cristini*-arrest.[3] In dit arrest werd bepaald dat ook Franse treinreductiekaarten ten gunste van grote gezinnen onder de reikwijdte van artikel 7, tweede lid vallen. Deze korting had niets uit te staan met de tewerkstelling van werknemers, maar was bedoeld om grote gezinnen te steunen.

[1] *PB L 257* 1968.
[2] Een restrictieve uitleg van deze bepaling was nog te vinden in HvJ 11 april 1973, zaak 76/72, *Michel S*, *Jur.* 1973, 457.
[3] HvJ 30 september 1975, zaak 32/75, *Jur.* 1975, 1085.

221. Het Hof gaat sindsdien bij de interpretatie van dit artikel uit van het doel van artikel 48 van het EG-Verdrag, namelijk het bevorderen van de mobiliteit van werknemers en de vrije-verkeersdoelstellingen. Daarom vallen onder het begrip sociale voordelen uit dit artikel ook uitkeringen krachtens sociale zekerheid en de bijstand.

222. Sociale voordelen in de zin van artikel 7, tweede lid van Verordening 1612/68 betreffen, zoals het Hof in zijn uitspraken formuleert, alle voordelen 'die, al dan niet verbonden aan een arbeidsovereenkomst, in het algemeen aan nationale werknemers worden toegekend, voornamelijk op grond van hun objectieve hoedanigheid van werknemer of enkel wegens het feit dat zij ingezetenen zijn, zodat een uitbreiding ervan tot werknemers die onderdaan van een andere Lid-Staat zijn, geschikt lijkt om hun mobiliteit binnen de Gemeenschap te vergemakkelijken'.

223. De vraag of sociale-zekerheids- en bijstandsuitkeringen onder de werkingssfeer van artikel 7, tweede lid Verordening 1612/68 vallen, is enige tijd ook onzeker geweest omdat in sommige zaken Verordening 1408/71 toegepast werd, terwijl Verordening 1612/68 meer voor de hand had gelegen.[4] In de jaren tachtig zien we dat het Hof hierover duidelijkheid schept, door bij gezinsleden, die volgens de afgeleide-rechtendoctrine geen beroep kunnen doen op Verordening 1408/71, uit te gaan van Verordening 1612/68. Dat blijkt bijvoorbeeld in het *Castelli*-arrest,[5] waarin het ging het om de toekenning van het *gewaarborgd inkomen voor bejaarden* aan een Italiaanse moeder die in België inwoonde bij een Italiaanse werknemer; eveneens in *het Eerste Frascogna*-arrest,[6] waarin het ging om de toekenning van een Franse ouderdomstoelage aan een Italiaanse moeder die in Frankrijk inwoonde bij een Italiaanse werknemer; en in het *Deak*-arrest[7] waar de toekenning van een Belgische wachtgelduitkering voor jeugdige werknemers aan een Hongaarse zoon die bij zijn Italiaanse moeder in België woonde in het geding was.

In al deze gevallen stelde het Hof dat op grond van artikel 7, tweede lid van Verordening 1612/68 aan de betrokkenen geen nationaliteitsvoorwaarden mochten worden tegengeworpen.

[4] In een aantal arresten, te weten HvJ 28 mei 1974, zaak 187/73, *Callemeyn*, *Jur.* 1974, 553; HvJ 13 november 1974, zaak 39/74, *Costa*, *Jur.* 1974, 1251; HvJ 17 juni 1975, zaak 7/75, *Echtelieden F.*, *Jur.* 1975, 679 en HvJ 16 december 1976, zaak 63/76, *Inzirillo*, *Jur.* 1976, 2057, beantwoordde het Hof de vragen in het kader van Verordening 1408/71, terwijl toepassing van artikel 7, tweede lid Verordening 1612/68 meer voor de hand had gelegen, vergelijk ook Vonk (1991).

[5] HvJ 12 juli 1984, zaak 261/83, *Jur.* 1984, 3199.

[6] HvJ 6 juni 1985, zaak 157/84, *Jur.* 1985, 1739.

[7] HvJ 20 juni 1985, zaak 94/84, *Jur.* 1985, 1873.

224. Ook bijstand valt onder Verordening 1612/68. Zoals we gezien hebben in nr. 129, in het *Hoeckx*-arrest, viel de Belgische bestaansminimumuitkering niet onder het materiële bereik van Verordening 1408/71; mevrouw Hoeckx kon echter wel een beroep doen op artikel 7 van Verordening 1612/68.[8]

225. In de *Even*-zaak[9] kwam echter een uitkering aan de orde, welke niet onder werkingssfeer van de verordening viel. In deze zaak wilde een in België wonende Fransman een beroep doen op een vervroegd ouderdomspensioen, op grond van een regeling voor personen met de Belgische nationaliteit, die hun werkelijke dienst hebben volbracht tijdens de Tweede Wereldoorlog en een pensioen ontvangen wegens arbeidsongeschiktheid opgelopen tijdens een oorlogshandeling. Het Hof overwoog dat een dergelijk voordeel door de Belgische wetgeving werd toegekend aan bepaalde groepen nationale werknemers, waarbij als voornaamste grond gold de diensten die de rechthebbenden in tijd van oorlog aan het eigen land hebben bewezen. Een dergelijk voordeel, dat is gebaseerd op een statuut van nationale erkentelijkheid, aldus het Hof, kan derhalve niet als een aan een nationale werknemer in hoofdzaak op grond van zijn hoedanigheid van werknemer of ingezetenen toegekend voordeel worden beschouwd. Het beantwoordt bijgevolg niet aan de wezenlijke kenmerken van 'sociale voordelen' als bedoeld in artikel 7, tweede lid van de verordening. Even kon dus geen beroep op de verordening doen.[10]

§3. De personele werkingssfeer van artikel 7

226. Volgens het Hof komt het recht op gelijke behandeling met betrekking tot fiscale en sociale voordelen enkel toe aan werknemers in enge zin.

Werkzoekenden zijn van de bescherming van artikel 7, tweede lid uitgesloten, evenals zelfstandigen.[11]

Het Hof oordeelde dat *studenten/ex-werknemers* zich kunnen beroepen op artikel 7, tweede lid van Verordening 1612/68, mits er een 'aantoonbaar inhoudelijk verband' bestaat tussen de aard van de vroeger verrichte werkzaamheden en de later gevolgde studierichting. Niet alle studenten/ex-werknemers vallen dus onder het discriminatieverbod van artikel 7, tweede lid van Verordening 1612/68.[12]

[8] HvJ 27 maart 1985, zaak 248/83, *Jur*. 1985, 982; zie ook HvJ 27 maart 1985, zaak 122/84, *Scrivner*, *Jur*. 1985, 1029.

[9] HvJ 31 mei 1979, zaak 207/78, *Jur*. 1979, 2019.

[10] Ook kon hij geen beroep doen op Verordening 1408/71, zie nr. 120.

[11] Personen die zich verplaatsen om werk te zoeken hebben overeenkomstig het bepaalde in de artikelen 2 en 5 van Verordening 1612/68 slechts aanspraak op gelijkheid van behandeling wat betreft de toegang tot de arbeid.

[12] HvJ 21 juni 1988, zaak 39/86, *Lair*, *Jur*. 1988, 3161.

Een derde categorie, naast die van werkzoekenden en ex-werknemers/studenten, is die van student-stagiair, vgl. het *Brown*-arrest.[13] In deze zaak ging het om een student-stagiair, ten aanzien van wie het Hof uitdrukkelijk had bepaald dat deze als werknemer kon worden aangemerkt; toch kon hij geen aanspraak maken op de bescherming van artikel 7, tweede lid Verordening 1612/68, omdat zijn stage gold als een verplicht onderdeel van zijn technische studie; zijn werknemersstatus vloeide voort uit het feit dat hij was toegelaten tot een universiteit om deze studie te verrichten. In dergelijke omstandigheden waren zijn werkzaamheden accessoir aan zijn status als student en kon hij voor de doeleinden van een beroep op een studiebeurs voor de kosten van het levensonderhoud noch bescherming ontlenen aan de gelijkheid van behandeling op het gebied van sociale voordelen, noch aan artikel 7 (nu 6) van het EG-Verdrag in het algemeen.

227. Op grond van een letterlijke lezing van artikel 7, tweede lid van Verordening 1612/68 komt het recht op gelijkheid van behandeling op het terrein van de sociale voordelen uitsluitend toe aan de werknemer, en niet aan zijn familieleden die zich bij hem hebben gevestigd. Het Hof interpreteerde deze bepaling echter ruimer; in het boven reeds genoemde *Cristini*-arrest (zie nr. 220) bepaalde het Hof namelijk dat ook familieleden rechten kunnen ontlenen aan dit artikel. Het Hof benadrukte dat een werknemer die zijn familieleden en nabestaanden wil verzekeren van bepaalde nationale voordelen, ertoe zou kunnen worden gebracht niet te blijven in de Lid-Staat waar hij zich heeft gevestigd en werk heeft gevonden, indien deze Lid-Staat zijn familieleden en/of nabestaanden dergelijke voordelen op grond van hun nationaliteit kan ontzeggen. Dit zou indruisen tegen de doelstellingen en de geest van het vrije werknemersverkeer. Deze uitbreiding van de personele werkingssfeer van artikel 7, tweede lid van Verordening 1612/68 tot familieleden en nabestaanden is dus gebaseerd op de doelstellingen van het vrije werknemersverkeer.

Familieleden en nabestaanden hebben evenwel geen *zelfstandig* recht op gelijke behandeling krachtens artikel 7, tweede lid: er bestaat alleen een verplichting sociale uitkeringen aan familieleden toe te kennen, indien dit *ten aanzien van de werknemer* is te beschouwen als een sociaal voordeel. Van belang bij de beoordeling daarvan is of de werknemer de betrokken familieleden feitelijk ondersteunt. Deze benadering is dus niet dezelfde als de 'afgeleide-rechtendoctrine'[14] die met betrekking tot Verordening 1408/71 geldt (vgl. nr. 106); het bereik van Verordening 1612/68 is veel ruimer: voor degenen die onder de personele werkingssfeer van deze Verordening vallen geldt namelijk geen beperking tot type prestaties.

[13] HvJ 21 juni 1988, zaak 197/85, *Jur*. 1988, 3205.

[14] De afgeleide-rechtendoctrine houdt in dat de bescherming van familieleden zich beperkt tot uitkeringen die worden ontleend aan de hoedanigheid van 'rechthebbende' van de werknemer, zoals kinderbijslag en nabestaandenuitkeringen.

228. In een tweetal opzichten bestaat echter een beperking van het bereik van Verordening 1612/68 met betrekking tot gezinsleden. Eén daarvan is te zien in het *Zaoui*-arrest.[15] Zaoui was in Algerije geboren en gehuwd met een Française. Zijn vrouw had nooit in een ander land gewerkt. Hij deed een beroep op een aanvullende uitkering voor invaliditeitsuitkeringen. Deze uitkering werd hem geweigerd omdat hij niet de Franse nationaliteit had.

Zoals we in nr. 108 hebben gezien, kon hij geen beroep doen op Verordening 1408/71, omdat de betreffende uitkering geen afgeleid recht voor gezinsleden vormt. Hij kon echter volgens het Hof ook geen beroep doen op Verordening 1612/68 omdat de verdragsbepalingen betreffende het vrije verkeer van werknemers niet kunnen worden toegepast op situaties die geen enkel aanknopingspunt hebben met een van de situaties waarvoor het gemeenschapsrecht is geschreven. Nu zijn echtgenote, als onderdaan van een van de Lid-Staten, nooit gebruik heeft gemaakt van het recht van vrij verkeer binnen de Gemeenschap, was Verordening 1612/68 niet van toepassing.

229. In het *Taghavi*-arrest[16] is een andere beperking te zien, die overigens ook een afwijking inhield van de jurisprudentie van het Hof (namelijk ten opzichte van het *Deak*-arrest, vgl. nr. 223). Mevrouw Taghavi had de Iraanse nationaliteit, en was gehuwd met een Italiaan. Zij was woonachtig in België en wilde een beroep doen op de tegemoetkomingen voor mindervaliden op grond van de Belgische Wet, voor welke, afgezien van enige uitzonderingen, alleen in België woonachtige Belgen in aanmerking komen. De vraag was aan de orde of zij een beroep kon doen op artikel 7 van Verordening 1612/68. Het Hof overwoog dat de echtgenoot van een *Belgische* werknemer, die geen onderdaan is van een Lid-Staat van de Gemeenschap, geen aanspraak kan maken op de betrokken tegemoetkoming. Aangezien er in die omstandigheden geen sprake is van een 'sociaal voordeel' voor de nationale werknemers, kan artikel 7, tweede lid van de verordening dan ook niet ten aanzien van de echtgenote van onderdanen van andere Lid-Staten toepassing vinden.

230. Kennelijk was het Hof van oordeel dat de gelijke behandeling van gezinsleden onder artikel 7, tweede lid slechts van toepassing is, als nationale werknemers met gezinsleden die een vreemde nationaliteit hebben, eveneens een gelijke behandeling kunnen eisen voor deze gezinsleden. Deze benadering wijkt af van het *Deak*-arrest[17], waarin een Hongaars kind van een Italiaanse werknemer in België een wachtgeld kreeg toegekend, terwijl Hongaarse kinderen van Belgische werknemers geen recht hadden op een wachtgelduitkering.

[15] HvJ 17 december 1987, zaak 147/87, *Jur.* 1987, 5511.
[16] HvJ 8 juli 1992, zaak 243/91, *Jur.* 1992, I-4401. Zie ook Verschueren (1993: 75).
[17] HvJ 20 juni 1985, zaak 94/84, *Jur.* 1985, 1873.

231. In het *Schmid*-arrest[18], na het *Taghavi*-arrest gewezen, zien we dat in sommige gevallen toch weer familieleden van een buitenlandse werknemer een beroep kunnen doen op Verordening 1612/68, hetgeen leidt tot uitkeringen, waarop familieleden (met een vreemde nationaliteit) van nationale werknemers geen beroep kunnen doen. In dit arrest ging het om de aanspraken van Suzanne, de dochter van Schmid – beiden hebben de Duitse nationaliteit –, op Belgische uitkeringen voor een volwassen gehandicapte. Voorwaarden voor de toekenning van deze tegemoetkoming zijn onder meer dat de aanvrager de Belgische nationaliteit moet hebben en een woonplaats in België. De dochter heeft nooit gewerkt, omdat ze vanaf de geboorte gehandicapt was. Uitkering werd aan Suzanne geweigerd omdat zij nooit als werknemer onderworpen is geweest aan de sociale-zekerheidsuitkering in België of een andere Lid-Staat en omdat ze niet de Belgische nationaliteit had.

Het Hof merkte op dat het onverenigbaar is met artikel 7, tweede lid, om de toekenning van een sociaal voordeel afhankelijk te stellen van een nationaliteitsvoorwaarde, zelfs wanneer deze voorwaarde ook geldt voor de bloedverwanten in neergaande lijn van nationale werknemers. Ter adstructie van deze stelling volstaat het vast te stellen, dat aan de voorwaarde van bezit van de nationaliteit van de ontvangende staat gemakkelijker kan worden voldaan door de bloedverwanten in neergaande lijn van nationale werknemers dan door die van de migrerende werknemers.

Waarin zit nu het verschil tussen de *Taghavi*- en *Schmid*-jurisprudentie? Is discriminatie van bloedverwanten in neergaande lijn verboden en die van echtgenoten geoorloofd? Het Hof heeft zich hierover niet uitgelaten. Zie overigens het *Kziber*-arrest (nr. 421), waarin gezinsleden van *Marokkaanse* werknemers die op het grondgebied van de EU wonen wèl volledig gelijk moeten worden behandeld met onderdanen van de EU. De omvang van de bescherming in dit arrest is groter dan die in *Taghavi*, hetgeen natuurlijk vreemd is, aangezien het in het *Kziber*-arrest gaat om onderdanen van een derde staat.

232. *Conclusie.* Verordening 1612/68 is op het terrein van de sociale zekerheid nuttig als het gaat om gevallen van discriminatie, terwijl de betrokken persoon of uitkering buiten de werkingssfeer van Verordening 1408/71 valt. Twistpunt bij discriminatiezaken betreft de zgn. begunstiging van migrerende werknemers: mogen migrerende werknemers beter af zijn dan nationale werknemers? In de *Taghavi*- en *Schmid*-arresten is de benadering van het Hof op dit onderdeel niet consistent.

[18] HvJ 27 mei 1993, zaak 310/91, *Jur.* 1993, I-3011.

HOOFDSTUK X

OPHEFFING VAN WOONPLAATSEISEN

§ 1. Algemeen

233. Woonplaatseisen zijn problematisch voor het vrij verkeer van werknemers. De verordening kent verschillende wijzen waarop woonplaatseisen bestreden kunnen worden. Er geldt echter geen algemeen verbod op woonplaatseisen.

Enerzijds stellen de aanwijsregels (artikel 13) woonplaatseisen opzij voorzover deze verhinderen dat men aangesloten is bij een bepaald stelsel (zie nr. 164 e.v.). Hier worden woonplaatseisen die fungeren als grensnormen terzijde gesteld. Deze worden hier niet opnieuw besproken.

234. Woonplaatseisen kunnen ook nog een andere rol spelen, namelijk die van zaaknormen, als ze bijvoorbeeld eisen stellen aan de perioden die men in een bepaald land gewoond moet hebben, wil men recht hebben op uitkering. Ook kunnen woonplaatseisen gesteld worden aan de betaling van een uitkering waarop reeds een recht verworven is. Ter bevordering van het vrij verkeer van werknemers stelt de coördinatieverordening op dit terrein regels, welke overigens door 51 (b) van het verdrag worden vereist. Deze komen in nr. 236 aan de orde.

235. Woonplaatseisen kunnen problematisch zijn omdat ze kunnen leiden tot indirecte discriminatie van migrerende werknemers. Een regeling kan bijvoorbeeld verlangen dat uitsluitend de tijdvakken doorgebracht in het eigen stelsel meetellen voor het recht op uitkering. Een regeling kan ook verlangen dat de uitkering alleen uitbetaald wordt als de betrokken werknemer of zijn gezinsleden in het land wonen waar ze een beroep op uitkering doen.

Als een coördinatieregeling ermee zou volstaan om door middel van een antidiscriminatiebepaling de woonplaatseisen van migrerende werknemers aan te pakken, dan zou de sociale-zekerheidspositie van migranten slechts gebrekkig geregeld zijn. Ten eerste zou het onduidelijk zijn of er objectieve rechtvaardigingsgronden bestaan om bijvoorbeeld buitenlandse tijdvakken niet mee te tellen; die rechtvaardigingsgronden zouden bijvoorbeeld per staat kunnen verschillen. Ten tweede kunnen er, als vastgesteld is dat uitsluiting van buitenlandse tijdvakken indirect discriminerend is, nog problemen bestaan over hoe dan die buitenlandse tijdvakken moeten meetellen. Vandaar dat de coördinatieverordening deze zaken in meer specifieke bepalingen, vaak per type uitkering verschillend, regelt. Indien deze bepalingen echter in bepaalde situaties niet voorzien of tekort schieten, dan kan alsnog een beroep worden gedaan op de antidiscriminatiebepalingen van de coördinatieregeling. Dit aspect is aan de orde geweest in nr. 204 e.v., en zal hier niet opnieuw besproken worden.

§2. Artikel 10 van Verordening 1408/71

236. Artikel 10 geeft voor een aantal langlopende uitkeringen een algemene regeling. In de hoofdstukken over de specifieke uitkeringen (titel III) worden voor de overige uitkeringen specifieke regels gegeven.

237. Artikel 10 van Verordening 1408/71 luidt:

> 'tenzij in deze verordening anders bepaald is, kunnen de uitkeringen bij invaliditeit, ouderdom of de uitkeringen aan nagelaten betrekkingen, de renten bij arbeidsongevallen of beroepsziekten en de uitkeringen bij overlijden *verkregen* op grond van een wettelijke regeling van een of meer Lid-Staten, op generlei wijze worden verminderd, gewijzigd, geschorst, ingetrokken of verbeurd verklaard op grond van het feit dat de rechthebbende op het grondgebied van een andere Lid-Staat woont dan die waar zich het orgaan bevindt dat deze uitkering verschuldigd is, tenzij in de verordening anders is bepaald.' (cursivering door de auteur).

238. Art. 10 is beperkt tot de in dit artikel genoemde uitkeringen. Dat artikel 10 betrekking heeft op de export van uitkeringen waarop al een recht bestaat is duidelijk. Er was evenwel discussie over de vraag of dit artikel ook betrekking heeft op het *ontstaan* van het recht op uitkering. Met andere woorden, als een regeling verlangt dat iemand op het grondgebied van een bepaalde staat moet verblijven wil recht op uitkering kunnen ontstaan, wordt die voorwaarde dan door artikel 10 terzijde gesteld? De tekst van artikel 10 lijkt tot een negatief antwoord op deze vraag te leiden; er is immers sprake van uitkeringen '*verkregen* op grond van een wettelijke regeling'.

239. In het *Camera*-arrest[1] werd deze vraag zo beantwoord dat het niet meer betwist werd dat artikel 10 ook op ontstaansvoorwaarden betrekking heeft. De Italiaanse werkneemster Camera was in 1964 en 1965 in België werkzaam geweest. In 1965 werd ze arbeidsongeschikt en kreeg ze een Belgische ziektewetuitkering. Ze ging terug naar Italië, waar ze op gegeven moment door een Belgische instantie arbeidsongeschikt verklaard werd voor de invaliditeitsuitkering. Haar werd echter uitkering geweigerd, omdat ze niet voldeed aan de voorwaarde in de Belgische wet dat ze daadwerkelijk verblijf hield op

[1] HvJ 10 juni 1982, zaak 92/81, *Jur.* 1982, 2213.

Belgisch grondgebied. Het Hof was nu van oordeel dat artikel 10 inhield dat een territorialiteitsvoorwaarde uit de nationale wetgeving niet mag worden toegepast op invaliditeitsuitkeringen.

Deze opvatting past overigens bij de systematiek van de verordening, omdat een migrerende werknemer op het moment van het intreden van het verzekerde risico (zoals bijv. invaliditeit) nu eenmaal niet tezelfdertijd op het grondgebied van alle Lid-Staten kan wonen waar hij eerder heeft gewerkt. Hij zou dan geen beroep kunnen doen op uitkering in die andere staten, ook al zou hij er recht op hebben als hij op het grondgebied van die staat woonde.

240. Dit standpunt is bevestigd in het *Van Roosmalen*-arrest[2] waar het ging om een Nederlandse arbeidsongeschiktheidsuitkering (de AAW). De AAW bepaalde namelijk dat men pas recht had op deze uitkering als men *hier te lande* onafgebroken tweeënvijftig weken arbeidsongeschikt was geweest. In dit arrest onderstreepte het Hof dat het beginsel, neergelegd in artikel 10 van de verordening, niet alleen meebrengt 'dat de belanghebbende zelfs na zijn woonplaats in een andere Lid-Staat te hebben gevestigd, zijn op grond van de wettelijke regeling van een of meer Lid-Staten verkregen recht op pensioenen, renten en uitkeringen behoudt, maar ook dat dit recht hem niet kan worden ontzegd om de enkele reden dat hij niet woonachtig is op het grondgebied van de staat waar het orgaan dat de uitkering verschuldigd is, zich bevindt'.

241. Als gevolg van de *Camera*-uitspraak was de vraag aan de orde of woonplaatseisen gesteld mochten worden bij de *overgangsvoordelen* in de Nederlandse Algemene Ouderdomswet (AOW). De AOW-verzekering is een opbouwverzekering; alle ingezetenen bouwen een recht van twee procent op voor ieder kalenderjaar dat ze na het bereiken van de vijftienjarige leeftijd verzekerd zijn geweest. Omdat op deze manier pas vijftig jaar na invoering van de wet in 1957 een generatie zou zijn opgegroeid die een volledige uitkering kan opeisen, werd een speciale overgangsregeling bedacht. Deze houdt in dat personen die bij de invoering ouder waren dan vijftien en jonger dan vijfenzestig geacht worden gedurende de periode tussen hun vijftiende levensjaar en de inwerkingtreding van de wet verzekerd te zijn geweest. Deze fictieve verzekering wordt wel aangeduid met 'overgangsvoordelen'. De voorwaarde waaraan men moet voldoen om van deze *overgangsvoordelen* te kunnen profiteren, is dat men gedurende bepaalde tijdvakken in Nederland heeft gewoond, en wel tussen het negenvijftigste en vijfenzestigste levensjaar. Hier worden dus woonplaatseisen gesteld.

Zou dat niet mogen, dan zijn de gevolgen vèrstrekkend. Onderdanen van een Lid-Staat die ten minste één dag op basis van de AOW verzekerd zijn

[2] HvJ 23 december 1986, zaak 300/84, *Jur.* 1986, 3097.

geweest, zouden dan, als ze na hun negenenvijftigste jaar in een van de Lid-Staten hebben gewoond en daar blijven wonen, gratis verzekerd zijn voor de jaren tussen hun vijftiende verjaardag en de datum van inwerkingtreding van de AOW.

242. De vraag of de woonplaatseisen in de overgangsvoordelen geoorloofd zijn, kwam aan de orde in de *Winter-Lutzins*-zaak.[3] In de regeling voor de overgangsvoordelen (zoals deze ten tijde van de zaak van toepassing was) was de zesjareneis enigszins verzacht voor EU-onderdanen. Personen die buiten Nederland zijn gaan wonen, maar verzekerd zijn gebleven voor de WAO (een arbeidsongeschiktheidsuitkering), werden voor de zesjareneis geacht in Nederland te wonen. Daarbij gold als voorwaarde dat betrokkene in Nederland diende te blijven wonen nadat hij vijfenzestig is geworden. Deze laatste voorwaarde gold echter niet voor personen die *vanaf de inwerkingtreding van de AOW tot hun 65e verjaardag* onafgebroken verzekerd waren geweest ingevolge de AOW.

Voorts was in bijlage VI bij de verordening opgenomen dat ook tijdvakken gelegen vóór 1 januari 1957 gedurende welke men na het bereiken van de vijftienjarige leeftijd op Nederlands grondgebied heeft gewoond, of heeft gewerkt in dienst van een in Nederland gevestigde werkgever, gelijk gesteld worden met tijdvakken van verzekering. Mevrouw Winter woonde van 1966 tot 1983 in Nederland, waar ze in loondienst werkte. Vanaf 1980 kreeg ze een gedeeltelijke WAO-uitkering als gevolg waarvan ze verzekerd bleef voor de AOW ook nadat ze in 1983 weer in Duitsland was gaan wonen. Mevrouw Winter kon echter niet aan de actuele wooneis voldoen, omdat ze toen ze vijfenzestig werd niet meer in Nederland woonde. Zij kon geen beroep doen op de regeling uit de bijlage omdat zij van januari 1957 tot eind 1965 in Duitsland woonde. De vraag was of artikel 10 verhinderde dat haar de actuele wooneis werd tegengeworpen.

243. Het Hof oordeelde dat de wooneis in de overgangsbepalingen van de AOW niet in strijd was met artikel 10 van de verordening, omdat in bijlage VI een specifieke regeling is opgenomen met betrekking tot tijdvakken die voor 1 januari 1957 liggen. Aangezien de regel van artikel 10 niet zonder meer kan worden toegepast op een stelsel waarin het feit van ingezeten-zijn voldoende is om verzekerd te zijn (dus: volksverzekeringen), kan de werking van artikel 10 worden beperkt als in bijlage VI, aldus het Hof. Mevrouw Winter had vóór 1 januari 1957 geen enkel band met Nederland, en daarom kon zij dus niet profiteren van de verzachtingsregeling in Bijlage VI.

[3] HvJ 2 mei 1990, zaak 293/88, *Jur*. 1990, 1623. Zie ook HvJ 7 november 1973, zaak 51/73, *Smieja*, *Jur*. 1973, 1213.

§ 3. Gemengde uitkeringen

244. In nr. 125 e.v. (hoofdstuk V), handelend over de materiële werkingssfeer van Verordening 1408/71, is de problematiek van de zogenaamde gemengde uitkeringen aan de orde geweest. Met betrekking tot deze uitkeringen moest niet alleen de vraag beantwoord worden of ze onder de verordening vielen, maar ook of ze uitbetaald moesten worden in een andere staat dan de bevoegde staat. Ook speelde de vraag of er een recht kon ontstaan op deze uitkeringen als de aanvrager niet woonde in de bevoegde staat.

245. Totdat de verordening in 1992 gewijzigd werd,[4] was het antwoord op deze vraag bevestigend. Dit is te zien in bijvoorbeeld het *Biason*-arrest.[5] Het Hof oordeelde dat een verzekerde die recht had op een invaliditeitspensioen dat door hem als werknemer was verworven in een Lid-Staat waar hij woonde, en die uit hoofde van dit pensioen in het genot is van een aanvullende uitkering (een gemengde uitkering), het genot hiervan behoudt bij migratie naar een andere Lid-Staat.[6]

Deze jurisprudentie werd genuanceerd in het *Newton*-arrest, dat in nr. 130 al vermeld werd: een beroep op de verordening om een gemengde uitkering te kunnen exporteren is alleen mogelijk indien men gewerkt heeft onder de wetgeving van die staat.

246. Nadat artikel 10 *bis* aan de verordening toegevoegd was, geldt het woonlandbeginsel voor de gemengde uitkeringen die onder artikel 4, tweede lid *bis* vallen. Het gaat hier om de bijzondere, niet op premie- of bijdragebetaling berustende prestaties die niet vallen onder artikel 4, eerste lid (de traditionele sociale-zekerheidsuitkeringen) of vierde lid (de echte bijstandsuitkeringen). De bedoelde prestaties moeten zijn ingeschreven in een bijlage, Bijlage II *bis*. Voor België zijn de uitkeringen voor mindervaliden, het gewaarborgd inkomen voor bejaarden en de gewaarborgde gezinsbijslagen in deze bijlage opgenomen. Voor andere uitkeringen, zoals de Nederlandse IOAW, (die in het *Aciardi*-arrest aan de orde was, geldt de *Newton*-jurisprudentie nog steeds.

[4] Verordening 1247/92.

[5] HvJ 9 oktober 1974, zaak 24/74, *Jur.* 1974, 999.

[6] Vergelijk ook de zaak HvJ 5 mei 1983, zaak 139/82, *Piscitello, Jur.* 1983, 1427: een Italiaanse vrouw die in het genot was van een Italiaans sociaal pensioen wilde recht blijven houden op dit pensioen nadat zij verhuisd was naar België, waar zij zich bij haar dochter had gevestigd. Nu de verordening geen bijzondere bepalingen met betrekking tot deze uitkering bevat, moet, aldus het Hof, worden aangenomen dat de opheffing van woonplaatseisen zoals geregeld in artikel 10, ook voor deze uitkering gold. Vergelijk ook de zaak HvJ 24 februari 1987, zaak 379/85, *Giletti, Jur.* 1987, 955.

§4. Werkloosheidsuitkeringen

247. Werkloosheidsuitkeringen kunnen slechts voor korte duur geëxporteerd worden. De huidige regeling in Verordening 1408/71 houdt in dat de werkloze slechts recht heeft op werkloosheidsuitkering, indien hij ter beschikking blijft van het arbeidsbureau waarbij hij is ingeschreven, met uitzondering van een periode van drie maanden (artikel 69, eerste lid); deze uitzondering wordt besproken in nr. 410 e.v.

248. *Conclusie.* Woonplaatseisen zijn niet in het algemeen verboden, zoals we hebben gezien. Enerzijds gelden er voor bepaalde typen uitkeringen woonplaatseisen, zoals bepaalde gemengde uitkeringen. Anderzijds gelden er voor de werkloosheidsregelingen nog woonplaatseisen. Op dit laatste punt zijn er in de verdere toekomst waarschijnlijk nog wel ontwikkelingen te verwachten. Vrij verkeer hoort immers ook voor werkzoekenden te gelden. Met betrekking tot de woonplaatseisen in de overgangsregling voor de AOW, is het niet onbegrijpelijk dat de woonplaatseisen hier toegestaan zijn. Men kan immers de nationale solidariteit soms te zeer belasten als elke vorm van woonplaatseisen zou moeten verdwijnen. Bovendien betreft het hier een tijdelijke regeling.

HOOFDSTUK XI

ZIEKTE- EN MOEDERSCHAPSUITKERINGEN

§1. Algemeen

249. De *prestaties bij ziekte en moederschap* worden als eerste vermeld in de reeks uitkeringen die de materiële werkingssfeer van de verordening aangeeft, in artikel 4, eerste lid (a) van Verordening 1408/71. De betekenis van deze termen kwam aan de orde in het arrest *Jordens-Vosters*.[1] Mevrouw Jordens, die een invaliditeitsuitkering ontving, kreeg een bepaalde verstrekking op basis van een invaliditeitsverzekering (de Nederlandse WAO); de vraag was nu of deze verstrekking ook onder de bepalingen van de ziekte-uitkeringen in de verordening viel. Is voor deze vraag bepalend op basis van welke wetgeving een bepaalde voorziening geboden wordt? Het Hof antwoordde dat het begrip 'prestaties bij ziekte en moederschap' alleen betrekking heeft op desbetreffende prestaties (dat wil zeggen dat ze van genees- of heelkundige aard moeten zijn). Irrelevant is het type van sociale wetgeving waarin die prestaties geregeld zijn. Een 'genees- of heelkundige voorziening' valt daarom onder het begrip prestatie bij ziekte en moederschap.

Een tweede begripsmatige vraag is of onder het begrip prestaties bij ziekte ook de verplichte werkgeversbetalingen bij ziekte vallen, bijv. de betalingen op basis van de *Lohnfortzahlungsgesetz* (in Duitsland) of het Burgerlijk Wetboek (in Nederland). Het antwoord is bevestigend; we komen hierop terug in nr. 262.

250. Artikel 19 spreekt over *verstrekkingen* en *uitkeringen*. De verordening kent geen definitie van deze begrippen. Het begrip verstrekkingen verwijst in beginsel naar de betekenis daarvan in de nationale wettelijke regeling van het orgaan dat de verstrekking verleent.[2] De wettelijke regeling van de woonstaat is dus van belang voor wat onder verstrekking verstaan moet worden.

251. Om een verstrekking te zijn hoeft een prestatie niet in natura te zijn; het kan ook een restitutie zijn voor gemaakte medische kosten.[3] Een betaling in geld is dus niet altijd een uitkering, maar kan ook een verstrekking zijn. Uit het

[1] HvJ 10 januari 1980, zaak 69/79, *Jur.* 1980, 75.
[2] Besluit 92 en besluit 109 van de Administratieve Commissie.
[3] HvJ 30 juni 1965, zaak 61/65, *Vaassen-Goebbels*, *Jur.* 1965, 257.

Dekker-arrest[4] volgt dat een regeling die voor gepensioneerden de ziektekostenpremies betaalt, geen verstrekking in natura is in de zin van ziekteverstrekkingen. Verstrekkingen in natura bij ziekte betreffen uitsluitend uitkeringen in verband met ziekte of moederschap en niet aanvullende bijdragen aan een gepensioneerde als bijdrage in diens ziektekosten.

§ 2. Samentellingsregels

252. Sommige Lid-Staten kennen een wachttijd voordat er recht bestaat op een ziekte-uitkering. In België geldt bijvoorbeeld een wachttijd van zes maanden van werken of verzekering. In zo'n geval is het van belang om de in het buitenland doorgebrachte tijd mee te kunnen tellen voor het voldoen aan deze wachttijd. Met het oog hierop kent de verordening voor ziekte-uitkeringen regels voor samentelling van tijdvakken (artikel 18).

253. Artikel 18 luidt:

> 'het bevoegde orgaan van een Lid-Staat waarvan de wettelijke regeling het verkrijgen, het behoud of het herstel van het recht op prestaties afhankelijk stelt van de vervulling van tijdvakken van verzekering, arbeid of wonen, houdt, voorzover nodig, rekening met de krachtens de wettelijke regeling van elke andere Lid-Staat vervulde tijdvakken van verzekering of wonen, alsof deze tijdvakken krachtens de door dat orgaan toegepaste wettelijke regeling waren vervuld.'

Indien een werknemer in Nederland dus verzekerd was onder de Ziekenfondswet of Ziektewet, en hij gaat vervolgens in België werken, dan tellen deze tijdvakken mee om aan de Belgische voorwaarden te voldoen.

§ 3. Arbeidsongeschiktheid bestond al voor aanvang verzekering

254. In het *Klaus*-arrest[5] kwam de vraag aan de orde of een Lid-Staat iemand ziekte-uitkering mag weigeren op grond dat de ziekte binnen een bepaalde periode te verwachten was. Uitkering van ziekengeld kan namelijk onder de Nederlandse regels geheel of ten dele geweigerd worden, indien de ongeschiktheid tot werken reeds bestond op het tijdstip dat de verzekering een aanvang nam. Deze bepaling heeft tot doel misbruik tegen te gaan, aangezien de Nederlandse wettelijke regelingen ter zake van arbeidsongeschiktheid geen bepaling kennen waarbij bepaalde risico's van de verzekering kunnen worden uitgesloten op het tijdstip waarop zij aanvangt. Mevrouw Klaus werkte van

[4] HvJ 1 december 1965, zaak 33/65, *Jur.* 1965, 1135.
[5] HvJ 26 oktober 1995, zaak 482/93, *Jur.* 1995, I-3551.

december 1985 tot juli 1987 als verpleegster in Nederland en was uit dien hoofde verzekerd op grond van de ZW. In juni 1987 staakte zij deze werkzaamheden wegens rugklachten, zodat haar verzekering uit hoofde van de ZW eindigde. Nadat zij gedurende acht maanden een cursus toerisme-management had gevolgd, ging zij in juni 1988 naar Spanje, waar zij als gastvrouw en medewerkster public relations ging werken. In december 1988 keerde zij terug naar Nederland en werkte zij aldaar korte tijd in verschillende betrekkingen. Van mei tot oktober 1989 werkte Klaus opnieuw als gastvrouw en medewerkster public relations in Spanje. Zij keerde vervolgens terug naar Nederland en was vanaf 20 oktober 1989 werkzaam als uitzendkracht. Op 7 november 1989 evenwel moest zij dit werk wegens rugklachten staken.

Uit medische rapporten bleek dat Klaus reeds op 20 oktober 1989 wegens afwijkingen aan haar wervelkolom ongeschikt was om haar werk te verrichten. Op die datum begon haar verzekering uit hoofde van de Ziektewet opnieuw te lopen. Uitkering werd haar geweigerd op grond dat zij bij de aanvang van de ziekteverzekering op 20 oktober 1989 reeds arbeidsongeschikt was.

Het Hof antwoordde dat volgens artikel 51 van het EG-Verdrag de Raad de maatregelen dient vast te stellen die op het gebied van de sociale zekerheid noodzakelijk zijn voor de totstandkoming van het vrije verkeer van werknemers. Een van deze bepalingen is artikel 18, eerste lid van Verordening 1408/71. Deze bepaling staat er aan in de weg, aldus het Hof, dat het bevoegde orgaan het begin van de aansluiting krachtens de wettelijke regeling die het toepast, beschouwt als het tijdstip waarop de tijdvakken van verzekering ingaan die voor het ontstaan van het recht op prestaties bij ziekte in aanmerking moeten worden genomen. Wanneer derhalve de wettelijke regeling van de bevoegde Lid-Staat de toekenning van uitkeringen wegens ziekte afhankelijk stelt van de voorwaarde dat de ongeschiktheid tot werken niet reeds bestond op het tijdstip van aansluiting, dient het bevoegde orgaan overeenkomstig artikel 18, eerste lid van de verordening eveneens rekening te houden met de door de verzekerde krachtens de wettelijke regeling van een andere Lid-Staat vervulde tijdvakken van aansluiting, alsof deze tijdvakken krachtens de door dat orgaan toegepaste wettelijke regeling waren vervuld.

255. Voorts had de nationale rechter gevraagd of de omstandigheid dat enkele dagen zijn verstreken tussen de terugkeer van mevrouw Klaus in haar land van herkomst en de hervatting van werkzaamheden in loondienst in deze staat tot gevolg heeft, dat de continuïteit van de tijdvakken van aansluiting die wordt onderbroken in aanmerking kunnen worden genomen krachtens de communautaire samentellingsregels. Het Hof antwoordde hierop dat het feit dat een migrerende werknemer niet werkt gedurende de korte periode waarin hij zijn woonplaats materialiter van de ene naar de andere Lid-Staat verlegt, inherent is aan de normale uitoefening van het recht op vrij verkeer. De bedrijfsvereniging

had bovendien het Hof tijdens de terechtzitting meegedeeld dat als Klaus haar volledige verzekeringsloopbaan in Nederland had gehad, deze onderbreking niet in aanmerking zou zijn genomen om de weigering van de gevraagde prestatie te rechtvaardigen. De conclusie van het Hof was dan ook dat artikel 18, eerste lid aldus moet worden uitgelegd dat wanneer de toepasselijke wettelijke regeling van een Lid-Staat de toekenning van uitkeringen wegens ziekte afhankelijk stelt van de voorwaarde dat de ongeschiktheid tot werken van de verzekerde niet reeds bestond op het tijdstip van zijn aansluiting bij het door die regeling ingevoerde stelsel, het bevoegde orgaan eveneens rekening dient te houden met de door de betrokkene krachtens de wettelijke regeling van een andere Lid-Staat vervulde tijdvakken van aansluiting alsof deze tijdvakken krachtens de door dat orgaan toegepaste wettelijke regeling waren vervuld.[6]

§4. Doorbreking van de woonplaatseisen

A. De regeling van artikel 19.

256. Een taak van een coördinatieregeling is dat eventuele woonplaatseisen terzijde worden gesteld; deze taak wordt gerealiseerd in artikel 19. Dit luidt:

> De werknemer of zelfstandige die op het grondgebied van een andere dan de bevoegde Lid-Staat woont en aan de in de wettelijke regeling van de bevoegde staat gestelde voorwaarden voor het recht op prestaties voldoet, heeft in de woonstaat recht op:
>
> a) *verstrekkingen*; deze worden door de woonstaat verstrekt. Daarbij gelden de wettelijke regels van de woonstaat. De kosten zijn echter voor de bevoegde staat. Het verstrekkende orgaan moet de bevoegde staat voor bepaalde verstrekkingen eerst om toestemming vragen (artikel 17, zevende lid van Verordening 574/72).
>
> b) *uitkeringen*; deze worden door het bevoegde orgaan [meestal van het werkland – auteur] verleend volgens de eigen wettelijke regeling.

257. Verstrekkingen worden dus verleend volgens de wetgeving van het woonland, maar de kosten komen ten laste van de bevoegde staat. Uitkeringen daarentegen worden verleend overeenkomstig de wetgeving van de bevoegde staat, meestal het werkland.

258. De vraag of deze regel alleen van toepassing is op actief werkzame personen of ook op personen die niet meer actief werkzaam zijn, kwam aan de orde in het *Twomey*-arrest.[7] Twomey was een Brits onderdaan, die tewerkgesteld was als huishoudelijke hulp van mei 1986 tot 3 juli 1987. Op 19 juli van dat jaar vestigde ze zich in Ierland en op 23 februari van het jaar daarop

[6] Zie ook HvJ 26 oktober 1995, zaak 481/93, *Moscato*, *Jur.* 1995, I-3525, nr. 295.
[7] HvJ 10 maart 1992, zaak 215/90, *Jur.* 1992, I-1823.

vroeg ze in het Verenigd Koninkrijk een ziekte-uitkering aan. In Ierland heeft ze niet gewerkt. Haar werd uitkering geweigerd, omdat ze niet in het Verenigd Koninkrijk verblijf hield. De vraag was of artikel 19 van toepassing is op iemand die in een andere Lid-Staat gaat wonen en aldaar ziek wordt. In deze zaak hadden de Britse autoriteiten aangevoerd dat artikel 13, tweede lid, (a) niet op mevrouw Twomey sloeg omdat ze niet langer in het Verenigd Koninkrijk tewerkgesteld was. Met dat laatste argument maakte het Hof korte metten; volgens het *Ten Holder*-arrest (nr. 161) blijft men vallen onder de wetgeving van de voormalige werkstaat.

De Britse instantie had aangevoerd dat artikel 19 alleen betrekking heeft op personen die op het moment dat ze ziek worden een activiteit als werknemer of zelfstandige uitvoeren. Als argument voerden de Britten aan, dat anders het systeem doorbroken zou worden. Bij werkloosheidsuitkeringen is het immers zo dat iemand die uitkeringen slechts drie maanden in het buitenland kan ontvangen; dan is het vreemd dat er bij een ziekte-uitkering geen beperking zou zijn. Als de doelstelling van artikel 51 EG-Verdrag met de bepalingen inzake de werkloosheidsuitkering bereikt zou worden, dan kan niet worden volgehouden dat die doelstelling een gunstiger voorziening eist bij ziekte-uitkeringen. Het Hof was het hier niet mee eens: een verschil in behandeling doet zich inderdaad wel voor, maar dat komt omdat er verschil is tussen de situatie van personen die in het buitenland werk zoeken en die van personen die ziek worden. De beperking met betrekking tot de werkloosheidsuitkering wordt bovendien expliciet in de verordening genoemd. Een restrictieve interpretatie van artikel 19 kan daarom niet worden gerechtvaardigd.

Onder 'werknemer' in de zin van artikel 19 dient dus tevens te worden verstaan de persoon, die, na als werknemer in een Lid-Staat te hebben gewerkt, is gaan wonen in een andere Lid-Staat, waar hij ziek is geworden, en waar hij, alvorens hij ziek werd, niet heeft gewerkt. Betrokkene moet dan wel nog voldoen aan de voorwaarden van de ziekte-uitkering in zijn laatste werkland. Artikel 19 stelt namelijk uitsluitend woonplaatseisen terzijde. Als nationale regels nawerking inhouden van de verzekering heeft betrokkene op deze wijze recht op uitkering in het buitenland.

B. De controleprocedure

259. De verstrekkingen worden verleend door het woonland volgens de door dit orgaan toegepaste wettelijke regeling. Hieruit volgt dat de organen van het woonland bepalen of iemand al of niet ziek is en of hij in aanmerking komt voor een verstrekking.

De uitkeringen worden daarentegen verleend volgens de regeling van de bevoegde staat (veelal het werkland). Voor het hiervoor vereiste medisch onderzoek is de woonstaat echter verantwoordelijk[8]; deze moet de gegevens

[8] Artikel 18 van Verordening 574/72.

van het onderzoek naar de werkstaat verzenden. De werkstaat mag echter door een arts van eigen keuze het onderzoek over laten doen. Als de werkstaat evenwel geen gebruik heeft gemaakt van die mogelijkheid, is deze staat gebonden aan het onderzoek van de woonstaat.

260. In de *Rindone*-zaak[9] was het omstreden of de werkstaat gebonden was aan het oordeel van de arts in de woonstaat, als het bevoegde orgaan van de werkstaat niet zelf controleert. Artikel 18, vierde lid van Verordening 574/72 bepaalt, dat het orgaan van de woonplaats de administratieve en geneeskundige controle uitoefent en het einde van de arbeidsongeschiktheid vaststelt. Probleem was dat hier niet gesproken werd over de *aanvang* van de arbeidsongeschiktheid; deze was in deze zaak omstreden. Het Hof overwoog dat volgens artikel 18 de woonstaat het einde van de arbeidsongeschiktheid vaststelt; dan is het ook logisch dat dit orgaan het begin daarvan vaststelt; een onderling afwijkende regeling met betrekking tot de aanvang van de arbeidsongeschiktheid valt niet te rechtvaardigen, want in beide gevallen moet het orgaan van de woonplaats een vergelijkbare feitelijke situatie beoordelen. Het bevoegde orgaan heeft enkel de bevoegdheid tot controle. Een andere oplossing zou tot bewijsproblemen leiden voor de werknemer. Dit zou het vrije verkeer van werknemers belemmeren, aldus het Hof.

In dit arrest was tevens het probleem aan de orde, dat geen regeling bestaat voor de situatie waarin de betrokken werknemer zich niet gehouden heeft aan de door de verordening voorgeschreven termijn van drie dagen (artikel 18, eerste lid van Verordening 574/72) waarbinnen hij een bewijs van arbeidsongeschiktheid moet verkrijgen van een arts in de woonplaats. Er bestaat ook geen regeling als de woonstaat dit verslag niet binnen de termijn van drie dagen heeft doorgezonden naar de bevoegde staat. Het Hof overwoog dat het in de eerst genoemde situatie zo is, dat de controlerende arts van de woonplaats de arbeidsongeschiktheid niet meer kan vaststellen. Dan moet de werknemer zelf de gevolgen hiervan dragen. In het tweede geval moet de procedure van de verordening gewoon worden gevolgd, aldus het Hof. Voorts was de vraag of van de werknemer verlangd kan worden dat hij zich naar de bevoegde staat voor de controle begeeft. Het Hof antwoordde dat artikel 18, vijfde lid niet zo genterpreteerd mag worden dat hieruit een verplichting voor de werknemer afgeleid mag worden om terug te gaan naar de bevoegde staat om zich aldaar te laten controleren. 'Een dergelijke verplichting zou onverenigbaar zijn met het vereiste respect voor de gezondheidstoestand van de werknemer', aldus het Hof. Het bevoegde orgaan zal, als het de zieke werknemer zelf wil laten keuren, ofwel een eigen arts moeten zenden, ofwel een arts in het betreffende land moeten inschakelen.

[9] HvJ 12 maart 1987, zaak 22/86, *Jur*. 1987, 1339.

261. Deze redenering geldt ook als de *werkgever* de verplichting heeft ziekte-uitkeringen te betalen. Dit bleek uit het *Paletta*-arrest[10], waarin het ging om een Italiaanse werknemer die ziek werd gedurende het verlof dat hem door zijn werkgever, Brennet, werd toegestaan in het buitenland; de werkgever weigerde het loon door te betalen op basis van de *Lohnfortzahlungsgesetz*. Hij voerde hiervoor aan dat hij zich niet gehouden achtte aan medische gegevens uit het buitenland, omdat hij ernstige twijfels had over de getrouwheid ervan. Paletta bracht in dat Brennet door geen gebruik te maken van de mogelijkheid die voorzien is in artikel 18, vijfde lid van Verordening 574/72 (namelijk om betrokkene te laten onderzoeken door een arts van zijn keuze) gebonden was aan de medische gegevens van de instelling van de verblijfplaats; deze gegevens betroffen zowel het plaatshebben als de duur van de arbeidsongeschiktheid.

262. Eerst was de vraag van belang, zoals we al in nr. 249 hebben gezien, of de verplichte werkgeversbetalingen bij ziekte op basis van de *Lohnfortzahlungsgesetz* ziekte-uitkeringen vormen in de zin van Verordening 1408/71. Het antwoord was bevestigend. Vervolgens was de vraag van belang of artikel 18 van Verordening 574/72 van toepassing is als ziekte-uitkeringen door de werkgever betaald worden. Artikel 1 (o) (iv) van Verordening 1408/71 bepaalt dat de werkgever als bevoegde instantie beschouwd moet worden in de zin van deze verordening met betrekking tot de uitkeringen in artikel 4, eerste lid. Dus was artikel 18 van Verordening 574/72 van toepassing, aldus het Hof. Dit resultaat komt overeen met het doel van artikel 18, namelijk om bewijsproblemen weg te nemen voor de werknemer en het vrije verkeer van werknemers zoveel mogelijk te bevorderen. Dus de werkgever is gebonden aan het medische oordeel van de instelling van de verblijfplaats als hij geen gebruik maakt van de mogelijkheid de werknemer door een arts van eigen keuze te laten onderzoeken.

De Duitse werkgever, de Nederlandse en Duitse regering en de Commissie hadden opgemerkt, dat de werkgever niet steeds in staat is een nuttig gebruik te maken van deze mogelijkheid. Ook gaat het medisch rapport niet rechtstreeks naar de werkgever, maar via het uitvoeringsorgaan van de ziekte-uitkeringen, hetgeen vertraging oplevert. Ook weet de werkgever vaak niet precies waar de werknemer zich bevindt en kent hij geen artsen in die plaats. De mogelijkheid die artikel 18, vijfde lid biedt, is daarom vaak niet reëel.

Het Hof merkte ten aanzien van deze bezwaren op dat praktische problemen niet de interpretatie van een bepaling van Verordening 1408/71 kunnen verhinderen zoals die uit de tekst en de doelstelling volgt. Deze uitspraak is zeer omstreden in de Duitse literatuur.[11]

[10] HvJ 3 juni 1992, zaak 45/90, *Jur*. 1992, I-3423.
[11] Vgl. Schulte (1995).

C. Gezinsleden

263. *Gezinsleden* die op het grondgebied van een andere dan de bevoegde Lid-Staat wonen, hebben op dezelfde wijze als werknemers of zelfstandigen recht op *verstrekkingen* volgens de wetgeving van de woonplaats en *uitkeringen* volgens de bevoegde staat. Als de gezinsleden echter een eigen recht hebben op verstrekkingen of uitkeringen op het grondgebied van de woonstaat (omdat ze bijvoorbeeld onder een volksverzekering vallen) dan komen deze ten laste van de woonstaat.

Daarnaast hebben werknemers, zelfstandigen en hun gezinsleden niet alleen recht op verstrekkingen op het grondgebied van de woonstaat, maar als ze op het grondgebied van de werkstaat verblijven, hebben ze ook recht op verstrekkingen van die staat (artikel 21).

264. Artikel 19 bepaalt, zoals gezegd, dat verstrekkingen worden verleend volgens de wettelijke regeling van de woonstaat. Dit geldt ook voor gezinsleden (artikel 19, tweede lid). In het *Delavant*-arrest[12] was de situatie aan de orde van een werkneemster, die in Frankrijk werkzaamheden in loondienst uitoefende en bij de Franse ziekenkas was aangesloten. Zij was gehuwd en had twee minderjarige dochters; het gezin woonde in Duitsland. De Duitse kas willigde niet het verzoek van mevrouw Delavant in, dat de kas vaststelde dat haar kinderen jegens de Duitse kas, als orgaan van de woonplaats, recht hadden op verstrekkingen alsof zij bij haar waren aangesloten, en wel ongeacht het inkomen van de ouders. De Duitse kas baseerde de afwijzing van dit verzoek op het *Sozialgesetzbuch*, dat bepaalde dat kinderen van aangeslotenen niet verzekerd zijn, wanneer de met de kinderen verwante echtgenoot van de aangeslotenen niet bij een verplichte ziekenkas is aangesloten en zijn totale inkomen per maand gewoonlijk meer bedraagt dan één twaalfde van de jaarinkomengrens en gewoonlijk hoger is dan het totale inkomen van de aangeslotene. In casu was de echtgenoot van Delavant aangesloten bij een particuliere ziekteverzekering, omdat zijn inkomen gewoonlijk de in de betrokken wettelijke regeling vastgestelde grens overschreed en gewoonlijk hoger was dan dat van zijn echtgenote.

Het Hof overwoog dat op de gezinsleden van de werknemer de wettelijke regeling van de staat van tewerkstelling van toepassing is wat betreft de prestaties; wanneer dit recht wordt toegekend, hebben zij, ten laste van de staat van tewerkstelling, recht op verstrekkingen die door het orgaan van hun woonplaats worden verleend binnen de grenzen en volgens de bepalingen van de door dit orgaan toegepaste wetgeving. De verwijzende rechter, en ook de Belgische, Duitse, Nederlandse en Franse regering en de Europese Commissie hadden ervoor gepleit dat de vraag of een persoon als gezinslid moet worden

[12] HvJ 8 juni 1995, 451/93, *Jur.* 1995, I-1545.

erkend overeenkomstig artikel 1 (f) van de verordening zou moeten worden beantwoord aan de hand van de wetgeving krachtens welke de prestaties worden verleend, namelijk die van de staat van de woonplaats. Derhalve zou volgens deze interpretatie op artikel 19, tweede lid slechts een beroep kunnen worden gedaan door degenen die als gezinsleden van de werknemer zouden worden erkend door de wetgeving van de staat van de woonplaats, indien de werknemer bij de verplichte ziekteverzekering van deze staat was aangesloten. Het Hof aanvaardde deze interpretatie niet. Daarom kwam de dochter wel in aanmerking voor verstrekkingen.

§5. Grensarbeiders

A. Werknemers

265. Voor grensarbeiders en hun gezinsleden geldt een iets afwijkende regeling. Het begrip grensarbeider is gedefinieerd in artikel 1 (b) als iedere werknemer of zelfstandige die zijn beroepswerkzaamheden uitoefent op het grondgebied van een Lid-Staat en woont op het grondgebied van een andere Lid-Staat, waarheen hij in beginsel dagelijks of ten minste eenmaal per week terugkeert. De grensarbeider heeft een keuze tussen de verstrekkingen uit de woonstaat of de werkstaat.

B. Gezinsleden

266. *Gezinsleden* van grensarbeiders hebben pas recht op verstrekkingen in de bevoegde staat wanneer er tussen de betrokken staten een overeenkomst bestaat of als het bevoegde orgaan vooraf toestemming heeft gegeven (artikel 20). Bij spoedgevallen is voorafgaande toestemming niet nodig.
Zowel met Duitsland[13] als met België[14] heeft Nederland een overeenkomst afgesloten die het toestemmingsvereiste voor medische zorg in het bevoegde land overhevelt van het bevoegde orgaan naar het orgaan van de woonplaats. De in Nederland woonachtige gezinsleden van een grensarbeider moeten daarom toestemming hebben van het ziekenfonds om in België, respectievelijk Duitsland, medische zorg te kunnen verkrijgen.[15]

[13] Overeenkomst van 15 februari 1982, *Trb.* 1982, 29 (Bijl. 5, punt 28h van Verordening 574/72).

[14] Overeenkomst van 24 december 1980, *Trb.* 1987, 124 (Bijl. 5, punt 9c van Verordening 574/72).

[15] Van der Steen (losbladig: XIII – § 5. 3) wijst op het probleem dat een werknemer soms premies betaalt die zijn afgestemd op het verstrekkingenpakket in de werkstaat, waarin de gezinsleden van de nationale werknemers gratis meeverzekerd zijn. Volgens de verordening vallen de gezinsleden van grensarbeiders echter onder het stelsel van het woonland. Soms gelden daar belangrijke eigen bijdragen. Dit kan dan leiden tot achterstelling van deze werknemer bij de werknemers in zijn werkland. De regeling van de verordening heeft daarom soms discriminatoire aspecten.

De Commissie heeft een voorstel ingediend om gezinsleden van de grensarbeider de mogelijkheid te geven prestaties te ontvangen naar hun eigen keuze, in de bevoegde staat of de staat van de woonplaats, op dezelfde wijze als de grensarbeider. De Commissie acht het thans gemaakte onderscheid niet meer opportuun, en is van oordeel dat de voorwaarde van voorafgaande toestemming kan vervallen.[16]

§6. Tijdelijk verblijf in een andere Lid-Staat

267. Als een werknemer en zijn gezinsleden tijdelijk verblijven in een derde Lid-Staat kan een beroep op de verordening worden gedaan als acute medische hulp nodig is. Dit kan bijvoorbeeld het geval zijn tijdens een vakantie. Betrokkenen moeten dan wel een E-111-formulier kunnen tonen. Dit wordt afgegeven door het zickenfonds waar men is ingeschreven.

Deze hulp is alleen mogelijk in de volgende drie situaties:

(1) de werknemer heeft onmiddellijke hulp nodig tijdens het verblijf op het grondgebied van een andere Lid-Staat. Het kan hier ook gaan om vakantiegangers. Dit artikel stelt geen aanvullende eisen aan de personen die zich in bedoelde situatie bevinden;

(2) de werknemer heeft toestemming van het bevoegde orgaan om terug te keren naar het grondgebied van de Lid-Staat waarop hij woont, dan wel om zijn woonplaats naar het grondgebied van een andere Lid-Staat over te brengen. Een buitenlandse werknemers die langdurig ziek is, kan op deze wijze herstellen bij zijn familie in het land van herkomst. De verordening bepaalt dat de vereiste toestemming slechts mag worden geweigerd, wanneer is vastgesteld dat de verplaatsing van betrokkene nadelig is voor zijn gezondheid of voor het ondergaan van de geneeskundige behandeling (artikel 22, tweede lid);

(3) de werknemer heeft toestemming van het bevoegde orgaan om in een andere Lid-Staat een medische behandeling te ondergaan. De toestemming mag niet worden geweigerd wanneer de desbetreffende behandeling behoort tot de prestaties waarin de wettelijke regeling van de woonstaat voorziet. Voorwaarde is dat deze behandeling hem niet kan worden gegeven, gelet op zijn gezondheidstoestand van dat moment en het te verwachten ziekteverloop, binnen de termijn die gewoonlijk nodig is voor de desbetreffende behandeling in de woonstaat.

268. In deze drie situaties heeft betrokkene recht op prestaties zoals bepaald in de wetgeving van de verblijfstaat, maar beperkt tot de duur die geldt in de bevoegde staat.

§7. De hoogte van de uitkeringen

269. De verordening kent tevens regels voor het vaststellen van de hoogte van de uitkering. Ten eerste betreffen die een nationale regeling waarin de hoogte

[16] Com (95) 284 def, van 26 juni 1995.

van de uitkering afhangt van het gemiddelde inkomen dat de werknemer verdiend heeft of de premies die hij betaald heeft. In dat geval worden uitsluitend het inkomen of de premies in aanmerking genomen, die golden tijdens de tijdvakken die vervuld zijn onder de wetgeving van de Lid-Staat die overgaat tot de uitbetaling van de uitkering.

270. Het tweede type regeling is dat waarin de uitkeringen een vast bedrag vormen. In dat geval wordt uitgegaan van dit vaste bedrag of eventueel van het gemiddelde van vaste bedragen die gelden tijdens de tijdvakken die vervuld zijn onder de wetgeving van de betreffende Lid-Staat.

Als de wettelijke regeling bepaalt dat het bedrag der uitkeringen afhangt van het aantal gezinsleden, dan wordt ook rekening gehouden met de gezinsleden van de werknemer die in de andere Lid-Staat wonen.

§8. Niet actieven.

A. Werklozen en gezinsleden

271. Een speciale regeling geldt voor een werkloze die in een andere Lid-Staat werk mag zoeken (op wie, met andere woorden, artikel 69 van toepassing is, zie nr. 410 e.v.). Deze werkloze heeft gedurende de zoekperiode van artikel 69 (in beginsel drie maanden) recht op *verstrekkingen* voor rekening van de staat waar hij werk zoekt. Daarbij geldt de regeling van de verblijfstaat. Eventuele ziekte-uitkeringen worden hem verleend volgens de door de bevoegde staat toegepaste wettelijke regeling (de werkloosheidsuitkering over de ziekteperioden wordt opgeschort).

272. In het *Perrotta*-arrest[17] was de vraag aan de orde hoe de situatie geregeld moet worden van een werkloze werknemer die werk zoekt in een andere Lid-Staat en dan ziek wordt. Artikel 25, vierde lid van de verordening bepaalt: 'Onverminderd de bepalingen van de wettelijke regeling van een Lid-Staat op grond waarvan gedurende een langer tijdvak prestaties wegens ziekte kunnen worden verleend, kan het in het eerste lid bedoelde tijdvak in gevallen van overmacht door het bevoegde orgaan worden verlengd tot ten hoogste het tijdvak dat in de door dit orgaan toegepaste wettelijke regeling is vastgesteld.'

Na in Duitsland als bouwarbeider te hebben gewerkt, schreef Perrotta, die Italiaans onderdaan is, zich op 8 januari 1985 bij het Arbeitsamt München in als werkzoekende en ontving hij een Duitse werkloosheidsuitkering. Daarna kreeg hij van het Arbeitsamt toestemming om voor een periode van drie maanden, tot 19 maart 1985, naar Italië te gaan om aldaar werk te zoeken. Gedurende

[17] HvJ 13 juli 1995, zaak 391/93, *Jur.* 1995, I-2079.

zijn verblijf in Italië bleef hij via het orgaan van zijn verblijfplaats een Duitse werkloosheidsuitkering ontvangen. Op 15 maart 1985 werd Perrotta ziek en van 25 april tot 9 mei 1985 verbleef hij in Italië in een ziekenhuis. Op 19 maart 1985, dat wil zeggen de laatste dag van de periode van drie maanden gedurende welke hij in Italië werk mocht zoeken, diende hij via het orgaan van de Italiaanse ziekteverzekering een verzoek in om een ziekte-uitkering. De Duitse ziekenkas ontving dit op 28 maart 1985, te zamen met een doktersverklaring. De Duitse ziekenkas kende de prestaties bij ziekte toe voor de resterende vijf dagen van de periode van drie maanden, te weten van 15 tot en met 19 maart 1985. Bij beschikking van 29 april 1985 wees zij het verzoek voor het overige af, op grond dat de in artikel 69 bedoelde periode op 19 maart 1985 was verstreken. Tussen partijen stond vast, dat de ziekte van Perrotta tot en met 19 juni 1985 heeft geduurd en dat hij daarna naar Duitsland is teruggekeerd.

Perrotta stelde dat hij vanaf 15 maart 1985 niet meer in staat was geweest te werken en te reizen, en hij verzocht de ziekenkas om, krachtens haar discretionaire bevoegdheid, de periode van drie maanden om die reden te verlengen en hem voor de gehele duur van zijn arbeidsongeschiktheid een prestatie bij ziekte toe te kennen.

In de procedure die hierop volgde, vroeg de nationale rechter of het bevoegde orgaan verplicht is te beslissen over een verzoek om verlenging van het tijdvak gedurende hetwelk het prestaties bij ziekte voor zijn rekening neemt, ook al is dit verzoek door de werkloze niet uitdrukkelijk geformuleerd, terwijl het wel kan worden afgeleid uit een verzoek om toekenning van uitkeringen wegens ziekte, dat vlak vóór afloop van de in artikel 25, eerste lid bedoelde termijn is ingediend. Het Hof antwoordde dat de werkloze noch op grond van artikel 25, vierde lid, van Verordening 1408/71 noch op grond van artikel 26, zesde lid van Verordening 574/72 verplicht is, een formeel verzoek in te dienen om verlenging. Daarbij komt, dat er zich gevallen kunnen voordoen waarin verlenging van het tijdvak gerechtvaardigd kan zijn, maar waarin de omstandigheden de indiening van een formeel verzoek verhinderen. In een geval als het onderhavige kon het bevoegde orgaan er redelijkerwijs van uitgaan dat een werkloze die juist vóór afloop van de termijn van drie maanden gedurende welke hij zich naar een andere Lid-Staat mocht begeven, een uitkering wegens ziekte heeft aangevraagd via de ziekenkas van die staat, die uitkering voor de gehele duur van zijn ziekte wenst te ontvangen en bijgevolg in aanmerking wenste te komen voor verlenging.

De tweede vraag van de nationale rechter was of het bevoegde orgaan krachtens artikel 25, vierde lid over een discretionaire bevoegdheid beschikt met betrekking tot de vraag, of er sprake is van overmacht. Het Hof antwoordde dat het begrip overmacht op de verschillende toepassingsgebieden van het gemeenschapsrecht niet steeds dezelfde inhoud heeft, maar dat de betekenis ervan moet worden vastgesteld met inachtneming van het wettelijk kader waarin het bestemd is effect te sorteren. De vermelding van het begrip overmacht in artikel 25, vierde lid strekt ertoe de gevallen af te bakenen waarin een werkloze die zich naar een andere dan de bevoegde Lid-Staat heeft begeven, na afloop van de in artikel 25, eerste lid bedoelde termijn voor prestaties bij ziekte in aanmerking kan blijven komen. Het vereiste respect voor de gezondheidstoestand van de werkloze brengt mee, dat onder overmacht in de zin van artikel 25, vierde lid niet slechts is te verstaan de absolute onmogelijkheid om naar de bevoegde staat terug te keren. Het begrip moet hier ruimer worden opgevat, in de zin van buiten toedoen van de werkloze ingetreden, abnormale en onvoorzienbare omstandigheden, waarvan de gevolgen, alle geleverde inspanningen ten spijt, slechts ten koste van onevenredig grote offers t vermijden waren. Om te bepalen of er sprake is van overmacht in de zin van artikel 25, vierde lid moet het bevoegde orgaan derhalve de omstandigheden van het geval beoordelen, ten einde in het bijzonder vast te stellen of de terugkeer naar de bevoegde staat een verslechtering van de gezondheidstoestand van de werkloze zou veroorzaken, zijn kansen op genezing zou schaden of voor hem een beproeving zou zijn die in redelijkheid niet van hem kan worden gevergd. Derhalve sluit de enkele omstandigheid, aldus het Hof, dat betrokkene in staat is te reizen, niet bij voorbaat uit dat hij in aanmerking kan komen voor de verlenging zoals bedoeld in artikel 25, vierde lid.

273. Bij *gedeeltelijke* werkloosheid (zie nr. 392 e.v.) geldt de hoofdregel van artikel 19 en 20.

De *volledig* werkloze grensarbeider of de werknemer die zich ter beschikking stelt van de arbeidsbemiddeling van de Lid-Staat waar hij woont, of waarnaar hij terugkeert (vgl. artikel 71 eerste lid (a) (ii) of (b) (ii)) heeft recht op verstrekkingen en uitkeringen ten laste van de woonstaat; deze worden betaald volgens de wettelijk regeling van de woonstaat (artikel 25).

Ook zijn gezinsleden hebben recht op prestaties van de woonstaat van de werkloze, ongeacht de Lid-Staat waar zij zelf wonen.

Bijvoorbeeld, een in België wonende grensarbeider, die eerst in Nederland werkte en nu volledig werkloos is, is aangewezen op een Belgische werkloosheidsuitkering. Hij krijgt nu dus ook medische voorzieningen en ziekengeld volgens de Belgische wet.

B. Gepensioneerden en hun gezinsleden

274. Bij personen die op grond van de wetgeving van twee of meer Lid-Staten pensioen of rente ontvangen, gaat de verordening ten aanzien van de verlening van medische zorg uit van de gedachte dat het *woonland* daarin dient te voorzien. Dit is anders als ofwel ingevolge de wetgeving van het woonland geen pensioen of rente wordt genoten, ofwel op grond van een wettelijke regeling van het woonland geen recht op medische zorg bestaat.

Hierbij gelden voor gepensioneerden de volgende regels. Stel dat een werknemer of zelfstandige pensioen, rente of vut-uitkering ontvangt van *twee of meer* Lid-Staten, waaronder de woonstaat. Indien hij in de woonstaat recht op verstrekkingen heeft, dan worden deze aan hem en zijn gezinsleden verleend door en voor rekening de woonstaat. Bijvoorbeeld, een werknemer heeft pensioen opgebouwd in Frankrijk en Nederland. Hij woont in Nederland. Als het Nederlandse stelsel hem recht geeft op verstrekkingen, dan is Nederland het aangewezen land.

Als betrokkene echter geen prestaties ontvangt van de woonstaat, dan heeft hij toch recht op deze prestaties, evenals zijn gezinsleden, op voorwaarde dat hij in de staat waar hij recht heeft op een pensioen recht op prestaties bij ziekte zou hebben gehad (artikel 28). Als dat zo is, dan worden de *verstrekkingen* betaald volgens de wettelijke regeling van de woonplaats. Ze worden vergoed door de Lid-Staat waar betrokkene recht op verstrekkingen zou hebben gehad als hij daar had gewoond. Als hij recht zou hebben op verstrekkingen in meerdere Lid-Staten, dan moet de staat waar betrokkene het langst verzekerd is geweest de kosten vergoeden. Als deze regeling geen oplossing biedt, dan moet de Lid-Staat betalen waar betrokkene het laatst aangesloten is geweest.

275. De *uitkeringen* worden verleend voor rekening van het bevoegde orgaan. Hierbij gelden dezelfde voorrangsregels als bij verstrekkingen (zie het vorige nummer); de uitkeringen worden volgens de wettelijke regeling van de bevoegde staat betaald.

276. Een speciale regeling geldt als de gepensioneerde woont in een Lid-Staat waar hij geen recht op pensioen of rente heeft, en zijn woonstaat geen voorwaarden stelt aan perioden van verzekering of arbeid voor verstrekkingen. Met deze omschrijving van de ziekteverstrekkingen zijn volksverzekeringen bedoeld. In dit geval komen de verstrekkingen voor rekening van het orgaan volgens de zojuist gegeven voorrangsregeling, als de betreffende werknemer recht zou hebben gehad op deze verstrekkingen volgens de wettelijke regeling van die staat als hij daar zou wonen (artikel 28 bis). Lid-Staten die een volksverzekering hebben voor ziektekosten kunnen aldus hun kosten vergoed krijgen als ze verstrekkingen betalen aan gepensioneerden die in hun land wonen terwijl ze van dit land geen pensioen ontvangen.

277. Als de gezinsleden niet in hetzelfde land als de gepensioneerde wonen, dan ontvangen ze prestaties van het orgaan van de woonplaats van de gezinsleden volgens de door dit orgaan toegepaste wettelijke regeling, welke ten laste komen van de woonstaat van de pensioentrekker.

§9. Premieheffing aan gepensioneerden

278. Als een Lid-Staat een pensioen of rente verschuldigd is, en deze Lid-Staat verzekert de gepensioneerde ook voor prestaties bij ziekte, dan mag deze Lid-Staat premies inhouden op het pensioen van betrokkene (artikel 33).[18] Deze bepaling houdt in dat premies voor de ziektekostenregeling mogen worden berekend over het gehele inkomen, dus ook over buitenlandse pensioenen.[19]

Deze premieheffing is alleen mogelijk als tegenover de ingehouden premies ook een verzekering staat, en niet als de prestaties voor rekening van een andere Lid-Staat komen.

279. De regeling was voorwerp van geschil in een procedure die leidde tot het *Commissie tegen België*-arrest.[20] In geding was een Belgische regeling, die bepaalde dat ziektepremies mochten worden ingehouden bij *elke* betaling van een Belgische pensioen. België hield ook premies in op pensioenen die ze betaalde aan personen die in een andere Lid-Staat woonden, terwijl deze personen niet verzekerd waren voor de Belgische ziektekostenverzekering. Het Hof oordeelde dat de Belgische regeling niet geoorloofd was.[21]

280. De bepaling uit nr. 278 werd naar analogie toegepast in het *Noij*-arrest.[22] Noij had vijfentwintig jaar in België gewerkt en daar een rustpensioen verworven; dit pensioen hield het recht in op Belgische kinderbijslag en medische verstrekkingen. Nadat Noij in Nederland was gaan wonen, werd hij voor Nederlandse volksverzekeringspremies aangeslagen. Hij was echter voor de risico's uit deze verzekeringen al grotendeels gedekt door de Belgische regeling. In het *Daalmeijer*-arrest (zie nr. 174) oordeelde het Hof namelijk dat de aanwijsregels van Titel II (artikel 13) niet meer van toepassing zijn op personen die definitief hun beroepsactiviteiten beëindigd hadden. Zoals we in nr. 177 hebben gezien, had dit arrest voor Noij tot gevolg, dat artikel 13 niet langer verbood dat meerdere wetgevingen tegelijkertijd van toepassing zijn. De premieheffing door Nederland zou dus geoorloofd zijn.

Het Hof deed echter een beroep op artikel 33. Dit artikel, dat betrekking heeft op ziekte- en moederschapsprestaties, werd door het Hof als uitdrukking van een algemener beginsel gezien, namelijk dat in verband met het bevorderen van een vrij verkeer van werknemers geen belemmeringen mogen bestaan.

[18] Het gaat hier om prestaties die krachtens de artikelen 27, 28, 28 bis, 29, 31 en 32 voor rekening van deze Lid-Staat komen.

[19] Zie Van der Steen (losbladig: XIII – § 7.8).

[20] HvJ 28 maart 1985, zaak 275/83, *Jur.* 1985, 1097.

[21] Vergelijk ook de zaak HvJ 16 januari 1992, zaak 57/90, *Commissie tegen Frankrijk*, *Jur.* 1992, I-75) waar een vergelijkbare problematiek speelde (zie nr. 115). De betreffende regelingen vielen echter niet onder de materiële werkingssfeer van de verordening.

[22] HvJ 21 februari 1991, zaak 140/88, *Jur.* 1991, I-387.

Daarvan zou bij premieheffing zoals bij Noij wel sprake zou zijn. Analoge toepassing van dit artikel hield daarom in dat Noij geen premie volksverzekering hoefde te betalen.

281. Toen een nieuw artikel 13, tweede lid (f) werd aangenomen (zie nr. 178), om de post-actieven weer onder een aanwijsregel te laten vallen, is ook een nieuw artikel 17 *bis* in de verordening opgenomen.[23] Dit luidt:

> 'een persoon die recht heeft op een pensioen of rente overeenkomstig de wetgeving van een of meer Lid-Staten, en die op het grondgebied van een andere Lid-Staat woont, kan op zijn verzoek worden vrijgesteld van de toepassing van de wettelijke regeling van deze laatste Lid-Staat, mits hij niet uit hoofde van uitoefening van een beroepswerkzaamheid aan deze wetgeving is onderworpen'.

Dit artikel kan in een geval als dat van Noij dubbele premieheffing verhinderen.

[23] *PB L* 206/2 van 29 juli 1991.

HOOFDSTUK XII

OUDERDOMS-, NABESTAANDEN- EN INVALIDITEITSPENSIOENEN

§ 1. De cöordinatietechniek bij langlopende uitkeringen.

282. Langlopende uitkeringen vormen een afzonderlijk onderwerp voor een coördinatieregeling. Met dit type uitkeringen is immers vaak veel meer geld gemoeid dan met kortlopende uitkeringen, zoals ziekte-uitkeringen. De staat waar iemand arbeidsongeschikt geworden is of de pensioenleeftijd heeft bereikt, zal liever niet volledig verantwoordelijk willen zijn voor de uitkering. In andere woorden, het *integratieprincipe*, dat gehanteerd wordt bij de kortlopende uitkeringen, is niet zonder meer bruikbaar bij het onderhavige type uitkeringen. Met het integratieprincipe bedoelen we dat één pensioen wordt toegekend volgens de regels van één Lid-Staat.[1]

Toepassing van het integratieprincipe op de langlopende uitkeringen zou meebrengen dat uitkeringsgerechtigden die in Lid-Staten *A* en *B* hebben gewerkt en in *B* pensioen aanvragen, een hoger pensioen zouden kunnen krijgen dan wanneer ze in *A* pensioen zouden aanvragen. Werknemers die in de andere volgorde in beide landen even lang hebben gewerkt, zouden een lager pensioen krijgen. Ook de uitkeringslasten zouden dan zeer ongelijkmatig verdeeld worden. Ofschoon deze verschijnselen zich ook voordoen bij de kortlopende uitkeringen, zijn de financiële consequenties bij de langlopende uitkeringen veel zwaarder.

283. Een andere techniek dan het integratiebeginsel om te coördineren is dat uitkeringen worden opgebouwd per tijdvak en per Lid-Staat; het totale pensioen dat een gepensioneerde krijgt is dan een verzameling deelpensioenen. Deze vorm van coördinatie heet de *deelpensioenmethode*.

284. De keuze voor de ene of andere methode wordt mede bepaald door het type uitkering dat in het geding is. Bij de invaliditeits- en nabestaandenuitkeringen bestaan namelijk twee hoofdstelsels. Het ene stelsel is het opbouwstelsel. Bij dit stelsel is er een relatie tussen de perioden die men verzekerd is geweest

[1] Dit principe is geen juridisch beginsel, maar een term ter verklaring van een bepaald verschijnsel. Een andere term om dit verschijnsel aan te duiden is *pension unique*, zie Cornelissen (1984: 125). In nr. 342 zullen we zien dat bij sommige typen uitkeringen het integratiebeginsel niet verhindert dat een aanvulling uit een tweede land geclaimd wordt.

en de hoogte van de uitkering. De perioden die relevant zijn hoeven niet onmiddellijk vóór het intreden van de verzekerde gebeurtenis te zijn vervuld. Als men tijdvakken heeft vervuld, dan blijven ze op een 'rekening' staan op naam van de verzekerde, ook al is hij inmiddels in een ander stelsel verzekerd. Als het risico intreedt kan hij een beroep op deze rechten doen.

285. In Europa komt ook een ander type stelsels voor, de zogenaamde risicostelsels. Een kenmerk van risicostelsels is dat de hoogte van de uitkering niet afhankelijk is van de duur van perioden die men verzekerd is geweest. Aan de andere kant heeft men alleen recht op uitkering als het risico intreedt op een moment waarop men verzekerd is. Men bouwt dus geen rechten op die op een 'rekening' blijven staan; eenmaal niet meer verzekerd kan men geen beroep meer doen op het stelsel. De volgende Lid-Staten kennen risicostelsels voor arbeidsongeschiktheidsuitkeringen: Nederland, België, het Verenigd Koninkrijk en Ierland, Frankrijk en Spanje.[2]

286. In sommige risicostelsels moet de verzekerde wachtdagen vervullen voordat hij recht heeft op uitkering. Die voorwaarde heeft niet tot gevolg dat er geen sprake meer is van een risicostelsel; ook in dit geval wordt de hoogte van de uitkering immers niet bepaald door de duur van de verzekerde periode.

287. Met betrekking tot uitkeringen uit risicostelsels moeten coördinatiebepalingen twee zaken regelen. Het eerste probleem is dat als de werknemer eerst onder een opbouwstelsel gewerkt heeft, en vervolgens onder een risicostelsel arbeidsongeschikt wordt, hij een te hoge uitkering ontvangt. In het opbouwstelsel blijven immers aanspraken op basis van vroegere perioden staan. Volgens het risicostelsel wordt de volle uitkering betaald.

Het andere probleem doet zich voor in de omgekeerde situatie, namelijk als men eerst in een risicostelsel werkt en vervolgens in een opbouwstelsel. Bij een risicostelsel bestaat uitsluitend recht op uitkering, indien men verzekerd is onder dit stelsel ten tijde van het intreden van het risico. Als men ten tijde van het intreden van het risico niet verzekerd is onder dat risicostelsel (maar eventueel wel onder een opbouwstelsel) dan ontvangt men geen uitkering vanuit het risicostelsel. Omdat onder het opbouwstelsel geen volledige uitkering opgebouwd is – men was hier immers niet verzekerd gedurende de periode dat men onder het risicostelsel verzekerd was – zou dat een problematisch resultaat opleveren.

288. Om deze problematiek te ondervangen kent Verordening 1408/71 het in de volgende paragrafen te beschrijven systeem. Dit is van toepassing als een

[2] Risicostelsels zijn per Lid-Staat vermeld in bijlage IV deel A van Verordening 1408/71.

werknemer of zelfstandige in ten minste twee Lid-Staten gewerkt heeft. Daarbij is relevant of een werknemer uitsluitend in risicostelsels verzekerd is geweest (nr. 291 e.v.) of ook ten minste in één opbouwstelsel (nr. 296 e.v.).

289. Indien een stelsel een wachtperiode kent, dan zijn de samentellingsregels van de verordening behulpzaam om aan de voorwaarden daarvan te voldoen: tijdvakken van werken of wonen vervuld onder risicostelsels in andere Lid-Staten tellen mee om aan de voorwaarden te voldoen (artikel 38).

290. Een aanvraag voor een uitkering in één Lid-Staat geldt in beginsel ook voor de andere Lid-Staten waar betrokkene werkzaam is geweest (artikel 44, tweede lid). Een uitzondering geldt als het gaat om een ouderdomspensioen waarvan de aanvraag volgens de nationale wettelijke regeling van het betrokken land kan worden uitgesteld.

Volgens de hoofdregel worden dus, als in één Lid-Staat een invaliditeits-, ouderdoms-, of nabestaandenuitkering wordt aangevraagd, in alle andere Lid-Staten eveneens de corresponderende uitkeringen berekend.

§2. De werknemer of zelfstandige is uitsluitend in risicostelsels verzekerd geweest

291. Als de werknemer of zelfstandige *uitsluitend* in risicostelsels verzekerd is geweest, heeft hij bij het intreden van invaliditeit slechts recht op uitkering uit één Lid-Staat (artikel 39, tweede lid). Dit is in beginsel de staat waar hij bij het intreden van invaliditeit verzekerd was. Hij kan dus in het geval dat hij alleen onder risicostelsels verzekerd is geweest, geen aanspraak maken op uitkeringen krachtens een wettelijke regeling van een andere Lid-Staat. Bij invaliditeitsuitkeringen wordt dus soms toch het *integratieprincipe* toegepast, zij het alleen in de hier genoemde bijzondere situatie, dat iemand uitsluitend onder risicostelsels verzekerd is geweest, bijvoorbeeld eerst in Nederland en dan in België. In dit stelsel draagt één Lid-Staat de volledige kosten voor deze uitkeringen, maar voor die Lid-Staat is dit geen bijzondere situatie: een dergelijk risico hoort immers ook onder de nationale regels bij het risicostelsel.

292. Als iemand ooit onder een opbouwstelsel heeft gewerkt, en hij wordt arbeidsongeschikt onder een risicostelsel, dan wordt onder de volgende voorwaarden er toch van uitgegaan dat hij alleen onder een risicostelsel gewerkt heeft (dan is nr. 291 dus van toepassing): hij voldoet aan de voorwaarden voor toekenning van uitkering in het risicostelsel zonder een beroep te hoeven doen op niet onder een risicostelsel gewerkte perioden; de tweede voorwaarde is dat

hij geen recht mag hebben op een opbouwuitkering; de derde voorwaarde is dat hij geen recht op een ouderdomsuitkering doet gelden.

293. Zoals we al zagen in nr. 289, zijn, indien een risicostelsel een wachtperiode kent, de samentellingsregels van de verordening behulpzaam om aan deze voorwaarden te voldoen: tijdvakken van werken of wonen vervuld onder andere risicostelsels tellen mee om aan die voorwaarde te voldoen (artikel 38).

Het kan voorkomen, dat, ook als een werknemer of zelfstandige een beroep kan doen op de samentellingsregels, hij toch niet voldoet aan de voorwaarden van de relevante wettelijke regeling. In dat geval is relevant, of hij nog recht op uitkering heeft krachtens de wettelijke regeling van een andere Lid-Staat. Is dat het geval, dan heeft hij recht op uitkering krachtens die regeling. Dit kan zich bijvoorbeeld voordoen, als een nationale regeling bepaalt dat die regeling 'nawerkt' nadat die verzekering is beëindigd. De Nederlandse WAO werkt bijvoorbeeld in een aantal gevallen nog twee maanden na.

294. Soms heeft men pas recht op een invaliditeitsuitkering, als men gedurende een bepaalde periode ziekengeld heeft ontvangen of arbeidsongeschikt is geweest. In het Verenigd Koninkrijk is bijvoorbeeld voor een recht op een invaliditeitspensioen vereist dat men gedurende 168 dagen een ziekte-uitkering heeft ontvangen. Van belang is daarom dat ook perioden die doorgebracht zijn onder de wetgeving van een andere Lid-Staat meetellen om aan zulke eisen te voldoen.

Artikel 40, lid 3 (a) heeft betrekking op het geval, dat een werknemer of zelfstandige verzekerd is geweest ingevolge een wettelijke regeling die dergelijke eisen stelt, en vervolgens arbeidsongeschikt wordt tijdens verzekering ingevolge de wettelijke regeling van een andere Lid-Staat. Op grond van dit artikel wordt rekening gehouden met tijdvakken waarover hij op grond van de wettelijke regeling van de tweede Lid-Staat voor deze arbeidsongeschiktheid ziekte-uitkeringen, of in plaats daarvan zijn loon, heeft genoten. Ook wordt rekening gehouden met elk tijdvak, waarover hij op grond van de wettelijke regeling van de tweede Lid-Staat voor de invaliditeit volgende op deze arbeidsongeschiktheid invaliditeitsuitkeringen heeft ontvangen, alsof het een tijdvak betrof gedurende hetwelk hij arbeidsongeschikt was ingevolge de wettelijke regeling van de eerste Lid-Staat.

295. In het *Moscato*-arrest[3] was de vraag aan de orde of een stelsel kon bepalen dat iemand uitkering geweigerd kon worden, indien hij zijn arbeidsongeschiktheid opgedaan had buiten het grondgebied van de betreffende Lid-Staat, tijdens

[3] HvJ 26 oktober 1995, zaak 481/93, *Jur.* 1995, I-3525.

werkzaamheden op het grondgebied van een andere Lid-Staat. Moscato, die de Italiaanse nationaliteit bezat, was van 1981 tot 1985 in dienst van Sphinx NV te Maastricht, terwijl hij in België bleef wonen. Omdat dit dienstverband wegens een bedrijfsreorganisatie werd beëindigd, ontving hij van 28 februari 1985 tot 13 november 1987 als voormalig grensarbeider een Belgische werkloosheidsuitkering. Met ingang van 13 november 1987 werkte hij als uitzendkracht in Roermond. Op 9 februari 1988 staakte hij wegens psychische klachten alle beroepswerkzaamheden. Vanaf deze datum tot en met 8 februari 1989 ontving hij Nederlands ziekengeld. In 1989 deelde de bedrijfsvereniging Moscato mee dat ze vanaf 9 februari 1989 geen AAW- of WAO-uitkering toe zou kennen. Deze beslissing was gebaseerd op het feit dat Moscato's gezondheidstoestand bij de aanvang van zijn laatste beroepsarbeid in Nederland op 13 november 1987 het intreden van arbeidsongeschiktheid binnen een half jaar kennelijk deed verwachten. Deze weigeringsgrond was opgenomen in de Nederlandse wet.

De in artikel 51 (a) van het EG-Verdrag vervatte regel van samentelling van de tijdvakken van verzekering, woonplaats of arbeid, zoals deze in het bijzonder door artikel 38, eerste lid van Verordening 1408/71 is uitgevoerd op het gebied van de invaliditeitsverzekering, is een van de basisbeginselen is van de communautaire coördinatie van de sociale-zekerheidsregelingen van de Lid-Staten, aldus het Hof. Deze moet waarborgen, dat de uitoefening van het door het verdrag toegekende recht op vrij verkeer niet tot gevolg heeft, dat een werknemer voordelen op het gebied van de sociale zekerheid verliest waarop hij aanspraak zou hebben kunnen maken, indien hij zijn loopbaan in een enkele Lid-Staat zou hebben volbracht. Wanneer derhalve een wettelijke regeling de toekenning van invaliditeitsuitkeringen afhankelijk stelt van de voorwaarde, dat de gezondheidstoestand van de verzekerde op het tijdstip waarop de aansluiting ingaat, niet op korte termijn het intreden van arbeidsongeschiktheid met daaropvolgende invaliditeit deed verwachten, dient het bevoegde orgaan overeenkomstig artikel 38, eerste lid van de verordening eveneens rekening te houden met de door de betrokkene krachtens de wettelijke regeling van een andere Lid-Staat vervulde tijdvakken van aansluiting, alsof deze tijdvakken waren vervuld krachtens de wettelijke regeling die dat orgaan toepast. Het Hof concludeerde dat artikel 38, eerste lid van de verordening er aan in de weg staat dat het bevoegde orgaan het begin van de aansluiting krachtens de wettelijke regeling die het toepast, beschouwt als het tijdstip waarop de tijdvakken van verzekering ingaan, die voor de vaststelling van de invaliditeitsuitkeringen in aanmerking dienen te worden genomen.

Zie voor een vergelijkbare benadering bij de Ziektewet, het *Klaus*-arrest (nr. 252).

§ 3. Werknemers en zelfstandigen die (ook) onder een opbouwstelsel hebben gewerkt.

296. Als een werknemer uitsluitend onder opbouwstelsels heeft gewerkt, of onder én risicostelsels én opbouwstelsels, dan gaat elke Lid-Staat waar de betrokken werknemer of zelfstandige werkzaam is geweest, na of er recht bestaat op uitkering.[4]

297. Ten eerste moet hier het probleem ondervangen worden, dat als iemand in het verleden werkzaam is geweest in een risicostelsel, en voorts onder een ander stelsel arbeidsongeschikt wordt, hij onder de regels van het eerste stelsel geen recht meer heeft op een uitkering. Kenmerk van een risicostelsel is immers dat men verzekerd moet zijn op het moment dat het risico intreedt. Voor dit doel bepaalt artikel 45, vijfde lid, dat als de wetgeving van een Lid-Staat het verkrijgen, het behoud of het herstel afhankelijk is van een verzekeringsvoorwaarde op het tijdstip van de intreding van de verzekerde gebeurtenis, deze voorwaarde geacht wordt te zijn vervuld, wanneer de betrokkene krachtens de wetgeving van een andere Lid-Staat verzekerd is volgens de voor elke betrokken Lid-Staat in bijlage VI vastgestelde wijze. Bijlage VI, sub J onder punt 4 bepaalt voor Nederland dat een werknemer of zelfstandige, die verzekerd is geweest ingevolge de Algemene Arbeidsongeschiktheidswet of de Wet op de arbeidsongeschiktheidsverzekering met het oog op de toepassing van titel III, hoofdstuk 3 van de verordening onder de volgend voorwaarden geacht wordt op het tijdstip waarop de verzekerde gebeurtenis zich voordoet, ingevolge deze wetten verzekerd te zijn. De voorwaarden zijn dat hij ingevolge de wetgeving van een andere Lid-Staat wegens hetzelfde risico verzekerd is, of, indien zulks niet het geval is, hem een uitkering krachtens de wetgeving van een andere Lid-Staat wegens hetzelfde risico verschuldigd is. Belangrijk is dus of men tegelijkertijd verzekerd is voor hetzelfde risico onder een andere Lid-Staat of dat men een uitkering ontvangt voor hetzelfde risico. In dezelfde bijlage is ook een regeling voor België opgenomen (zie Bijlage VI, onder A, punt 10 bij Verordening 1408/71); de Belgische regeling neemt slechts aan dat men verzekerd is onder een eerder risicostelsel, indien men op het moment van het intreden van het risico verzekerd is onder het stelsel van een andere Lid-Staat. Het ontvangen van een uitkering is dus niet voldoende.

298. Omdat in Nederland uitkering verstrekt kan worden onder een werknemersverzekering (WAO) en een volksverzekering (AAW) voor arbeidsongeschiktheid, was het natuurlijk de vraag op welk type uitkering men recht heeft,

[4] De volgende artikelen zijn dan van toepassing: artikel 40 j° 44 tot en met artikel 51 van Verordening 1408/71.

als men via de in het vorige nummer beschreven verzekeringsfictie aan de voorwaarden voor uitkering voldoet. Deze vraag wordt beantwoord in de in het vorige nummer genoemde bijlage: wordt men door dit risico getroffen, terwijl men als niet-werknemer (in de zin van artikel 1 van de verordening) voor hetzelfde risico in een andere Lid-Staat verzekerd is, dan wordt een geprorateerde AAW-uitkering berekend. Indien deze regel zou leiden tot een WAO-uitkering, die lager is dan de pro-rata AAW-uitkering, dan geldt de laatste.

299. In het *Drake*-arrest[5] ging het om de vraag, of een nationale regeling (die tot het risicostelsel behoort) mag verlangen, dat iemand in het jaar voorafgaand aan het intreden van de arbeidsongeschiktheid een bepaald inkomen uit arbeid heeft verdiend. Het ging om een tot Nederlander genaturaliseerde Tsjechoslowaak die gedurende 3 jaren verzekerd was krachtens de Nederlandse arbeidsongeschiktheidsverzekering (WAO). Vervolgens was hij van 1971 tot 1980 aangesloten bij de Duitse arbeidsongeschiktheidsverzekering. Drake verrichtte vanaf 24 oktober 1980 tot 1 juli 1984 in beide landen geen arbeid meer noch ontving hij een loonvervangende uitkering. In 1986 werd hij arbeidsongeschikt verklaard in de zin van de Duitse wettelijke regeling en werd hem een Duits invaliditeitspensioen toegekend. Hij diende ook in Nederland een aanvraag in voor een arbeidsongeschiktheidsuitkering op grond van de arbeid in loondienst die hij daar vroeger had verricht.

Het Hof overwoog, dat de AAW vereiste dat de aanvrager in het jaar onmiddellijk voorafgaande aan de dag waarop de arbeidsongeschiktheid is ingetreden, enig inkomen had verworven uit of in verband met het verrichten van arbeid. De nationale rechter twijfelde aan de geldigheid van dit punt uit de bijlage. In de eerste plaats vroeg hij zich af, of deze bepaling op wettige wijze de draagwijdte van artikel 45, vijfde lid kan beperken voorzover zij een nieuw beoordelingscriterium invoert – de hoedanigheid van werknemer op het moment waarop de verzekerde gebeurtenis zich voordoet – aan de hand waarvan krachtens die bepaling moet worden vastgesteld, op grond van welke Nederlandse wet (AAW of WAO) een recht op uitkering kan worden verkregen.

Hierop antwoordde het Hof dat er geen verschil in rang bestaat tussen enerzijds de bepalingen van Verordening 1408/71 en die van haar bijlage VI. Al deze bepalingen zijn immers vastgesteld krachtens artikel 51 EG-Verdrag. Het komt dus enkel aan op de vraag of de in de regeling uit de bijlage bepaalde wijze van toepassing van de Nederlandse wetgeving op de arbeidsongeschiktheidsverzekering al dan niet met dat doel verenigbaar is. Dienaangaande staat vast, dat de artikelen 48 tot en met 51 EG-Verdrag zich ertegen verzetten, dat migrerende werknemers door de uitoefening van hun recht van vrij verkeer voordelen op het gebied van de sociale zekerheid verliezen die hun door de

[5] HvJ 20 september 1994, zaak 12/93, *Jur.* 1994, I-4337.

wettelijke regeling van een Lid-Staat worden gewaarborgd. Dat is hier echter niet in geding. Wie immers uitsluitend in Nederland economisch actief is geweest en heeft opgehouden te werken voordat de verzekerde gebeurtenis zich voordeed, bevindt zich in dezelfde situatie als degene die gebruik maakt van het recht op vrij verkeer.

Voorts had de nationale rechter gevraagd, of het wettig is dat een extra voorwaarde wordt ingevoerd, zoals het hebben van inkomen van een zekere omvang uit arbeid in het jaar voorafgaande aan het intreden van de arbeidsongeschiktheid. Hierbij kan worden volstaan, aldus het Hof, eraan te herinneren dat volgens vaste rechtspraak artikel 51 EG-Verdrag en Verordening 1408/71 enkel voorzien in samentelling van de in de verschillende Lid-Staten vervulde tijdvakken van verzekering en niet de voorwaarden regelen waaronder die verzekeringstijdvakken worden opgebouwd. Het staat derhalve aan de wettelijke regeling van elke Lid-Staat de voorwaarden vast te stellen waaronder het recht op de verplichting tot aansluiting bij een stelsel van sociale zekerheid ontstaat, zolang daarbij maar geen onderscheid wordt gemaakt tussen eigen onderdanen en onderdanen van andere Lid-Staten. Het gemeenschapsrecht staat niet aan de Nederlandse voorwaarde in de weg.

§4. Vaststellen van de arbeidsongeschiktheid

300. Stel dat iemand arbeidsongeschikt wordt en recht wil doen gelden op een arbeidsongeschiktheidsuitkering uit twee Lid-Staten. Het zou de procedure enorm vereenvoudigen als het oordeel omtrent zijn arbeidsongeschiktheid dat de ene Lid-Staat heeft vastgesteld ook geldt voor zijn aanvraag in de andere. Artikel 40, vierde lid bepaalt dat de door het orgaan van een Lid-Staat genomen beslissing omtrent de toestand van invaliditeit van de aanvrager bindend is voor iedere andere betrokken Lid-Staat, mits in bijlage V is vermeld dat de voorwaarden van de wetgevingen van deze Lid-Staten met betrekking tot de toestand van invaliditeit met elkaar overeenstemmen. Deze gelijkstelling van verklaringen geldt dus alleen als Lid-Staten daar onderling een regeling voor hebben getroffen. Tot dusver hebben nog maar weinig Lid-Staten dit gedaan. België heeft evenwel dergelijke afspraken met een aantal andere Lid-Staten gemaakt, namelijk met Luxemburg, Frankrijk en Italië.

Artikel 51 van Verordening 574/72 geeft een regeling als een rechthebbende op een *invaliditeitsuitkering* op het grondgebied van een andere Lid-Staat woont of verblijft dan de Lid-Staat die de uitkering verschuldigd is. De administratieve en medische controle wordt dan uitgeoefend op verzoek van het laatste orgaan door het orgaan van de woon- of verblijfplaats. Dit gebeurt op dezelfde wijze als bepaald in de wettelijke regeling die door het laatstgenoemde orgaan wordt toegepast. Het orgaan dat de uitkering verschuldigd is, behoudt evenwel de bevoegdheid een arts van eigen keuze betrokkene te laten onderzoeken.

In geval van artikel 51 is dus sprake van controle *op verzoek* van het uitkeringsorgaan. Artikel 51 mag echter niet zo genterpreteerd worden dat het bevoegde orgaan de keuze zou hebben zelf een controle uit te voeren ofwel het orgaan van de woonplaats te vragen. De algemene regel is dat het orgaan van de woonplaats de controle verricht; het bevoegde orgaan mag deze laten controleren. Indien de gezondheidstoestand van betrokkene het toelaat, kan deze worden verplicht naar de bevoegde staat terug te keren.[6]

§5. Pensioenopbouw voor werklozen

301. In nr. 393 e.v. zullen we artikel 71, eerste lid, (a) (ii) bespreken; die artikel heeft betrekking op een volledig werkloze grensarbeider. Deze heeft recht op werkloosheidsuitkeringen volgens de wettelijke regeling van de woonstaat. Deze bepaling liet onduidelijkheid bestaan over de vraag hoe de berekening van pensioenen in deze situatie moest geschieden. Deze vraag kwam in het *Rebmann*-arrest[7] aan de orde: moeten de tijdvakken in aanmerking worden genomen volgens de pensioenwetgeving van de woonstaat of van de werkstaat, of heeft de grensarbeider een keuzemogelijkheid? Het Hof oordeelde dat het recht van het werkland bepalend is.

Inmiddels is naar aanleiding van dit arrest de verordening gewijzigd (thans artikel 45, zesde lid). Dit bepaalt dat de Lid-Staat waar de betreffende werknemer (die onder artikel 71, eerste lid (a) (ii) of (b) (ii) valt) woont, rekening dient te houden met de tijdvakken van volledige werkloosheid van deze werknemer waarvoor hij van deze Lid-Staat overeenkomstig de door artikel 71 aangewezen regeling werkloosheidsuitkeringen heeft ontvangen, voor de berekening van de pensioenen bij ouderdom, invaliditeit en overlijden.[8] Dit houdt dus in dat de staat waar iemand werkt zoekt (en woont) bepalend is.

§6. Berekening van de hoogte van de uitkeringen indien ten minste één opbouwuitkering in het geding is

I. Algemeen

302. Indien ten minste een opbouwstelsel in het geding is, dan moet elke Lid-Staat in principe twee berekeningen maken. Ten eerste die van het autonome

[6] Vgl HvJ 27 juni 1991, zaak 344/89, *Vidal*, *Jur.* 1991, I-3245. Zie voor de regeling bij de ziekte-uitkeringen nr. 260.
[7] HvJ 29 juni 1988, zaak 58/87, *Jur.* 1988, 3467.
[8] Verordening 2195/91 van 25 juni 1991 voerde dit artikel in.

pensioen. Hiermee wordt een pensioen bedoeld dat berekend kan worden op basis van het nationale recht alleen; de regels van de verordening (zoals aangaande de verzekeringsfictie of de samentelling) hoeven niet te worden toegepast.

303. Daarnaast berekent de Lid-Staat ook de uitkering die geldt met toepassing van de regels van de verordening, het verordeningspensioen (zie volgend nummer). Volgens dit stelsel worden risicostelseluitkeringen, zoals we nog zullen zien, behandeld alsof het opbouwstelseluitkeringen zijn.

Het bevoegde orgaan kan echter van de berekening van het verordeningspensioen afzien, wanneer het resultaat van deze berekening, afgezien van afrondingsverschillen, gelijk is aan, of lager is dan, het autonome pensioen. Berekening kan slechts achterwege blijven als aan strikte voorwaarden met betrekking tot de toepassing van nationale anticumulatiebepalingen is voldaan (of indien deze in het geheel niet worden toegepast); die voorwaarden aan de anticumulatiebepalingen worden in nr. 318 e.v. beschreven. De betreffende situaties zijn voor elke Lid-Staat geregeld in een bijlage (bijlage IV, deel C); voor Nederland zijn hierin de AOW-uitkeringen genoemd.

II. Het verordeningspensioen

304. Ten behoeve van de berekening van het 'verordeningsuitkering' moeten twee stappen genomen worden (artikel 46, tweede lid). Eerst wordt het zogenaamde theoretisch bedrag vastgesteld. Daarna het pro rata-bedrag (zie nr. 307).

305. Het *theoretische bedrag* wordt per Lid-Staat berekend, door na te gaan op welk bedrag een werknemer of zelfstandige recht zou hebben, als alle tijdvakken van verzekering en wonen die hij onder de wetgeving van de Lid-Staten heeft doorgebracht, in één staat zouden zijn doorgebracht. Deze berekening wordt gemaakt voor elk van de Lid-Staten waarin betrokkene verzekerd is geweest. Bij de berekening wordt uitgegaan van de wetgeving op de datum van de vaststelling van dit bedrag.

Met andere woorden: iedere Lid-Staat waar de werknemer of zelfstandige rechten kan doen gelden, berekent wat de aanvrager als uitkering zou krijgen op basis van de fictie dat de verzekerde zijn gehele verzekerde leven in het betreffende land verzekerd zou zijn geweest.

306. Bij risicostelsels is het theoretische bedrag de uitkering die op basis van de betreffende wetgeving zou worden uitgekeerd. De vraag rees op basis van welk loon de uitkering berekend moet worden. Immers, de systematiek van risicostelsels houdt in dat de uitkering berekend wordt op basis van loon dat werd verdiend ten tijde van het ingetreden risico. Hoe moet nu deze regeling toegepast worden, als iemand eerst onder een risicostelsel verzekerd is

geweest en vervolgens onder een opbouwstelsel arbeidsongeschikt wordt? In het *Weber*-arrest[9] oordeelde het Hof, dat uitgegaan moest worden van het laatst verdiende loon, ook al is dit het loon dat in een andere Lid-Staat verdiend is. Deze benadering werd ook gevolgd in het *Reichling*-arrest.[10]

307. De volgende stap in de berekening is dat iedere Lid-Staat op basis van het voor dat land geldende theoretische bedrag het *pro rata-bedrag* vaststelt. Voor dit doel berekent de Lid-Staat de verhouding tussen de duur van de tijdvakken van verzekering of wonen die vervuld zijn in die Lid-Staat tot de totale duur van de tijdvakken van werken en wonen in alle Lid-Staten. De verhouding hiertussen, die in een breuk kan worden weergegeven, wordt vervolgens toegepast op het theoretische bedrag.

Een voorbeeld. Stel dat Peter tien jaar in Frankrijk en 15 jaar in Nederland heeft gewerkt. In Nederland wordt hij arbeidsongeschikt. Zijn WAO-uitkering is 70% van zijn laatstverdiende loon (f. 40.000). Het theoretische bedrag in dit geval is f. 28.000. Het proratabedrag is voor Nederland 15/25 maal f. 28.000. Voor Frankrijk wordt ook een proratabedrag berekend, dit is 2/5 maal het Franse theoretische bedrag.

308. De derde stap is dat het autonome pensioen met het pro-rata-pensioen vergeleken wordt. Bij deze vergelijking geldt het hoogste bedrag (artikel 46, derde lid). In deze regeling wordt dus het gunstigheidsbeginsel toegepast. Hierbij mogen wel de eventuele anticumulatiebepalingen van de betrokken Lid-Staat worden toegepast. Als nu blijkt dat de pro-rata berekende uitkering voor betrokkene gunstiger is, moet deze worden toegekend. Indien echter de autonome uitkering voor betrokkene gunstiger is – en deze situatie zal zich in risicostelsels praktisch altijd voordoen indien betrokkene in een risicostelsel arbeidsongeschikt is geworden – dan moet die worden uitgekeerd.

§7. Herberekening

309. Er kan uiteraard in sommige gevallen aanleiding zijn om de hoogte van de uitkering te herberekenen. Het kan hier gaan om stijging van de kosten van levensonderhoud of schommelingen in het loonpeil. Een andere reden tot herberekening is een verandering in de omwisselkoers. Voorts kan natuurlijk de mate van invaliditeit veranderen, of iemand kan inkomsten gaan verkrijgen. Voor dit onderdeel is artikel 51 van de verordening van belang.

Dit bepaalt dat als het gaat om een aanpassing van de pensioenen op grond van sociaal-economische factoren, dan moet het percentage of bedrag rechtstreeks

[9] HvJ 29 november 1984, 181/183, *Jur.* 1984, 4007.
[10] HvJ 9 augustus 1994, zaak 406/93, *Jur.* 1991, I-1401.

in de overeenkomstig artikel 46 vastgestelde uitkeringen worden verwerkt, zonder dat de uitkering volgens artikel 46 herberekend wordt. Dit betekent dus dat als een buitenlands pensioen stijgt om rekening te houden met de kosten van het levensonderhoud, de andere Lid-Staat de stijging niet door middel van een herberekening teniet kan doen.

310. Als het pensioen echter verandert in verband met wijzigingen in de persoonlijke omstandigheden, zoals de mate van invaliditeit en de gezinssituatie, dan worden de pensioenen wel herberekend overeenkomstig artikel 46.

De beperking die artikel 51 geeft aan de mate waarin pensioenen herberekend mogen worden is meestal in het voordeel van de uitkeringsgerechtigden. De beperking van artikel 51 geldt echter slechts, volgens artikel 51, in het geval uitkeringen zijn vastgesteld 'overeenkomstig artikel 46'. Geldt deze beperking op de herberekening nu ook bij uitkeringen die zijn vastgesteld op grond van de nationale wetgeving alleen? Het Hof beantwoordde deze vraag in het *Cassamali*-arrest[11] en het *Bogana*-arrest[12] bevestigend. Het overwoog dat een dergelijke nationale uitkering in wezen wordt vastgesteld overeenkomstig artikel 46, juist omdat er een vergelijking moet worden gemaakt met een berekening volgens de proratamethode. Artikel 51, eerste lid van de verordening zou zich tegen zo'n herberekening verzetten.

Het Hof gaf hiermee een interpretatie van artikel 51 van de verordening die ruim te noemen is, aangezien ze niet aansluit bij de letterlijke tekst. Dit oordeel is wel in overeenstemming met de doelstelling van deze bepaling, namelijk om te voorkomen dat de uitvoeringsorganen steeds maar weer nieuwe herberekeningen moeten maken, wanneer ergens een uitkering moet worden aangepast wegens veranderde wisselkoersen of indexeringen.

§8. Anticumulatieregelingen

311. Bovenstaande regelingen zullen soms tot te hoge uitkeringen kunnen leiden. Indien iemand immers in een risicostelsel arbeidsongeschikt wordt, dan heeft hij recht op de autonome uitkering, dit is een volle uitkering. Daarnaast kan hij ook recht hebben op een of meer pro-rata-uitkeringen uit andere Lid-Staten. In beginsel kan een gemeenschappelijke regeling beter de wenselijke kortingen op de uitkeringen in deze situatie regelen, dan wanneer iedere Lid-Staat voor zich anticumulatieregelingen zou vaststellen. Als dit in nationale regelingen gebeurt, dan bestaat immers het gevaar dat van verschillende kanten gekort wordt, zodat er uiteindelijk niets overblijft voor die uitkeringsaanvrager. De in

[11] HvJ 20 maart 1991, zaak 93/90, *Jur.* 1991, I-1401.
[12] HvJ 18 februari 1993, zaak 193/92, *Jur.* 1993, I-755.

verordening opgenomen regeling heeft echter niet de toetsing door het Hof van Justitie kunnen doorstaan.[13] Dit komt in de volgende paragraaf aan de orde.

A. De regeling die van kracht was tot Verordening 1248/92[14]

312. De anticumulatieregeling van Verordening 1408/71 was neergelegd in artikel 46, derde lid (*oud*), waarin werd bepaald dat een werknemer in totaliteit aan gelijksoortige uitkeringen niet meer mocht ontvangen dan het hoogste theoretische bedrag. Het hoogste theoretische bedrag is het hoogste van de bedragen die ingevolge de betrokken nationale wetgevingen kunnen worden genoten, indien de gehele verzekeringsloopbaan in de betrokken Lid-Staat zou zijn vervuld (nr. 305). Als dit plafond overschreden werd, dan mochten de uitkeringen verlaagd worden. Zijn er verschillende 'nationale' uitkeringen, dan wordt het overschrijdingsbedrag naar evenredigheid over al die 'nationale' uitkeringen in mindering gebracht.

Voor de uitkeringen die overeenkomstig artikel 46 waren vastgesteld, gold exclusief de communautaire anticumulatiebepaling; de nationale anticumulatieregelingen waren uitgeschakeld.[15]

313. Het Hof verklaarde deze bepaling echter gedeeltelijk onverbindend in het *Petroni*-arrest.[16] Het ging in deze zaak om een Italiaan die zeventien jaar als mijnwerker in België en zeven jaar als werknemer in Italië had gewerkt. Toen hij met pensioen ging, berekende het Belgische uitkeringsorgaan eerst de uitkering op grond van de Belgische wet alleen. Daarnaast werd de Italiaanse uitkering berekend; de som van beide uitkeringen was hoger dan het hoogste theoretische bdrag. Het Belgische orgaan beperkte op grond van artikel 46, derde lid (oud) de som van *beide* pensioenen tot het hoogste theoretische bedrag.

Het Hof wees er, ter beantwoording van de vraag of dit geoorloofd was, op dat de verordeningen inzake de sociale zekerheid van werknemers hun grondslag, raam en begrenzing vinden in de artikelen 48 tot en met 51 van het EG-Verdrag. Het doel van deze artikelen zou niet worden bereikt indien de werknemers ten gevolge van de uitoefening van hun recht op vrij verkeer voordelen op het gebied van de sociale zekerheid zouden verliezen, die hun in ieder geval reeds door de wettelijke regeling van een Lid-Staat zijn gewaarborgd.

Artikel 51 heeft wezenlijk betrekking op het geval dat de wettelijke regeling van een Lid-Staat op zichzelf voor de belanghebbende geen recht op uitkering

[13] We zullen in dit verband niet meer ingaan op Verordening 3/58 en alle ins and outs van Verordening 1408/71 voordat Verordening 1248/92 van kracht werd; zie hierover uitgebreider Cornelissen (1984) of Pennings (1993).

[14] *PB L* 1992/136.

[15] Dit geschiedde in artikel 12, tweede lid, laatste volzin (*oud*) van Verordening 1408/71.

[16] HvJ 21 oktober 1975, zaak 24/75, *Jur*. 1975, 1149.

zou doen ontstaan, omdat hij onder die wettelijke regeling onvoldoende verzekeringstijdvakken heeft vervuld, of als die hem slechts een lagere uitkering dan het maximum zou toekennen, aldus het Hof. Om die situatie te verhelpen garandeert artikel 51 EG-Verdrag de samentelling van tijdvakken voor werknemers die achtereenvolgens of afwisselend in twee of meer Lid-Staten werken, ten einde te voorkomen dat geen of een lager recht op uitkering ontstaat.

Samentelling en pro-rata-berekening van uitkeringen zijn derhalve niet mogelijk, als dit een vermindering meebrengt van autonome uitkeringen, met dien verstande dat deze methode niet tot cumulatie van uitkeringen voor een zelfde verzekeringstijdvak mag leiden.

Het Hof oordeelde dat artikel 46, derde lid onverenigbaar was met artikel 51 EG-Verdrag voorzover het een cumulatie van twee in verschillende Lid-Staten verkregen uitkeringen beperkte door verlaging van het bedrag van een uitsluitend op basis van de nationale wetgeving verkregen uitkering.

314. Deze onverbindendverklaring is gebaseerd op de stelling van het Hof, dat de legislatieve bevoegdheid van de Raad op basis van artikel 51 EG-Verdrag beperkt is. Deze benadering volgt uit een interpretatie van artikel 51 waarin slechts sprake is van de bevoegdheid en plicht tot samentelling van tijdvakken en mogelijk maken van export. Omdat de aanhef van dit artikel luidt dat de Raad *met name* deze maatregelen moet nemen, is deze lezing, die van een limitatieve opsomming uitgaat, m.i. niet echt overtuigend.

Ten tweede overwoog het Hof dat uit de artikelen 48-51 EG-Verdrag volgt dat een werknemer geen voordelen mag verliezen als gevolg van migratie. Dit standpunt houdt in dat een werknemer geen nationaal verworven rechten mag verliezen, ook niet als dat leidt tot overcompensatie.

315. De vraag rees of er van ‘verschuldigd zijn op basis van de nationale wetgeving’ gesproken kan worden, als er op de verordening een beroep gedaan moest worden om deze uitkering te kunnen exporteren. Dit kwam aan de orde in het *Giuliani*-arrest.[17] De Italiaan Giuliani ontving een Duits en een Italiaans arbeidsongeschiktheidspensioen. Giuliani voldeed aan de voorwaarden voor verkrijging van een uitkering onder de Duitse regeling zonder toepassing van de samentellingsregels. De Duitse uitkering kende geen exportmogelijkheid van deze uitkering; zonder de verordening zou Giuliani geen uitkering krijgen. Daarom paste Duitsland artikel 46, derde lid toe.

Het Hof overwoog in deze zaak, dat artikel 51 (a) de samentelling van tijdvakken en artikel 51 (b) de betaling van uitkeringen regardeert. Artikel 46, derde lid kan slechts toegepast worden wanneer voor de verkrijging van het recht op uitkering in de zin van artikel 51 (a) het stelsel van samentelling van

[17] HvJ 20 oktober 1977, zaak 32/77, *Jur.* 1977, 1857.

verzekeringsperioden moet worden toegepast. Dat in dit geval artikel 51 (b) aan de orde is, maakt niet uit voor artikel 46, derde lid, aldus het Hof. Dit laatste artikel mag dus niet toegepast worden.

316. De consequentie van het *Petroni*-arrest was, dat artikel 46, derde lid niet rechtsgeldig was, voorzover daardoor nationaal verworven rechten werden aangetast. Daarom kon dit artikel geen belemmering meer vormen voor het toepassen van nationale anticumulatieregelingen die (mede) gericht waren op de beperking van samenloop met gelijksoortige buitenlandse uitkeringen. Deze conclusie werd door het Hof bevestigd in het *Greco*-arrest.[18]

317. *Samenvattend.* Volgens de constante rechtspraak van het Hof van Justitie was de Raad niet bevoegd voorschriften uit te vaardigen, waarbij de samenloop van twee of meer in verschillende Lid-Staten verworven pensioenen werd beperkt door een vermindering van het bedrag van een uitsluitend op grond van de nationale wetgeving verworven pensioen. Een werknemer mag immers niet slechter af zijn door migratie dan wanneer hij thuis was gebleven; van slechter af zijn zou sprake zijn indien zijn uitkering verlaagd zou worden waarop hij recht zou hebben onder die nationale regeling. Zo'n uitkering mag van het Hof niet verminderd worden door een communautaire regeling, maar wel door nationale anticumulatiebepalingen (zij het onder bepaalde voorwaarden).

B. De huidige anticumulatieregeling

I. Algemeen

318. De Raad heeft in Verordening 1248/92[19] zijn conclusies getrokken uit de jurisprudentie over artikel 46, derde lid. Nu volgens het Hof alleen de nationale wetgever de bevoegdheid heeft om anticumulatiebepalingen vast te stellen, is het de taak van de communautaire wetgever om de grenzen vast te stellen waarbinnen de nationale anticumulatiebepalingen mogen worden toegepast, aldus de preambule van deze verordening.

319. De bepalingen van hoofdstuk 3 van de verordening moeten worden toegepast in alle gevallen waarin het recht op uitkering wegens ouderdom of overlijden moet worden vastgesteld en de werknemer of zelfstandige aan de wetgeving van twee of meer Lid-Staten onderworpen is geweest. Tevens is dit hoofdstuk van toepassing indien invaliditeitsuitkeringen in het geding zijn en de werknemer of zelfstandige onderworpen is geweest aan ten minste één opbouwstelsel.

[18] HvJ 13 oktober 1977, zaak 37/77, *Jur.* 1977, 1711.
[19] *PB L* 1992/136 van 19 mei 1992, blz. 7.

320. Volgens de huidige versie van artikel 46, derde lid heeft de werknemer recht op het autonome pensioen of het verordeningspensioen. Hij heeft daarbij recht op het gunstigste bedrag, waarbij wel de eventuele nationale anticumulatiebepalingen van de betreffende wetgeving kunnen worden toegepast. De vergelijking heeft betrekking op de bedragen die overblijven na de toepassing van eventuele anticumulatiebepalingen. Dit artikel bepaalt dus expliciet dat nationale anticumulatiebepalingen toegepast mogen worden en dat de vergelijking van de bedragen geschiedt inclusief deze anticumulatiebepalingen.

321. In nr. 54 (hoofdstuk II) hebben we de algemene anticumulatiebepaling van de verordening besproken. Deze is opgenomen in artikel 12:

> '1. Krachtens deze verordening kan geen recht worden verkregen of gehandhaafd op verscheidene uitkeringen van dezelfde aard welke betrekking hebben op een zelfde tijdvak van verplichte verzekering. Deze bepaling is evenwel niet van toepassing op uitkeringen bij invaliditeit, ouderdom, overlijden (pensioenen) en bij beroepsziekten, welke door de organen van twee of meer Lid-Staten overeenkomstig artikel 41, artikel 43, leden 2 en 3, de artikel 46, 50 en 51 of artikel 60, eerste lid onder (b) worden vastgesteld.
> 2. Tenzij in deze verordening anders is bepaald, zijn de bepalingen inzake de vermindering, schorsing of intrekking waarin de wetgeving van een Lid-Staat voorziet ingeval van samenloop van een uitkering met andere uitkeringen van sociale zekerheid of met andere inkomsten van welke aard ook, op de rechthebbende van toepassing, zelfs indien het gaat om uitkeringen welke op grond van de wetgeving van een andere Lid-Staat zijn verkregen of om inkomsten welke op het grondgebied van een andere Lid-Staat zijn verworven.'

322. Het tweede lid van artikel 12 breidt de werking van nationale anticumulatievoorschriften uit tot sociale-zekerheidsuitkeringen of inkomsten die uit andere Lid-Staten zijn ontvangen, indien de nationale regels zich uitsluitend richten tot uitkeringen of inkomsten binnen de eigen Lid-Staat. Als gevolg van de *Petroni*-jurisprudentie mocht de uitbreiding van de werking van intern gerichte anticumulatievoorschriften op basis van de verordening niet plaatsvinden ten aanzien van autonome pensioenen, indien de nationale wetgeving alleen maar intern gerichte anticumulatievoorschriften bevat. De bepalingen omtrent de pensioenen zijn nu te vinden in artikel 46 *bis* e.v. en vormen een afwijking van deze algemene anticumulatiebepaling.

II. De algemene voorwaarden t.a.v. anticumulatie

323. Ter regulering van eventuele nationale anticumulatiebepalingen, zijn de volgende artikelen in de verordening opgenomen: de artikelen 46 *bis*, 46 *ter* en 46 *quater*.

324. Artikel 46 *bis* geeft algemene bepalingen over anticumulatiebepalingen.

325. Dit artikel definieert samenloop van uitkeringen van *dezelfde* aard als de samenloop van invaliditeits-, ouderdoms- en overlevingspensioenen, berekend of toegekend op basis van door een zelfde persoon vervulde tijdvakken van verzekering en/of wonen. Relevant is dus dat het gaat om dezelfde tijdvakken en om tijdvakken vervuld door een en dezelfde persoon. Samenloop van een nabestaandenuitkering en een invaliditeitsuitkering betreft dus niet samenloop van uitkeringen van dezelfde aard.

326. Voldoen uitkeringen niet aan deze omschrijving, dan wordt van samenloop van uitkeringen van *verschillende* aard gesproken.

Er is dus sprake van uitkeringen van verschillende aard als het ene pensioen gebaseerd is op de verzekeringsloopbaan van de ene persoon en het andere pensioen op dat van een andere persoon (bijvoorbeeld samenloop van een arbeidsongeschiktheidsuitkering met een weduwe-uitkering). Anderzijds is er ook sprake van samenloop van uitkeringen van verschillende aard, als het voorwerp en de doelstelling van regelingen van elkaar verschillen: samenloop van ziekengeld en een arbeidsongeschiktheidsuitkering betreft samenloop van uitkeringen van verschillende aard.

327. Voor de toepassing van anticumulatiebepalingen bij samenloop van een invaliditeits-, ouderdoms- of overlevingspensioen met een uitkering van *dezelfde aard* of van *verschillende aard* of met andere inkomsten, gelden de volgende algemene regels (artikel 46 *bis*).

Er wordt alleen rekening gehouden met uitkeringen die krachtens de wetgeving van een andere Lid-Staat zijn verkregen, of met andere inkomsten in een andere Lid-Staat verworven, indien de wetgeving van eerstbedoelde Lid-Staat er in voorziet, dat de in het buitenland verkregen uitkeringen of verworven inkomsten in aanmerking worden genomen.

Deze eerste voorwaarde houdt dus een expliciete eis in dat de betreffende nationale regeling anticumulatie met een buitenlandse uitkeringen mogelijk maakt; de verordening kan de eigen anticumulatievoorschriften niet tot buitenlandse uikeringen uitbreiden.

De tweede bepaling is dat als rekening gehouden wordt met buitenlandse uitkeringen, dan moet uitgegaan worden van *bruto*-bedragen.

De laatste algemene voorwaarde is dat nationale anticumulatiebepalingen geen rekening mogen houden met uitkeringen op basis van een vrijwillige verzekering. Indien een uitkering bijv. opgebouwd is door perioden van verplicht verzekerde tijdvakken en tijdvakken op basis van een vrijwillige verzekering, dan mogen de laatste niet betrokken worden bij anticumulatie.

328. De volgende regel geldt als een minimumvoorziening. Als de anticumulatiebepalingen van slechts één Lid-Staat van toepassing zijn, dan geldt de

volgende regeling. Als deze anticumulatiebepalingen worden toegepast op andere uitkeringen of andere inkomsten van andere Lid-Staten, dan mag de uitkering uit de eerste Lid-Staat slechts worden verminderd met het bedrag van de uitkeringen uit de andere Lid-Staten. Deze bepaling is bijvoorbeeld van belang voor de Belgische wetgeving, op grond waarvan een weduwepensioen geheel wordt geschorst wanneer de weduwe zelf een invaliditeitspensioen ontvangt, zelfs wanneer dat invaliditeitspensioen veel lager is dan het weduwepensioen.[20]

III. Samenloop van uitkeringen van dezelfde aard

329. Regels omtrent samenloop van uitkeringen van dezelfde aard zijn te vinden in artikel 46 *ter*. Dit artikel bepaalt dat de nationale anticumulatiebepalingen niet van toepassing zijn op verordeningsuitkeringen, dat wil zeggen, op uitkeringen berekend volgens artikel 46, tweede lid van de verordening. Bij deze uitkeringen wordt immers al rekening gehouden mert de tijdvakken op basis waarvan ze vervuld zijn, zodat ze in de juiste verhouding tot elkaar staan.

De nationale anticumulatiebepalingen zijn dus alleen van toepassing op bepaalde typen autonome uitkeringen, in de eerste plaats op uitkeringen op basis van risicostelsels.[21] Voor Nederland gaat het om de Algemene Arbeidsongeschiktheidsuitkering, de Wet op de Arbeidsongeschiktheidsverzekering en de Algemene Nabestaandenwet. De Nederlandse anticumulatievoorschriften (bv. artikel 52 WAO) kunnen dus worden toegepast als de betrokkene verzekerd was op grond van deze wetten bij het intreden van de verzekerde gebeurtenis (in dat geval heeft hij immers recht op een autonome uitkering op basis van het risicostelsel).

330. Ten tweede mogen de anticumulatievoorschriften worden toegepast op uitkeringen waarvan het bedrag mede wordt bepaald op basis van een *fictief* tijdvak, dat geacht wordt te zijn vervuld tussen de datum waarop de verzekerde gebeurtenis is ingetreden en een latere datum. In dit geval mogen anticumulatiebepalingen alleen toegepast worden bij samenloop met een uitkering van hetzelfde type (behoudens overeenkomsten tussen Lid-Staten terzake) om te voorkomen dat die fictieve tijdvakken dubbel tellen. Ze mogen ook worden toegepast bij samenloop met risicostelseluitkeringen.[22]

331. In het *Schmidt*-arrest[23] waren twee uitkeringen aan de orde. Ten eerste een rustpensioen, dat overeenkomstig de wetgeving van een Lid-Staat is

[20] Vgl. Van der Steen (losbladig, XV – 8.4.), die verwijst naar HvJ 6 oktober 1987, zaak 197/85, *Stefanutti*, *Jur*. 1987, 3855.
[21] Deze uitkeringen zijn opgenomen in bijlage IV deel D van de verordening.
[22] Voor de consequenties van deze regelgeving voor België zie Van Limberghen (1991: 267).
[23] HvJ 11 augustus 1995, zaak 98/94, *Jur*. 1995, I-2559.

toegekend op basis van de verzekeringstijdvakken die de betrokkene persoonlijk in die staat heeft vervuld. Ten tweede een rustpensioen, dat betrokkene in de hoedanigheid van gescheiden echtgenoot heeft verkregen op basis van de door de voormalige echtgenoot vervulde verzekeringstijdvakken krachtens de wetgeving van een andere Lid-Staat. Waren dit nu uitkeringen van dezelfde aard in de zin van artikel 12, tweede lid en artikel 46 *bis*? Mevrouw Schmidt huwde in 1948 met een Belg en zij verkreeg de Belgische nationaliteit. Zij vestigde zich in België en werkte tijdens haar huwelijk halftijds tussen 1973 en 1979. In 1991 scheidden zij offcieel.Vanaf haar 65e jaar, dat wil zeggen vanaf 1986, ontving zij een Duits pensioen. Sedert 1 juni 1988, op welke datum haar echtgenoot pensioengerechtigd werd, ontving zij eveneens een Belgisch pensioen als feitelijk gescheiden echtgenote.

Het pensioen van mevrouw Schmidt werd berekend op grond van een voor haar ex-echtgenoot erkende loopbaan van 33 jaar. De Rijksdienst voor Pensioenen telde namelijk de voor de ex-echtgenoot erkende loopbaan en de eigen loopbaan van Schmidt (18 jaar) samen en kwam aldus uit op een totaal van 51 jaar, waarvan zeven jaar dubbel waren geteld. Volgens de regels tellen maximaal 40 jaren mee; aangezien i.c. de 40/40-eenheid met vier jaren werd overschreden, werden vier jaren niet in aanmerking genomen, omdat de op 40 jaar bepaalde eenheid werd overschreden.

Schmidt vocht nu de toepassing van de Belgische regel aan. Een anticumulatiebepaling mocht volgens haar enkel worden toegepast wanneer zij resulteerde in de toekenning van een hoger pensioen dan het conform artikel 46 berekende pensioen. Van mening dat het Duitse pensioen en het Belgische pensioen van uit de echt gescheiden echtgenoot uitkeringen van dezelfde aard zijn in de zin van Verordening 1408/71, vorderde zij dat haar pensioen conform artikel 46 wordt berekend.

Het Hof overwoog dat onder samenloop van uitkeringen van dezelfde aard volgens het nieuwe artikel 46 *bis*, eerste lid, werd verstaan, de samenloop van invaliditeits-, ouderdoms- en overlevingspensioenen, berekend of toegekend op basis van door een zelfde persoon vervulde tijdvakken van verzekering en/of wonen.[24] Volgens vaste jurisprudentie moeten uitkeringen – los van de kenmerken die aan de onderscheiden nationale wettelijke regelingen eigen zijn – als gelijksoortig worden aangemerkt, wanneer het voorwerp en het doel, alsook de berekeningsgrondslag en de toekenningsvoorwaarden ervan, identiek zijn. Wat het voorwerp en het doel van de in geding zijnde uitkeringen betrof, werd niet betwist dat het Belgische rustpensioen van de gescheiden, niet hertrouwde echtgenoot erop is gericht deze voldoende middelen van bestaan te garanderen, omdat hij niet meer over het inkomen van zijn ex-echtgenoot kan

[24] Bij Verordening 1248/92 is ook een nieuw artikel 95 *bis* toegevoegd, op grond waarvan de betrokkenen wier pensioen vóór 1 juni 1992 werd vastgesteld, kunnen verzoeken om herziening van hun rechten met inachtneming van de nieuwe artikelen 46 e.v.

beschikken. De berekeningsgrondslag en de toekenningsvoorwaarden van dit pensioen zijn zo vastgesteld, dat het uit de scheiding voortvloeiende inkomstenverlies van de belanghebbende wordt gecompenseerd. Ingeval hij hertrouwt, verliest hij dit recht. Het in Duitsland verworven persoonlijke rustpensioen daarentegen beoogt de werknemer voldoende inkomsten te garanderen vanaf het moment waarop hij zelf de pensioengerechtigde leeftijd bereikt. Hieruit volgt dat het voorwerp en het doel van de uitkeringen waarom het in het hoofdgeding gaat verschillend zijn.

In de tweede plaats wees het Hof er op dat bij artikel 46 *bis*, eerste lid van de gewijzigde Verordening 1408/71 een criterium werd ingevoerd dat in de bovenaangehaalde rechtspraak reeds impliciet aanwezig was: volgens die bepaling is onder samenloop van uitkeringen van dezelfde aard te verstaan de samenloop van invaliditeits-, ouderdoms- en overlevingsuitkeringen 'berekend of toegekend op basis van door een zelfde persoon vervulde tijdvakken van verzekering en/of wonen'. Zoals de Commissie terecht heeft opgemerkt kunnen uitkeringen die op basis van de loopbanen van twee verschillende personen worden berekend of toegekend, niet worden aangemerkt als uitkeringen van dezelfde aard in de zin van artikel 46 *bis*.

IV. Samenloop van uitkeringen van gelijke aard met uitkeringen van verschillende aard

332. Artikel 46 *quater* geeft bijzondere bepalingen in geval van samenloop van uitkeringen van gelijke aard (in de zin van artikel 46 *bis*) met een of meer uitkeringen of inkomsten van verschillende aard. Dit artikel geeft de volgende regel.

Het gaat in de eerste plaats om het geval waarin de toekenning van uitkeringen van verschillende aard zou leiden tot korting (schorsing of intrekking) van twee of meer autonome uitkeringen. Als er geen nadere bepaling zou zijn, dan zouden de laatstgenoemde uitkeringen beide volledig van de andere uitkeringen worden afgetrokken. Dit zou een onjuist resultaat opleveren, en daarom bepaalt de verordening dat bedragen die niet zouden worden uitgekeerd als gevolg van de toepassing van de nationale regels, worden gedeeld door het aantal uitkeringen waarop de anticumulatie van toepassing is.

Bijvoorbeeld, een werknemer heeft recht op een invaliditeitspensioen van 200 en een nabestaandenpensioen van 100, die niet mogen samenlopen met een werkloosheidsuitkering van 80. In dit geval zou zonder de verordening van het invaliditeitspensioen 120 en van het nabestaandenpensioen 20 worden betaald. De onderhavige regeling uit de verordening leidt er toe dat de werkloosheidsuitkering wordt gedeeld door het aantal pensioenen (twee) en dat elk van de pensioenen met de helft van de werkloosheidsuitkering wordt verminderd. Betrokkene ontvant dus 160 invaliditeitspensioen, en 60 nabestaandenpensioen en 80 werkloosheidsuitkering.

De bepaling schrijft dus het nemen van het gemiddelde van de onderscheiden kortingen ten gevolge van de nationale anticumulatiebepalingen voor.

333. Ten tweede betreft artikel 46 *quater* de samenloop van uitkeringen van verschillende aard met verordeningspensioenen. Als het een verordeningspensioen (een proratapensioen) betreft, worden de uitkeringen van verschillende aard of de andere inkomsten van andere Lid-Staten met het oog op de nationale anticumulatiebepalingen in aanmerking genomen, op basis van de proratabreuk die toegepast werd in de proratiseringsmethode voor de berekening van bedoelde uitkering.

Stel een Duitse weduwe ontvangt een Belgisch nabestaandenpensioen en een Duits en Belgisch invaliditeitspensioen (gebaseerd op 10 jaar in België en 15 jaar in Duitsland). De proratabreuk van het invaliditeitspensioen is 15/25 in Duitsland. Als ze nog inkomsten ontvangt van 1000 per maand, dan wordt 3/5 gekort in Duitsland en 2/5 in België.

334. Indien de toekenning van uitkeringen van verschillende aard of van andere inkomsten tevens leidt tot vermindering, schorsing of intrekking van een of meer *autonome* uitkeringen en van een of meer *verordeningspensioenen*, zijn de volgende regels van toepassing:

a) met betrekking tot een autonome uitkering: de bedragen die bij een strikte toepassing van de anticumulatiebepalingen niet zouden worden uitgekeerd, worden gedeeld door het aantal uitkeringen dat aan anticumulatie onderworpen is;

b) met betrekking tot (de) verordeningsuitkering(en): de uitkering(en) van verschillende aard van de andere Lid-Staten of de andere inkomsten en alle elementen, vastgesteld bij de wetgeving van de Lid-Staat voor de toepassing van de anticumulatiebepalingen, worden in aanmerking genomen op basis van de proratiseringsmethode, die voor de berekening van bedoelde uitkering is aangehouden.

Merk op, dat in deze situatie de verdeling niet steeds helemaal gelijkmatig kan zijn. Bij de autonome uitkering geldt immers een breuk van 1/2 en bij de prorata-uitkering een breuk die uitgaat van de werkelijke verhouding van doorgebrachte tijdvakken. Als nu in een bepaald geval de proratabreuk groter is dan 1/2 (de autonome uitkering telt steeds voor 1/2), dan zou de korting totaal meer dan 100% zijn. (Zoals we zagen in nr. 328 bepaalt artikel 46 *bis*, derde lid echter dat de maximumkorting die is van het bedrag dat krachtens de wetgeving van andere Lid-Staten verschuldigd is; de korting is dus slechts 100%, maar wordt niet helemaal volgens de genoemde methode verdeeld over de Lid-Staten).

335. In een aantal gevallen treedt dus *deling* van de kortingen op. Hieromtrent geeft artikel 46 *quater* echter een beperking. Dit bepaalt, dat als bij autonome

pensioenen de nationale anticumulatiebepaling voorziet in het in aanmerking nemen van de uitkeringen van verschillende aard en/of van andere inkomsten, alsmede van alle andere elementen op basis van de verhouding tussen de tijdvakken van verzekering volgens de proratiseringsmethode, de in de hiervóór genoemde leden bedoelde deling geen toepassing vindt voor deze Lid-Staat. De regeling van artikel 46 *quater* geldt overeenkomstig voor wetgevingen die bepalen dat er geen recht op uitkering bestaat, als iemand een uitkering van verschillende aard krachtens de wetgeving van een andere Lid-Staat ontvangt.

336. Een opmerkelijke situatie deed zich voor bij de samenloop van een Belgisch ouderdomspensioen en een Nederlandse AOW-uitkering. Het Belgisch KB nr. 50 inzake rust- en overlevingspensioenen gaat er van uit dat het recht op een gezinspensioen slechts bestaat als de echtgenoot geen eigen recht op een ouderdomspensioen heeft. Onder het Nederlandse AOW-regime heeft zowel de man als de vrouw bij het bereiken van de 65-jarige leeftijd recht op een eigen AOW-uitkering (ieder 50% van de norm). Als de ene persoon al boven de 65 is en de andere onder de 65, dan krijgt de oudere een toeslag van 50% van de norm op zijn eigen uitkering van 50% van de norm.

Als de ene echtgenoot nu een Belgisch gezinspensioen heeft omdat de andere nog geen recht op pensioen heeft, en de andere 65 wordt en recht krijgt op een AOW-uitkering, dan wordt het Belgische gezinspensioen omgezet in een alleenstaandenuitkering (een verlaging van 75 naar 60 procent van het eerder verdiende loon). Dit gebeurt, terwijl er in de de hoogte van de AOW-uitkering voor het gezin in het geheel geen verandering gekomen is.

337. Deze kwestie speelde in de *Van Munster*-zaak.[25] Van Munster, van Nederlandse nationaliteit, had gedurende 37 jaar in Nederland en gedurende 8 jaar in België arbeid in loondienst verricht. Hij heeft in beide Lid-Staten een rustpensioen verkregen dat uitsluitend is vastgesteld op basis van de regeling van de betrokken staat. De echtgenote van betrokkene heeft tijdens deze twee periodes nooit arbeid in loondienst verricht. In 1985 heeft hij een ouderdomspensioen gekregen op basis van de AOW, dat gelijk is aan 100% van het nettominimumloon, 50% omdat hij gehuwd is, en 50% omdat zijn echtgenote op de datum van het besluit jonger was dan 65 jaar. In België kende de Rijksdienst voor pensioenen Van Munster per 1 november 1985 eveneens een rustpensioen toe (het gezinspensioen van 75% van de opgebouwde pensioenbedragen). Omdat mevrouw Van Munster zelf geen enkele uitkering ontving, werd het bedrag van het Belgische pensioen van Van Munster berekend op basis van de regels voor het 'gezinspensioen'. Op 10 oktober 1987 bereikte mevrouw Van Munster de leeftijd van 65 jaar, waarop de Nederlandse SVB

[25] HvJ 5 oktober 1994, zaak 165/91, *Jur.* 1994, I-4661. Zie ook Heukels (1995).

haar overeenkomstig de bepalingen van de AOW een eigen ouderdomspensioen toekende dat gelijk was aan 50% van het nettominimumloon. Tegelijkertijd ontnam de SVB Van Munster het extra pensioenbedrag dat hem tot die datum was toegekend. De toekenning van een pensioen aan mevrouw Van Munster bracht dus geen stijging van het totale gezinsinkomen mee. Toen de Belgische Rijksdienst voor pensioenen evenwel vernam, dat de Nederlandse SVB mevrouw Van Munster een eigen ouderdomspensioen had toegekend, verlaagde hij bij besluit van 2 februari 1988 per 1 oktober 1987 het pensioen van haar echtgenoot.

In casu blijkt, aldus het Hof, dat als de toepassing van een nationale wettelijke regeling op een migrerende werknemer op dezelfde wijze geschiedt als op een werknemer die steeds in hetzelfde land is gebleven, onverwachte gevolgen teweegbrengt, die moeilijk te verenigen zijn met het doel van de artikelen 48 tot en met 51 van het verdrag, en die zijn terug te voeren op de omstandigheid, dat de pensioenaanspraken van de migrerende werknemer onder twee wettelijke regelingen vallen. Deze verschillen hebben hiermee te maken, dat een van de twee pensioenregelingen een hoger pensioen toekent aan de werknemer van wie de echtgenoot geen rustpensioen of als zodanig geldend voordeel geniet. Daarbij moet worden aangetekend, dat een dergelijk pensioen of voordeel het totale gezinsinkomen doet stijgen en dat van dit pensioen of voordeel steeds afstand kan worden gedaan. Onder de andere regeling ontvangt in dezelfde situatie elk van beide echtgenoten bij het bereiken van de pensioengerechtigde leeftijd een pensioen van gelijke hoogte, waarvan geen afstand kan worden gedaan en waardoor het totale gezinsinkomen niet stijgt.

Gelet op het aanzienlijke verschil tussen deze wettelijke regelingen, verlangt het in artikel 5 van het EG-Verdrag neergelegde beginsel van loyale samenwerking van de bevoegde autoriteiten van de Lid-Staten, dat zij alle hun ter beschikking staande middelen aanwenden ter verwezenlijking van het doel van artikel 48 van het verdrag, aldus het Hof. Deze verplichting houdt in, dat deze autoriteiten nagaan of hun wettelijke regeling op de migrerende werknemer kan worden toegepast naar de letter, en op dezelfde wijze als op de werknemer die steeds in hetzelfde land is gebleven. Dit moet geschieden zonder dat deze toepassing voor de migrerende werknemer het verlies van een socialezekerheidsvoordeel meebrengt en dus tot gevolg heeft, dat hij ervan wordt weerhouden zijn recht van vrij verkeer uit te oefenen. Het Hof voegde hier aan toe, dat het aan de nationale rechter staat om de nationale bepalingen die hij moet toepassen, zoveel mogelijk in overeenstemming met de eisen van het Gemeenschapsrecht uit te leggen.[26]

Heukels (1995) merkt op dat het Hof in deze uitspraak constateerde dat de Belgische wettelijke regeling op zich een non-discriminatoir karakter heeft en

[26] Vgl ook HvJ 13 november 1990, zaak 106/89, *Marleasing*, *Jur.* 1990, 4135.

dus niet te beschouwen is als een belemmering van het vrij verkeer van werknemers. Hij merkt terecht op dat het Hof in eerdere jurisprudentie niet zozeer het discrimatoire karakter op zich bekijkt, maar de effecten van de maatregel op de uitoefening van het vrij verkeer van werknemers.[27]

§9. Verhouding van Internationale Verdragen en Verordening 1408/71

338. Volgens artikel 6 van de Verordening 1408/71 heeft de verordening in beginsel voorrang op internationale sociale-zekerheidsverdragen. Deze voorrang geldt slechts binnen de grenzen van de personele en materiële werkingssfeer van Verordening 1408/71. Dus als verdragen bepalingen bevatten die buiten het toepassingsgebied van de verordening vallen, worden ze niet door Verordening 1408/71 terzijde gesteld. Voorts bepaalt artikel 7 van Verordening 1408/71 dat de verordening de verplichtingen onverlet laat die voortvloeien uit een IAO-verdrag dat via bekrachtiging door een of meer Lid-Staten in werking is getreden. Datzelfde geldt voor de Europese Interimovereenkomst van 1953 (zie nr. 39).

339. Behoudens de uitzonderingen die in artikel 7 vermeld zijn, treedt de verordening dus in de plaats van de verdragen inzake de sociale zekerheid.

De vraag is vervolgens in hoeverre van deze bepalingen kan worden afgeweken in gevallen waarin de toepassing van die andere verdragen gunstiger zou zijn dan toepassing van Verordening 1408/71. Deze vraag kwam aan de orde in het *Walder*-arrest.[28]

In dit arrest verklaarde het Hof dat uit artikel 5 van Verordening 3/58 en artikel 6 van Verordening 1408/71 duidelijk blijkt, dat het beginsel dat de verordeningen in de plaats treden van de bepalingen uit bilaterale en multilaterale verdragen, een dwingend karakter heeft. Dat karakter gedoogt geen uitzondering buiten de gevallen die uitdrukkelijk in de verordening zijn genoemd. Het Hof voegde hier nog aan toe dat de enkele omstandigheid dat toepassing van een bilateraal verdrag tot hogere uitkeringen zou leiden dan toepassing van de verordening, geen uitzondering op dit beginsel kan rechtvaardigen, voor zover deze verdragen niet uitdrukkelijk bij de verordening zijn gehandhaafd.

Op dit arrest is in de literatuur veel kritiek geleverd. Ook Advocaat-Generaal Warner leverde in zijn conclusie in de *Giuliani*-zaak[29] kritiek op dit arrest; in zijn conclusie bij de *Galinsky*-zaak[30] oordeelde deze Advocaat-Generaal echter, dat hij het in de *Giuliani*-zaak bij het verkeerde eind had gehad. Hij

[27] Vgl. bv het *Bachmann*-arrest, in nr. 203.
[28] HvJ 7 juni 1973, zaak 82/72, *Jur.* 1973, 599.
[29] HvJ 20 oktober 1977, zaak 32/77, *Jur.* 1977, 1857.
[30] HvJ 31 maart 1981, zaak 99/80, *Jur.* 1981, 941.

wees erop dat de bilaterale en multilaterale verdragen zo talrijk, ingewikkeld en verscheiden zijn dat het administratieve nonsens zou zijn van de sociale zekerheidsorganen te verlangen, dat zij voor elke migrerende werknemer niet alleen zijn rechten krachtens het nationale en Gemeenschapsrecht in aanmerking nemen, doch ook zijn eventuele rechten krachtens deze overeenkomsten.

340. Geruime tijd dachten verschillende auteurs dat het Hof in het *Rönfeldt*-arrest[31] was teruggekomen op het *Walder*-arrest. Rönfeldt is Duits ingezetene en onderdaan die van 1941 tot 1951 premies heeft betaald voor een Duits ouderdomspensioen. Vervolgens heeft hij tot 1971 in Denemarken gewerkt, alwaar hij Deense premies betaalde. Vervolgens keerde hij weer terug naar Duitsland en viel hij onder de Duitse verzekering. In Denemarken is de pensioenleeftijd zevenenzestig en in Duitsland vijfenzestig; in Duitsland bestaat de mogelijkheid van een vervroegd pensioen op de leeftijd van drieënzestig. Rönfeldt wilde zo'n vervroegd pensioen, maar daar waren vijfendertig verzekeringsjaren voor vereist. Rönfeldt stelde dat ook de Deense perioden meegerekend moeten worden voor het Duitse pensioen.

Artikel 45 van Verordening 1408/71 bepaalt dat voor het verkrijgen van een recht op uitkering rekening wordt gehouden met verzekeringsperioden vervuld onder de wetgeving van een Lid-Staat, als waren deze onder de eigen regelgeving vervuld. Artikel 46 bepaalt daarentegen dat iedere Lid-Staat de hoogte van de uitkering vaststelt, rekening houdend met de totale duur van de verzekerde perioden vervuld onder de eigen wetgeving. Verordening 1408/71 kent dus slechts een regeling dat verzekeringsperioden voor de opening van het recht bij elkaar moeten worden opgeteld; ze zijn niet van belang voor de berekening van de hoogte van de uitkering.

Rönfeldt deed daarom een beroep op het Verdrag gesloten tussen de Duitsland en Denemarken van 1953, dat wel bepaalde dat de verzekeringsperioden vervuld in Denemarken meegeteld moeten worden, niet alleen voor de vervulling van de wachtperioden, maar ook voor de berekening van het Duitse pensioen.

Het gevolg van artikel 6 van Verordening 1408/71 was, dat de bestaande verdragen tussen Lid-Staten bij inwerkingtreding van de verordening door Verordening 1408/71 vervangen waren[32] en dat, afwijkend van het Duits-Deens Verdrag, verzekerde perioden niet meegeteld werden voor de hoogte van het pensioen. Het Hof overwoog dat Rönfeldt hierdoor voordelen verloor die in een bilateraal Verdrag waren toegekend. Dit verlies aan voordelen is in strijd met de artikelen 48 en 51 van het EG-Verdrag. Volgens het *Petroni*-arrest[33] en

[31] HvJ 7 februari 1991, zaak 227/89, *Jur.* 1991, I-323.

[32] I.c. per 1 april 1973, toetreding Denemarken tot EG; deze vervanging geschiedde pas *nadat* Rönfeldt zijn tijdvakken vervuld heeft; hij komt immers in 1971 terug.

[33] HvJ 21 oktober 1975, zaak 24/75, *Jur.* 1975, 1149, zie nr. 313.

het *Dammer*-arrest[34] zou het doel van de artikelen 48 en 51 EG-Verdrag niet worden bereikt, als werknemers, als gevolg van het gebruikmaken van het recht op vrij verkeer werknemers, voordelen zouden verliezen die ze al zouden hebben gehad op basis van de eigen wetgeving alleen. Onder 'prestaties toegekend op basis van de wetgeving van een Lid-Staat' moeten ook worden verstaan de uitkeringen, die het gevolg zijn van internationale verdragen die van kracht zijn tussen een of meer Lid-Staten en geïntegreerd zijn in hun nationale recht, die voor betrokkenen tot een gunstiger situatie leiden dan het resultaat van het Gemeenschapsrecht. Een andere interpretatie zou een substantiële beperking van de artikelen 48 en 51 inhouden, want het zou iemand die gebruik maakt van het vrije verkeer in een ongunstiger positie plaatsen.

341. In het *Thévenon*-arrest[35] gaf het Hof een beperkte betekenis aan het *Rönfeldt*-arrest. Thévenon was een Frans onderdaan, die als werknemer verplicht verzekerd was geweest, eerst van 1964 tot 1977 in Frankrijk en vervolgens in Duitsland. In 1992 diende Thévenon bij de Landesversicheringsanstalt een aanvraag in voor een invaliditeitspensioen. De Duitse sociale dienst was van oordeel dat de door Thévenon in Frankrijk vervulde verzekeringstijdvakken bij de berekening van zijn Duitse pensioen in aanmerking moesten worden genomen, overeenkomstig de bepalingen van het Algemeen Verdrag inzake sociale zekerheid tussen Frankrijk en Duitsland (1950), dat nooit was opgezegd.

Het Hof merkte op dat volgens artikel 9 van het Duits-Franse verdrag, in het geval van Franse of Duitse werknemers die achtereenvolgens of afwisselend in beide landen bij één of meer stelsels van invaliditeitsverzekering aangesloten zijn geweest, bij de berekening van het bedrag van het invaliditeitspensioen de onder al die stelsels vervulde verzekeringstijdvakken in aanmerking worden genomen. Verordening 1408/71 schrijft niet voor dat om tot een hoger pensioenbedrag te komen, de in een of meer Lid-Staten vervulde tijdvakken van bijdragebetaling moeten worden opgeteld bij de tijdvakken van bijdragebetaling vervuld in de Lid-Staat waar het pensioen werd aangevraagd. Volgens deze verordening worden de in verschillende Lid-Staten vervulde tijdvakken van verzekering slechts samengeteld met het oog op het verkrijgen, het behoud of het herstel van het recht op pensioenen. Het verdrag geeft dus een gunstiger resultaat dan de verordening. Het Hof verwees naar het *Walder*-arrest (zie nr. 339); hierin heeft het bepaald dat uit de artikelen 5 en 6 van Verordening 3/58 en de artikelen 6 en 7 van Verordening 1408/71 blijkt dat gemeenschapsverordeningen in de plaats treden van de bepalingen van tussen Lid-Staten gesloten verdragen inzake sociale zekerheid. Deze bepalingen hebben een dwingend karakter, dat geen uitzonderingen gedoogt buiten de gevallen die in

[34] HvJ 14 december 1989, zaak 168/88, *Jur.* 1989, 4553, zie nr. 360.

[35] HvJ 9 november 1995, zaak 475/93, nog niet gepubliceerd. Deze interpretatie is conform de opvatting van Van der Steen (losbladig: VII – par 2.1) over het *Rönfeldt*-arrest.

de verordening uitdrukkelijk zijn genoemd, ook niet indien die verdragen voor diegenen op wie zij van toepassing zijn, tot hogere uitkeringen zouden leiden dan uit die verordeningen voortvloeien. Het *Rönfeldt*-arrest had betrekking op een situatie waarin op het moment waarop Rönfeldt naar Duitsland terugkeerde, Denemarken nog niet toegetreden was tot de EG en het verdrag tussen beide landen nog niet door Verordening 1408/71 was vervangen. Daarom moest onderzocht worden of, en zo ja, hoe, ingevolge het gemeenschapsrecht verzekeringstijdvakken die in Denemarken waren vervuld voordat Verordening 1408/71 ten gevolge van de Deense toetreding tot de Gemeenschap in dit land in werking trad, voor de toekenning van een ouderdomspensioen in een andere Lid-Staat in aanmerking moesten worden genomen. Het antwoord op deze vraag geldt niet in de situatie van Thévenon, die pas na de inwerkingtreding van Verordening 1408/71 gebruik heeft gemaakt van zijn recht op vrij verkeer, dus op een tijdstip toen het Frans-Duitse verdrag, wat zijn personele en materiële werkingssfeer betreft, reeds door de verordening was vervangen. Deze werknemer kan niet stellen dat hij sociale-zekerheidsvoordelen heeft verloren die voor hem uit het Duits-Franse verdrag zouden zijn voortgevloeid. Dit houdt in dat in het algemeen niet onderzocht hoeft te worden of in een bilateraal verdrag gunstiger bepalingen staan dan in Verordening 1408/71.

342. *Conclusie*. De jurisprudentie over de coördinatie van langlopende uitkeringen heeft interessante dilemma's laten zien. Zo is bij het vraagstuk van de communautaire anticumulatie van belang of men het geoorloofd acht dat nationaal verworven rechten kunnen worden gekort door gemeenschapsrecht. Indien dit niet mogelijk is, dan is er enerzijds soms sprake van begunstiging van migrerende werknemers. Deze zijn dan beter af dan wanneer ze in het eigen land waren gebleven, want ze krijgen ongekorte uitkeringen. We zien hier een duidelijke vraag met betrekking tot wat de term coördinatie inhoudt: gaat het om afstemming van de nationale regelingen of primair om de bevordering van het vrij verkeer van werknemers? Deze tegenstelling is niet noodzakelijk, maar is gecreëerd in de jurisprudentie van het Hof.

Een reactie op deze jurisprudentie is uiteraard niet uitgebleven. Lid-Staten hebben hun eigen bepalingen zo aangepast dat deze alsnog rekening houden met buitenlandse uitkeringen. De huidige communautaire regels stellen nu beperkingen aan de nationale anticumulatiebepalingen. Het blijft moeilijk te overzien wat hiervan de effecten zijn. Het oorspronkelijke systeem van artikel 46, derde lid zou een subtieler en eenvoudiger te overzien stelsel hebben gecreëerd.

HOOFDSTUK XIII

GEZINS- EN KINDERBIJSLAGEN

§1. Inleiding

343. In artikel 1 van Verordening 1408/71 is gedefinieerd wat onder gezins- en kinderbijslagen wordt verstaan.

Artikel 1, (u) (i): onder *gezinsbijslagen* worden verstaan alle verstrekkingen of uitkeringen ter bestrijding van de gezinslasten in het kader van een in het kader van een in artikel 4, eerste lid, (h) bedoelde wettelijke regeling.

Artikel 1, (u) (ii): met *kinderbijslag* zijn de periodieke uitkeringen bedoeld welke uitsluitend op grond van het aantal gezinsleden en eventueel op grond van hun leeftijd worden toegekend.

De betekenis van de term *kinderbijslagen* kwam in het *Lenoir*-arrest[1] aan de orde. Lenoir had tot zijn pensionering uitsluitend in Frankrijk gewerkt en gewoond, alwaar hij recht had op een alleen-verdienerstoeslag en schooltoelage voor zijn kinderen. Na zijn pensionering vestigde hij zich in Engeland, maar daar kon hij geen aanspraak maken op deze uitkeringen.

Kinderbijslagen zijn (volgens artikel 1, (u) (ii)) alleen die periodieke uitkeringen, waarvan de toekenning uitsluitend afhankelijk is van het aantal of de leeftijd van de kinderen. Op zich stond niet zozeer ter discussie dat de aanspraak op de door Lenoir gewenste prestaties niet alleen verband hield met het aantal of de leeftijd van de kinderen, maar o.a. ook met de inkomsten van de ouders. Evenmin stond ter discussie dat het begrip kinderbijslag beperkt was (zodat de school- en alleenverdienerstoelage erbuiten vielen). Het ging evenwel om de vraag of dit artikel niet in strijd was met artikel 48 van het verdrag, nu het indirect discriminerende effecten had. De woonplaatseis was namelijk met name ongunstig voor migrerende werknemers (zie nr. 204).

Het Hof antwoordde dat als de pensioenwetgeving van de bevoegde staat aldus periodieke uitkeringen toekent aan de familie van de uitkeringsgerechtigde uitsluitend op grond van het aantal gezinsleden en eventueel corresponderend met hun leeftijd, dan moet de uitkering ongeacht de woonplaats worden toegekend. Andersoortige uitkeringen daarentegen, of uitkeringen met andere voorwaarden, zoals de schooluitkeringen, zijn meestal direct gekoppeld aan de sociale omgeving en dus met de woonplaats van de betrokkenen. Onder deze omstandigheden kan men niet oordelen dat deze bepaling aanvullende

[1] HvJ 27 september 1988, zaak 313/86, *Jur.* 1988, 5391.

dispariteiten in het leven roept of dat ze criteria toepast die leiden tot een discriminatie op grond van nationaliteit, aldus het Hof.

Deze overweging is moeilijk te volgen. Waarom houdt het Hof bij dit type uitkeringen wel rekening met plaatselijke factoren, terwijl het Hof dit niet doet bij kinderbijslag, waar eveneens gediscussieerd wordt over wenselijke relaties met de plaatselijke kosten van het levensonderhoud (zie volgend nummer)?

§2. Werkland- of woonlandniveau?

344. Gezinsbijslagen en kinderbijslagen vormen in zo verre een bijzondere categorie uitkeringen, dat ze niet de persoon van de werknemer of zelfstandige zelf betreffen, maar de gezinsleden. Deze uitkeringen voorzien in een tegemoetkoming in de gezinskosten en er is daarom in sterke mate een relatie met het levenspeil en de gezinssituatie van betrokkenen.

Bij deze categorie uitkeringen speelt dan ook in sterke mate het vraagstuk van de hoogte van de uitkering: moet deze worden vastgesteld naar de hoogte van de kinderbijslagen in het werkland of van het land waar de kinderen wonen?

345. Voor het werklandniveau pleit gelijkheid van behandeling van werknemers die in hetzelfde land te werk gesteld zijn. Indien men evenwel uitgaat van de verschillen in kostenniveaus tussen de Lid-Staten, dan zou men vanuit het gelijkheidsbeginsel ook kunnen pleiten voor berekening van gezinslasten volgens het woonlandniveau. Aan de andere kant is het niet de doelstelling van de verordening om steeds tot gelijke behandeling te komen, maar om het vrij verkeer van werknemers vanuit het oogpunt van de sociale zekerheid te waarborgen. Het Hof van Justitie heeft in het *Eerste Pinna*-arrest een einde gemaakt aan toepassing van het woonlandniveau voor Frankrijk,[2] zoals we in nr. 204 (hoofdstuk VIII) gezien hebben.

346. Deze jurisprudentie leidde tot een nieuwe uniforme regeling in 1989 voor alle Lid-Staten, waarin voor het werklandniveau gekozen is.[3]

347. Volgens het nieuwe artikel 73 heeft de werknemer of zelfstandige op wie de wettelijke regeling van een Lid-Staat van toepassing is, voor zijn kinderen die op het grondgebied van een andere Lid-Staat wonen, recht op gezinsbijslagen waarin de wettelijke regeling van de eerste staat voorziet, alsof de gezinsleden op het grondgebied van deze staat wonen. Met de zinsnede 'alsof

[2] HvJ 15 januari 1986, zaak 41/84, *Jur.* 1986, 1.

[3] Verordening 3427/89 van 30 oktober 1989, *PB L* 331/1 van 16 november 1989. Voor de voorbereidende stukken zie COM (88) def. van 5 februari 1988.

de gezinsleden op het grondgebied van deze Lid-Staat wonen' zet artikel 73 eventuele woonplaatseisen opzij.

348. Sinds 1989 vallen ook zelfstandigen onder de personele werkingssfeer van de kinderbijslagbepalingen.[4]

§3. Doorbreking van de woonplaatseisen

349. In het *Bronzino*-arrest[5] kwam de vraag aan de orde of ook woonplaatseisen in aanvullende voorwaarden voor kinderbijslaguitkeringen terzijde gesteld kunnen worden door artikel 73. Het ging om een Italiaan, Bronzino, die werkzaam was in Duitsland, en die kinderbijslag aanvroeg voor zijn kinderen die in Italië bij het arbeidsbureau staan ingeschreven. Onder de Duitse kinderbijslagregeling gold echter voor kinderen van zestien tot eenentwintig jaar de voorwaarde dat ze op het grondgebied waar de kinderbijslagwet van toepassing is (i.c. Duitsland) als werkzoekende staan ingeschreven. Het Duitse orgaan weigerde daarom de uitkeringen, nu de kinderen hieraan niet voldeden. De vraag was of artikel 73, eerste lid aldus moest worden uitgelegd, dat wanneer de kinderbijslagwetgeving vereist dat het gezinslid van de werknemer ter beschikking staat van de arbeidsbemiddeling van de bevoegde staat, die voorwaarde moet worden geacht te zijn vervuld wanneer dit gezinslid ter beschikking staat van de woonstaat. Duitsland beriep zich erop dat deze voorziening en de eisen bedoeld zijn om tegemoet te komen aan de problemen in verband met de hoge werkloosheid; als het woonplaatsvereiste niet gesteld mag worden, wordt er geen rekening gehouden met de bijzondere kritieke situatie op de arbeidsmarkt.

Het Hof oordeelde dat artikel 73 van toepassing is op gezinsbijslagen die tot doel hebben de financiële lasten van het onderhoud van kinderen te dekken. Dit is ook de doelstelling van de Duitse wetgeving, zodat deze onder de verordeningsdefinitie van gezinsbijslagen valt. Artikel 73 wil vermijden dat een Lid-Staat kinderbijslagen weigert op grond dat de kinderen van een werknemer in een andere Lid-Staat wonen dan de bevoegde staat, omdat anders de werknemer belemmerd zou worden in het recht op vrij verkeer. Daarom moet worden aangenomen dat de voorwaarde dat men beschikbaar moet zijn voor de arbeidsbemiddeling van de uitkerende Lid-Staat ook onder de werkingssfeer van artikel 73 valt, en moet worden aangenomen dat aan deze voorwaarde ook voldaan wordt, als het gezinslid ter beschikking staat van de arbeidsbemiddeling van de woonstaat.

[4] Verordening 3427/89 *PB L* 331/1.
[5] HvJ 22 februari 1990, zaak 228/88, *Jur.* 1990, 531.

350. In het *Imbernon Martínez*-arrest[6] kwam de vraag aan de orde of artikel 73 ook woonplaatseisen terzijde kon stellen, die met kinderaftrek verbonden zijn. De Bundesanstalt weigerde namelijk om Martínez voor de periode van september tot en met december 1988 naast kinderbijslag ook de volledige aanvullende kinderbijslag toe te kennen. Deze toeslag was afhankelijk van de vraag of betrokkene onder de Duitse belastingwetgeving recht heeft op kinderaftrek. Martínez woonde van 1 januari tot 18 september 1988 in Spanje, waar hij werkloos was. Vervolgens verhuisde hij naar Duitsland, waar hij vanaf 21 september 1988 als werknemer werkzaam was. Gedurende datzelfde jaar woonden zijn twee kinderen en zijn echtgenote, die geen beroepsactiviteit uitoefenden en geen inkomsten genoten, in Spanje. Omdat zijn echtgenote niet op Duits grondgebied woonde, werd bij de door hem te betalen belasting geen rekening gehouden met de dubbele belastingvrije voet.

De vraag was nu of artikel 73 van de verordening aldus moet worden uitgelegd dat deze bepaling inhoudt dat wanneer ingevolge de fiscale wetgeving van een Lid-Staat waarnaar in de sociale wetgeving van die staat wordt verwezen, de toekenning en het bedrag van een uitkering voor een kind ten laste afhankelijk zijn van de voorwaarde dat het betrokken kind op het grondgebied van die staat woont, een dergelijke voorwaarde vervuld moet worden geacht, wanneer het kind op het grondgebied van een andere Lid-Staat woont. Het Hof beantwoordde deze vraag bevestigend. De omstandigheid dat de woonplaatsvoorwaarde voortvloeit uit fiscale bepalingen, waarnaar in de sociale wetgeving wordt verwezen, kan hieraan niet afdoen, aldus het Hof. De in artikel 73 van Verordening 1408/71 neergelegde woonplaatsfictie zou immers een groot deel van haar nuttige werking verliezen, indien zij door de enkele verwijzing naar fiscale bepalingen zou kunnen worden ontdoken. Moet nu, als de toekenning en het bedrag van een uitkering voor een kind ten laste afhankelijk zijn van de voorwaarde dat de echtgenoot van de betrokken werknemer op het grondgebied van die staat woont, een dergelijke voorwaarde geacht worden te zijn vervuld, wanneer de echtgenoot op het grondgebied van een andere Lid-Staat woont? Volgens de verwijzende rechter leken de bewoordingen van artikel 73 uit te sluiten, dat de daarin neergelegde woonplaatsfictie zich tot de echtgenoot van de werknemer kan uitstrekken, indien de betrokken uitkering voor een ander gezinslid wordt verleend. Het Hof volstond echter met op te merken dat nergens een bevestiging is te vinden voor een dergelijke enge uitlegging van de betrokken bepaling. De bepaling moet ruim worden uitgelegd, in die zin dat zij van toepassing is ten aanzien van alle gezinsleden van de werknemer, wanneer de toekenning en het bedrag van een gezinsbijslag rechtstreeks of indirect afhangen van de voorwaarde dat één van de gezinsleden van de werknemer op het grondgebied van de uitkerende Lid-Staat woont.

[6] HvJ 5 oktober 1995, zaak 321/93, *Jur.* 1995, I-2821.

§ 4. Prioriteitsregels

A. Twee werkende ouders

351. Omdat kinderbijslagen betaald worden voor derde personen, is het goed mogelijk dat voor een en hetzelfde kind zowel de vader als de moeder recht hebben op kinderbijslag. Omdat bij grensoverschrijdend verkeer de nationale criteria tot uiteenlopende resultaten kunnen leiden moesten coördinatiebepalingen worden vastgesteld.

Artikel 76 bevat een bepaling ter voorkoming van cumulatie van gezinsbijslag krachtens artikel 73 (of artikel 74 – artikel 74 betreft de kinderbijslag voor zelfstandigen). Dit houdt in dat als gezinsleden in een andere staat dan de ene ouder wonen, en de andere ouder beroepswerkzaamheden verricht in de Lid-Staat waar de gezinsleden wonen, dan geeft artikel 76 de voorrang aan de wettelijke regeling van de Lid-Staat waar de kinderen wonen. In dit geval wordt het recht op kinderbijslag, dat op grond van artikel 73 (of 74) bestaat, geschorst.[7]

Als bijvoorbeeld de vader in Duitsland werkt en de kinderen in België wonen, en de moeder werkt in België, dan gaat de Belgische kinderbijslagregeling voor op de Duitse.

352. Oorspronkelijk hield de tekst van artikel 76 in dat uitkering alleen kon worden geschorst als deze verschuldigd was op basis van artikel 73. In een zaak voor het Hof kwam een nationale regeling aan de orde die bepaalde dat kinderbijslag niet verschuldigd was aan niet-gescheiden moeders (kinderbijslag werd dus alleen aan vaders betaald, tenzij de ouders gescheiden waren). In dat geval zou de coördinatiebepaling op problemen stuiten, als de kindbijslag van de vader uit de werkstaat geschorst werd, terwijl moeder geen kinderbijslag werd uitbetaald. Het Hof oordeelde dat er in dit geval geen sprake was van verschuldigde uitkeringen en dus konden deze ook niet geschorst worden;[8] eenzelfde benadering werd gekozen in een zaak waarin de echtgenote nalatig was geweest om uitkering aan te vragen, vergelijk het *Ferraioli*-arrest.[9]

Inmiddels is de verordening gewijzigd;[10] er is een tweede lid toegevoegd aan artikel 76, waarin bepaald is dat als iemand geen verzoek tot uitkering heeft ingediend, de bevoegde instelling van de andere Lid-Staat toch een schorsing kan doorvoeren, alsof in de eerste Lid-Staat wel bijslagen betaald zijn.

[7] Artikel 76 is ook van toepassing als het niet gaat om twee personen (de ouders), maar om eenzelfde persoon die in twee Lid-Staten werkzaam is, vgl. HvJ 27 juni 1989, zaak 24/88, *Georges*, *Jur.* 1989, 1905.

[8] HvJ 13 november 1984, zaak 191/83, *Salzano, Jur.* 1984, 3741.

[9] HvJ 23 april 1986, zaak 153/84, *Jur.* 1986, 1401. De Italiaanse wet was namelijk inmiddels gewijzigd (ten opzichte van de situatie van toepassing tijdens de uitspraak vermeld in de vorige noot).

[10] Door Verordening 3427/89, *PB L* 331/1.

B. Een van de stelsels knoopt niet aan bij werknemerschap

353. Er is nog een tweede prioriteitsregel voor gezinsbijslagen te vinden in de coördinatieverordeningen, en wel in artikel 10, eerste lid (a) van Verordening 574/72. Dit artikel geeft voorschriften voor de situatie waarin artikel 73 (of 74) van Verordening 1408/71 van toepassing is en tevens een stelsel waarin voor het recht op kinderbijslag geen voorwaarden inzake de verzekering of de arbeid worden gesteld. Dit doet zich bijvoorbeeld voor bij de Nederlandse Kinderbijslagwet; voor dit type uitkeringen is niet vereist dat men economisch werkzaam is (geweest).

Bij samenloop van dit type uitkeringen met een uitkering ex artikel 73 worden de kinderbijslagen geschorst uit het stelsel waar geen eisen aan verzekering of arbeid worden gesteld. Indien echter degene die onder zo'n stelsel valt wèl beroepswerkzaamheden verricht, dan wordt het recht op gezinsbijslagen volgens artikel 73 of 74 geschorst: gezinsbijslag wordt dan alleen betaald krachtens de regeling van de Lid-Staat waar het gezinslid woont. Als vader in Duitsland werkt en moeder niet werkt, maar de kinderen in Nederland verzorgt, bestaat recht op Duitse kinderbijslag. Als moeder echter een baan aanneemt, dan bestaat wel recht op Nederlandse kinderbijslag.

354. Artikel 10 van Verordening 574/72 luidt:

(1) (a) 'Het recht op gezins- of kinderbijslag die is verschuldigd krachtens de wettelijke regeling van een Lid-Staat, waarin voor het verkrijgen van het recht op deze bijslag geen voorwaarden inzake verzekering, werkzaamheden in loondienst of werkzaamheden anders dan in loondienst worden gesteld, wordt geschorst wanneer tijdens een zelfde tijdvak en voor eenzelfde gezinslid bijslag verschuldigd is enkel krachtens de nationale wetgeving van een andere Lid-Staat, of krachtens de artikelen 73, 74, 77 of 78 van de verordening, ten belope van die bijslag.

(b) wanneer echter op het grondgebied van eerstgenoemde Lid-Staat beroepswerkzaamheden worden uitgeoefend

(i) in het geval van bijslag verschuldigd enkel krachtens de nationale wetgeving van een andere Lid-Staat of op grond van artikel 73 of 74 van de verordening, door degene die recht heeft op gezinsbijlagen of degene aan wie deze bijslag wordt uitbetaald [de tekst spreekt dus niet van 'echtgenoot'[11]], wordt het recht op gezinsbijslagen, verschuldigd enkel krachtens de nationale wetgeving van die andere Lid-Staat of krachtens deze artikelen, geschorst ten belope van het bedrag van de gezinsbijslagen zoals voorzien in de wetgeving van de Lid-Staat op het grondgebied waarvan het gezinslid woont. De bijslag die wordt uitbetaald door de woonstaat komt ten laste van deze staat;

[11] De verwijzing naar echtgenoot werd verwijderd door Verordening 1660/85, *PB L* 1985/160, naar aanleiding van problemen die met betrekking tot dit artikel eerder bestonden in het geval de ouders van elkaar gescheiden zijn; vgl. HvJ 3 februari 1983, zaak 149/82, *Robards*, *Jur.* 1983, 171.

(ii) in het geval van bijslag verschuldigd enkel krachtens de nationale wetgeving van een andere Lid-Staat of op grond van artikel 77 of 78 van de verordening, door degene die recht heeft op deze bijslag of degene aan wie deze bijslag wordt uitbetaald, wordt het recht op deze gezins- of kinderbijslag, verschuldigd enkel krachtens de nationale wetgeving van die andere Lid-Staat of krachtens deze artikelen, geschorst; in dat geval heeft de betrokkene recht op gezins- of kinderbijslag van de Lid-Staat op het grondgebied waarvan de kinderen wonen en ten laste van deze Lid-Staat, alsmede, voor zover van toepassing, op andere bijslagen dan de kinderbijslag als bedoeld in artikel 77 of 78 van verordening, ten laste van de in de zin van die artikelen bevoegde staat.'

355. In het *Kromhout*-arrest[12] kwam de vraag aan de orde of artikel 10 van Verordening 574/72 ook toepassing kon vinden in het geval de ene echtgenoot niet onder de personele werkingssfeer van de verordening viel. In de onderhavige zaak was de moeder niet als werknemer werkzaam. Het Hof overwoog dat blijkens de definities van de prestaties in artikel 1 van de verordening, de gezins- of kinderbijslagen ten doel hebben de werknemers met gezinslasten een sociale handreiking te bieden door de samenleving in die lasten te doen delen. In deze gedachtengang past dat het betrokken anticumulatievoorschrift een dubbele vergoeding voor die lasten, waardoor het tot een ongerechtvaardigde overcompensatie voor het gezin van de werknemer zou komen, moet verhinderen. Dat voorschrift moet dus zo worden uitgelegd, dat de betaling van parallelle sociale uitkeringen wegens een en dezelfde situatie en voor een en dezelfde periode wordt voorkomen. In dit geval valt overcompensatie niet te ontkennen; dus deze samenloopregel van artikel 10 is van toepassing telkens wanneer de kinderen als gezinsleden van de ouder-werknemer onder de personele werkingssfeer van Verordening 1408/71 vallen. Het is daarbij niet relevant of de andere ouder wegens de huwelijkssituatie al dan niet daadwerkelijk deel uitmaakt van het gezin van de werknemer en dus al dan niet eveneens onder de personele werkingssfeer van de verordening valt. Van belang voor de toepassing van deze bepaling is wel dat het kind onder de personele werkingssfeer van de verordening valt.

356. Een gecompliceerde vraag kwam aan de orde in het *Una McMenamin*-arrest.[13] Una McMenamin was een grensarbeider die werkte in Noord-Ierland en die met haar kinderen en echtgenoot in Ierland woonde, alwaar haar echtgenoot ook werkzaam was. De Ierse wetgeving geeft recht op kinderbijslag aan de personen die gewoonlijk met het kind leven. Als het kind met zijn vader en moeder leeft, dan is de moeder van het kind gerechtigd tot kinderbijslag, volgens de Ierse bepalingen. Mevrouw McMenamin vroeg kinderbijslag

[12] HvJ 4 juli 1985, zaak 104/84, *Jur.* 1985, 2205.
[13] HvJ 9 december 1992, zaak 119/91, *Jur.* 1992, I-6393.

aan in Noord-Ierland en kreeg slechts een aanvulling ter hoogte van het verschil met het niveau van de Ierse wetgeving.

De vraag was nu welke betekenis artikel 13 en 76 van Verordening 1408/71 en artikel 10 (1) (b) (i) van Verordening 574/72 in een situatie als deze hebben. De situatie werd gekarakteriseerd door het feit dat onder de wetgeving van de verblijfstaat de grensarbeider die recht heeft op uitkering in de werkstaat, ook recht heeft op uitkering in de verblijfstaat op welks grondgebied alleen haar echtgenoot werkt. Volgens de uitkeringsinstantie is artikel 13 van Verordening 1408/71 van belang, dat bepaalt dat de migrerende werknemer slechts onder de wetgeving van de werkstaat valt. Zulke werknemer houdt op onderworpen te zijn onder de wetgeving van de verblijfstaat en heeft daarom niet langer recht op de kinderbijslag van dat land.

De uitkeringsinstanties en de Europese commissie hadden gesteld dat mevrouw McMenamin onderworpen was, op grond van artikel 13, aan slechts de wetgeving van de werkstaat (i.c. het Verenigd Koninkrijk), met uitsluiting van de wetgeving van de verblijfstaat. Ten gevolge hiervan was het niet langer mevrouw McMenamin, maar haar echtgenoot die recht had op uitkering onder de wetgeving van de verblijfstaat. Aangezien haar echtgenoot een beroepsactiviteit in Ierland uitoefende, was aan de voorwaarden van artikel 10 van Verordening 574/72 voldaan en moesten de uitkeringen betaald door het Verenigd Koninkrijk worden geschorst. Het Hof oordeelde echter dat de regel dat een persoon slechts onderworpen is aan een de wetgeving van de werkstaat, zoals neergelegd in artikel 13, niet verhindert dat bepaalde uitkeringen geregeerd worden door de meer specifieke regels van die verordening. De regel moet daarom worden gezien in het licht van de overlappingsbepalingen, dat wil zeggen artikel 76 van Verordening 1408/71 en artikel 10 van Verordening 574/72, dat regels bevat om te voorkomen dat uitkeringsregels van de verblijfstaat overlappen met die van de werkstaat. Om de vragen van de nationale rechter te beantwoorden is het daarom noodzakelijk om te onderzoeken of de uitoefening van een beroepsactiviteit in de verblijfstaat van de echtgenoot van de persoon die recht heeft op de familieuitkeringen in de zin van artikel 73 van Verordening 1408/71 zodanig is dat deze het recht neergelegd in artikel 73 schorst, ook al is de echtgenoot niet, volgens de wetgeving van de verblijfstaat, de persoon die recht heeft op familie-uitkeringen of de persoon aan wie ze betaald worden in de zin van artikel 10 van Verordening 574/72. Als dit het geval is, hebben uitkeringen die door de werkstaat betaald worden, voorrang boven de uitkeringen van de verblijfstaat. Als evenwel een beroepsactiviteit of werkzaamheden als zelfstandige uitgeoefend worden in de verblijfstaat geeft dit artikel de omgekeerde regel, dat het recht op uitkering in de verblijfstaat voorrang heeft op de uitkeringen in de werkstaat. Onder die bepalingen moet de beroepsactiviteit of activiteit als zelfstandige die het omgekeerde van de voorrang tot gevolg heeft, uitgeoefend worden door 'de persoon die recht heeft op uitkering of de persoon aan wie ze betaald worden'.[14]

De bedoeling van de Raad, zoals blijkt uit de overwegingen in de Preambule, was om het aantal gevallen uit te breiden en niet te beperken waarin uitkeringen verschuldigd op grond van artikel 73 geschorst kunnen worden. De zinsnede 'de persoon die recht heeft op familie-uitkeringen of de persoon aan wie deze betaald worden' moet daarom begrepen worden als bevattende met name, naast de echtgenoot, een persoon die niet of niet langer gehuwd is met de persoon die recht heeft op uitkeringen krachtens artikel 73 van Verordening 1408/71 of die persoon zelf als het recht op overlappende uitkeringen ontstaat omdat die persoon steeds werkt in de verblijfstaat. De wetgever heeft er voor gekozen om die groep van personen met een gemeenschappelijk kenmerk te definiëren, namelijk hun status als personen die recht hebben op kinderbijslag in de verblijfstaat. Hieruit kan het principe worden afgeleid dat als een persoon met de zorg voor kinderen een beroepsactiviteit uitoefent op het grondgebied van de verblijfstaat van de kinderen, de uitkeringen van het werkland geschorst worden.

Er is dus geen beperking tot echtgenoot, of 'degene die recht heeft op gezinsbijslagen of degene aan wie deze bijslag wordt uitbetaald', maar de bepaling heeft betrekking op 'ieder die werkzaamheden uitoefent en de zorg over kinderen heeft', ook al heeft hij (onder het nationale recht) geen recht op kinderbijslag.

Als de persoon die voor de kinderen zorgt, beroepswerkzaamheden uitoefent in de verblijfstaat van de kinderen, dan wordt het recht op uitkering van de andere ouder, die recht heeft op uitkering uit een andere Lid-Staat, geschorst op grond van artikel 73 tot de hoogte van de uitkeringen van de zelfde aard die door de verblijfstaat verschuldigd worden. Dit geschiedt onafhankelijk van wie aangewezen is als direct rechthebbend op de kinderbijslag door de nationale wetgeving van die staat.

357. Artikel 10 kent de bepaling dat uitkering wordt geschorst bij samenloop met een uitkering *ten belope van die bijslag*. Deze formulering was ontleend aan eerdere jurisprudentie van het Hof, het *Ferraioli*-arrest.[15] Hierin had het Hof geoordeeld dat als algemene regel luidt dat migrerende werknemers niet krachtens een nationale regeling uitkeringsrechten mogen verliezen. De anticumulatiebepalingen uit de verordening vormen een uitzondering op dit beginsel, maar de korting mag niet meer zijn dan de uitkering die betrokkene daadwerkelijk ontvangt.

Met de formulering uit artikel 10 wordt beoogd om geen hoger bedrag te doen schorsen dan men op grond van de aangewezen wetgeving ontvangt.

[14] Deze zin was ingevoegd door de Verordening 1660/85 en verving de eerdere formule dat het gaat om de echtgenoot die een beroepsactiviteit uitoefende (vgl het *Robards*-arrest in nr. 354).

[15] HvJ 23 april 1986, zaak 153/84, *Jur.* 1986, 1401.

Voorts valt op dat ook uitkeringen die verschuldigd zijn enkel krachtens de nationale wetgeving van een andere Lid-Staat verkregen zijn, geschorst kunnen worden op grond van dit artikel.

358. In nr. 313 (hoofdstuk XII) hebben we aandacht besteed aan de jurisprudentie over de anticumulatiebepalingen bij langlopende uitkeringen in het *Petroni*-arrest. Het Hof bleek bij de kinderbijslag van oordeel, in het in het vorige nummer genoemde *Ferraioli*-arrest (en ook in het *Rossi*-arrest, zie nr. 367), dat aan het beginsel dat autonome rechten niet aangetast mogen worden, wordt voldaan, als een aanvulling toegekend wordt. Deze aanvullingsverplichting geldt, als ten gevolge van een bepaling van de verordening een uitkeringsregeling van een Lid-Staat in de plaats komt van die van een andere Lid-Staat, terwijl de nieuwe minder gunstig is dan de vorige. De aanvulling moet worden gegeven door de Lid-Staat die het hoogste bedrag verschuldigd zou zijn.

359. De noodzaak tot aanvulling bestaat ook als het recht op kinderbijslag niet gebaseerd is op het nationale recht alleen. Dat kwam aan de orde in het *Beeck*-arrest.[16] De Duitser Beeck woonde in Denemarken en was in de Bondsrepubliek werkzaam in loondienst; hij keerde dagelijks naar huis terug. Hij vroeg kinderbijslag in Duitsland aan, maar deze werd hem geweigerd op grond van artikel 10 van Verordening 574/72, omdat zijn echtgenote kinderbijslag ontving op grond van het Deense recht. Het Hof overwoog dat de werknemer op wie de wettelijke regeling van een Lid-Staat van toepassing is, voor zijn gezinsleden die op het grondgebied van een andere Lid-Staat wonen, recht heeft op de gezinsbijslagen waarin de wettelijke regeling van de eerste staat voorziet, alsof zij op het grondgebied van deze staat wonen (artikel 73, eerste lid). Voorts wees artikel 13 voor deze werknemer de werkstaat aan in de zin van artikel 73 (i.c. Duitsland). De grensarbeider had daarom recht op kinderbijslag in de werkstaat.

Volgens vaste rechtspraak, aldus het Hof, geldt, in verband met artikel 51 van het verdrag, een bepaling die cumulatie van kinderbijslag moet voorkomen slechts in zoverre, dat de belanghebbende daardoor niet zonder reden van een recht op uitkering krachtens de wettelijke regeling van een andere Lid-Staat wordt beroofd. Als dus het bedrag van de geschorste uitkering hoger is dan de uitkering op basis van beroepswerkzaamheden, dan moet een aanvulling ter hoogte van het verschil tussen die bedragen worden uitgekeerd. Het Hof baseerde deze beslissingen op het feit dat de legislatieve bevoegdheid van de Raad ex artikel 51 van het verdrag beperkt is. Het gemeenschapsrecht mag niet worden ingeroepen tot verkorting van rechten die betrokkene aan de

[16] HvJ 19 februari 1981, zaak 104/80, *Jur.* 1981, 503.

wettelijke regeling van een Lid-Staat op zichzelf reeds ontleent. In deze zaak werd dus de Duitse uitkering geschorst op grond van de verordening; omdat de Duitse uitkering hoger was dan de Deense, kreeg Beeck een aanvulling. De geschorste Duitse uitkering was echter geen uitkering waar Beeck recht op zou hebben op basis van de Duitse regeling alleen, want in die Duitse regeling gold strikt het territorialiteitsbeginsel; geen uitkering voor kinderen in het buitenland. Interessant is daarom dat toch gesproken wordt over 'kinderbijslag die verschuldigd was', terwijl deze alleen verschuldigd kon zijn *met behulp van* artikel 73 van de verordening. Van nationale of autonome rechten in enge zin was dus geen sprake.[17]

C. Kind woont in een ander land dan de werkstaten van beide ouders

360. In het *Dammer*-arrest[18] kwam een lacune in de regeling van Verordening 1408/71 naar voren. In de verordening was namelijk niet geregeld, wat de stand van zaken is als het kind in een andere Lid-Staat verblijft, dan waar ieder van de ouders werkzaam is. Vader Dammer werkte namelijk in België, en moeder Dammer in Duitsland, terwijl ze met het kind in Nederland woonden. Vader Dammer diende in België een aanvraag in om gezinsbijslagen. Die aanvraag werd afgewezen op grond dat Dammers echtgenote vanaf maart 1987 Duitse gezinsbijslagen voor haar kind ontving. Kunnen de ouders, die beiden een beroep kunnen doen op artikel 73, kiezen in welk land ze een aanvraag willen doen? Het Hof overwoog dat nu in de bepalingen van de verordening geen aanwijzingen zijn te vinden, men zich zal moeten richten naar de beginselen die aan artikel 51 EG-Verdrag ten grondslag liggen. Volgens vaste rechtspraak van het Hof, met name in het *Petroni*-arrest (zie nr. 313), zou het doel van de artikelen 48 tot en met 51 EG-Verdrag niet worden bereikt, indien de werknemers ten gevolge van de uitoefening van hun recht op vrij verkeer voordelen op het gebied van de sociale zekerheid zouden verliezen, welke hun in ieder geval reeds door de wettelijke regeling van een Lid-Staat zijn gewaarborgd. Toepassing van de gemeenschapsregeling mag niet leiden tot een vermindering van de krachtens een dergelijke wettelijke regeling toegekende uitkeringen. Uit deze doelstelling volgt dat het recht op gezinsbijslagen ten laste van de staat op het grondgebied waarvan de rechthebbende op een invaliditeitspensioen woont, niet het recht op hogere gezinsbijslagen doet vervallen dat voordien ten laste van een andere Lid-Staat is verkregen. Wanneer het daadwerkelijk ontvangen bedrag van de gezinsbijslagen in de Lid-Staat van de woonplaats lager is dan de bijslagen overeenkomstig de wettelijke regeling van de andere Lid-Staat, dan heeft de werknemer tegenover het bevoegde orgaan van laatstbedoelde staat recht op aanvullende bijslagen ten belope van

[17] Vgl. ook het *Giuliani*-arrest in nr. 315.
[18] HvJ 14 december 1989, zaak 168/88, *Jur.* 1989, 4553.

het verschil tussen de twee bedragen. In de *Dammer*-zaak zocht het Hof een analoge oplossing. Het recht van een werknemer op gezinsbijslag in de Lid-Staat van tewerkstelling voor gezinsleden voor wie reeds gezinsbijslagen aan zijn echtgenoot worden betaald in een derde Lid-Staat waar deze echtgenoot in loondienst werkzaam is, kan daarom worden uitgeoefend, voor zover het daadwerkelijk ontvangen bedrag van de gezinsbijslagen in de derde Lid-Staat lager is dan de bijslagen in de eerste Lid-Staat. De werknemer heeft dus tegenover het orgaan van de eerste staat recht op aanvullende bijslagen ten belope van het verschil tussen de twee bedragen. Het recht op bijslag tegenover de staat jegens welke het laatst aanspraak wordt verkregen kan daarom worden uitgeoefend, voor zover het bedrag van de bijslag hoger is dan het bedrag waarop reeds tegenover de andere Lid-Staat aanspraak bestaat.

361. Inmiddels is de verordening gewijzigd.[19] Er is een derde lid toegevoegd aan artikel 10 van Verordening 574/72, dat luidt:

> 'In het geval van bijslag die voor hetzelfde tijdvak en voor hetzelfde gezinslid door twee Lid-Staten in toepassing van artikel 73 en/of 74 van de verordening verschuldigd is, betaalt het bevoegde orgaan van die Lid-Staat wiens wetgeving de hoogste uitkering biedt, het gehele bedrag uit, terwijl het bevoegde orgaan van de andere Lid-Staat dat orgaan, binnen de grenzen van de in de wetgeving van die Lid-Staat voorziene bedragen, de helft van dat bedrag vergoedt.'

§5. Kinderbijslag voor kinderen van gepensioneerden en voor wezen

A. Begrippen

362. De verordening kent een speciale regeling voor kinderbijslagen voor gepensioneerden, dat wil zeggen voor personen die een pensioen of rente ontvangen. Artikel 77 geeft aan dat onder deze uitkeringen kinderbijslag en verhogingen of aanvullingen voor deze pensioenen voor kinderen ten behoeve van ontvangers van ouderdoms-, invaliditeits-, arbeidsongeval- of beroepsziekte-uitkeringen vallen. Aanvullingen welke ingevolge de verzekering tegen arbeidsongevallen en beroepsziekten worden toegekend vallen er niet onder.

Onder pensioen of rente worden verstaan de uitkeringen die worden toegekend aan een werknemer wiens volledige of gedeeltelijke arbeidsongeschiktheid duurzaam lijkt te zijn. Als bijvoorbeeld op basis van een stelsel waarin verschillende typen uitkeringen opgenomen zijn, invaliditeitsuitkeringen worden verstrekt (onder welke benaming dan ook), dan moeten deze als pensioenen of renten in de zin van artikel 77 worden beschouwd.[20] Voor betekenis van de term kinderbijslagen, zie nr. 343.

[19] Verordening 1945/93, *PB L* 181 van 23 juli 1993; voorbereidende stukken in *PB C* 1992/251 blz. 51 e.v.

[20] HvJ 25 juni 1975, zaak 17/75, *Anselmetti*, *Jur.* 1975, 781.

B. De aanwijsregels

363. Bijslagen voor gepensioneerden worden slechts volgens de wetgeving van één Lid-Staat toegekend (artikel 77). Dit laat echter onverlet *toeslagen* uit andere Lid-Staten, op grond van jurisprudentie van het Hof van Justitie (hierna te behandelen).

364. De regeling van artikel 77, tweede lid is (enigszins geparafraseerd) als volgt:

> Ongeacht op het grondgebied van welke Lid-Staat de rechthebbende op een pensioen of rente dan wel de kinderen wonen, worden de bijslagen toegekend volgens de onderstaande regels:
> (a) als hij recht heeft op het pensioen uit één Lid-Staat, dan heeft hij ook recht op de kinderbijslag volgens de regels van die Lid-Staat; de staat die bevoegd is voor de pensioenen is dat ook voor de bijslagen;
> (b) als hij recht heeft op pensioenen uit meerdere Lid-Staten dan heeft hij recht op kinderbijslag uit de woonstaat, als hij tenminste recht heeft op kinderbijslag volgens de wetgeving van de woonstaat (eventueel met behulp van de aanwijsregels).
> Als er geen recht op pensioen of bijslag bestaat krachtens de wettelijke regeling van de woonstaat, geldt de wetgeving van het land waaraan betrokkene het langst onderworpen is geweest, mits betrokkene daaraan een recht op bijslag kan ontlenen (eventueel met behulp van artikel 79 – de samentellingsregel).
> Kan hij daar geen recht aan ontlenen, dan wordt gekeken naar de rangorde van Lid-Staten: in aflopende volgorde van de duur van de tijdvakken van verzekering of wonen.

365. De wettelijke regeling waaraan de pensioenontvanger of de wees rechten kan ontlenen wordt met deze aanwijsregels vastgesteld, en wel in definitieve zin; als het recht op bijslagen eindigt krachtens de aangewezen regeling, dan kan de gepensioneerde niet een beroep doen op een andere wettelijke regeling.

C. De anticumulatieregeling voor kinderbijslag voor gepensioneerden en andere uitkeringen

366. In artikel 79 is een anticumulatieregeling geformuleerd, die gemeenschappelijk geldt inzake bijslagen voor kinderen ten laste van pensioen- of rentetrekkers en voor wezen.

Dit artikel luidt:

> 1. De bijslagen in de zin van de artikelen 77 en 78 worden, volgens de overeenkomstig deze artikelen bepaalde wettelijke regeling, door en voor rekening van het met de uitvoering van die wettelijke regeling belaste orgaan verleend, alsof de pensioen- of rentetrekker, of de overledene uitsluitend aan de wettelijke regeling van de bevoegde staat onderworpen was geweest.
> Echter:

(a) indien deze wettelijke regeling bepaalt dat het verkrijgen, het behoud of het herstel van het recht op bijslagen afhankelijk is van de duur der tijdvakken van verzekering, van arbeid, van werkzaamheden anders dan in loondienst, of van wonen, wordt deze tijdsduur, eventueel met inachtneming van artikel 45, respectievelijk 72, vastgesteld;

(b) indien deze wettelijke regeling bepaalt, dat het bedrag der bijslagen wordt berekend op grond van het pensioenbedrag, of afhankelijk is van de duur der tijdvakken van verzekering, dan wordt het bedrag dezer bijdragen berekend op grond van het overeenkomstig artikel 46, tweede lid vastgestelde theoretische bedrag.

2. Ingeval de toepassing van de in artikel 77, tweede lid, (b) (ii) en artikel 78, tweede lid (b) (ii) neergelegde regel er, bij gelijke duur van de tijdvakken, toe leidt, dat er meer dan één Lid-Staat bevoegd is, worden de bijslagen in de zin van artikel 77, respectievelijk artikel 78, toegekend overeenkomstig de wettelijke regelingen van die van deze Lid-Staten waaraan de rechthebbende of overledenen het laatst onderworpen was.

3. De aanspraken op de bijslagen, verschuldigd enkel krachtens de nationale wetgeving of krachtens het tweede lid en krachtens de artikelen 77 en 78, worden geschorst, indien voor de kinderen krachtens de wettelijke regeling van een Lid-Staat op grond van verrichte beroepswerkzaamheden recht op gezins- of kinderbijslagen bestaat. In dat geval worden de betrokkenen als gezinsleden van een werknemer of zelfstandige beschouwd.

Artikel 79, derde lid bepaalt dus dat de aanspraken op bijslagen, verschuldigd enkel krachtens de nationale wetgeving of krachtens de artikelen 77 en 78 worden geschorst, indien voor de kinderen krachtens de wettelijke regeling van een Lid-Staat op grond van verrichte beroepswerkzaamheden recht op gezins- of kinderbijslag bestaat. In dat geval, zo bepaalt dit artikellid, worden de betrokkenen als gezinsleden van een werknemer of zelfstandige beschouwd. Vergelijk ook het al behandelde artikel 10 van Verordening 574/72, dat de samenloop van rechten op kinderbijslag regelt als de pensioengerechtigde woont in een land, waarvan het recht op kinderbijslag louter op ingezetenschap is gebaseerd. In geval van samenloop van kinderbijslagen die verschuldigd zijn op basis van artikel 77 met kinderbijslagen op grond van de wetgeving van het woonland waarin geen vereisten inzake verzekering of werkzaamheden al dan niet in loondienst voor de toekenning van het recht worden gesteld, wordt het recht op kinderbijslag van het woonland geschorst, als de pensioengerechtigde niet werkt, ten belope van het bedrag van de kinderbijslag uit de andere Lid-Staat. In het geval de pensioengerechtigde wel nog beroepswerkzaamheden verricht dan wordt het recht op kinderbijslag op basis van artikel 77 (uit het buitenland) geschorst; als het buitenlandse bedrag hoger is, wordt een aanvulling betaald.

Een vereiste voor schorsing is dat het om uitkeringen van dezelfde aard gaat, zoals bleek in het *Laumann*-arrest.[21] Het ging hier om wezenpensioenen

[21] HvJ 16 maart 1978, zaak 115/77, *Jur.* 1978, 805, vervolg in CRvB 11 juli 1978, *RSV* 1978/320. Dit arrest is in verband met de personele werkingssfeer al in nr. 109 aan de orde geweest.

van twee minderjarige kinderen. Op grond van artikel 79, derde lid werd de pensioenaanspraak geschorst, omdat de echtgenoot van de hertrouwde moeder kinderbijslag voor hen ontving in België. Met betrekking tot de vraag of dit geoorloofd is antwoordde het Hof dat, ook al worden in artikel 78 kinderbijslag en wezenpensioen tezamen genoemd, de verschillen tussen deze uitkeringen aanzienlijk zijn. Kinderbijslag wordt immers betaald op basis van de feitelijke arbeidsverhouding en komt rechtstreeks en uitsluitend aan werknemers toe; wezenpensioenen komen rechtstreeks en uitsluitend aan de wees toe en zijn evenals de overige nabestaandenuitkeringen het gevolg van een arbeidsverhouding die beëindigd is met de dood van de werknemer. Het zou indruisen tegen het doel van de communautaire anticumulatieregels indien de toekenning van een uitkering aan een rechthebbende ongunstig zou kunnen worden beïnvloed doordat een andere rechthebbende een uitkering krijgt.

Artikel 79, derde lid moet daarom zo worden uitgelegd, dat het slechts van toepassing is op aanspraken op bijslagen die toekomen aan *een en dezelfde* gerechtigde. De aanspraak op de in artikel 79, derde lid van de verordening genoemde uitkering wordt dus slechts geschorst, voorzover deze cumuleert met aanspraken op uitkeringen van dezelfde aard, die op grond van verrichte beroepswerkzaamheden bestaan.

367. Net als bij de eerder behandelde kinderbijslagen geldt ook voor de anticumulatiebepalingen die hier aan de orde zijn, dat nationaal verworven rechten geëerbiedigd moeten worden, vergelijk het *Rossi*-arrest.[22] De Italiaan Rossi werkte aanvankelijk in België. Nadat hij door een beroepsziekte was getroffen, kreeg hij een uitkering ten laste van een Belgisch sociale-zekerheidsorgaan. Voor zijn twee kinderen ontving hij in België kinderbijslag, totdat hij met het hele gezin naar Italië terugkeerde. Vervolgens schorste België op grond van artikel 79, derde lid de betaling van kinderbijslag omdat Rossi's echtgenote in Italië beroepswerkzaamheden verrichtte. De echtgenote vroeg kinderbijslag in Italië aan, maar Italië weigerde deze uitkering, want vader was immers gezinshoofd. Het Hof overwoog dat het recht op kinderbijslag van een gepensioneerde op basis van een wettelijke regeling van een Lid-Staat, niet op grond van artikel 79, derde lid mag worden geschorst als de moeder niet daadwerkelijk recht heeft op dezelfde bijslagen op grond van de door haar verrichte beroepswerkzaamheden. De algemene regel is, volgens het Hof, dat migrerende werknemers niet krachtens een nationale regeling uitkeringsrechten mogen verliezen. Artikel 79, derde lid is een uitzondering op dit beginsel, maar de korting mag niet meer zijn dan de uitkering die betrokkene daadwerkelijk ontvangt.

368. Ook ten aanzien van aanvullingen op kinderbijslagen heeft het Hof dit uitgangspunt in een aantal uitspraken uitgewerkt. Een van die zaken is het

[22] HvJ 6 maart 1979, zaak 100/78, *Jur*. 1979, 831.

Baldi-arrest.[23] Baldi, een Italiaanse werknemer die in België werkzaam geweest is, had op grond van artikel 73, eerste lid, recht op kinderbijslag voor zijn zoon, die in Italië woonde. Toen hij zijn werkzaamheden als werknemer eindigde, had hij eerst recht op Italiaanse kinderbijslag op grond van artikel 77, tweede lid, (a), namelijk in de periode dat hij alleen recht had op een Italiaans invaliditeitspensioen. Vervolgens ontstond naast zijn Italiaans invaliditeitspensioen ook recht op een Belgisch invaliditeitspensioen; dit had gevolgen voor zijn kinderbijslagrechten: zijn Italiaanse kinderbijslag was nu gebaseerd op artikel 77, tweede lid (b) (i). Daarin wordt immers bepaald dat de kinderbijslag voor de rechthebbende op pensioenen verschuldigd krachtens de wettelijke regeling van meer dan één Lid-Staat in deze omstandigheden wordt toegekend krachtens de regeling van de woonstaat. Het Hof overwoog, dat Baldi zowel in de periode die valt onder artikel 77, tweede lid (a), als tijdens het tijdvak dat valt onder het tweede lid (b) (i), recht heeft op een aanvullend pensioen ten laste van België, indien het bedrag van de Belgische kinderbijslag hoger is dan de Italiaanse. Artikel 77, tweede lid (b) (i) moet aldus worden uitgelegd, dat het recht op kinderbijslag ten laste van de woonstaat van de pensioengerechtigde niet het recht op hogere kinderbijslagen doet vervallen dat voordien ten laste van een andere Lid-Staat is verkregen.

Als de daadwerkelijk van de woonstaat ontvangen uitkering lager is dan het bedrag overeenkomstig de wettelijke regeling van de andere Lid-Staat, dan behoudt de werknemer tegenover het bevoegde orgaan van de laatstbedoelde staat aanspraak op aanvulling ten belope van het verschil tussen beide bedragen.[24] Omdat artikel 77, eerste lid niet alleen spreekt over uitkeringen, maar ook over verhogingen of aanvullingen, moet het uitkeringsorgaan bij de berekening van deze aanvullingen rekening houden met de gezinsbijslagen.

369. In *Patteri*-zaak[25] was de vraag aan de orde of de Raad wel de bevoegdheid zou hebben om de aanvulling te regelen. België stelde dat artikel 51 EG-Verdrag de Raad alleen machtigt om een regeling vast te stellen die export van uitkeringen mogelijk maakt en er voor te zorgen dat de refertetijdvakken worden bijeengeteld. Daarom kan artikel 77 niets anders bevatten dan een verwijzingsregel. Dus als artikel 77 een recht doet ontstaan dat niet is voorzien in een nationale wettelijke regeling, dan wordt het niet door artikel 51 EG-verdrag gedekt, aldus België.

In feite betreft de onderhavige regel een speciale aanwijsregel, met sterke werking. De bepaling maakt immers dat betrokkene recht houdt op aanvulling uit België, terwijl de nationale bepalingen dat niet toestaan. België betwistte de bevoegdheid van de Raad om zo'n regel te maken. Het Hof antwoordde op

[23] HvJ 14 maart 1989, zaak 1/88, *Jur.* 1989, 667.
[24] Zie ook HvJ 12 juni 1980, zaak 733/79, *Laterza*, *Jur.* 1980, 1915.
[25] HvJ 12 juli 1984, 242/83, *Jur.* 1984, 3171.

deze vraag dat de twee in artikel 51 genoemde maatregelen, (a) samentelling tijdvakken en (b) waarborg van uitbetaling van uitkeringen, slechts twee mogelijke instrumenten zijn uit een geheel van maatregelen die de Raad moet vaststellen om het vrije verkeer van werknemers te bevorderen. Het waarborgen van dit vrije verkeer is de fundamentele doelstelling van artikel 51 EG-Verdrag. De door het Belgische sociale orgaan voorgestane enge uitleg kan dan ook niet worden gevolgd, aldus het Hof.

370. In het arrest *Athanasopoulos*[26] was de vraag aan de orde wanneer er sprake is van nationaal verworven rechten. Geldt de aanvullingsregel ten laste van de werkstaat ook als kinderen pas geboren zijn na de terugkeer van de vader in het land van herkomst?

Het Hof overwoog dat artikel 77, tweede lid en artikel 78, tweede lid expliciet bepalen dat de daarin bedoelde uitkeringen worden toegekend volgens de regels van die bepalingen, op welk grondgebied van welke Lid-Staat betrokkenen ook verblijven. Daarnaast bestaat het recht op aanvulling als betrokkene niet op het grondgebied van de Lid-Staat met de hoogste uitkering verblijft. Zo'n recht zou van ieder nut beroofd worden als er een woonplaatseis gesteld zou mogen worden. Er bestaat dus een recht op aanvulling ten laste van de bevoegde Lid-Staat met de hoogste uitkering, ook al onderwerpt de wetgeving van de laatste staat het recht aan een woonplaatseis.

371. Geldt de aanvulling ook als iemand pensioen krijgt ten laste van de woonstaat voor kinderen die geboren zijn *nadat* betrokkene zijn verblijf overgebracht heeft? Het Hof antwoordde hierop dat het recht op uitkering bedoeld in artikel 77 is gebonden aan het recht op een pensioen. Uit artikel 77, tweede lid volgt dat deze uitkeringen toegekend worden volgens de wetgeving van de Lid-Staat die debiteur is. De erkenning van het recht op aanvulling beoogt het vrije verkeer te bevorderen, in die zin dat betrokkene het recht op uitkering behoudt, als hij zijn woonplaats had aangehouden in de Lid-Staat met de hoogste uitkering. Als dit recht niet behouden wordt als hij naar een andere Lid-Staat gaat, zou dit het vrije verkeer van werknemers in de weg staan en dit zou strijdig zijn met het doel van Verordening 1408/71. Deze overwegingen brengen ook mee dat de aanvulling wordt toegekend, rekening houdend met de kinderen die geboren worden in de Lid-Staat waarheen hij zijn verblijf verplaatst heeft.

In deze zaak was vervolgens de vraag aan de orde of de Lid-Staat die de aanvulling betaalt de hoogte van de uitkeringen mag verminderen, door rekening te houden met het jaarlijks netto-inkomen van betrokkene. Het Hof overwoog dat de erkenning van het recht op aanvulling beoogt aan betrokkene

[26] HvJ 11 juni 1991, zaak 251/89, *Jur.* 1991, I-2797.

het recht op de hoogte van de uitkering te garanderen alsof hij niet ge(r)emigreerd was. Daarom moet de hoogte van de uitkering die effectief ontvangen wordt in het woonland vergeleken worden met de uitkeringen waarop hij recht zou hebben gehad als hij niet verhuisd was. Dus als de wetgeving van de bevoegde Lid-Staat bepaalt dat de hoogte van de uitkering vermindert met de hoogte van het inkomen, kan de reductie ook toegepast worden, als betrokkene zich op het grondgebied van een andere Lid-Staat bevindt.

D. *Uitkeringen voor personen ten laste van een gepensioneerde*

372. Heeft artikel 79 ook betrekking op een uitkering voor een echtgenoot die ten laste komt van een gepensioneerde, was de vraag in het *Durighiello*-arrest.[27] De Italiaan Durighiello werkte als werknemer achtereenvolgens in Italië, Frankrijk en Duitsland. Hij ontving op gegeven moment een pensioen in Italië, maar hem werden aan die pensioenuitkering gekoppelde gezinsuitkeringen voor zijn echtgenote geweigerd, op grond van het feit dat hij het recht op dat pensioen met toepassing van Verordening 1408/71 verworven had. De verzekeringsperioden vervuld in Italië waren niet voldoende om hem een zelfstandige uitkering toe te kennen op basis van de Italiaanse wet. De verordening bevat geen bepalingen met betrekking tot de gezinsuitkeringen voor de echtgenoot ten laste van een gepensioneerde. Het Hof overwoog dat het Italiaanse uitkeringsorgaan meende dat de artikelen 77 tot 79 zo geïnterpreteerd moeten worden dat ze slechts betrekking hebben op kinderbijslag. Het is waar dat deze artikelen geen betrekking hebben op uitkeringen voor de echtgenoot. Uit de bewoordingen zelf van de bepalingen, alsmede uit hun respectievelijke titel volgt dat ze exclusief betrekking hebben op kinderen. Verordening 1408/71 heeft niet een gemeenschappelijk regime voor de sociale zekerheid gecreëerd, maar laat verschillen voortbestaan, waardoor er ook verschillen zijn tussen de instellingen waar tegenover het individu rechten heeft, hetzij op basis van het nationale recht alleen, hetzij op basis van het nationale recht aangevuld met het gemeenschapsrecht, aldus het Hof. Conform constante jurisprudentie van het Hof (zoals het *Petroni*-arrest, zie nr. 313), zou het doel van de artikelen 48 tot en met 51 van het EG-Verdrag echter niet worden bereikt, als werknemers tengevolge van de uitoefening van het recht op vrij verkeer, hun voordelen op basis van de sociale zekerheid verliezen die de wetgeving van een Lid-Staat op zichzelf al verleent. Als gevolg daarvan kan de omstandigheid dat betrokkene geniet van een pensioen met behulp van artikel 45, dat het meetellen van verzekeringsperioden regelt, hem niet beroven van uitkeringen die voorzien zijn in het nationale recht, zo vervolgde het Hof. De artikelen 77 tot 79 mogen daarom niet zo worden geïnterpreteerd, dat ze een werknemer beroven van het recht zoals in deze situatie. Het Hof paste artikel 79 dus analoog toe.

[27] HvJ 28 november 1991, zaak 186/90, *Jur.* 1991, I-5773.

E. Wezenuitkeringen

373. *Wezenbijslagen* zijn volgens artikel 78, eerste lid kinderbijslagen en eventueel aanvullende of bijzondere bijslagen voor wezen, alsmede wezenpensioenen of -renten.[28] De betekenis van de term *wezenuitkering* kwam in het *Baldi*-arrest aan de orde.[29] Hierin ging het onder andere om een Belgische uitkering, die betaald werd omdat de vrouw van Baldi overleden was. Het Hof overwoog dat het begrip 'wees van de overleden werknemer' als bedoeld in artikel 78, tweede lid niet kan gelden in het geval van een kind dat wees is geworden door het overlijden van een gezinslid dat zelf niet de hoedanigheid van werknemer had.

374. Artikel 78, tweede lid luidt (geparafraseerd):

> Ongeacht op het grondgebied van welke Lid-Staat de wees of de natuurlijke persoon of rechtspersoon te wiens laste deze wees in feite komt, woont, worden de bijslagen voor wezen toegekend volgens de onderstaande regels:
> (a) voor de wees van een overleden werknemer of zelfstandige die aan de wettelijke regeling van één enkele Lid-Staat onderworpen was, overeenkomstig de wettelijke regeling van die staat;
> (b) voor de wees van een overleden werknemer of zelfstandige die aan de wettelijke regelingen van meer dan één Lid-Staat onderworpen was:
> (i) overeenkomstig de wettelijke regeling van de woonstaat indien de wees recht heeft op basis van de nationale regeling op uitkering uit de woonstaat, eventueel met inachtneming van artikel 79, eerste lid (a); of
> (ii) in de overige gevallen, overeenkomstig de wettelijke regeling van die van deze Lid-Staten waaraan de overledene het langst onderworpen is geweest, indien het recht op een van de in het eerste lid bedoelde bijslagen wordt ontleend aan de wettelijke regelingen van die Lid-Staat, eventueel met inachtneming van artikel 79, eerste lid, (a). Indien aan genoemde wettelijke regeling geen enkel recht wordt ontleend, wordt het recht op bijslagen achtereenvolgens aan de in de wettelijke regelingen van de overige betrokken Lid-Staten gestelde voorwaarden getoetst en wel in afdalende volgorde naar de duur van de krachtens de wettelijke regelingen van deze Lid-Staten vervulde tijdvakken van verzekering of van wonen.
> Indien echter de gepensioneerde voor zijn overlijden recht had op kinderbijslag op basis van artikel 77, dan blijft die Lid-Staat bevoegd na zijn overlijden.

375. Het *Gravina*-arrest[30] had betrekking op wezenuitkeringen. Het gaat hier om vijf kinderen van een in de Bondsrepubliek overleden Italiaanse werknemer. Na verhuizing naar Italië weigerde het uitvoeringsorgaan aan hen wezenpensioen, terwijl het recht op deze uitkering enkel op basis van het Duitse recht verworven was. Hierboven hebben we artikel 78, tweede lid van de verordening geciteerd; van toepassing was onderdeel (a).

[28] Met uitzondering van wezenrenten op grond van arbeidsongevallen en beroepsziekten.
[29] HvJ 14 maart 1989, zaak 1/88, *Jur*. 1989, 667.
[30] HvJ 9 juli 1980, zaak 807/79, *Jur*. 1980, 2205.

De vraag is nu of deze bepaling inhoudt dat het enkel op basis van Duitse regels verworven recht vervalt. Het Hof antwoordde op de vraag dat dit artikel gezien moet worden in het kader van artikel 51 EG-Verdrag. Het doel van artikel 51 zou niet worden bereikt als werknemers bij vrij verkeer voordelen van sociale zekerheid verliezen die hun gegarandeerd worden door de wettelijke regeling van een enkele Lid-Staat. Overeenkomstig het *Rossi*-arrest mag de gemeenschapsregeling niet zo worden toegepast dat de migrerende werknemer zijn rechten krachtens een deel van de wettelijke regeling verliest of dat dit leidt tot vermindering van de krachtens nationaal recht toegekende uitkeringen.

Dus wezen mogen niet hun recht op het hoogste uitkeringsbedrag verliezen, doordat de door de nieuwe woonstaat toegekende uitkeringen in de plaats zouden komen van de uitkeringen die zij voordien uitsluitend krachtens de wettelijke regeling van een andere Lid-Staat ontvingen. Als dus de wezen hun woonplaats overbrengen naar het grondgebied van een Lid-Staat waar zij krachtens de wettelijke regeling van die staat recht hebben op uitkeringen, dient het bedrag van de daadwerkelijk betaalde uitkeringen te worden vergeleken met het werkelijk bedrag van de uitkeringen die zij in een andere Lid-Staat zouden hebben ontvangen; als de nieuwe uitkeringen lager zijn dan de uitkeringen die zij eerder ontvingen dan moet de Lid-Staat met het hogere bedrag het lagere aanvullen.

Artikel 78 kan dus ook met betrekking tot de uitkeringen van artikel 76 en 77 geen afbreuk doen aan de rechten verworven op basis van de nationale wettelijke regelingen alleen. Indien nodig moet dus voorzien worden in een aanvulling.

376. De benadering uit het *Athanasopoulos*-arrest (zie nr 370) werd met betrekking tot wezenuitkeringen ook gehanteerd in het arrest *Marzio en Mario Doriguzzi-Zordanin*.[31] Het ging hier om kinderen van een Italiaanse werknemer, die zowel in Duitsland als in Italië heeft gewerkt. De kinderen ontvingen een Italiaans wezenpensioen op basis van verzekerde perioden in Italië. In Italië ontvingen ze ook een familiebijslag. Conform het *Athanasopoulos*-arrest krijgen ze een aanvulling op dit bedrag tot het bedrag waarop ze uit hoofde van een wezenpensioen recht zouden hebben gehad als Duitsland de bevoegde staat was geweest. De Duitse instantie hield bij het vaststellen rekening met de Italiaanse familietoeslag. De vraag was of dit geoorloofd was; de wezen betoogden dat de gezinsaanvulling op basis van de Italiaanse wet niet een onderdeel vormde van het wezenpensioen, maar een zelfstandige uitkering. Deze zou moeten worden vergeleken met de Duitse uitkeringen die betaald worden aan kinderen ten laste van de werknemer, onafhankelijk van de

[31] HvJ 19 maart 1992, zaak 188/90, *Jur*. 1992, I-2039.

gebeurtenis die recht gaf op een wezenuitkering. Het Hof overwoog dat artikel 78, tweede lid, (i) zo geïnterpreteerd moet worden, dat als de hoogte van de daadwerkelijke uitkering in die verblijfstaat lager is dan de uitkering in een andere Lid-Staat, een aanvulling moet worden gegeven ter hoogte van het verschil. Uit deze jurisprudentie volgt dat een wees niet beroofd kan worden van hogere uitkeringen van een andere Lid-Staat. Aan de andere kant kan hij niet recht doen gelden op meer uitkering, dan waarop hij recht zou hebben gehad op basis van de wetgeving van die Lid-Staat als hij daar zou verblijven. Dit resultaat kan slechts worden bereikt, als het orgaan van de laatste staat van deze uitkeringen alle prestaties af kan trekken die in de verblijfstaat betaald worden voor het onderhoud van de wees, waarbij geabstraheerd wordt van hun aard of naam. Het blijkt dat er grote verschillen zijn in de nationale regelingen voor wezen. Om willekeurige effecten te voorkomen moet het begrip *wezenuitkering* van artikel 78, eerste lid zo begrepen worden, dat dit betrekking heeft op iedere prestatie volgens het nationale recht bedoeld voor het onderhoud van wezen, wat overigens ook de benaming en de aard ervan is.

377. *Conclusie.* We kunnen concluderen dat het begrip *nationaal verworven* rechten zowel bij de kinderbijslagen als bij de pensioenen een rol speelt. Het Hof oordeelde dat bij de pensioenen artikel 46, derde lid *oud* niet adequaat was, ook al ging dit uit van het hoogste theoretische bedrag. Bij de langlopende uitkeringen werd deze methode niet adequaat geacht als bescherming. Bij de kinderbijslagen en wezenuitkeringen daarentegen wordt het beginsel dat geen inbreuk mag worden gemaakt op nationaal verworven rechten zo toegepast dat betrokkene recht heeft op één uitkering, en wel de hoogste. Indien het integratiebeginsel tot een lagere uitkering zou leiden dan waarop betrokkene eerder recht zou hebben gehad, moet een toeslag ten laste van het andere land worden betaald.

HOOFDSTUK XIV

WERKLOOSHEIDSUITKERINGEN

§ 1. Algemeen

378. Werkloosheidsuitkeringen vormen een speciaal type uitkeringen. Dat heeft er mee te maken dat bij deze uitkeringen veel eerder twijfel bestaat over de vraag of de werkloosheid wel echt noodzakelijk is. Vandaar dat controle door de arbeidsvoorzieningsorganisaties essentieel is. Deze kan het beste geschieden in het werkland. Dit betekent dat er een aanzienlijke terughoudendheid bestaat bij de gemeenschapswetgever om export van ook werkloosheidsuitkeringen toe te laten.

379. Onder werkloosheidsuitkeringen worden uitkeringen verstaan die het als gevolg van ingetreden werkloosheid gederfde arbeidsloon vervangen ter voorziening in het levensonderhoud van de werknemer.[1] Hieronder worden niet alleen geldelijke uitkeringen na het intreden van de werkloosheid begrepen, maar ook scholingsvoorzieningen bij concreet dreigende werkloosheid.[2] Ook scholingsuitkeringen tijdens de werkloosheid kunnen geacht worden onder het begrip werkloosheidsuitkering te vallen.

380. Niet alle elementen die in een werkloosheidswet zijn opgenomen vallen onder het begrip werkloosheidsuitkeringen uit de verordening. Zo oordeelde het Hof in het *Mouthaan*-arrest[3] dat de regeling van overname van loonbetalingsverplichtingen bij betalingsonmacht van de werkgever niet onder het begrip werkloosheidsuitkering valt, omdat deze voorziening niet het karakter van loonderving na het intreden van de werkloosheid heeft.

381. In verband met werkloosheidsuitkeringen zijn er drie situaties te onderscheiden:

1. een persoon werkt en woont in hetzelfde land, bijvoorbeeld België. Voorafgaand aan zijn vestiging in België, heeft hij in een ander land, Nederland, gewerkt. Deze persoon kan de verordening nodig hebben om aan de referte-eisen van de nationale uitkeringen te voldoen. Zie hiervoor nr. 382 e.v. (§ 2) over de samentellingsregels.

[1] Vgl. HvJ 8 juli 1992, zaak 102/91, *Knoch*, *Jur*. 1992, I-4341.
[2] HvJ 4 juni 1987, zaak 375/85, *Campana*, *Jur*. 1987, 2387.
[3] HvJ 15 december 1976, zaak 39/76, *Jur*. 1976, 1901.

2. een persoon werkt in het ene land en woont in een ander land, terwijl hij ten minste een maal per week naar zijn woonland terugkeert (het gaat dus om een grensarbeider); we behandelen dit onderdeel in nr. 388 (§ 3 A).
3. ten slotte kan het gaan om iemand die werkt in het ene land en woont in een ander land, terwijl woon- en werkplaats zo ver van elkaar liggen dat hij niet ten minste eenmaal per week naar zijn woonplaats kan terugkeren. Het gaat bovendien om iemand die niet 'gesettled' is in zijn werkland (ook al heeft hij daar een pied à terre). Zie voor de precieze criteria nr. 399. We behandelen dit onderwerp in nr. 395 e.v. (§ 3 B).

§2. Samentellen van tijdvakken

382. Indien een werknemer werkloos wordt in een bepaalde Lid-Staat dan is hij aangewezen op de uitkeringen die in die Lid-Staat verstrekt worden (integratiebeginsel). Zo nodig kan hij (deze bepaling betreft uitsluitend werknemers, en niet zelfstandigen) een beroep doen op de samentellingsregels van de verordening (artikel 67). Artikel 67 maakt een onderscheid naar gelang een Lid-Staat verlangt dat een werknemer tijdvakken van arbeid of van verzekering heeft vervuld. Artikel 67 leest nogal lastig; bovendien heeft het Hof in het *Frangiamore*-arrest[4] een nadere interpretatie gegeven aan deze regels. We zullen dit artikel dan ook weergeven zoals het van toepassing is na dit arrest.

Tijdvakken van verzekering vervuld in een andere Lid-Staat worden meegeteld in een Lid-Staat dat tijdvakken van verzekering verlangt. Ook tijdvakken van arbeid in een andere Lid-Staat (die in die Lid-Staat niet zouden leiden tot aansluiting bij een werkloosheidsverzekering) worden meegeteld in een Lid-Staat die tijdvakken van verzekering verlangt, indien die tijdvakken in de laatste Lid-Staat als tijdvakken van verzekering zouden zijn aangemerkt. Andersom geldt dit ook, zoals het Hof heeft uitgemaakt in het *Frangiamore*-arrest: als iemand tijdvakken van verzekering doorbrengt in het ene land, dan tellen die ook als tijdvakken van verzekering in het andere land, zelfs al zouden de betreffende tijdvakken onder de regeling van het laatste land niet als tijdvakken van verzekering kunnen gelden.

Een voorbeeld. Baantjes van minder dan achttien uur per week zijn niet verzekerd in de Bondsrepubliek. In Nederland zijn er geen ondergrenzen voor de verzekering. Indien iemand eerst in Duitsland werkt en daarna in Nederland werkloos wordt, en een beroep moet doen op de samentelling van tijdvakken uit de Bondsrepubliek, dan kunnen ook werkzaamheden voor een werkgever van minder dan achttien uur per week uit de Bondsrepubliek meetellen.

[4] HvJ 15 maart 1978, zaak 126/77, *Jur.* 1978, 724.

383. Een tweede vraag die gesteld kan worden is of alleen maar tijdvakken meetellen die onder de wetgeving waaronder ze zijn vervuld gelden *voor dezelfde tak* van sociale zekerheid als de wetgeving waarvoor ze worden ingebracht; dit kwam aan de orde in het *Warmerdam*-arrest.[5] Mevrouw Warmerdam werkte in Schotland in loondienst als pottenbakster. In het Verenigd Koninkrijk zijn banen met een laag inkomen niet verzekerd voor de wettelijke sociale zekerheid; mevrouw Warmerdam was daarom niet verzekerd voor een werkloosheidsuitkering. Wel was ze verzekerd voor beroepsongevallen. Voordat ze naar Schotland vertrokken was (om haar echtgenoot te vergezellen bij diens stage) was ze in Nederland werkloos. Nadat haar echtgenoot klaar was met de stage, kwam ze in Nederland terug en vroeg een WW-uitkering aan. Deze werd geweigerd, op grond dat ze niet tegen werkloosheid verzekerd was geweest in het Verenigd Koninkrijk en daarom niet als werkneemster kon worden beschouwd. Ter beantwoording van de vraag hoe de samentellingsregels van de verordening geïnterpreteerd moeten worden, antwoordde het Hof dat artikel 67, eerste lid niet als voorwaarde voor samentelling stelt, dat de tijdvakken door de wettelijke regeling waaronder zij zijn vervuld voor dezelfde tak van sociale zekerheid worden aangemerkt als tijdvakken van verzekering. Nederland moet deze in Groot-Brittannië niet-verzekerde tijdvakken wel in aanmerking nemen, omdat ze, waren ze in Nederland vervuld, als tijdvakken van verzekering zouden zijn beschouwd.

384. In het *Warmerdam*-arrest kwam ook de vraag aan de orde wat onder *tijdvakken van verzekering* moest worden verstaan. De Nederlandse werkloosheidsverzekering vereist dat men in een aantal weken gewerkt moet hebben gedurende de referteperiode; dit moet weliswaar gebeuren in het kader van een dienstbetrekking, maar de betrokkenen verschilden in de procedure van mening over de vraag of het hier nu ging om tijdvakken van verzekering of van arbeid.

Het Hof oordeelde dat onder *tijdvakken van verzekering* in artikel 1, (r) tijdvakken van premie- of bijdragebetaling of van arbeid verstaan worden, welke als zodanig worden aangemerkt ingevolge de wetgeving waaronder zij zijn vervuld, of die door deze wetgeving worden erkend als met tijdvakken van verzekering gelijkgestelde tijdvakken.

Hieruit volgt dat wanneer het om het recht op werkloosheidsuitkering gaat, aldus het Hof, het begrip 'tijdvakken van verzekering' moet worden geacht niet enkel betrekking te hebben op tijdvakken waarvoor premie voor een stelsel van werkloosheidsverzekering is betaald, maar ook op tijdvakken van arbeid die door de wetgeving waaronder zij zijn vervuld, worden aangemerkt als met tijdvakken van verzekering gelijkgestelde tijdvakken, dat wil zeggen tijdvakken gedurende welke dekking door een dergelijk stelsel is gewaarborgd.

[5] HvJ 12 mei 1989, zaak 388/87, *Jur.* 1989, 1203. Zie ook Vonk (1989).

Het in artikel 1, (s) omschreven begrip *tijdvakken van arbeid* omvat daarom enkel tijdvakken van werkzaamheden die volgens de wettelijke regeling waaronder zij zijn vervuld, niet worden aangemerkt als tijdvakken die recht geven op aansluiting bij een stelsel van werkloosheidsuitkeringen.

385. Artikel 67, derde lid van de verordening bepaalt dat toepassing van de samentellingsregel afhankelijk is van de voorwaarde dat betrokkene laatstelijk tijdvakken van verzekering, respectievelijk van arbeid, heeft vervuld onder de wettelijke regeling op grond waarvan de uitkeringen worden aangevraagd. Indien een Italiaans werknemer eerst in Duitsland werkt en woont, en daarna in Frankrijk gaat werken, dan kan hij in Frankrijk een Franse uitkering aanvragen. Deze interpretatie is bevestigd in het *Van Noorden-Assedic*-arrest.[6]

Een werkloze heeft naar gemeenschapsrecht dus geen aanspraak op werkloosheidsuitkeringen volgens de wettelijke regeling van een andere Lid-Staat dan die waar hij werkloos is geworden.[7] In het *Gray*-arrest[8] was de vraag aan de orde of dit regime in strijd is met artikel 51 EG-Verdrag. De betreffende bepaling vormt immers een belemmering voor het vrije verkeer van werknemers, omdat ze een financieel nadeel oplevert voor werknemers die laatstelijk werkzaam zijn geweest in een Lid-Staat en die direct daarna hun werkkring zoeken in een andere Lid-Staat. Het Hof overwoog dat artikel 51 EG-Verdrag het de gemeenschapswetgever niet verbiedt om voorwaarden te verbinden aan de faciliteiten die hij verleent om het vrije verkeer van werknemers te waarborgen. Met betrekking tot werkloosheidsuitkeringen heeft de wetgever het nodig geacht om voorwaarden te stellen die waarborgen dat hij werk zoekt in de laatste werkstaat (en dat werkloosheidsuitkeringen ten laste van die staat komen) en te verzekeren dat uitkeringen alleen worden betaald aan mensen die daadwerkelijk werk zoeken. Bij deze voorwaarden heeft de Raad een juist gebruik gemaakt van zijn beoordelingsvrijheid. Dus de geldigheid van deze bepalingen is niet in het geding.

386. De voorwaarde dat men laatstelijk gewerkt moet hebben in de Lid-Staat waar men uitkering aanvraagt is niet van toepassing op twee categorieën werknemers: enerzijds niet op de volledig werkloze *grensarbeiders* en anderzijds niet op volledige werkloze *niet-grensarbeiders die terugkeren naar de woonstaat.* De volgende paragrafen behandelen dit onderwerp.

[6] HvJ 16 mei 1991, zaak 272/90, *Jur.* 1991, I-2543. Frankrijk had tot juli 1986 als beleid dat alle perioden in andere Lid-Staten volledig meegeteld werden, maar kwam op dit beleid terug.
[7] HvJ 9 juli 1975, zaak 20/75, *D'Amico*, *Jur.* 1975, 891.
[8] HvJ 8 april 1992, zaak 62/91, *Jur.* 1992, 2039.

§ 3. Personen die niet wonen in de bevoegde staat.

387. Voor volledig werkloze grensarbeiders en volledig werkloze niet-grensarbeiders die zich ter beschikking stellen van de Lid-Staat waar ze wonen, of terugkeren naar de woonstaat, gelden speciale regelingen. Ook bij aanvraag van uitkering op grond van artikel 71, eerste lid (a) (ii) en (b) (ii) houdt het bevoegde orgaan rekening met de tijdvakken van verzekering of arbeid die in een andere Lid-Staat zijn vervuld (vgl. artikel 67). Op hen is echter niet de voorwaarde uit artikel 67, derde lid van toepassing, die luidt dat betrokkene laatstelijk tijdvakken van verzekering of arbeid heeft vervuld onder de wettelijke regeling op grond waarvan uitkering wordt aangevraagd.[9] Evenmin is vereist dat de tijdvakken waarin gewerkt is, onder de wettelijke regeling van de Lid-Staat waar de werkzaamheden zijn verricht, als tijdvakken van verzekering voor de werkloosheidsverzekering zijn aangemerkt.

388. In deze paragraaf gaat het om personen die niet wonen in de bevoegde staat. Meestal is de werkstaat de bevoegde staat. De bevoegde staat kan echter ook een andere dan de werkstaat zijn, bijv. de staat die aangewezen is door artikel 17 (over de overeenkomsten ex artikel 17, zie nr. 196). Dit bleek uit het *Van Gestel*-arrest.[10] Het ging hier om een Nederlander die in dienst was van een bedrijf, gevestigd in Nederland, waar hij ook woonde. In het vooruitzicht van zijn tijdelijke overplaatsing naar een zustermaatschappij in België, ging Van Gestel eind oktober 1988 in België wonen en ving daar zijn werkzaamheden aan. Daar Van Gestel onderworpen wenste te blijven aan de Nederlandse sociale zekerheid, kwam tussen de Belgische minister van Sociale Voorzorg en de Nederlandse staatssecretaris van Sociale Zaken en Werkgelegenheid een akkoord gebaseerd op artikel 17 van de verordening tot stand, waardoor de Nederlandse sociale-zekerheidswetgeving op deze werknemer van toepassing bleef voor de duur van zijn tewerkstelling in België, en uiterlijk tot 30 november 1991. Wegens een reorganisatie werd Van Gestel op 31 oktober 1990 ontslagen. In Nederland werd hem een ontslagvergoeding uitgekeerd. Vervolgens vroeg hij bij de Belgische Hulpkas voor Werkloosheidsuitkeringen een werkloosheidsuitkering aan. Dit verzoek werd afgewezen op grond dat Van Gestel niet voldeed aan de voorwaarden van de Belgische wettelijke regeling.

Het probleem dat nu speelde was dat artikel 71 bepaalt dat 'de werkloze werknemer die tijdens het verrichten van zijn laatste werkzaamheden op het grondgebied van een ander dan de bevoegde Lid-Staat woonde (etc). Artikel 71 is eigenlijk van toepassing als iemand niet woont in de werkstaat. Van Gestel woonde echter in de werkstaat. Volgens artikel 13, tweede lid (a) van de verordening is de werkstaat de bevoegde staat. Bracht de overeenkomst van

[9] Vgl. het *Warmerdam*-arrest, boven besproken in nr. 383.
[10] HvJ 29 juni 1995, zaak 454/932, *Jur.* 1995, I-1707.

artikel 17, die Nederland aanwees als de staat waar Van Gestel verzekerd was, mee dat toch voldaan was aan de voorwaarden van artikel 71? Het Hof beantwoordde deze vraag bevestigend. Deze interpretatie vindt bevestiging in het doel van dit artikel, welke is te verzekeren dat de migrerend werknemer onder de voor het zoeken naar werk gunstigste omstandigheden aanspraak kan maken op werkloosheidsuitkeringen. Deze bepalingen strekken er namelijk toe de werknemer de mogelijkheid te bieden in de staat van zijn woonplaats een werkloosheidsuitkering te ontvangen.

Uit de rechtspraak van het Hof blijkt dat voor de toepassing van artikel 71 beslissend is, dat de betrokkene woonplaats heeft in een andere Lid-Staat dan de Lid-Staat aan de wetgeving waarvan hij tijdens zijn laatste werkzaamheden onderworpen was. Dit beslissende element impliceert dat artikel 71 zelfs van toepassing is wanneer de werknemer tijdens zijn laatste werkzaamheden al dan niet ononderbroken heeft gewoond en gewerkt op het grondgebied waar ook zijn werkgever gevestigd is. Door de toepassing van de uitgelegde bepaling kan een werknemer een werkloosheidsuitkering ontvangen van een Lid-Staat waar hij tijdens zijn laatste werkzaamheden geen bijdragen heeft betaald. Dit gevolg was echter gewild door de communautaire wetgever, die de werknemer de beste kansen op reïntegratie in het arbeidsproces heeft willen bieden.

A. Grensarbeiders

389. *Grensarbeiders* zijn personen die niet wonen in de bevoegde staat en die ten minste eenmaal per week terugkeren naar de woonstaat.

390. Het *grensarbeider*-begrip was ter discussie in het *Bergemann*-arrest.[11] Het ging om een Nederlandse vrouw die in Nederland werkte en woonde. Ze huwde met een Duitser en verhuisde naar de Bondsrepubliek, tijdens haar zwangerschapsverlof. In Duitsland vroeg ze een werkloosheidsuitkering aan. Mevrouw Bergemann kon niet met behulp van artikel 67 een beroep doen op een Duitse werkloosheidsuitkering, omdat zij haar laatste werkzaamheden niet in Duitsland had uitgevoerd. Ze wilde evenwel via artikel 71, eerste lid (a) een beroep doen op de grensarbeidersbepaling. De vraag was echter of zij wel een grensarbeider was in de zin van de verordening. Volgens artikel 1 (b) wordt onder 'grensarbeider' iedere werknemer of zelfstandige begrepen die zijn beroepswerkzaamheden uitoefent op het grondgebied van een andere Lid-Staat, waarheen hij in beginsel dagelijks of ten minste eenmaal per week terugkeert. Een werknemer die zich verplaatst naar een andere Lid-Staat, maar daar niet naar terugkeert (zoals mevrouw Bergemann), is dus geen grensarbeider.[12]

[11] HvJ 22 september 1988, zaak 236/87, *Jur.* 1988, 5125.

[12] Of een persoon grensarbeider is of niet moet door de nationale rechter worden vastgesteld (HvJ 27 mei 1982, zaak 227/81, *Aubin*, *Jur.* 1982, 1991).

391. Voor grensarbeiders gelden speciale aanwijsregels.

392. Bij *gedeeltelijke werkloze grensarbeiders* is de werkstaat de bevoegde staat (artikel 71, eerste lid (a) (i). Deze regel is logisch, want de betrokken werknemers zijn immers nog werkzaam. Artikel 71, eerste lid (a) (i) en (b) (i) spreekt over gedeeltelijke werkloosheid, of werkloosheid ten gevolge van onvoorziene omstandigheden. De vraag is nu wat hieronder moet worden verstaan. Als iemand, die in België woont, bijvoorbeeld twee banen in Nederland heeft, en een van die twee banen verliest, is hij dan gedeeltelijk werkloos? Volgens de Nederlandse regelgeving wel. Is dit ook zo voor de verordening? In bijvoorbeeld Frankrijk en Duitsland wordt onder gedeeltelijke werkloosheid ('*chômage partiel*' en *Kurzarbeit* resp.) verstaan tijdelijke arbeidstijdverkorting. In deze situatie is de dienstbetrekking nog niet volledig verbroken. Dit betekent dat in het geval van het verlies van de baan uit ons voorbeeld sprake is van volledige werkloosheid. Over de juiste uitleg van de term 'gedeeltelijke werkloosheid' bestaat nog onduidelijkheid.[13]

393. De *volledig werkloze grensarbeider* heeft recht op uitkering volgens de wetgeving van de Lid-Staat waar hij woont, 'alsof die wettelijke regeling tijdens het verrichten van de laatste werkzaamheden op hem van toepassing was geweest' (artikel 71, eerste lid (a) (ii)).

Deze regel wijst dus de woonstaat als de bevoegde staat aan. Kennelijk is het uitgangspunt dat de grensarbeider wel de werkplaats, maar niet de woonplaats naar het buitenland verlegd heeft.

394. Voor grensarbeiders die zich ter beschikking willen stellen voor arbeidsbemiddeling in het werkland is deze regeling onbevredigend. Bovendien worden deze werknemers op basis van dit artikel aanspraken ontnomen die zij tegenover het werkland op basis van zuiver nationaal recht verworven hebben. Of dit geoorloofd was kwam aan de orde in het *Miethe*-arrest.[14] De Duitser Miethe verhuisde in 1976 naar België, maar hij bleef als vertegenwoordiger in Duitsland werken. Hij bleef regelmatig bij zijn schoonmoeder logeren, zeker toen hij in 1979 werkloos werd en in Duitsland werk ging zoeken. Hij vroeg een Duitse werkloosheidsuitkering aan. Deze werd hem geweigerd. De vraag was of de aanwijsregel van artikel 71, eerste lid (a) (ii) voor grensarbeiders – dat de woonstaat de bevoegde staat is – meebrengt dat een aanvraag op uitkering jegens het bevoegde orgaan van tewerkstelling is uitgesloten, ook als een dergelijke aanspraak bestaat volgens de wettelijke regels van die staat.

Het Hof overwoog dat deze bepaling een uitzonderingsbepaling is, die afwijkt van het in artikel 13 van de verordening neergelegde algemene beginsel, volgens

[13] Vgl ook Van der Steen: (losbladig: XVIII – § 6.2.1.).
[14] HvJ 12 juni 1986, zaak 1/85, *Jur*. 1986, 1837.

hetwelk de verzekerde is onderworpen aan de wetgeving van de werkstaat. Het artikel geeft uitkering volgens het woonstaatbeginsel. Volgens artikel 71, eerste lid (b) heeft de werkloze werknemer die *geen* grensarbeider is, een keuzevrijheid. De volledig werkloze grensarbeider heeft echter geen keuzevrijheid. Een nationale wetgeving kan een volledig werkloze grensarbeider daarom geen recht op uitkering verlenen want dat zou alsnog neerkomen op een keuzerecht. We komen echter in nr. 398 nog terug op het *Miethe*-arrest.

Voor grensarbeiders wordt in een recent Commissievoorstel[15] voorgesteld aan deze categorie de zelfde rechten te verlenen als aan de andere in artikel 71 bedoelde categorie (zie nr. 395), in het bijzonder bij hun keuze van de arbeidsbemiddelingsdienst, in de staat op het grondgebied waar zij gewerkt hebben of in de staat op het grondgebied waarvan zij hun woonplaats hebben, waar zij zich aanmelden. Hun uitkering hangt dan af van het land (woonland of werkland) waarvoor ze beschikbaar willen zijn.

B. Niet-grensarbeiders die terugkeren naar de woonstaat

395. De tweede categorie van werknemers die een uitzondering vormen, wordt aangeduid in artikel 71, eerste lid (b). Het gaat hier om de *niet-grensarbeiders*.

Artikel 71 luidt als volgt:

> '1. De werkloze werknemer die tijdens het verrichten van zijn laatste werkzaamheden op het grondgebied van een andere dan de bevoegde Lid-Staat *woonde* heeft recht op uitkering overeenkomstig de volgende bepalingen (..)
>
> (b) (i). Een werknemer die geen grensarbeider is en die *gedeeltelijk* werkloos is of door onvoorziene omstandigheden volledig werkloos, maar die ter beschikking blijft van zijn werkgever of van de diensten voor arbeidsbemiddeling op het grondgebied van de bevoegde staat, heeft recht op uitkering volgens de wettelijke regeling van de werkstaat, alsof hij op het grondgebied van die werkstaat woonde
>
> (b) (ii). Een werknemer die geen grensarbeider is, *volledig werkloos* is, en zich ter beschikking stelt van de diensten voor arbeidsbemiddeling op het *grondgebied van de Lid-Staat waar hij woont of die naar dit grondgebied terugkeert* heeft recht op uitkering volgens de wettelijke regeling van deze staat, alsof hij zijn laatste werkzaamheden op het grondgebied daarvan heeft uitgeoefend; deze uitkering wordt door en voor rekening van het orgaan van de woonplaats verleend.
> Indien deze werknemer evenwel in het genot van uitkering werd gesteld voor rekening van het bevoegde orgaan van de Lid-Staat aan de wettelijke regeling waarvan hij het laatst onderworpen was [dus de werkstaat], heeft hij recht op uitkering op grond van artikel 69.' [cursivering van de auteur].

[15] Com (95) 734 def. van 10 januari 1996.

396. Niet-grensarbeiders die terugkeren naar hun woonstaat zijn personen van wie de woonstaat zo ver verwijderd is van de werkstaat, dat ze niet ten minste eenmaal per week naar de woonstaat kunnen. Ze hebben dus een pied à terre in de werkstaat, maar toch kan er nog steeds gesproken worden van dat ze 'terugkeren naar de staat waar ze wonen'. Hun banden met de staat van herkomst zijn nog zo sterk dat de oorspronkelijke staat de woonstaat genoemd kan worden. Een voorbeeld van deze categorie werknemers is die van seizoensarbeiders.

Deze bepaling heeft enkel betrekking op werknemers die in een andere Lid-Staat woonden dan die waar ze hun laatste werkzaamheden verrichten. Artikel 71 is dan ook niet van toepassing op werklozen die tijdens het verrichten van hun laatste werkzaamheden woonden in de Lid-Staat waar ze werkten.

397. Volledig werkloze niet-grensarbeiders hebben dus een keuzemogelijkheid: ze kunnen kiezen of ze een uitkering willen ontvangen conform de wetgeving van de Lid-Staat waar ze laatstelijk hebben gewerkt of een uitkering volgens de wetgeving van de Lid-Staat waar ze wonen. Bepalend voor het recht op uitkering is de Lid-Staat waar de werknemer zich ter beschikking stelt van de diensten van de arbeidsbemiddeling.

398. In het in nr. 394 besproken *Miethe*-arrest was aan de orde, dat àls Miethe grensarbeider is, er geen andere staat bevoegd is dan de woonstaat. Maar vervolgens vroeg het Hof zich af of Miethe wel grensarbeider was. Daartoe overwoog het Hof dat artikel 71 moet waarborgen dat aan migrerende werknemers werkloosheidsuitkeringen worden uitgekeerd onder voorwaarden die het gunstigst zijn voor het zoeken van nieuw werk. Artikel 71, eerste lid, (a) (ii) veronderstelt stilzwijgend dat voor grensarbeiders de voorwaarden voor het zoeken naar nieuw werk het gunstigst zijn in de woonstaat. Er is echter een probleem als een volledig werkloze arbeider wel onder de criteria voor grensarbeider valt, maar toch in de werkstaat privé en beroepsmatig zodanige banden heeft, dat hij daar de beste kansen op werk heeft. Deze persoon is geen grensarbeider in de zin van artikel 71, aldus het Hof. De nationale rechter moet bepalen of een werknemer in zo'n geval toch de beste kansen op werk in de werkstaat heeft, in welk geval hij onder artikel 71, eerste lid (b) valt.

De vraag is voorts gerezen wie bepaalt waar een werkloze grensarbeider de beste kansen heeft om weer aan het werk te komen. Dit speelt bijv. in de grensstreek Limburg-Duitsland, waar veel Duitsers wonen in verband met de goedkope woningen. Ze werken echter in Duitsland en zijn sociaal en beroepsmatig volledig op Duitsland georiënteerd. De Nederlands bedrijfsverenigingen menen dat deze werknemers steeds volgens de redenering uit het *Miethe*-arrest op de Duitse werkloosheidsuitkering zijn aangewezen. Het Hof had echter in dit arrest bepaald dat de werknemer in zo'n geval onder artikel 71, eerste lid

(b) valt; dit artikel geeft echter een keuzerecht aan de werkloze werknemer. Dit betekent dat betrokkene zelf zou mogen kiezen onder welk stelsel hij wil vallen, het Nederlandse of het Duitse.[16]

399. Artikel 71, eerste lid (b) (ii) kan alleen toegepast worden als iemand zich werkelijk beschikbaar stelt voor de arbeidsvoorziening van de Lid-Staat waar hij uitkering wil ontvangen (hetzij de werkstaat, hetzij *de Lid-Staat waar men woont* of waarnaar men terugkeert). In het *Di Paolo*-arrest[17] verduidelijkte het Hof dat artikel 71, eerste lid, ten gunste van grensarbeiders en van andere werknemers een voorwaardelijke afwijking toestaat van de regel van artikel 67, derde lid. De belangrijkste voorwaarde is, dat de betrokkene woonplaats heeft in een andere Lid-Staat dan die aan de wetgeving waarvan hij gedurende zijn laatste werkzaamheden was onderworpen. Artikel 71 strekt ertoe de kosten van werkloosheidsuitkeringen ten laste te doen komen van de woonstaat in het geval van bepaalde werknemers die nauwe banden hebben behouden met het land waar zij zijn gevestigd en gewoonlijk verblijven. Deze strekking is echter niet langer gerechtvaardigd 'wanneer door een te ruime uitlegging van de term *woonplaats*, alle migrerende werknemers die in een Lid-Staat arbeid verrichten terwijl hun gezin in een andere Lid-Staat blijft wonen, onder de werkingssfeer van artikel 71 werden gebracht'. Daarom dient artikel 71, eerste lid, (b) (ii), strikt te worden uitgelegd.[18]

400. Onder de uitdrukking 'de Lid-Staat waar hij woont' is te verstaan de Lid-Staat waar de werknemer, ofschoon werkzaam in een andere Lid-Staat, zijn gewone verblijfplaats behoudt en waar zich het gewone centrum van zijn belangen bevindt, aldus het Hof in het *Di Paolo*-arrest. De toevoeging 'of die naar dit grondgebied terugkeert' betekent dat het begrip woonplaats niet noodzakelijk uitsluit dat de betrokkene een tijdelijke woonplaats in een andere Lid-Staat heeft. Er moet daarom worden gelet op de duur en de bestendigheid van de woonplaats van de betrokkene vóór zijn vertrek, op de duur en het doel van zijn afwezigheid, de aard van de in de andere Lid-Staat verrichte werkzaamheden, alsmede de intentie van betrokkene zoals die uit alle omstandigheden blijkt.

401. Duidelijke voorbeelden van toepassing van deze criteria zijn te vinden in zaken waarin sprake is van uitwisseling van docenten, zoals in het *Reibold*-

[16] Zie ook Van der Steen (losbladig: XVIII-§ 6.4.1.).

[17] HvJ 17 februari 1977, zaak 76/76, *Jur.* 1977, 315.

[18] De Administratieve commissie heeft in een besluit de volgende categorieën genoemd van personen die onder artikel 71 vallen (maar dat is geen uitputtende definiëring): personen die niet op het grondgebied van de bevoegde staat wonen en die seizoensarbeiders zijn, personen werkzaam bij het internationaal vervoer, personen die werkzaamheden op het grondgebied van twee of meer Lid-Staten plegen uit te oefenen of die werkzaam zijn bij een grensonderneming (Besluit 131).

arrest[19] en het later te bespreken *Knoch*-arrest (zie nr. 405). In het *Reibold*-arrest ging het om een werknemer die voor de duur van twee academische jaren in een andere Lid-Staat ging werken in het kader van een universitair uitwisselingsprogramma. Het Hof oordeelde dat deze persoon inderdaad onder artikel 71, eerste lid (b) valt, omdat de duur van het uitwisselingsprogramma bij voorbaat beperkt was, en omdat de werkzaamheid van deze werknemer iedere drie maanden onderbroken werd door langdurige vakantieperioden, die hij doorbracht in de woning die hij in de Lid-Staat van herkomst had aangehouden.

402. Volgens artikel 71, eerste lid (b) kan de werknemer, zoals gezegd, zijn keuze maken tussen de uitkeringen van de werkstaat dan wel die van de woonstaat. Hij moet zich dan wel ter beschikking stellen van de arbeidsbemiddeling van de staat van zijn keuze, dit werd bevestigd in het *Aubin*-arrest.[20] Aubin had in Frankrijk gewerkt totdat hij ontslagen werd; hij stond echter niet als werkzoekende ingeschreven in Frankrijk en hij had zijn woonplaats in België. Zij poging om Franse uitkeringen te verkrijgen moest dus wel mislukken.

403. De keuze tussen werkland en woonland wordt – uitsluitend – gedaan door de volledig werkloze werknemer die verkiest te worden behandeld volgens de wettelijke regeling van de woonstaat, in die zin dat hij zich ter beschikking stelt van de arbeidsbemiddeling van de staat waar hij uitkering aanvraagt. De ratio voor deze bepaling zocht het Hof in een aantal uitspraken in de negende overweging van Verordening 1408/71: deze bepaling beoogt de betreffende werknemers het recht op werkloosheidsuitkeringen te verzekeren in omstandigheden die het zoeken naar werk zoveel mogelijk vergemakkelijken.[21]

C. Geldt voor artikel 71 een aparte samentellingsregel?

404. In het *Warmerdam*-arrest, dat al in nr. 383 aan de orde was, werd de vraag gesteld welke samentellingsregels gelden als iemand een keuze maakt voor de woonstaat. Warmerdam was immers in het Verenigd Koninkrijk niet verzekerd geweest. Het Hof overwoog dat, als artikel 71, eerste lid (b) (ii) aan de orde is, zoals in de *Warmerdam*-zaak, het bevoegde orgaan ingevolge artikel 67, eerste lid, tijdvakken van arbeid, die vervuld zijn in een andere Lid-Staat, slechts in aanmerking moet nemen, indien zij volgens de door dat orgaan toegepaste wettelijke regeling zijn aan te merken als tijdvakken van aansluiting bij een stelsel van werkloosheidsverzekering van die staat.

[19] HvJ 13 november 1990, zaak 216/89, *Jur.* 1990, 4163.
[20] HvJ 27 mei 1982, zaak 227/81, *Jur.* 1982, 1991.
[21] HvJ 15 december 1976, zaak 39/76, *Mouthaan*, Jur. 1976, 1901; zie ook het *Miethe*-arrest (nr. 394).

Van belang is daarom of die tijdvakken in het Verenigd Koninkrijk relevant zouden zijn als mevrouw Warmerdam deze tijdvakken in Nederland had doorgebracht.

D. 'Spijtoptanten'

405. Stel nu dat een werknemer een beroep doet op een werkloosheidsuitkering op grond van artikel 71, eerste lid, (b) (ii), *nadat* hij al gedurende een periode een werkloosheidsuitkering heeft ontvangen in het werkland. In de *Knoch*-zaak[22] werd de vraag gesteld hoe de uitkering in zo'n geval berekend moet worden. In deze zaak ging het om een Duitse werkneemster, aan wie een Duitse werkloosheidsuitkering geweigerd werd, op grond dat zij reeds een Britse werkloosheidsuitkering had ontvangen.

Het Hof overwoog dat in deze situatie een spijtoptant niet de resterende uitkeringsrechten verliest. Vervolgens moet de vraag beantwoord worden hoe de al ontvangen Britse uitkering verrekend moet worden met de nog resterende Duitse rechten. Britse werkloosheidsuitkeringen verschillen belangrijk van de Duitse uitkeringen: de Britse zijn uniform en worden gedurende een vaste periode van één jaar betaald; de Duitse uitkeringen zijn loongerelateerd en de duur ervan is afhankelijk van het arbeidsverleden. Volgens het Hof moet de Duitse uitkeringsinstantie rekening houden met de tijdvakken van verzekering waaraan de werkneemster onder de Britse regeling onderworpen is geweest en mag hij de reeds verbruikte uitkeringsduur in mindering brengen. Het bevoegde orgaan moet op de uitkeringsrechten die de werknemer verworven heeft *de dagen* in mindering brengen waarvoor uitkeringen in de andere Lid-Staat daadwerkelijk zijn ontvangen.

§4. De berekening van de werkloosheidsuitkeringen

406. Artikel 68 bepaalt hoe de hoogte van loongerelateerde werkloosheidsuitkeringen berekend moet worden:

> 'het bevoegde orgaan van een Lid-Staat waarvan de wettelijke regeling bepaalt, dat voor de berekening van de uitkering wordt uitgegaan van het vroegere loon, houdt uitsluitend rekening met het loon dat betrokkene voor de laatste werkzaamheden welke hij op het grondgebied van die staat heeft uitgeoefend, heeft genoten'.

Uitgangspunt is dat rekening wordt gehouden met het door de werkloze genoten loon tijdens de laatste door hem verrichte werkzaamheden. Indien de laatste werkzaamheden niet ten minste gedurende vier weken zijn uitgeoefend, wordt uitgegaan van het loon dat in de Lid-Staat waar de werkloze woont of

[22] HvJ 8 juli 1992, zaak 102/91, *Jur.* 1992, I-4341.

verblijft gebruikelijk is voor gelijkwaardige of gelijksoortige werkzaamheden. Deze bepaling betreft uitsluitend werknemers (en dus niet zelfstandigen).

407. Er is echter een categorie van werklozen die niet aan de eisen van artikel 68 kan voldoen. Dat is de categorie van grensarbeiders. De bevoegde staat is voor hen niet de staat is waar zij het laatst werkzaam zijn geweest, maar volgens artikel 71, eerste lid (i) de woonstaat. Wanneer dus woon- en werkstaat per definitie samenvallen zou bij een strikte toepassing van artikel 68 de grensarbeider nooit een uitkering kunnen krijgen die gebaseerd is op het werkelijk genoten loon; hij zou steeds een uitkering krijgen op basis van een fictief loon dat in de woonstaat verdiend zou worden voor het werk dat hij in de werkstaat verrichtte.

Grensarbeiders trekken in de regel naar een streek met hogere lonen; het effect van artikel 68 zou daarom ongunstig voor hen uitpakken. Deze bepaling (de tweede zin van artikel 68, eerste lid), was in het *Grisvard en Kreitz*-arrest[23] aan de orde. Grisvard en Kreitz hebben als werknemer gewerkt in de Bondsrepubliek, en worden werkloos. Ze vroegen in Frankrijk een werkloosheidsuitkering aan. De Franse uitkeringsinstantie nam als referteloon voor het berekenen van de uitkering het inkomen dat deze werknemers in de Bondsrepubliek hadden ontvangen en nam slechts het inkomen beneden de Duitse maximumdaglonen in aanmerking. De werknemers bestreden de geldigheid van het hanteren van deze maximumdaglonen. Het Hof overwoog dat de tweede zin van artikel 68 slechts betrekking heeft op het uitzonderlijke geval waarin de werknemer zijn laatste baan niet gedurende ten minste vier weken in de verblijfstaat heeft uitgeoefend. Omdat deze situatie bij grensarbeiders vaak voorkomt, zou dit tot gevolg hebben dat deze regeling, die slechts voor uitzonderlijke gevallen is opgesteld, voor grensarbeiders het normale stelsel zou zijn. Deze regel zou, aangezien werknemers nu juist naar staten met hogere lonen trekken, grensarbeid ontmoedigen en een schending vormen van de principes die ten grondslag liggen aan Verordening 1408/71 en het verdrag. Vandaar dat het Hof verklaart dat artikel 68, eerste lid van Verordening 1408/71, gezien in het licht van artikel 51 van het verdrag en de doelstellingen die eraan ten grondslag liggen, als volgt moet worden geïnterpreteerd: in het geval van een volledig werkloze grensarbeider moet de bevoegde instantie van de verblijfstaat, waarvan de nationale wetgeving bepaalt dat de berekening berust op het eerdere loon, deze uitkering berekenen door rekening te houden met het salaris ontvangen door de werknemer in de laatste baan die hij heeft uitgeoefend in de werkstaat.[24]

Vervolgens is de vraag aan de orde of de maximumdaglonen in de werkstaat toegepast kunnen worden. Artikel 71, eerste lid (a) (ii) schrijft duidelijk voor,

[23] HvJ 1 oktober 1992, zaak 201/91, *Jur.* 1992-I, 5009.
[24] Dit is conform het arrest HvJ 28 februari 1980, zaak 67/79, *Fellinger*, *Jur.* 1980, 535.

aldus het Hof, dat de wetgeving van alleen de verblijfstaat toegepast moet worden. Dit sluit daarom de wetgeving van de werkstaat uit, waaronder de maximumdaglonen. Deze interpretatie die volgt uit de aanhef van deze bepaling is overigens conform het doel van deze bepaling, dat erin bestaat om het werkloosheidsregime van grensarbeiders aan te passen aan werknemers die hun laatste werk in de verblijfstaat hebben uitgeoefend. Een dergelijke gelijkstelling zou in gevaar gebracht kunnen worden als de werkloosheidsuitkeringen voor grensarbeiders aan een plafond onderworpen zouden worden dat onderdeel is van het stelsel van een andere Lid-Staat, terwijl dit nooit van toepassing zou zijn op de niet-migrerende werknemers in de verblijfstaat.

408. Indien het bedrag van de uitkering afhankelijk is van het aantal gezinsleden, houdt het uitkeringsorgaan rekening met de gezinsleden die in een andere staat wonen dan de werknemer, tenzij in uitkeringen aan andere gezinsleden dan deze werknemer al met hen rekening gehouden wordt.

409. In het *Acciardi*-arrest,[25] dat reeds aan de orde was in nr. 131, was de vraag aan de orde of de Nederlandse IOAW onder de verordening viel. Voorts werd de vraag gesteld of artikel 68, tweede lid van Verordening 1408/71 zich verzet tegen een bepaling als die van de IOAW, volgens welke uitkeringen aan een gemeenschapsonderdaan worden berekend zonder rekening te houden met diens in een andere Lid-Staat woonachtige echtgenoot. Het Hof antwoordde hierop dat volgens de eerste volzin van artikel 68, eerste lid van de verordening 'het bevoegde orgaan van een Lid-Staat waarvan de wettelijke regeling bepaalt dat het bedrag van de uitkering wisselt naar gelang van het aantal gezinsleden, eveneens rekening houdt met de gezinsleden van de betrokkene die op het grondgebied van een andere Lid-Staat wonen, alsof zij op het grondgebied van de bevoegde Lid-Staat wonen'.

Ter terechtzitting had de Nederlandse regering betoogd dat artikel 68 van de verordening betrekking heeft op uitkeringen waarvan het bedrag afhangt van het aantal gezinsleden. Dit zou niet het geval zijn bij de IOAW-uitkering, omdat het aantal gezinsleden geen rol speelt voor de toepassing van deze regeling.

Dit argument trof geen doel, aldus het Hof. In de eerste plaats: indien de aanvrager alleenstaand is, hangt het bedrag van de toegekende IOAW-uitkering ontegenzeggelijk samen met het aantal gezinsleden. Voor een werknemer zonder kinderen is de toepasselijke grondslag immers gelijk aan 70% van het nettominimumloon en voor een werknemer met kinderen aan 90% van dat loon.

In de tweede plaats: indien de aanvrager gehuwd is, kent de IOAW zowel aan de werkloze werknemer als aan zijn echtgenoot een eigen recht toe op de helft van de uitkering, welke gelijk is aan het verschil tussen de som van hun

[25] HvJ 2 augustus 1993, zaak 66/92, *Jur.* 1993, I-4567.

inkomen en 100% van het netto-minimumloon. Maar zoals de Commissie terecht heeft opgemerkt hangt het recht van de echtgenoot af van dat van de werkloze zelf. Uit artikel 5 IOAW blijkt immers, dat wanneer de werkloze werknemer geen recht heeft op de betrokken uitkering, zijn echtgenoot er evenmin recht op heeft. Dus het bedrag dat krachtens de IOAW wordt toegekend hangt samen het aantal gezinsleden in de zin van artikel 68, tweede lid. Artikel 68, tweede lid verzet zich dus tegen een bepaling als die van de IOAW volgens welke de aan een onderdaan van een andere Lid-Staat toegekende uitkeringen worden berekend zonder rekening te houden met diens in een andere Lid-Staat woonachtige echtgenoot.

§ 5. Export van uitkeringen

410. Artikel 51 van het EG-verdrag bepaalt dat de Raad maatregelen moet betreffen omtrent de betaling van sociale-zekerheidsuitkeringen in een andere Lid-Staat. Voor de werkloosheidsuitkeringen is dit onderdeel geregeld in artikel 69. Dit artikel betreft zowel zelfstandigen als werknemers. In zijn algemeenheid kan worden gezegd dat export van werkloosheidsuitkeringen slechts in beperkte mate mogelijk is. Hoofdregel is dat de werkloze werk moet zoeken in het land waar hij recht heeft op uitkering. Voor werkloosheidsuitkeringen is namelijk essentieel, dat betrokkenen alles doen om weer aan het werk te komen, en de kansen hiertoe zijn het grootst in de staat waar ze werkloos zijn geworden (of in de voor grensarbeiders aangewezen staat).

411. Het territorialiteitsbeginsel is voor werkloosheidsuitkeringen slechts in beperkte mate opgeheven. Artikel 69 biedt werklozen de mogelijkheid om gedurende een beperkte periode in een andere Lid-Staat werk te zoeken met behoud van uitkering van de Lid-Staat waar ze het laatst werkzaam waren.

Als artikel 69 van toepassing is, wordt de uitkering verleend door het orgaan van de Lid-Staat waar betrokkene werk zoekt; de uitkeringskosten worden vergoed door het bevoegde orgaan van de Lid-Staat waar betrokkene het laatst werkzaam was. Voorwaarde voor toepassing van dit artikel is dat de werknemer gedurende ten minste vier weken na de aanvang van zijn werkloosheid als werkzoekende ingeschreven is geweest en ter beschikking heeft gestaan van de diensten voor arbeidsbemiddeling van de staat waar hij het laatst gewerkt heeft. Daarna dient hij zich als werkzoekende te laten inschrijven bij de arbeidsbemiddeling van de Lid-Staat waarheen hij vertrokken is. Hij moet zich aan het daar geldende toezicht onderwerpen. De mogelijkheid om in een andere Lid-Staat werk te zoeken bestaat voor maximaal drie maanden[26]

[26] De totale duur van de uitkering die de werkzoekende ontvangt mag echter niet langer zijn dan de duur die geldt als hij in de bevoegde staat gebleven was.

vanaf de datum dat hij niet meer ter beschikking staat voor arbeidsbemiddeling in de bevoegde staat. Deze termijn kan in buitengewone gevallen door de bevoegde diensten of organen worden verlengd. Er is dus geen algemene verlengingsbevoegdheid, maar er moet sprake zijn van buitengewone gevallen.

412. Aan het Hof werd de vraag gesteld hoe deze regel moet worden geïnterpreteerd in het geval dat iemand ziek wordt aan het eind van zijn zoektermijn en pas verlenging aanvraagt nadat de driemaandentermijn verstreken is. Dit geschiedde in het *Coccioli*-arrest.[27] Het Hof antwoordde dat niet in de Verordening is bepaald dat het verzoek tot verlenging vóór afloop van de driemaandentermijn moet zijn ingediend. Er kunnen immers buitengewone redenen zijn die terugkeer van betrokkene binnen de termijn kunnen belemmeren (zoals arbeidsongeschiktheid) en diezelfde redenen kunnen ook een tijdige indiening van het verzoek tot verlenging belemmeren. Of dat laatste het geval is, is ter beoordeling van het uitkeringsorgaan. Door het recht te verlenen zich naar een andere Lid-Staat te begeven om aldaar werk te zoeken, kent artikel 69 een voordeel toe aan diegene die er een beroep op doet. De betrokken werknemer is immers gedurende een periode van drie maanden vrijgesteld van de verplichting om ter beschikking te staan van de diensten voor arbeidsbemiddeling van de bevoegde staat. De betrokken autoriteiten moeten nagaan of de werknemer van het hem in artikel 69 toegekende recht overeenkomstig het doel, namelijk het verlenen van hulp bij het zoeken naar werk door de werknemer vrij te stellen van de verplichting ter beschikking te staan van de diensten voor arbeidsbemiddeling, gebruik heeft gemaakt. Deze organen moeten in elk concreet geval beoordelen of de feitelijke omstandigheden die aangevoerd worden bij een verzoek om verlenging een buitengewoon geval vormen.

De diensten zijn hierbij niet beperkt in hun vrijheid, zodat zij bij het besluit over een eenvoudige verlenging van de in de verordening genoemde termijn rekening kunnen houden met alle elementen die zij ter zake achten. Deze kunnen zowel met de individuele situatie van de betrokken werknemers als met de uitoefening van een doeltreffende controle verband houden. De autoriteiten hebben dus een ruime discretionaire bevoegdheid op dit onderdeel.

413. Als een werkloze werknemer niet terugkeert binnen een periode van drie maanden, dan raakt hij zijn resterende uitkeringsrechten in de bevoegde staat kwijt. Deze laatste regeling is omstreden. Het is immers mogelijk, dat iemand in de bevoegde staat nog recht heeft op een lange uitkeringsperiode op het moment dat hij een paar dagen te laat terugkeert. Gelet op de jurisprudentie van het Hof waarin aan nationaal verworven uitkeringsrechten een grote betekenis wordt toegekend[28], zou men verwachten dat het Hof problemen zou

[27] HvJ 20 maart 1979, zaak 139/78, *Jur.* 1979, 991.

[28] Zie bijvoorbeeld het *Petroni*-arrest (nr. 313) en het *Rossi*-arrest (nr. 367).

hebben met deze verordeningsbepaling. Deze kwestie kwam aan de orde in het *Testa*-arrest.[29] Testa was een Italiaan, in het bezit van een Duitse werkloosheidsuitkering, die gedurende drie maanden werk ging zoeken in Italië. Hij werd in Italië ziek en kwam één dag na de drie-maandentermijn terug. Het Duitse uitkeringsorgaan weigerde de driemaandentermijn te verlengen. Zijn werkloosheidsuitkering werd vervallen verklaard. De vraag was of artikel 69 mag leiden tot het verlies van nationale rechten. Het Hof antwoordde daarop dat artikel 69 niet enkel een maatregel is ter coördinatie van de nationale wettelijke bepalingen. Deze bepaling creëert ook ten gunste van werknemers die er gebruik van willen maken een autonome, van de regels van het nationale recht afwijkende regeling. Deze moet in alle Lid-Staten eenvormig worden uitgelegd, ongeacht de door de nationale wettelijke regeling voor het behoud en het verlies van het recht op uitkering voorziene regeling. Dit rechtvaardigt, aldus het Hof, ook de ander kant van artikel 69, tweede lid, namelijk dat de werknemer elk recht op uitkering krachtens de wettelijke regeling van de bevoegde staat verliest indien hij niet binnen de driemaandentermijn terugkeert.

Het Hof was van oordeel dat het verlies van rechten met het oog op artikel 51 EG-Verdrag geoorloofd is. Artikel 69 kent immers een voordeel toe aan de werknemer, zoals het Hof ook al had betoogd in het *Coccioli*-arrest. Het in artikel 69 verleende recht op behoud van de werkloosheidsuitkering draagt er daarom overeenkomstig artikel 51 EG-Verdrag toe bij dat het vrije verkeer van werknemers wordt gewaarborgd. Dat dit voordeel beperkt is in de tijd, en afhankelijk is gesteld van de naleving van bepaalde voorwaarden, brengt niet mee dat artikel 69, tweede lid in strijd is met het genoemde artikel uit het EG-verdrag.

Artikel 69 is bovendien een facultatieve regeling, die alleen van toepassing is op de werknemer die daartoe een aanvraag heeft ingediend en dus afstand doet van de algemene regeling van werknemers van de staat waar hij werkloos is geworden, aldus het Hof. De werknemer wordt van de in artikel 69 voorziene gevolgen van een te late terugkeer in kennis gesteld door een formulier in zijn moedertaal. Hij onderwerpt zich dan ook vrijwillig en welbewust aan de regeling van artikel 69, aldus het Hof.

De bijzondere mogelijkheid van artikel 69 om in een verlenging te voorzien biedt de mogelijkheid om onredelijke resultaten ten gevolge van de toepassing van artikel 69, tweede lid te voorkomen. Deze verlenging is immers ook geoorloofd als het verzoek pas na afloop van de termijn wordt ingediend, zoals bepaald in het bovengenoemde *Coccioli*-arrest. Hierbij beschikken de uitvoeringsorganen over een ruime discretionaire bevoegdheid, aldus het Hof, maar bij de uitoefening ervan moeten zij rekening houden met het evenredigheidsbeginsel als algemeen beginsel van het gemeenschapsrecht.

[29] HvJ 19 juni 1980, zaken 41/79, 121/79 en 796/79, *Testa, Maggio en Viale*, *Jur*. 1980, 1979.

Het Hof voegde hieraan toe dat in elk afzonderlijk geval de duur van de overschrijding, de reden ervan en de ernst van de gevolgen ervan in aanmerking moeten worden genomen.

414. Al geruime tijd geleden heeft de Europese Commissie een voorstel ingediend om de exportmogelijkheden van werkloosheidsuitkeringen te verruimen.[30] Volgens dit voorstel behoudt een werkloze zijn rechten op werkloosheidsuitkeringen overeenkomstig de wettelijke regeling van de bevoegde staat, mits hij naar het grondgebied van deze staat terugkeert binnen de periode van artikel 69 (drie maanden), ofwel na het verstrijken van deze periode, doch voor het verstrijken van de periode gedurende welke een werkloze op grond van de wettelijke regeling van deze Lid-Staat het grondgebied van deze staat kan verlaten, zonder verlies van het recht op zijn uitkeringen. Dit voorstel is echter niet aangenomen door de Raad en vervolgens vervangen door een ander voorstel.[31]

De nieuwe bepalingen dienen het mogelijk te maken dat, onder bepaalde voorwaarden, het recht op prestaties bij werkloosheid behouden blijft voor een tijdsduur die langer is dan de voorziene tijdsduur van drie maanden, indien een werkloze zich naar een andere Lid-Staat dan de staat van zijn laatste werkzaamheid begeeft, teneinde daar werk te zoeken. Met deze wijziging wordt op de eerste plaats beoogd, aldus de Commissie, om aan de werklozen betere mogelijkheden te bieden voor het vinden van werk in een andere Lid-Staat. Daarnaast dient de wijziging te voorzien in de behoeften van een werkloze die zijn of haar woonplaats naar een andere Lid-Staat moest overbrengen wegens een wijziging van de tewerkstelling van zijn echtgeno(o)t(e), of die wenst terug te keren naar een Lid-Staat waarin hij of zij bijzondere banden heeft verkregen of behouden.

Om het risico van misbruiken te verkleinen moeten echter bijzondere bepalingen worden opgenomen ten aanzien van de administratieve controle van de werklozen, alsmede bepalingen ten aanzien van het bedrag en de duur van de prestaties.

Voor de controle wordt voorgesteld deze te doen uitvoeren door het orgaan van de Lid-Staat waar de werkloze werk zoekt, overeenkomstig de wettelijke regeling van die Staat en in samenwerking met de organen van de voor de verlening van de prestaties bevoegde staten.

Met betrekking tot de prestaties wordt voorgesteld deze te doen verlenen door het orgaan van de Lid-Staat waar de werkloze werk zoekt, voor rekening van het orgaan van de Lid-Staat waar de werkloze laatstelijk heeft gewerkt. Er wordt echter voorgesteld dat het recht op de prestaties na een eerste periode

[30] Com. (80) 312 def, zie ook *PB C* 9 juli 1980, 169/22. Verslag commissie voor sociale zaken *E.P.* 1980-81 doc 1-552/80, PE 67.137/def blz. 5. Zie ook Van Overeem (1982).

[31] Com (95) 734 def. van 10 januari 1996.

van drie maanden weliswaar gehandhaafd blijft, maar dat – om misbruik te vermijden – de totale tijdsduur van de toekenning van de prestaties of het prestatiebedrag niet meer mag zijn dan de perioden of de bedragen die daarvoor in de wettelijke regeling van de Lid-Staat waar de werkloze werk zoekt zijn vastgesteld, *of* de perioden of de bedragen die zijn voorzien in de wettelijke regeling van de bevoegde staat. De Commissie gaat er nu van uit dat alleen personen die werkelijk gemotiveerd zijn een beroep zullen doen op de voorgestelde bepalingen. Zij zullen namelijk slechts recht hebben op het in de wettelijke regelingen van de twee betrokken Lid-Staten voorziene laagste bedrag alsook op de kortste tijdsduur.

Het nieuwe artikel 69 *ter*, derde lid luidt:

'(a) De totale duur van de verlening van de prestaties ingevolge de wettelijke regeling van de bevoegde staat mag niet langer zijn dan het tijdvak waarin de werkloze recht op prestaties zou hebben gehad als hij tijdens zijn laatst uitgeoefende werkzaamheden onderworpen zou zijn geweest aan de wettelijke regeling van de Lid-Staat waarnaar hij zich begeven heeft om daar werk te zoeken.

(b) Het bedrag van de prestaties waarop de werkloze ingevolge de wettelijke regeling van de bevoegde Lid-Staat recht blijft behouden mag niet hoger zijn dan het bedrag van de prestaties waarop hij recht zou hebben gehad indien hij tijdens de laatste werkzaamheid onderworpen zou zijn geweest aan de wettelijke regeling van de Lid-Staat waarnaar hij zich begeven heeft om daar werk te zoeken. Bij de berekening van het bedrag waarop de werkloze recht zou hebben baseert het orgaan van laatstgenoemde staat, indien in de wettelijke regeling van die staat is bepaald dat de hoogte van de uitkering afhangt van het eerder ontvangen loon, zich op het loonbedrag dat in de plaats waar de werkloze werk zoekt, overeenkomt met het gebruikelijke loon voor een werkzaamheid die gelijksoortig of gelijkwaardig is aan de door de betrokkene laatstelijk op het grondgebied van een andere Lid-Staat uitgeoefende werkzaamheid'.

415. Voor grensarbeiders wordt voorgesteld aan deze categorie de zelfde rechten te verlenen als aan de in artikel 71 bedoelde categorie, in het bijzonder bij hun keuze van de arbeidsbemiddelingsdienst, in de staat op het grondgebied waar zij gewerkt hebben of in de staat op het grondgebied waarvan zij hun woonplaats hebben, waar zij zich aanmelden.

§6. VUT-uitkeringen

416. De Commissie heeft tevens een voorstel ingediend[32] om voortaan vutregelingen onder de verordening te laten vallen (vgl. nr. 112). Met het oog

[32] Com (95) 735 def. van 10 januari 1996.

hierop wordt voorgesteld een nieuw hoofdstuk op te nemen in de verordening, hoofdstuk 6 *Bis*.

Dit bepaalt dat artikel 67 en 68 van de verordening op overeenkomstige wijze van toepassing zijn op de prestaties bij vervroegde uitkering (artikel 71 *bis*).

Voorts bepaalt de verordening dat de rechthebbende op een ingevolge de wettelijke regeling van een Lid-Staat toegekende prestatie bij vervroegde uittreding die woont in die Lid-Staat, het recht op deze uitkering behoudt indien hij zijn woonplaats overbrengt naar het grondgebied van een andere Lid-Staat. Dit lid legt het beginsel vast van de export van de prestaties bij vervroegde uittreding ten behoeve van personen die in de bevoegde staat aanspraak hebben op deze prestaties en die hun woonplaats naar een andere Lid-Staat overbrengen.

De werknemer die tijdens zijn laatste werkzaamheid woonde op het grondgebied van een andere dan de bevoegde Lid-Staat komt in aanmerking voor de ontvangst van prestaties bij vervroegde uittreding ingevolge de wettelijke regeling van de bevoegde staat, alsof hij op het grondgebied van die staat woonde. Het orgaan van de woonplaats van deze rechthebbende vergoedt de kosten van deze prestaties aan het bevoegde orgaan tot het bedrag van de prestaties bij werkloosheid die door eerstgenoemd orgaan ingevolge artikel 71, eerste lid, (a) (ii) of onder (b) (ii) aan de betrokkene zouden moeten worden uitgekeerd indien deze zich ter beschikking had gesteld van de diensten voor arbeidsbemiddeling van de woonplaats.

Dit lid heeft als doel de export van de prestaties bij vervroegde uittreding te verzekeren ten behoeve van personen die tijdens hun laatste werkzaamheid in een andere dan de bevoegde Lid-Staat woonden. Er is echter vastgelegd dat het orgaan van de woonplaats dat gewoonlijk, onder toepassing van artikel 71, eerste lid (a) (ii) of (b) (ii) voor deze categorie personen de kosten van de werkloosheidsuitkeringen ten laste neemt, de kosten van de vut-uitkeringen vergoedt aan het bevoegde orgaan tot het bedrag dat normaliter door eerstgenoemd orgaan ingevolge de genoemde bepalingen zou moeten worden uitgekeerd.

HOOFDSTUK XV

VERDRAGEN VAN DE EU BETREFFENDE SOCIALE ZEKERHEID

§ 1. EEG-associatieverdragen met de Maghreb-landen

417. De EU kan ook met staten buiten de Gemeenschap verdragen sluiten, welke betrekking kunnen hebben op sociale zekerheid. Op dit moment gelden op dit terrein het Aanvullend Protocol bij de Associatie-overeenkomst met Turkije[1], de Samenwerkingsovereenkomsten met Algerije[2], Marokko[3] en Tunesië.[4] In deze verdragen zijn bepalingen opgenomen die het beginsel van gelijke behandeling naar nationaliteit beogen te realiseren en een aantal bepalingen betreffen de samentelling van tijdvakken en de uitbetaling van uitkeringen.

418. Zo luidt artikel 41 van de Samenwerkingsovereenkomst EEG-Marokko:

> '1. Behoudens het bepaalde in de onderstaande leden vallen de werknemers van Marokkaanse nationaliteit en de bij hen woonachtige gezinsleden op het gebied van de sociale zekerheid onder een regeling die wordt gekenmerkt door het ontbreken van elke discriminatie op grond van nationaliteit tussen deze werknemers en de eigen onderdanen van de Lid-Staten waar zij werkzaam zijn.
> 2. Deze werknemers komen in aanmerking voor samentelling van de tijdvakken van verzekering, van arbeid of van woonplaats, die zij in de verschillende Lid-Staten vervuld hebben, voor wat betreft de ouderdoms-, invaliditeits- en overlijdenspensioenen en -renten alsmede de gezondheidszorg voor de werknemer en zijn binnen de Gemeenschap woonachtig gezin.[5]
> 3. Deze werknemers komen in aanmerking voor gezinsbijslagen voor de leden van hun gezin die binnen de Gemeenschap woonachtig zijn.[6]
> 4. Deze werknemers mogen ouderdoms- en overlevingspensioenen en -renten, pensioenen en renten wegens arbeidsongevallen of beroepsziekten en invaliditeitspensioenen en -renten ingevolge arbeidsongevallen of beroepsziekten, vrij overmaken naar Marokko tegen de koers die geldt krachtens de wetgeving van de Lid-Staat of de Lid-Staten die de desbetreffende bedragen moeten betalen.
> 5. Marokko past een soortgelijke regeling als vermeld in de leden 1, 3 en 4 toe op de op zijn grondgebied werkzame werknemers die onderdaan zijn van de Lid-Staten en op hun gezinsleden.'

[1] Verdrag van 12 september 1963, *PB L* 217, 29 december 1964.
[2] Verordening 2210/78, *PB L* 263 van 1978.
[3] De samenwerkingsovereenkomst tussen de EEG en het Koninkrijk Marokko is goedgekeurd bij Verordening 2211/78 van 26 september 1978 en gepubliceerd in *PB L* 264 van 27 september 1978.
[4] Het verdrag met Joegoslavië is inmiddels opgezegd, *PB L* 325/23 van 27 november 1991.
[5] De bepaling heeft dus geen betrekking op de betaling van bv. kinderbijslag of nabestaandenpensioen aan personen die in Marokko verblijven.
[6] Zie vorige noot.

Artikel 42 luidt:

> '1. Vóór het einde van het eerste jaar na de inwerkingtreding van deze overeenkomst stelt de Samenwerkingsraad de nodige bepalingen vast ten einde de toepassing van de in artikel 41 vervatte beginselen te verzekeren.
> 2. De Samenwerkingsraad stelt de regels vast voor een administratieve samenwerking die de nodige waarborgen inzake beheer en controle biedt voor de toepassing van het bepaalde in lid 1.'

419. Vergelijkbare bepalingen zijn opgenomen in artikel 39 van de Samenwerkingsovereenkomst EEG-Algerije en artikel 40 van de Samenwerkingsovereenkomst EEG-Tunesië.

420. Voorts geven deze bepalingen de mogelijkheid om coördinatievoorschriften vast te stellen. Tot dusver is alleen Besluit 3/80 van de Associatieraad EEG-Turkije betreffende de toepassing van sociale-zekerheidsregelingen van de Lid-Staten van de Europese Gemeenschap op Turkse werknemers en hun gezinsleden tot stand gekomen.[7] Dit besluit is echter nog niet in werking getreden. Griekenland heeft namelijk problemen met dit besluit in verband met de Cypruskwestie. Inmiddels zijn aan het Hof over de toepasselijkheid van dit besluit prejudiciële vragen gesteld.

421. Deze verdragen zijn nu reeds relevant voor de sociale zekerheid, aangezien het Hof van Justitie geoordeeld heeft dat de gelijke-behandelingsnorm in het Verdrag met Marokko rechtstreekse werking heeft. Dit gebeurde in de *Kziber*-zaak.[8] De Rijksdienst voor Arbeidsvoorziening had geweigerd Bahia Kziber de in de Belgische wet voorziene wachtgelduitkering voor jonge werkzoekenden toe te kennen. De reden voor deze weigering was dat Kziber, die woonde bij haar vader, een Marokkaans onderdaan die in België was gepensioneerd na aldaar arbeid in loondienst te hebben verricht, de Marokkaanse nationaliteit bezat.

Allereerst ging het Hof in op de vraag of artikel 41, eerste lid, van de Samenwerkingsovereenkomst rechtstreekse werking heeft. Het Hof oordeelde dat een bepaling van een door de Gemeenschap met derde staten gesloten overeenkomst moet worden geacht rechtstreeks toepasselijk te zijn, wanneer zij, gelet op haar bewoordingen en op het doel en de aard van de overeenkomst, een duidelijke en nauwkeurig omschreven verplichting behelst, voor welker uitvoering en werking geen verdere handeling vereist is. Artikel 41, eerste lid, van de Samenwerkingsovereenkomst met Marokko bevestigt in duidelijke, nauwkeurige en onvoorwaardelijke bewoordingen het verbod, werknemers van Marokkaanse nationaliteit en de bij hen woonachtige gezinsleden op

[7] *PB C* 110 van 25 april 1983, blz. 60.
[8] HvJ 31 januari 1991, zaak 18/90, *Jur.* 1991, I-199. Zie hierover ook Vonk (1991).

het gebied van de sociale zekerheid op grond van hun nationaliteit te discrimineren. Het feit dat in artikel 42, eerste lid, is bepaald dat de Samenwerkingsraad de in artikel 41 genoemde beginselen nader moet uitwerken, kan niet afdoen aan de rechtstreekse toepasselijkheid van laatstgenoemde bepaling, voor welker uitvoering en werking geen verdere handeling vereist is.

Vervolgens was de vraag aan de orde wat onder het begrip 'sociale zekerheid' van artikel 41 moet worden verstaan. Het Hof antwoordde hierop dat het begrip sociale zekerheid in artikel 41, eerste lid, van de Samenwerkingsovereenkomst moet worden opgevat naar analogie van het gelijksoortige begrip in Verordening 1408/71 van de Raad en omvat derhalve werkloosheidsuitkeringen, die van oudsher als onderdeel van de sociale zekerheid worden beschouwd. Het begrip werknemer in artikel 41, eerste lid, van de Samenwerkingsovereenkomst omvat zowel nog werkzame werknemers als werknemers die de arbeidsmarkt hebben verlaten, onder meer, nadat zij de leeftijd hebben bereikt die vereist is om voor een ouderdomspensioen in aanmerking te komen. Wat de draagwijdte van de rechten van de bij de Marokkaanse werknemer woonachtige gezinsleden betreft, brengt het in artikel 41, eerste lid, neergelegde verbod van elke discriminatie op grond van nationaliteit op het gebied van de sociale zekerheid mee, dat de betrokkene die voldoet aan alle door de nationale wetgeving gestelde voorwaarden om in aanmerking te komen voor een werkloosheidsuitkering ten behoeve van jonge werkzoekenden, het recht op deze uitkeringen niet op grond van zijn nationaliteit kan worden geweigerd.

422. In het *Yousfi*-arrest[9] was de volgende vraag aan de orde. Yousfi, zoon van een Marokkaans onderdaan die werknemer in België is, was in België geboren en woonde aldaar. Terwijl hij in België in loondienst werkzaam was, werd Yousfi op 31 juli 1984 getroffen door een arbeidsongeval. Op 15 oktober vroeg hij in België een uitkering voor gehandicapten aan. De Belgische wet beperkte deze uitkering tot Belgen en Yousfi's aanvraag werd op grond hiervan afgewezen. Het Hof moest, na wederom vastgesteld te hebben dat artikel 41 rechtstreeks werkend is, de draagwijdte van het non-discriminatiebeginsel van artikel 41, eerste lid van de Overeenkomst bepalen. Relevant was of iemand als Yousfi een werknemer is in de zin van die bepaling, en, anderzijds, of een uitkering als de onderhavige voor gehandicapten, tot het gebied van de sociale zekerheid in de zin van die bepaling behoort. Uit het *Kziber*-arrest volgt, aldus het Hof, dat de personenkring zowel de actieve werknemers omvat als degenen die de arbeidsmarkt hebben verlaten omdat zij de pensioengerechtigde leeftijd hebben bereikt of omdat zij het slachtoffer zijn geweest van één van de risico's die recht geven op de uitkeringen krachtens andere takken van

[9] HvJ 20 april 1994, zaak 58/93, *Jur.* 1994-I, 1353

de sociale zekerheid. In de leden 2 en 4 van artikel 41 van de Overeenkomst wordt immers met betrekking tot het recht op samentelling en de mogelijkheid om de uitkeringen naar Marokko over te maken, uitdrukkelijk melding gemaakt van stelsels zoals de stelsels van ouderdomspensioenen en -renten of invaliditeitsuitkeringen ingevolge arbeidsongevallen. Het begrip werknemer in artikel 41, eerste lid van de Overeenkomst ziet derhalve op een Marokkaans onderdaan als de verzoeker in het hoofdgeding.

Wat het begrip sociale zekerheid van artikel 41, eerste lid van de Overeenkomst betreft, uit het *Kziber*-arrest volgt, dat dit moet worden begrepen analoog aan het identieke begrip in Verordening 1408/71.

Het Hof heeft eerder overwogen in het *Callemeyn*-arrest[10] dat uitkeringen voor gehandicapten binnen de materiële werkingssfeer van Verordening 1408/71 vallen. In het *Newton*-arrest (zie nr. 130) werd geoordeeld dat ten aanzien van een werknemer of zelfstandige die reeds op grond van vroegere beroepswerkzaamheden valt onder het stelsel van sociale zekerheid van de staat waarvan een dergelijke wettelijke regeling wordt ingeroepen, die regeling moet worden geacht te behoren tot het gebied van de sociale zekerheid in de zin van artikel 51 van het verdrag en de ter uitvoering van deze bepaling vastgestelde regelingen. Uitkeringen voor gehandicapten horen tot het gebied van de sociale zekerheid in de zin van dit artikel van de Overeenkomst. Vandaar dat artikel 41, eerste lid van de Overeenkomst aldus moet worden uitgelegd dat het zich ertegen verzet dat een Lid-Staat weigert een uitkering voor gehandicapten die in zijn wetgeving is voorzien ten behoeve van zijn onderdanen die ten minste vijf jaar op zijn grondgebied wonen, toe te kennen aan een Marokkaans onderdaan die in die Lid-Staat door een arbeidsongeval is getroffen en ten gevolge daarvan arbeidsongeschikt is geworden en die reeds meer dan vijf jaar op het grondgebied van de Lid-Staat woont, op grond dat de betrokkene de Marokkaanse nationaliteit bezit.

423. De volgende vraag was of deze redenering ook opging voor de overeenkomst met Algerije. Het Hof beantwoordde deze vraag bevestigend in het *Krid*-arrest.[11] Mevrouw Krid was de weduwe van een Algerijns onderdaan die gedurende zijn gehele loopbaan in Frankrijk heeft gewerkt. Mevrouw Krid, die zelf nooit beroepsbezigheden heeft uitgeoefend, woonde in Asnière-sur-Seine. Op 1 december 1984, toen hij de leeftijd van 65 jaar bereikte, ontving de echtgenoot van mevrouw Krid, een ouderdomspensioen dat was berekend op basis van de 123 kwartalen waarover in Frankrijk premie was betaald. Omdat de heer Krid op 2 oktober 1992 was overleden, kwam zijn echtgenote met ingang van 1 november 1992 in het genot van een weduwepensioen. Op 29 juni 1993

[10] HvJ 28 mei 1974, zaak 187/73, *Jur.* 1974, 553.
[11] HvJ 5 april 1995, zaak 103/94, *Jur.* 1995, I-719.

vroeg zij bij het FNS een aanvullende uitkering aan. Volgens het Franse recht 'is de uitkering niet verschuldigd aan vreemdelingen, tenzij een internationale wederkerigheidsovereenkomst is ondertekend'. Haar aanvraag werd afgewezen op grond dat zij de Algerijnse nationaliteit had en het op 1 oktober 1980 getekende sociale-zekerheidsverdrag tussen Frankrijk en Algerije geen protocol betreffende de aanvullende uitkering van het FNS bevat.

Het Hof verwees naar artikel 39 van het verdrag met Algerije en memoreerde het *Kziber*-arrest voor de beantwoording van de vraag of deze bepaling rechtstreekse werking heeft. Vervolgens was ter bepaling van de draagwijdte van het non-discriminatiebeginsel van artikel 39, eerste lid de vraag aan de orde, enerzijds, of iemand als verzoekster onder de personele werkingssfeer van die bepaling viel, en anderzijds, of een prestatie als de aanvullende uitkering van het FNS tot het gebied van de sociale zekerheid in de zin van die bepaling hoort.

Het Hof antwoordde hierop dat deze bepaling in de eerste plaats van toepassing is op werknemers van Algerijnse nationaliteit, waarbij dit begrip ruim moet worden opgevat. Het begrip werknemers omvat immers volgens de rechtspraak over de Samenwerkingsovereenkomst met Marokko (vgl het *Kziber*-arrest) zowel de actieve werknemers, als degenen die de arbeidsmarkt hebben verlaten omdat zij de pensioengerechtigde leeftijd hebben bereikt of omdat zij het slachtoffer zijn geweest van één van de risico's die recht geven op uitkeringen krachtens andere takken van sociale zekerheid. Bovendien is artikel 39, eerste lid eveneens van toepassing op de gezinsleden van bedoelde werknemers die bij hen wonen in de Lid-Staat waar zij werkzaam zijn. In het tweede lid van de Overeenkomst worden immers met betrekking tot het recht op samentelling van de in de verschillende Lid-Staten vervulde tijdvakken van verzekering, arbeid of woonplaats, de overlevingspensioenen en -renten ten behoeve van het binnen de Gemeenschap woonachtig gezin van de migrerende Algerijnse werknemer uitdrukkelijk vermeld. Voorts voorziet het vierde lid van artikel 39 in de mogelijkheid om bepaalde, in de Lid-Staten verworven sociale-zekerheidsuitkeringen, waaronder overlevingspensioenen en -renten, naar Algerije over te maken. Uit een en ander volgt, dat artikel 39, eerste lid van de Overeenkomst eveneens betrekking heeft op de gezinsleden van een Algerijns migrerend werknemer die na het overlijden van die werknemer in de Lid-Staat waar hij werkzaam was, blijven wonen. Wat in de tweede plaats het begrip sociale zekerheid van artikel 39, eerste lid van de Overeenkomst betreft, uit de *Kziber*- en *Yousfi*-arresten volgt naar analogie dat dit op dezelfde wijze moet worden begrepen als het identieke begrip in Verordening 1408/71. Sinds de inwerkingtreding van Verordening 1247/92 (zie nr. 132) zijn prestaties als de aanvullende uitkering van het FNS uitdrukkelijk in de materiële werkingssfeer van Verordening 1408/71 opgenomen.

De Franse regering had evenwel tegengeworpen dat een Algerijns onderdaan, die weduwe is van een migrerend werknemer, doch zelf nooit de hoedanigheid van werknemer heeft gehad, niet met een beroep op het bepaalde in artikel 39 van de Overeenkomst aanspraak kan maken op een aanvullende uitkering van het FNS, omdat die uitkering in het Franse recht als een eigen recht is gedacht en niet als en afgeleid recht dat wordt verworven uit hoofde van de hoedanigheid van gezinslid van een migrerende werknemer. Het Hof volstond met de opmerking dat artikel 39, eerste lid van de Overeenkomst zich ertoe bepaalt het beginsel van het ontbreken van elke discriminatie op grond van nationaliteit van werknemers van Algerijnse nationaliteit en de bij hen woonachtige gezinsleden ten opzichte van de eigen onderdanen van de Lid-Staat waar zij werkzaam zijn, te bekrachtigen. Waar de personele werkingssfeer van deze bepaling van de Overeenkomst niet dezelfde is als die van artikel 2 van Verordening 1408/71, kan de rechtspraak waarin een onderscheid wordt gemaakt tussen afgeleide rechten en eigen rechten van de gezinsleden van migrerende werknemers in het kader van Verordening 1408/71 niet worden toegepast in het kader van de Overeenkomst, zoals uit het reeds aangehaalde *Kziber*-arrest blijkt, aldus het Hof.

424. In hoeverre deze verdragen nu ook andere coördinatiebepalingen dan het verbod van discriminatie al direct laten werken is nog niet door het Hof beantwoord. Sommige onderdelen, zoals samentellen van tijdvakken kunnen evenwel al toegepast worden zonder dat dit in uitvoeringsbepalingen uitgebreid behandeld is. Dat zagen we in het *Vougioukas*-arrest[12], waar samentelling van ambtenarentijdvakken op grond van artikel 51 zelf verplicht werd. Aldus ook Van der Steen[13], die opmerkt dat zonder uitvoeringsbepalingen berekeningen van uitkeringen en anticumulatie niet mogelijk zullen zijn (vgl. het ingewikkelde regime van artikel 46 van Verordening 1408/71).

§ 2. EEG-Associatie-overeenkomsten met Midden- en Oost-Europa

425. Nadat in 1989 de voorheen communistische regimes in Oost- en Midden-Europa waren gevallen en daarvoor in de plaats de ontwikkeling naar de marktsector was begonnen, heeft de EEG met verschillende landen associatie-overeenkomsten gesloten: het gaat hier om de overeenkomsten met Polen, Hongarije, Tsjechië, Slowakije, Bulgarije, Roemenië, en inmiddels ook Rusland.

[12] HvJ 22 november 1995, zaak 443/93, nog niet gepubliceerd, zie nr. 123.
[13] Van der Steen (losbladig: par. 7.2.2.).

426. Deze verdragen kennen de volgende paragraaf betreffende sociale zekerheid:

> 'Met het oog op de coördinatie van de sociale-zekerheidsregelingen voor op het grondgebied van een Lid-Staat wettig tewerkgestelde werknemers die onderdaan zijn van (Polen etc) en hun wettige aldaar verblijvende gezinsleden en volgens de in elke Lid-Staat geldende voorwaarden en modaliteiten,
> - worden alle door de genoemde werknemers in de verschillende Lid-Staten vervulde tijdvakken van verzekering, tewerkstelling of wonen bijeengeteld voor pensioenen en renten uit hoofde van ouderdom, invaliditeit en overlijden, en voor medische verzorging van genoemde werknemers en gezinsleden;
> - kunnen alle pensioenen of renten uit hoofde van ouderdom, overlijden, een arbeidsongeval of een beroepsziekte dan wel wegens de eruit voortvloeiende invaliditeit, met uitzondering van uitkeringen waarvoor geen premie is betaald, vrij worden overgemaakt tegen de krachtens de wetgeving van de debiteuren-Lid-Staat of Lid-Staten toegepaste koers;
> - ontvangen de genoemde werknemers gezinsbijslag voor de hiervoor omschreven gezinsleden'.

427. Deze verdragen kennen geen gelijke behandelingsclausule, zoals deze in opgenomen in de verdragen met landen als Marokko etc. (vgl. nr 413). Deze clausule werd niet opgenomen in verband met de vèrreikende consequenties van deze bepaling als gevolg van het *Kziber*-arrest (vgl. nr. 416).

428. De bepalingen uit nr. 421 vereisen in beginsel nadere uitwerkingsbepalingen. Dat neemt niet weg dat sommige onderdelen, zoals samentellen van tijdvakken, al kunnen gebeuren zonder dat dit in uitvoeringsbepalingen uitgebreid behandeld is. Hiervoor geldt hetzelfde als in nr. 419.

HOOFDSTUK XVI

ENIGE CONCLUSIES OVER DE COÖRDINATIEREGELINGEN

429. In de loop der jaren is de werkingssfeer van Verordening 1408/71 sterk uitgebreid: de personele werkingssfeer is uitgebreid van werknemers tot zelfstandigen; de materiële werkingssfeer is uitgebreid, zodat ook bijstandsachtige uitkeringen onder de verordening vallen. Deze uitbreiding is mede aan het Hof te danken; het Hof heeft vele begrippen extensief geïnterpreteerd. De verordening heeft hierdoor harmonisatie-effecten gekregen: ze heeft soms trekken van een gemeenschappelijke regeling gekregen.[1]

430. Coördinatie van stelsels zou kunnen geschieden vanuit het perspectief van de afstemming van nationale regelingen op elkaar. In het kader van het EG-verdrag heeft het Hof echter steeds benadrukt dat de coördinatie plaatsvindt vanuit het perspectief van bevordering van het vrije verkeer van werknemers. Daarbij is soms de vraag gerezen of werknemers ook beter af mogen zijn ten gevolge van migratie. Het Hof heeft deze vraag bevestigend beantwoord; als gevolg daarvan mogen werknemers beter af zijn dan wanneer ze thuis waren gebleven. In het *Eerste Mura*-arrest[2] overwoog het Hof dat de verschillen in situaties ten gunste van migrerende werknemers niet het gevolg zijn van de uitlegging van het gemeenschapsrecht, maar van het ontbreken van een gemeenschappelijke sociale-zekerheidsregeling dan wel van het gebrek in harmonisatie. Ze zijn daarom geoorloofd. Met betrekking tot de positie van onderdanen van werknemers bij de toepassing van Verordening 1612/68 maakt de verordening soms wel een vergelijking met de nationale werknemers. Gelet op de verschillen tussen de beide situaties en regelingen kan niet in het algemeen gezegd worden dat het Hof teruggekomen is op zijn eerdere uitgangspunt.

431. De radicale benadering van het Hof, gebaseerd op het uitgangspunt van het vrije verkeer van werknemers, kan overigens nadelige effecten hebben als het ertoe leidt dat Lid-Staten eigen maatregelen gaan nemen om jurisprudentie van het Hof te ondervangen.[3] Dit kan leiden tot desintegrerende effecten. De bevoordelingsbenadering blijkt in strijd te komen met de voorwaarden voor

[1] Zacher (1991: 14-15).
[2] HvJ 13 oktober 1977, zaak 22/77, *Jur.* 1977, 1699.
[3] Schuler (1988: 565).

een goede cordinatie. Een voorbeeld is de *Petroni*-rechtspraak (vgl. nr. 313) over de anticumulatieregeling bij langlopende pensioenen. Deze jurisprudentie leidde tot een veel minder doorzichtige afstemming van nationale regelingen, namelijk door nationale bepalingen, dan die eerder in de communautaire regeling bestond. Juist bij grote verschillen tussen nationale regelingen is de bevoordelingsgedachte riskant. Gedrag om aan ongewenst geachte jurisprudentie te ontkomen ligt dan immers voor de hand.

432. Verschillende auteurs wijzen, om de *Petroni*-jurisprudentie te verklaren, er op dat het Hof een beperkte coördinatie-opvatting hanteert.[4] Dat het Hof deze jurisprudentie als inherent aan coördinatie ziet, volgt echter niet uit de formuleringen van het Hof. In het *Eerste Mura*-arrest sprak het Hof namelijk over de afstemmingsproblemen (bevoordelingsproblemen), die met de 'thans van kracht zijnde coördinatie' niet opgelost kunnen worden. Dit impliceert dat er ook een verder gaande coördinatie denkbaar is. Het Hof spreekt immers niet over de begrenzingen die uit het coördinatie-begrip zelf voortvloeien, maar over de beperkingen die uit (de huidige redactie van) artikel 51 van het EG-Verdrag voortvloeien. Aanpassing van artikel 51 EG-Verdrag is dus een alternatief om aan de communautaire anticumulatiebepaling in Verordening 1408/71 een rechtsgrond te geven. Gelet op de unanieme instemming die voor artikel 46 *oud* bij de vaststelling van de Verordening in 1971 bestond (en waarschijnlijk nog wel bestaat), was die verdragswijziging een begaanbare weg geweest.

433. Opmerkelijk is dat het beginsel dat er geen inbreuk kan worden gemaakt op nationaal verworven rechten verschillend wordt toegepast, naargelang het type uitkering. Bij de langlopende pensioenen leidde het beginsel tot gedeeltelijke onverbindendverklaring van artikel 46, derde lid (*oud*); deze bepaling hield een aanvullingsverplichting in tot het hoogste theoretische bedrag. Bij de kinderbijslag wordt daarentegen wel een verlies van nationaal verworven rechten toegestaan, als maar een aanvulling wordt gegeven tot het hoogste in aanmerking komende bedrag. Bij de werkloosheidsuitkeringen stuit het verlies van verworven rechten bij te late terugkeer van de werknemer niet op dit beginsel.

434. Er is wel een verklaring te vinden voor deze verschillen. Bij de uitkeringen die in de *Petroni*-jurisprudentie in het geding waren, ging het om langlopende uitkeringen, die volgens de deelpensioenmethode gecoördineerd worden. Bij de andere uitkeringen wordt de integratiemethode toegepast. Toch beriep het Hof zich in deze uitspraken niet op deze verschillen, maar verwees

[4] Kavelaars (1992: 85).

het direct naar het beginsel dat ten grondslag ligt aan art. 51 van het verdrag. Datzelfde beginsel ligt ook ten grondslag aan de uitkeringen waar het integratiebeginsel van toepassing is. Toch koos het Hof hier weer voor een andere benadering. M.i. is de *Petroni*-benadering niet nodig geweest. Hoe omstreden ook in het algemeen harmonisatietendenzen in de verordening zijn, in verband met de opzet van de verordening zelf zou een zekere interne harmonisatie van de bepalingen van de verordening zeer gewenst zijn. De Europese Commissie zou, zeker nu voor steeds meer staten de verordening van toepassing wordt, moeten streven naar zo'n harmonisatie van de verordening. Dit zou kunnen geschieden door de discussie over de principes die aan de verordening ten grondslag moeten liggen. In de huidige opzet van de verordening wordt steeds vaker uitgegaan van de eigenaardigheden van de nationale stelsels. Hiernaar wordt in de bijlagen van de verordening steeds uitgebreider gerefereerd. Het zou nuttig zijn te streven naar een opzet waarin dit minder nodig is; te beginnen bij de bepalingen omtrent de berekening van de uitkeringen.

435. In zijn algemeenheid hanteert het Hof een ruime interpretatie van de verordening. Wel heeft het Hof soms grenzen gesteld, namelijk waar een bepaalde interpretatie ontwrichtend kan werken (vgl het *Newton*-arrest (nr. 130), of het *Winter*-arrest, nr. 241). Zo'n ontwrichtend effect kan plaatshebben met name bij bepaalde niet-contributieve uitkeringen in bepaalde omstandigheden. Datzelfde geldt voor de overgangsvoordelen van de AOW; we zien hier twee typen uitkeringen die van oudsher uitgesloten waren van coördinatie; ze zijn niet uitgesloten van Verordening 1408/71, maar er geldt wel een beperking aan de doorbreking van de territorialiteitsvoorwaarden.

436. In sommige Lid-Staten is het verzet gegroeid tegen de benadering van het Hof, met name waarin het gaat om niet-verzekeringsuitkeringen. Zo is de benadering van in de *Paletta*-zaak erg omstreden in Duitsland en waren de bijstandsuitspraken bekritiseerd. In Duitsland is hier zelfs een complete bundel aan gewijd: Eichenhofer, E. en M. Zuleeg (1995), *Die Rechtsprechung des Europäischen Gerichtshof zum Arbeits- und Sozialrecht im Streit*, Schriftenreihe der Europäischen Rechtsakademie Trier, Köln, 1995.

Toch is de benadering van het Hof in het algemeen geschikt om een consequente doorvoering te verkrijgen van het beginsel van vrij verkeer. Het Hof kiest hier een benadering die veel principiler is dan wij in veel gevallen van de nationale rechter kennen. Bij gebrek aan een krachtig bestuur van de EU en de neiging van Lid-Staten om zich waar mogelijk te onttrekken aan EU-regels, is die houding niet onbegrijpelijk. Sterker nog, het Hof heeft ertoe bijgedragen dat het beginsel van vrij verkeer een zeer belangrijke uitwerking heeft gekregen in het gemeenschapsrecht.

DEEL II.
HARMONISATIE

HOOFDSTUK XVII

DE MOGELIJKHEDEN EN GRENZEN VOOR HARMONISATIE VAN DE SOCIALE ZEKERHEID IN DE EU

§ 1. Het harmonisatiebegrip

437. Onder harmonisatie wordt de som van de internationale voorschriften verstaan die tot staten gericht zijn en die de bedoeling hebben of de verplichting inhouden dat deze staten hun nationale recht in overeenstemming met deze voorschriften uitwerken.

438. De mate van de verplichting die van deze voorschriften uitgaat op de staten tot wie ze gericht zijn, kan per voorschrift belangrijk verschillen.

In de typen harmonisatievoorschriften kan namelijk een categorisering worden aangebracht:[1]

(1) voorschriften kunnen de vorm van doelstellingen (programma's) hebben;
(2) ze kunnen voorzien in een standaardisatie van sociaalrechtelijke normen. Dit betekent dat ze bepaalde normen of grenswaarden voorschrijven waar de nationale normen niet onder mogen komen;
(3) voorschriften kunnen door middel van kadervoorschriften de nationale rechtstelsels op elkaar afstemmen; zulke voorschriften hoeven verschillen tussen nationale stelsels niet uit te sluiten;
(4) ze kunnen de Lid-Staten tot uniforme bepalingen dwingen.

439. Hieruit volgt ook dat een harmonisatiebepaling het gehele sociale zekerheidsstelsel kan betreffen, maar ook slechts enkele onderdelen of principes ervan.

440. Vormen (2) en (3) kunnen aangeduid worden als *minimumharmonisatie* en vorm (4) als *standaardharmonisatie*. Minimumharmonisatie houdt in dat in de Lid-Staten bepaalde eensluidende regels worden ingevoerd, maar het staat Lid-Staten vrij om nog nadere regels met betrekking tot die onderwerpen tot stand te brengen. Bij standaardharmonisatie worden de sociale zekerheidsstelsels van de Lid-Staten uniform geregeld: ze mogen hier niet van afwijken.

441. Bij de vormen (2), (3) en (4) zijn Lid-Staten verplicht om hun eigen regelingen aan te passen indien die niet overeenkomen met de internationale

[1] Deze indeling is ontleend aan Schuler (1988).

voorschriften. In het sociale-zekerheidsrecht van de Europese Unie is deze ingrijpende vorm van harmonisatie alleen gevoerd op het terrein van gelijke behandeling van mannen en vrouwen in de sociale zekerheid.

442. Harmonisatie kan betrekking hebben op verschillende onderdelen van de sociale zekerheid:
- ze kan leiden tot het vaststellen van minimumnormen;
- ze kan normen geven om bepaalde onderdelen op elkaar af te stemmen, zoals de gedekte risico's, dekking van verzekerden;
- ze kan inhouden dat een apart stelsel gecreëerd wordt waar betrokkenen zich bij kunnen aansluiten en dat een gedeelte van de nationale regelingen vervangt.

443. Als een bepaald terrein geharmoniseerd wordt, dan kan dit ingrijpende gevolgen hebben voor andere terreinen. Zo kan grotere uniformiteit van begrotingsregels van de Lid-Staten leiden tot grotere verschillen in de nationale sociale-zekerheidsstelsels, omdat de economieën van de Lid-Staten nu eenmaal verschillen, evenals andere factoren, zoals de samenstelling van de bevolking.

Dit gegeven kan worden verwoord in het onderscheid tussen *absolute* en *relatieve* harmonisatie. Absolute harmonisatie houdt in dat aan alle nationale stelsels een uniforme regel wordt opgelegd. Relatieve harmonisatie streeft ernaar een regeling zo in te richten dat de interne verhouding tussen de relevante factoren van dat nationale stelsel dezelfde is als bij andere landen.

Zo kan afgesproken worden dat er een minimumuitkering van een bepaald bedrag komt, dat geldt binnen de hele EU. Zo'n uitkering houdt geen rekening met de grote verschillen die nog bestaan tussen de Lid-Staten. Relatieve harmonisatie houdt in dat minimumuitkeringen gelden die gerelateerd zijn aan plaatselijke factoren, zoals het nationaal of regionaal minimumloon of het gemiddelde loon van geschoolde arbeiders in dat land.

§2. De geschiedenis van harmonisatie-initiatieven relevant voor Europa

A. Algemeen

444. Eind negentiende eeuw begonnen ondernemers en vakverenigingen op internationaal niveau normen te ontwikkelen voor het arbeidsrecht en de sociale zekerheid. Dit deden ze om sociale redenen, maar concurrentie-overwegingen waren minstens zo belangrijk. Ze waren namelijk van oordeel dat internationale concurrentie niet ten nadele van de staten met betere sociale-zekerheidsstelsels mocht uitvallen.

B. De Internationale Arbeidsorganisatie

445. Met name de Internationale Arbeidsorganisatie heeft een belangrijke rol gespeeld bij het voorbereiden en aannemen van verdragen en aanbevelingen en het toezicht op naleving van bestaande internationale arbeidsnormen. In de verdragen die de IAO voor de Tweede Wereldoorlog tot stand bracht werden regels gegeven over hoe verzekeringen voor een bepaald risico ingericht moesten worden. Zulke verdragen werden bijvoorbeeld voor werkloosheidsregelingen aangenomen. Na de Tweede Wereldoorlog verschoof het accent en werden in de verdragen algemene minimumnormen voor de sociale zekerheid opgenomen. Een voorbeeld is Verdrag 102 (1952), dat algemene voorschriften en minimumnormen geeft voor de belangrijkste takken van de sociale zekerheid. Deze normen moeten voor ten minste een aanzienlijk gedeelte van de totale bevolking gelden.[2]

C. De Raad van Europa

446. Na de Tweede Wereldoorlog was ook de Raad van Europa actief bij het opstellen van sociale normen. Op dit moment zijn alle Westeuropese staten lid van deze organisatie.

De Raad van Europa is een organisatie met een zuiver intergouvernementeel karakter, gebaseerd op vrijwillige samenwerking tussen staten.[3]

447. De Raad van Europa stelt zich ten doel de Lid-Staten aan te moedigen om hun systemen van sociale zekerheid verder te ontwikkelen. Daartoe werd het *Europees Sociaal Handvest* in 1961 ontworpen.[4] Hierin is 'het recht op sociale zekerheid' als sociaal grondrecht vastgelegd. Artikel 12, tweede lid ESH schrijft voor, dat de landen zich verplichten 'het stelsel van sociale zekerheid te houden op een bevredigend peil, dat ten minste gelijk is aan het peil dat vereist is voor de bekrachtiging van het Internationaal arbeidsverdrag (nr. 102) betreffende minimumnormen van sociale zekerheid'. Het ESH neemt dus IAO-Verdrag 102 (zie nr. 445) als basis voor haar eigen normen.

Tevens ondernam de Raad van Europa initiatieven om tot een hoger niveau van minimumnormen te komen dan die in IAO-Verdrag 102 zijn neergelegd. Hiertoe werd de Europese Code inzake Sociale Zekerheid en het daarbij behorende Protocol vastgesteld. De Code kwam in 1964 tot stand; ze volgt IAO-Verdrag 102 gedetailleerd.[5] Inmiddels is een herziene Code voor de sociale zekerheid tot stand gekomen.[6]

[2] Vergelijk Jacobs (1992b).

[3] Vgl. over de Raad van Europa ook Driessen (1992) en Wiebringhaus (1983). Zie voor de invloed van het EVRM Van der Heijden en Heerma van Voss (1990) en Heerma van Voss (1996).

[4] Zie over het ESH, Jaspers en Betten (1988).

[5] Vgl. voor de Franse, Engelse en Nederlandse tekst, *Trb.* 1965, 47.

[6] Zie over de Code, Villars (1979) en, (vooral over de herziene Code), Jacobs (1992a).

D. De Europese Unie

I. Het EG-Verdrag en het Verdrag van Maastricht

448. Sociale rechtvaardigheid heeft vanaf de oprichting van de EG tot de doelstelling van deze organisatie behoord, vergelijk de Preambule van het EG-Verdrag:

> '- (..) besloten hebbende, door gemeenschappelijk optreden de economische en sociale vooruitgang van hun landen te verzekeren en daartoe de barrières die Europa verdelen te verwijderen;
> - vaststellende, als wezenlijk doel van hun streven, een voortdurende verbetering van de omstandigheden waaronder hun volkeren leven en werken, te verzekeren;
> - erkennende dat de verwijdering van de bestaande hindernissen eensgezind optreden vereist ten einde de gestadige expansie, het evenwicht in het handelsverkeer en de eerlijkheid in de mededinging te waarborgen;
> - verlangende de eenheid hunner volkshuishoudingen te versterken en de harmonische ontwikkeling daarvan te bevorderen door het verschil in niveau tussen de onderscheidene gebieden en de achterstand van de minder begunstigde gebieden te verminderen (..)
>
> hebben (de ondertekenaars) besloten de Europese Economische Gemeenschap op te richten.'

449. De bepalingen die in het EG-verdrag betrekking hebben op het sociale beleid staan in de artikelen 117 tot en met 122 EG-verdrag. Artikel 117 luidt:

> 'de Lid-Staten erkennen de noodzaak verbeteringen van de levensstandaard en van de arbeidsvoorwaarden van de werknemers te bevorderen, zodat de onderlinge aanpassing daarvan op de weg van de vooruitgang wordt mogelijk gemaakt. Zij zijn van mening dat een dergelijke ontwikkeling zal voortvloeien, zowel uit de werking van de gemeenschappelijke markt waardoor de harmonisatie der sociale stelsels zal worden bevorderd, als uit de in dit Verdrag bepaalde procedures en het nader tot elkaar brengen van wettelijke en bestuursrechtelijke bepalingen'.

450. Dit artikel spreekt over 'harmonisatie van de sociale stelsels', maar biedt geen bevoegdheden aan de Raad om zo'n harmonisatie te verwerkelijken. Artikel 117 suggereert dat harmonisatie als vanzelf door de werking van de markt zal plaatshebben, namelijk als de belemmeringen daarvoor zijn weggenomen. Deze formulering is te verklaren uit de ontstaansgeschiedenis van deze bepaling. Bij de onderhandelingen om te komen tot het EG-verdrag had Frankrijk namelijk sterk aangedrongen op een 'sociale harmonisatie' door de EG. Frankrijk vreesde dat de Franse ondernemingen anders te veel te lijden zouden hebben onder de kosten van de Franse sociale zekerheid; Duitsland bracht hier tegen in dat de sociale-zekerheidskosten slechts één van de vele factoren waren die relevant zijn voor de concurrentiepositie van de ondernemingen op een eengemaakte markt. Ook elementen zoals de infrastructuur, het sociale

klimaat en het belastingregime zijn relevant voor de concurrentiepositie van een onderneming. Als alleen de sociale zekerheid geharmoniseerd zou worden zou de concurrentiepositie eerder verstoord worden dan bevorderd (zie ook nr. 443). Dit meningsverschil werd opgelost met de tekst van artikel 117, die de oplossing van dit vraagstuk in het midden liet.

451. Artikel 117 heeft overigens wel dienst gedaan om harmonisatiemaatregelen te nemen. Aanknopingspunt hiervoor is de zinsnede aan het eind van dit artikel, namelijk dat harmonisatie zal voortvloeien uit 'het nader tot elkaar brengen van wettelijke en bestuursrechtelijke bepalingen'. Deze formulering sluit namelijk aan bij een onderdeel dat elders in het EG-Verdrag geregeld is, namelijk 'de aanpassing van de wetgevingen' uit de artikelen 100 tot en met 102 van het EG-Verdrag. Artikel 100 en/of artikel 235 van het EG-Verdrag kunnen wel dienen ter uitwerking van artikel 117, aangezien deze bepalingen bevoegdheidcreërend zijn.

452. Artikel 100 EG-Verdrag luidt:

> 'De Raad stelt met eenparigheid van stemmen op voorstel van de Commissie richtlijnen vast voor het nader tot elkaar brengen van de wettelijke en bestuursrechtelijke bepalingen der Lid-Staten welke rechtstreeks van invloed zijn op de instelling of de werking van de gemeenschappelijk markt. (..).'

Het Hof van Justitie heeft deze grondslag voor maatregelen van sociale politiek geaccepteerd.[7]

453. Artikel 235 EG-Verdrag luidt:

> 'indien een optreden van de gemeenschap noodzakelijk blijkt om, in het kader van de gemeenschappelijke markt, een der doelstellingen van de gemeenschap te verwezenlijken zonder dat het Verdrag in de daartoe vereiste bevoegdheden voorziet, neemt de Raad met eenparigheid van stemmen op voorstel van de Commissie en na raadpleging van de Vergadering [het Parlement] de passende maatregelen.'

454. In nr. 58 e.v. hebben we gesproken over de toepasselijkheid van het EU-recht op de Lid-Staten van de EER. Het EER-Verdrag bevat ook bepalingen op het gebied van de sociale politiek. Artikel 66 tot en met artikel 71 van het EER-Verdrag zijn analoog geformuleerd aan artikel 117 tot en met 119 van het EG-Verdrag. In Bijlage XVIII zijn de onderdelen van het secundaire recht opgenomen die van toepassing zijn op de EVA-Staten. Hierin zijn opgenomen de richtlijnen inzake de gelijke behandeling van mannen en vrouwen (zie nr. 525 e.v. van dit boek).

[7] Een voorbeeld is Richtlijn 75/117 betreffende het nader tot elkaar brengen van de wetgevingen van de lidstaten inzake de toepassing van het beginsel van gelijke beloning voor mannelijke en vrouwelijke werknemers.

455. Met het oog op de sociale dimensie van Europa was in 1989 het Gemeenschapshandvest van de sociale grondrechten van werkenden opgesteld. Een van de overwegingen van het Handvest luidt dat de sociale consensus bijdraagt tot de verbetering van het concurrentievermogen van de ondernemingen en van de gehele economie, alsmede tot het scheppen van arbeidsplaatsen en dat die consensus een essentiële voorwaarde is voor een aanhoudende economische ontwikkeling. De verwezenlijking van de interne markt dient de onderlinge opwaartse aanpassing van de levensstandaard en de arbeidsvoorwaarden alsmede de economische en sociale samenhang te bevorderen, waarbij concurrentievervalsing moet worden vermeden, aldus de daarop volgende overweging.

456. Artikel 10 van het Handvest bepaalt dat volgens de specifieke bepalingen van elk land personen die, ongeacht of zij al of niet reeds hebben gewerkt, van de arbeidsmarkt zijn uitgesloten en geen bestaansmiddelen hebben, aanspraak moeten kunnen maken op voldoende uitkeringen en middelen, aangepast aan hun persoonlijke situatie.[8]

457. Dit Handvest werd slechts door elf van de toenmalige twaalf Lid-Staten ondertekend, omdat Groot-Brittannië geen bemoeienis wilde op het terrein van sociale politiek. De juridische betekenis van deze tekst is dan ook moeilijk te bepalen, omdat dit instrument niet aansluit bij de in het Verdrag genoemde instrumenten.

458. De bepalingen betreffende harmonisatie zijn enigszins in diskrediet geraakt, omdat ze in algemene termen geformuleerd zijn. Met name na de totstandkoming van het Verdrag van Maastricht in 1992 is het gebruik van dergelijke algemene bevoegdheden problematisch geworden. In het kader van de totstandkoming van dit verdrag is namelijk het *subsidiariteitsbeginsel* ontwikkeld. Dit beginsel houdt in dat de Gemeenschap alleen optreedt als de te bereiken doeleinden beter op haar niveau dan op dat van de Lid-Staten kunnen worden verwezenlijkt.

459. Het subsidiariteitsbeginsel is in het Verdrag van Maastricht opgenomen en wel in artikel 3B. Dit artikel luidt:

> 'De Gemeenschap handelt binnen de grenzen van de haar door dit Verdrag verleende bevoegdheden en toegewezen doelstellingen.
> Op gebieden die niet onder haar exclusieve bevoegdheid vallen, treedt de Gemeenschap, overeenkomstig het subsidiariteitsbeginsel, slechts op indien en voor zover de doelstellingen van het overwogen optreden niet voldoende door de

[8] Com (89) 568 def. Het Handvest is o.a. opgenomen in *NJCM-bulletin* 1990, no 15-1, blz. 22 en in Zeijen en Jacobs (1992). Voor een commentaar zie Addison en Siebert (1991), Van den Berg (1990) en Vogel-Polsky (1990).

Lid-Staten kunnen worden verwezenlijkt en derhalve vanwege de omvang of de gevolgen van het optreden beter door de Gemeenschap kunnen worden verwezenlijkt.'

460. Dit artikel roept de nodige vragen op. Wanneer is er immers sprake van dat doelstellingen 'niet voldoende' kunnen worden verwezenlijkt en derhalve 'vanwege de omvang of de gevolgen' beter door de Gemeenschap kunnen worden verwezenlijkt?

461. Het subsidiariteitsbeginsel kan dus inhouden dat een hoger lichaam niet die taken mag uitvoeren die een lager lichaam zou kunnen verrichten. Dit aspect wordt wel aangeduid met de term *verticale* subsidiariteit. Een besluit moet op een zo laag mogelijk niveau in de hiërarchie genomen worden.[9] Het subsidiariteitsprincipe laat hiermee nog veel onduidelijkheden ebstaan en is vooral een basis om maatregelen ter discussie te stellen: wanneer mag een hoger orgaan nu wel en wanneer niet een bepaald besluit uitvoeren?

462. Er kan ook sprake zijn van een andere vorm van subsidiariteit, namelijk *horizontale subsidiariteit*. Deze vorm van subsidiariteit houdt in dat de Gemeenschapswetgever geen maatregelen neemt die ook door de sociale partners genomen kunnen worden. Ook deze vorm van subsidiariteit is in het kader van het verdrag van Maastricht ontwikkeld. Bij horizontale subsidiariteit kan zowel aan initiatieven van sociale partners op het niveau van de EU gedacht worden, als aan de sociale partners op het niveau van de nationale staten. De sociale partners op Europees niveau, die wellicht het beste kunnen voorzien in vraagstukken van bovennationale aard, vormen echter nog geen (sterke) organisatie. De Europese Commissie bevordert de zgn. 'sociale dialoog', waarin Europese werknemers- en werkgeversorganisaties overleggen over onderwerpen van sociale politiek, met soms als doel om op dit terrein topt overeenkomsten te komen.

Op grond van artikel 118 B van het verdrag is het voor de sociale partners mogelijk om in Europees verband tot afspraken en kaderakkoorden te komen.

II. De overeenkomst inzake sociale politiek

463. Bij de onderhandelingen over het Verdrag van Maastricht wilde het Verenigd Koninkrijk niet instemmen over de bepalingen omtrent de sociale politiek. De Lid-Staten sloten daarop, met uitzondering van het Verenigd Koninkrijk, een overeenkomst tussen de Lid-Staten.[10]

[9] Zie *Subsidiarity: the Challenge of Change* (1991), met een collectie artikelen over dit beginsel. Zie ook Pennings (1993).

[10] *PB C* 224 van 31 augustus 1992, blz. 127. Zie ook Fitzpatrick (1992) en Prechal (1992).

De overeenkomst bepaalt dat de bepalingen die op basis van deze overeenkomst vastgesteld een Lid-Staat niet beletten maatregelen te handhaven of in te voeren met een hogere graad van bescherming, op voorwaarde dat deze met het EG-Verdrag verenigbaar zijn.

464. Artikel 2 van de overeenkomst bepaalt dat ter verwezenlijking van de doelstellingen van artikel 1 het optreden van de Lid-Staten op de volgende gebieden wordt ondersteund en aangevuld.

De Raad kan door middel van richtlijnen minimumvoorschriften vaststellen die geleidelijk van toepassing zullen worden op het terrein van de verbetering het arbeidsmilieu, ten einde de veiligheid en de gezondheid van de werknemers te beschermen. Een ander gebied betreft de integratie van personen die van de arbeidsmarkt zijn uitgesloten.

Op een aantal onderdelen is echter eenparigheid van stemmen vereist (derde lid van dit artikel), en wel op het gebied van de sociale zekerheid en de sociale bescherming van werknemers, de bescherming van werknemers bij beëindiging van de arbeidsovereenkomst en de financiële bijdragen ter bevordering van de werkgelegenheid en het scheppen van arbeidsplaatsen.

Op het terrein van de sociale zekerheid blijft dus unanimiteit vereist, maar de overeenkomst brengt mee dat het nu slechts gaat om de eenparigheid van de Lid-Staten die de overeenkomst getekend hebben, en niet om alle Lid-Staten.

465. Artikel 2, vierde lid heeft betrekking op de sociale partners op het niveau van de Lid-Staat. Een Lid-Staat kan de sociale partners, indien zij gezamenlijk daarom verzoeken, belasten met de tenuitvoerlegging van de krachtens de leden 2 en 3 van dit artikel vastgestelde richtlijnen. Dit is dus een bepaalde uitwerking van de horizontale subsidiariteit. De EU stelt een richtlijn vast, maar de Lid-Staat hoeft deze niet zelf door middel van wetgeving uit te voeren.

De Lid-Staat moet zich er dan wel van moet verzekeren dat de sociale partners binnen de tenuitvoerleggingstermijn van de richtlijn de nodige maatregelen in een overeenkomst hebben ingevoerd. De Lid-Staat moet zelf alle maatregelen nemen om de in de betrokken richtlijn voorgeschreven resultaten te allen tijde te kunnen waarborgen.

466. Artikel 3 betreft de dialoog met de sociale partners op *communautair* niveau. Volgens dit artikel heeft de Commissie tot taak de raadpleging van de sociale partners op communautair niveau te bevorderen en alle maatregelen te treffen die nuttig kunnen zijn om de dialoog tussen de partners te vergemakkelijken door middel van een evenwichtige ondersteuning van de partijen. De Commissie moet daarom, alvorens voorstellen op het gebied van de sociale politiek in te dienen, de sociale partners raadplegen. Vervolgens moeten de partners geraadpleegd worden over de inhoud van een eventueel overwogen

voorstel. De procedure mag maximaal negen maanden in beslag nemen, tenzij de betrokken partners en de Commissie gezamenlijk besluiten tot verlenging. Dit is een duidelijke procedurele uitwerking van het beginsel van horizontale subsidiariteit.

467. De sociale partners kunnen de Commissie tijdens die overlegronde vragen de procedure van artikel 4 van de Overeenkomst in te leiden. In dat geval kunnen op communautair niveau overeenkomsten gesloten worden die de betreffende onderdelen regelen. De tenuitvoerlegging van die op communautair niveau gesloten overeenkomsten kan op twee manieren geschieden. Enerzijds volgens de procedures en gebruiken die eigen zijn aan de sociale partners en aan de Lid-Staten, anderzijds op gezamenlijk verzoek van de ondertekenende partijen, door een besluit van de Raad op voorstel van de Commissie.

§ 3. De maatregelen op het terrein van harmonisatie van de sociale zekerheid

A. Algemeen

468. Afgezien van de richtlijnen die de gelijke behandeling van mannen en vrouwen betreffen (zie nr. 525 e.v.), is de harmonisatie van de sociale zekerheid nog niet ver gevorderd. In feite betreffen de maatregelen op dit terrein alleen aanbevelingen. Aanbevelingen vormen een veel zwakker instrument dan de andere instrumenten van de raad, zoals verordeningen en richtlijnen; toch zijn ze niet zonder betekenis.

469. Het Hof van Justitie van de EG is namelijk van oordeel dat het nationale recht zo veel mogelijk moet worden uitgelegd in het licht van het EU-recht, zelfs al gaat het om niet-bindend recht. Het Hof stipte dit al aan in het *Marleasing*-arrest,[11] dat overigens geen betrekking had op de sociale zekerheid. In de *Verholen*-zaak[12] kwam deze benadering aan de orde op het terrein van de sociale zekerheid. Dit arrest had betrekking op de richtlijn betreffende gelijke behandeling op het terrein van de wettelijke sociale zekerheid, zie nr. 555. Het probleem dat hier relevant was, was dat ook personen die niet onder de personenkring van de richtlijn vielen, een beroep op het antidiscriminatieverbod van de richtlijn deden. Het was duidelijk dat alleen personen die onder de personenkring vallen daadwerkelijk de richtlijn kunnen inroepen. In zijn opinie besteedde de Advocaat-Generaal aandacht aan de klaagsters die niet onder de personele werkingssfeer van de richtlijn vielen; hij betoogde dat de nationale rechter het nationale recht 'zoveel mogelijk' moet uitleggen in het licht van de

[11] HvJ 13 november 1990, zaak 106/89, *Jur.* 1990, 4135.
[12] HvJ 11 juli 1991, zaak 87/90, *Jur.* 1991, I-3757.

bewoordingen en het doel van een richtlijn. Dit wordt de richtlijnconforme-uitleg-rechtspraak genoemd.[13] Deze vorm van rechtsvinding houdt in, dat ook onderdelen van een Gemeenschapsinstrument, die geen bindende kracht hebben (zoals i.c. met betrekking tot personen die niet onder de personenkring van de betreffende richtlijn vallen) tegenover een nationale rechter een beroep kunnen doen op dat instrument.

De nationale rechter moet voor zoveel mogelijk trachten aan het nationale recht een interpretatie te geven die aansluit bij de eisen van de Gemeenschapsregeling. Deze verplichting heeft de rechter zowel voor gemeenschapsnormen met rechtstreekse werking, als voor normen zonder rechtstreekse werking. Een mogelijkheid in zo'n situatie waarin gelijke behandeling in het geding is, is dat de nationale rechter gebruik maakt van een algemene gelijkebehandelingsbepaling van bijv. de grondwet of een internationaal verdrag (artikel 26 IVBP), om op deze wijze de bepalingen van de richtlijn ook toe te passen op personen die niet onder de personele werkingssfeer van de richtlijn vallen.

Deze benadering is ook van belang voor de zogenaamde *soft law*, waartoe ook *aanbevelingen* horen.

B. Aanbevelingen betreffende minimumuitkeringen en convergentie

470. De Raad heeft in 1992 twee Aanbevelingen op het terrein van de sociale politiek aangenomen. De ene Aanbeveling is die 'inzake gemeenschappelijke criteria met betrekking tot toereikende inkomsten en prestaties in de stelsels van sociale bescherming'. De tweede is de aanbeveling van de Raad van 27 juli 1992 betreffende 'de Convergentie van de doelstellingen en het beleid op het gebied van de sociale bescherming'.[14] Beide aanbevelingen zijn gebaseerd op artikel 235 van het EG-Verdrag, dat de Raad de algemene bevoegdheid verleent om maatregelen te treffen die hij nodig acht ter verwezenlijking van de gemeenschappelijke markt.

De aanbevelingen zijn zeer omzichtig geformuleerd; om de teksten leesbaar te houden zijn ze in onderstaande enigszins ingekort.[15]

I. Gemeenschappelijke criteria met betrekking tot toereikende inkomsten en prestaties

471. De Europese Commissie motiveerde de noodzaak van deze aanbeveling door te verwijzen naar het gevaar dat de omvang en intensiteit van uitsluiting

[13] Zie ook HvJ 8 november 1990, zaak 177/88, *Dekker*, *Jur.* 1990, 3941. Zie hierover Betlem (1991).

[14] Beide zijn gepubliceerd in *PB L* 245 van 26 augustus 1992.

[15] Voor een bespreking van de verschillen tussen de ontwerp-Aanbevelingen en de uiteindelijke teksten, zie Pennings (1992c).

nog groter zullen zijn na totstandkoming van de interne markt.[16] De aanbeveling beoogt een recht op een minimuminkomen in te voeren waar het nog niet bestaat. Voorzover minimumuitkeringen al bestaan beoogt de aanbeveling gemeenschappelijke algemene beginselen en criteria vast te stellen teneinde dit recht toe te kennen aan alle personen die op het grondgebied van de Gemeenschap verblijven.

472. De aanbeveling roept de Lid-Staten op om in het kader van een algemene, coherente regeling ter bestrijding van sociale uitsluiting het fundamentele recht te erkennen van personen op inkomsten en prestaties die toereikend zijn om een menswaardig bestaan te leiden. De aanbeveling biedt echter geen een subjectief recht aan betrokkenen. De opdracht tot verwezenlijking van dit fundamentele recht is beperkt tot personen die legaal gevestigd zijn in de betreffende staat.

Volgens de aanbeveling dienen alle personen die zelf of in het huishouden waarin zij leven, niet over toereikende inkomsten beschikken, in aanmerking te komen voor dit recht. Als voorwaarde geldt hierbij dat ze actief beschikbaar zijn voor arbeid of een beroepsopleiding ten einde werk te vinden. Deze voorwaarde geldt voor personen die qua leeftijd, gezondheid en gezinssituatie actief beschikbaar kunnen zijn. Bij de overige personen kan de voorwaarde gesteld worden dat ze beschikbaar zijn voor maatregelen die strekken tot economische en sociale integratie.

De Lid-Staten zijn overigens vrij om dit recht niet toe te kennen aan personen die een voltijdse betrekking hebben of aan studenten.

Ten slotte bepaalt de aanbeveling dat het recht zonder beperking in tijd dient te gelden en het dient aanvullend te zijn ten opzichte van andere uitkeringen.

473. Vervolgens worden meer concrete criteria genoemd voor de minimumuitkeringen. Aanbevolen wordt rekening te houden met de levensstandaard en het prijspeil in de betrokken Lid-Staat. De bedragen van de uitkeringen moeten toereikend zijn om op menswaardige wijze in de noodzakelijke levensbehoeften te voorzien van huishoudens van verschillend type en verschillende omvang.

474. Bij de vaststelling van deze bedragen dient te worden uitgegaan van passende indicatoren, zoals met name het gemiddelde beschikbare inkomen in de Lid-Staat, de gezinsconsumptiestatistiek of (indien aanwezig) het wettelijk minimumloon of het prijspeil. Voor personen die de leeftijd en de geschiktheid hebben om te werken, moet een stimulans blijven bestaan om werk te zoeken. Personen met individuele en gezinsinkomsten die lager zijn dan dit bedrag dienen afgestemde financiële steun te krijgen.

[16] *PB C* 163/3 van 22 juni 1991.

475. Er dienen de nodige maatregelen te worden genomen opdat de allerarmsten ook daadwerkelijk over dit recht op een minimuminkomen worden geïnformeerd; de administratieve procedures en de controle op de inkomsten en de situaties met betrekking tot de toegang tot dit recht dienen vereenvoudigd te worden en er dienen mogelijkheden te worden gecreëerd om eenvoudig, snel en doeltreffend bij onafhankelijke derden, zoals rechtbanken, in beroep te gaan.

476. Indien nodig dient een onderscheid te worden gemaakt naar leeftijdscategorie of gezinssituatie.

477. De in deze aanbeveling bedoelde maatregelen worden met ingang van 24 juni 1992 geleidelijk uitgevoerd, en in 1997 zal een balans worden opgemaakt. De aanbeveling eindigt met een bepaling dat de Europese Commissie verzocht wordt om in samenwerking met de Lid-Staten de systematische uitwisseling van informatie en ervaringen te bevorderen en te organiseren. Op gezette tijden moet de Commissie een verslag overleggen met een beschrijving van de gemaakte vorderingen en de problemen bij de uitvoering op basis van de haar door de Lid-Staten verstrekte gegevens.

478. De formulering van de aanbeveling is vaak slechts in zeer globale termen. De zinsneden 'zoveel mogelijk' of 'volgens de nationale bepalingen' komen vaak voor. Daarbij wordt maximale vrijheid overgelaten aan de Lid-Staten. Voorts bevat de aanbeveling nog de zinsnede dat rekening moet worden gehouden met de beschikbare economische en begrotingsmiddelen, alsmede met de door de nationale autoriteiten vastgestelde prioriteiten en het evenwicht binnen de stelsels van sociale bescherming.

De aanbeveling biedt geen subjectief recht op uitkering, bevat verwijzingen naar de economische factoren als relevante factoren voor de mogelijkheid tot verwezenlijking van dit recht en de afhankelijkheid van het individu van anderen wordt niet doorbroken. In verschillende opzichten gaat IAO-Verdrag 102 verder dan deze aanbeveling.

II. De convergentie van de doelstellingen en het beleid op het gebied van de sociale bescherming

479. De tweede Aanbeveling[17] betreft die van de convergentie van doelstellingen en het beleid op het gebied van de sociale bescherming. Convergentie is een term die het woord *harmonisatie* moet vervangen; harmonisatie werd te omstreden geacht. Het precieze verschil tussen convergentie en harmonisatie is niet duidelijk, maar met convergentie, naar elkaar toegroeien, worden in ieder geval niet de vormen (2) – (4) van harmonisatie bedoeld, die in nr. 438 voorkwamen.

[17] *PB L* 245 van 26 augustus 1992.

480. De aanbeveling beveelt de Lid-Staten aan om hun algemene beleid op het gebied van de sociale bescherming op een aantal doelstellingen te richten. Ze laat de bevoegdheid van de Lid-Staten onverlet om de beginselen en de organisatie van hun eigen stelsels in de betrokken sectoren te bepalen.

De Lid-Staten mogen rekening houden met de beschikbare financiële middelen, de prioriteiten en het evenwicht binnen de stelsels van sociale bescherming en de verschillen in organisatie en financiering van deze stelsels.

481. De Lid-Staten dienen personen die legaal op hun grondgebied woonachtig zijn, ongeacht hun inkomenspeil, de mogelijkheid te bieden om in aanmerking te komen voor de stelsels ter bescherming van de volksgezondheid die in de Lid-Staten bestaan.

Ze dienen ook de sociale integratie te bevorderen van de personen die legaal op hun grondgebied woonachtig zijn, alsook de integratie van hen die kunnen werken op de arbeidsmarkt.

482. Ze dienen aan werknemers, wanneer zij wegens pensionering hun activiteit beëindigen, dan wel deze wegens ziekte, ongeval, moederschap, invaliditeit of werkloosheid moeten onderbreken, een vervangingsinkomen toe te kennen. Dit dient de vorm te hebben van een uniforme uitkering of een uitkering die gerelateerd is aan het eerder verdiende inkomen, waardoor hun levensstandaard, op grond aan hun deelneming aan passende sociale-zekerheidsregelingen, in redelijke mate in stand wordt gehouden.

483. De Lid-Staten moeten de mogelijkheid onderzoeken om een passende sociale bescherming voor zelfstandigen tot stand te brengen.

484. Bij het toekennen van sociale-beschermingsprestaties moeten de Lid-Staten de volgende beginselen in acht nemen.

Ten eerste is dat het beginsel van gelijke behandeling: iedere discriminatie naar nationaliteit, ras, geslacht religie, zeden of politieke overtuiging moet vermeden worden, wanneer de aanvragers voldoen aan de ter verkrijging van de prestaties gestelde voorwaarden inzake de duur van de tijdvakken van verzekering en/of wonen.

Ten tweede wordt het billijkheidsbeginsel genoemd; de uitkeringsgerechtigden dienen hun aandeel in de verbetering van de levensstandaard van de gehele bevolking te ontvangen, zij het met inachtneming van de op nationaal niveau vastgestelde prioriteiten.

De Lid-Staten moeten voorts streven naar aanpassing van de sociale-zekerheidsstelsels aan de ontwikkelingen in de leefwijzen van de gezinsstructuren, wanneer deze nieuwe behoeften aan sociale bescherming doen ontstaan. De tekst noemt met name veranderingen op de arbeidsmarkt en van de demografische ontwikkelingen.

Ten slotte dienen de sociale-beschermingsstelsels zo doelmatig mogelijk beheerd te worden, gelet op de rechten, de behoeften en de omstandigheden van de betrokkenen, alsmede zo doeltreffend mogelijk georganiseerd te zijn en te functioneren.

485. De aanbeveling bevat vervolgens specifieke bepalingen voor verschillende soorten prestaties.

Prestaties bij ziekte

486. Personen die legaal op het grondgebied van de Lid-Staten woonachtig zijn, moeten toegang hebben tot de nodige gezondheidszorg, alsmede tot de maatregelen ter preventie van ziekten. De Lid-Staten worden geacht toe te zien op de handhaving en zo nodig de ontwikkeling van een gezondheidszorg van de nodige kwaliteit. Die gezondheidszorg moet aangepast zijn aan de veranderde behoeften van de bevolking, en met name van die welke voortvloeien uit de zorgbehoefte van ouderen, aan de ontwikkelingen in de ziekteleer en de behandelingstechnieken en aan de vereiste intensivering van de preventie.

Indien nodig moet ook de revalidatie van herstellende zieken en hun herinschakeling in het arbeidsproces georganiseerd worden.

Aan werknemers die door ziekte hun werk moeten onderbreken, moet een uniforme of een loongerelateerde uitkering toegekend worden, waardoor hun levensstandaard in redelijke mate in stand gehouden kan worden.

Moederschap

487. Lid-Staten moeten voorzien in een tegemoetkoming in de kosten van de door zwangerschap, bevalling en de als gevolg daarvan noodzakelijk geworden verzorging voor alle vrouwen die legaal op het grondgebied van de Lid-Staat woonachtig zijn.

Tevens wordt aanbevolen te bewerkstelligen dat werkneemsters, wanneer zij hun arbeid wegens moederschap onderbreken, een passende sociale bescherming genieten.

Werkloosheid

488. Personen zonder betaald werk die legaal op het grondgebied van de Lid-Staat woonachtig zijn, dienen, op voorwaarde dat zij actief beschikbaar zijn voor de arbeidsmarkt, een minimuminkomen te krijgen. Ten behoeve van werklozen, met name jongeren die tot de arbeidsmarkt toetreden en langdurig werklozen, moeten voorzieningen worden opgezet om uitsluiting te bestrijden, met de bedoeling hun inschakeling op de arbeidsmarkt te bevorderen. Werkloze werknemers dienen een uniforme uitkering of een loongerelateerde uitkering te ontvangen. Hierbij geldt de voorwaarde dat zij actief beschikbaar zijn voor de arbeidsmarkt of voor een beroepsopleiding.

Arbeidsongeschiktheid

489. Ook aan gehandicapten moet een minimuminkomen worden gewaarborgd. Lid-Staten dienen de sociale en economische integratie van langdurig zieken of arbeidsongeschikten te bevorderen. Werknemers die hun werkzaamheid als gevolg van invaliditeit moeten verminderen of onderbreken, dienen een uniforme of loongerelateerde uitkering te ontvangen.

Ouderdom

490. Ouderen dienen eveneens een minimuminkomen te verkrijgen; de Lid-Staten moeten passende maatregelen nemen om ouderen sociaal te beschermen. Ze dienen hierbij rekening te houden met de specifieke behoeften van ouderen die afhankelijk zijn van de zorg en de dienstverlening van derden.

Lid-Staten dienen ook maatregelen te nemen om de sociale uitsluiting van ouderen te bestrijden, met inachtneming van de nationale situatie inzake werkloosheid en demografische ontwikkeling. Ze moeten trachten de belemmeringen weg te nemen die verhinderen, dat personen die de pensioengerechtigde leeftijd hebben bereikt, blijven werken.

Ze moeten voorwaarden scheppen opdat gepensioneerde werknemers met een volledige loopbaan tijdens de gehele periode van hun pensioen een vervangingsinkomen kunnen genieten dat een redelijk deel van hun vroegere arbeidsinkomen uitmaakt. Lid-Staten mogen hierbij rekening houden met de wettelijke en aanvullende stelsels en het evenwicht tussen de belangen van werkenden en gepensioneerden.

Met betrekking tot werknemers die een onvolledige loopbaan hebben, omdat ze perioden van ziekte, invaliditeit of langdurige werkloosheid hebben meegemaakt, of omdat kinderen groot hebben gebracht of voor anderen gezorgd, moet de Lid-Staat zorgen dat ze in hun pensioenvoorziening hierdoor minder benadeeld worden; dit kan met name geschieden door in de mogelijkheid van vrijwillige premiebetaling te voorzien.

Pensioenstelsels moeten worden aangepast aan de ontwikkelingen in de leefwijzen en gezinsstructuren. Zo nodig moeten de Lid-Staten bevorderen dat de voorwaarden voor het verkrijgen van pensioenrechten, met name van rechten op aanvullend pensioen, worden bijgesteld ten einde de belemmeringen voor de mobiliteit van werknemers weg te nemen. Te zijner tijd moeten de pensioenstelsels aan de demografische ontwikkelingen aangepast worden. Hierbij dient de sleutelrol van de wettelijke pensioenregelingen gehandhaafd te blijven.

Gezin

491. Op het terrein van de gezinnen dienen de uitkeringen verder uitgebouwd te worden voor de gezinnen met de hoge kosten voor kinderen.

Als personen, na hun kinderen te hebben groot gebracht, tot de arbeidsmarkt wensen toe te treden, dan moet deze wens bevorderd worden.

De Lid-Staten moeten helpen de belemmeringen weg te nemen voor het uitoefenen van een beroepsbezigheid door ouders, via maatregelen die de combinatie van gezins- en beroepsleven mogelijk maken.

§4. Scenario's voor harmonisatie

I. Het dertiende-land-stelsel

492. In 1989 deed prof. Danny Pieters het voorstel voor een dertiendelandstelsel.[18] Dit voorstel gaat er van uit dat er een stelsel moet komen voor personen die zich over de grenzen verplaatsen en met meerdere sociale-zekerheidsstelsels te maken krijgen tijdens hun loopbaan. Dit stelsel, speciaal voor migranten, is geïnspireerd door het speciale sociale-zekerheidsstelsel dat voor ambtenaren van de EU bestaat. Aansluiting geschiedt op basis van vrijwilligheid; als een werknemer zich eenmaal aangesloten heeft bij dit stelsel, dan kan hij daar niet meer op terug komen.

De vrijwilligheid om zich bij het stelsel aan te sluiten zou moeten worden bevorderd door het nieuwe stelsel aantrekkelijk te maken, dat wil zeggen, zo goed mogelijk. 'Zo goed mogelijk' hoeft niet in te houden, dat het een stelsel is met de hoogst mogelijke uitkeringen; het kan ook gaan om een stelsel met een gunstige prijs-prestatie-ratio: de werknemer krijgt een relatief gunstige uitkering gelet op de lage premie die betaald wordt.

Dit voorstel wordt door de verschillende critici[19] geprezen om de originele aanpak, maar er is weinig politieke steun voor. Tegen het voorstel wordt ingebracht dat de kosten hoog zullen zijn. Ook zullen lager-betaalden vaak een ander behoeftenpatroon in hun sociale-zekerheidsbescherming hebben (beroepsongevallen en -ziekte, vroege pensionering, werkloosheid) dan de hogerbetaalden, hetgeen de opzet van een dertiendelandstelsel bemoeilijkt. De ideeën zijn door betrokkenen verder uitgewerkt in het voek *The Thirteenth State*.[20]

II. De Europese sociale slang

493. Een ander voorstel betreft de Europese sociale slang.[21] In dit stelsel wordt het niveau, alsook de omvang van de bescherming van elke staat, eerst bepaald door middel van een of meerdere passende parameters. Rekening wordt bijvoorbeeld gehouden met een percentage van het bruto nationaal

[18] Zie Pieters (1989a) en (1989b).

[19] Feenstra (1990), Kavelaars (1992).

[20] Zie Pieters en Vansteenkiste (1993).

[21] M. Dispersyn en Pierre van der Vorst (Vrije Universiteit Brussel) op het colloquium *1993 – Europe et protection sociale* op 9 en 10 oktober 1989. Beschreven in Busquin (1990: 562 e.v.).

produkt. Vervolgens zou de afwijking van elke Lid-Staat ten opzichte van het communautair gemiddelde van de sociale bescherming bepaald moeten worden. Voor de staten boven dit gemiddelde zou het 'positief' verschil over een bepaalde periode constant moeten blijven of toenemen. Als de sociale bescherming aanzienlijk daalt onder de toegestane fluctuatiemarges, geeft dit aanleiding tot een overlegprocedure met de Commissie. Een aanzienlijke stijging van de bescherming in deze staten zou daarentegen kunnen leiden tot interventies ten voordele van de staten die het communautair gemiddelde niet bereiken, om te voorkomen dat hun 'achterstand' ten opzichte van dat gemiddelde buitensporig zou toenemen.

Dilemma lijkt te zijn hoe zo'n 'slang' kan werken: zullen de staten met toenemende stelsels sociale zekerheid bereid zijn om bij te dragen aan een gemeenschappelijk fonds om de achterblijvers te steunen? Zou dat niet te zeer een rem zetten op verbetering? En een premie op een niet al te actief gedrag? Ook dit voorstel is uitgewerkt, ditmaal in een zeer uitgebreid rapport, ook gepubliceerd als tijdschriftartikel, met vele berekeningen.[22]

494. *Conclusie.* Er zijn weinig krachtige instrumenten voor een algemene sociale politiek in de EU. Het primaat van de sociale politiek heeft van oudsher bij de Lid-Staten gelegen, en dat is sinds de discussie over het subsidiariteitsbeginsel alleen nog maar sterker geworden. De Overeenkomst voor de sociale politiek geeft enige nieuwe aanknopingspunten voor maatregelen. Ook hier bestaat echter een grote terughoudendheid voor een belangrijke versterking van de sociale maatregelen op gemeenschapsniveau.

[22] Dispersyn e.a. (1992).

HOOFDSTUK XVIII

GELIJKE BELONING VAN MANNEN EN VROUWEN: ARTIKEL 119

§ 1. Inleiding

495. Artikel 119 EG-Verdrag gebiedt de gelijke beloning van mannen en vrouwen. Dit artikel luidt:

> 'Iedere Lid-Staat verzekert gedurende de eerste etappe en handhaaft vervolgens de toepassing van het beginsel van gelijke beloning voor mannelijke en vrouwelijke werknemers voor gelijke arbeid.
>
> Onder beloning in de zin van dit artikel dient te worden verstaan het gewone basis- of minimumloon of -salaris, en alle overige voordelen in geld of natura die de werkgever direct of indirect aan de werknemer uit hoofde van zijn dienstbetrekking betaalt.'

496. De oorspronkelijke reden voor opname van dit artikel in het EG-Verdrag in 1957 was dat sommige van de toekomstige verdragsluitende staten al IAO-Verdrag 100 over gelijke beloning van mannen en vrouwen hadden geratificeerd. Een aantal andere Lid-Staten hadden dit echter niet gedaan. Daarom bestond de vrees dat die Lid-Staten die dit niet gedaan hadden, zouden kunnen concurreren door vrouwen als goedkopere arbeidskrachten in te zetten; de arbeidskosten zouden voor deze Lid-Staten lager zijn dan die van Lid-Staten, die mannen en vrouwen een gelijk loon moesten betalen. Dit zou tot concurrentievervalsing leiden. Concurrentie op basis van verschillen in beloning van mannen en vrouwen zou ook vanuit het oogpunt van sociale politiek ongewenst zijn.

497. Artikel 119 heeft vervolgens een belangrijke rol gespeeld in de sociale politiek van de EU en deze rol heeft veel meer ingehouden dan het voorkomen van concurrentievervalsing.

498. Het eerste arrest waarin het Hof een interpretatie moest geven van artikel 119, is het *Eerste Defrenne*-arrest.[1] Mevrouw Defrenne was als stewardess werkzaam bij de Belgische vliegmaatschappij Sabena. In haar arbeidsovereenkomst was opgenomen dat deze zou eindigen op de datum waarop zij veertig zou worden. Zij vocht de beëindiging van haar arbeidsovereenkomst aan en deed daarbij een beroep op artikel 119 EG-Verdrag. De procedures die zij voor

[1] HvJ 25 mei 1971, zaak 80/70, *Jur*. 1971, 446,

de nationale rechter voerde hebben uiteindelijk geleid tot drie arresten van het Hof van Justitie.

499. Het *Eerste Defrenne*-arrest ging over de bepaling in de Belgische regeling dat vrouwen van het Sabena-pensioen waren uitgesloten. Het Hof overwoog dat voor de beantwoording van de vraag of dit geoorloofd was, relevant was of het rustpensioen een voordeel was dat de werkgever indirect aan de werknemer uit hoofde van zijn dienstbetrekking betaalde. Deze vraag sloot aan bij de definitie van beloning in artikel 119. Indien een voordeel tevens het karakter van sociale zekerheid heeft, dan hoeft dit niet te betekenen dat het niet ook onder het begrip *loon* kan vallen, aldus het Hof. Onder het begrip *loon* valt echter niet een stelsel van sociale zekerheid dat zonder enig overleg binnen de betrokken onderneming of bedrijfstak rechtstreeks bij de wet is vastgesteld. Indien van zo'n regeling sprake is, dan vormt de werkgeversbijdrage aan zo'n stelsels namelijk geen directe of indirecte betaling aan de werknemer, aldus het Hof.

Welnu, het Sabena-pensioen was geregeld in een Koninklijk Besluit, dat speciaal aan het Sabenapensioen gewijd was. Daarom oordeelde het Hof dat het Sabenapensioen een wettelijk pensioen betrof, dat niet was te zien als een voordeel betaald door de werkgever uit hoofde van de dienstbetrekking. Mevrouw Defrenne kon dus geen beroep op artikel 119 EG-Verdrag doen om haar uitsluiting van dit pensioen te bestrijden.

500. Het *Tweede Defrenne*-arrest[2] betrof de berekening van de ontslaguitkering van mevrouw Defrenne. Omdat in deze zaak duidelijk was dat de ontslaguitkering wel onder artikel 119 viel, moest het Hof zich eerst over de vraag buigen of artikel 119 direct werkend was.[3] Het Hof overwoog dat het doel van artikel 119 tweeërlei is. Het moet enerzijds voorkomen dat ondernemingen die het beginsel van gelijke beloning toepassen, in een ongunstiger concurrentiepositie geraken ten opzichte van staten die dat nog niet doen. We hebben hierop al gewezen in nr. 496. Ten tweede is dit artikel, aldus het Hof, ook uitdrukking

[2] HvJ 8 april 1976, zaak 43/75, *Jur.* 1976, 455.

[3] In de tekst van dit artikel (zie nr. 495) valt de zinsnede op: 'gedurende een eerste etappe moet het beginsel verzekerd worden en vervolgens moet het gehandhaafd blijven'. De vraag was wat verstaan moest worden onder de eerste etappe; was deze al afgelopen? Bij de opstelling van het verdrag was afgesproken dat die eerste etappe op 30 december 1961 afgelopen zou zijn; vlak vóór het verstrijken van die termijn werd in een resolutie van de Lid-Staten vastgelegd dat discriminatie per 31 december 1964 volledig moest zijn verdwenen. Ook op de nieuwe datum waren nog niet alle staten even ver gevorderd met de uitvoering van deze opdracht. Omdat er ook nieuwe leden waren toegetreden tot de EG, werd uiteindelijk vastgelegd dat per 1 januari 1973 artikel 119 volledig van toepassing zou zijn.
In het *Tweede Defrenne*-arrest veegde Hof de resoluties van de Lid-Staten waarin de eerste etappe verlengd werd van tafel en stelde dat per 1 januari 1962 de gelijke behandeling verzekerd moest zijn.

van de sociale doelstellingen van de Gemeenschap. Uit dit dubbele doel volgt, dat het beginsel van gelijke beloning een der grondslagen is van de Gemeenschap. Het moet dus na de eerste etappe van de overgangsperiode volledig worden toegepast. Voorts stelde het Hof dat inzonderheid wanneer men artikel 119 in verband brengt met de onderlinge aanpassing van de arbeidsvoorwaarden op de weg van de vooruitgang, de tegenwerping dat deze bepaling ook op andere wijze dan door verhoging van de laagste lonen kan worden nageleefd, van de hand moet worden gewezen. Het Hof overwoog dat een onderscheid gemaakt moest worden tussen rechtstreekse discriminatie, die reeds met behulp van in dit artikel genoemde criteria kon worden opgelost enerzijds, en meer verkapte/zijdelingse discriminatie anderzijds. Tot rechtstreekse discriminatie die reeds met behulp van de criteria van artikel 119 vast te stellen was, moeten met name regels worden gerekend die hun oorsprong vinden in de wettelijke bepalingen of cao's. Een voorbeeld is de ongelijke beloning van mannen en vrouwen in dezelfde onderneming; dan is de rechter in staat alle feiten vast te stellen die nodig zijn om te beoordelen of een vrouw minder verdient dan een man en in dat geval is artikel 119 rechtstreeks toepasselijk, aldus het Hof. Het Hof oordeelde dus dat artikel 119 EG-Verdrag rechtstreeks werkend is in 'duidelijke gevallen van discriminatie'.

501. Voorts was in deze procedures de vraag aan de orde of, gelet op de mogelijke economische consequenties van de rechtstreekse werking van artikel 119, de terugwerkende kracht van dit arrest in de tijd beperkt zou moeten worden. Deze uitspraak zou immers in tal van sectoren van de economie claims kunnen geven als hij zou terugwerken tot de aanvang van de rechtstreekse werking. Het Hof stelde dat de praktische gevolgen van een rechterlijke uitspraak zorgvuldig moesten worden afgewogen. Dit moest er niet toe leiden dat de objectiviteit van het recht geweld werd aangedaan en omwille van de weerslag die een rechterlijke beslissing voor het verleden kon hebben, mocht niet de toepassing van dat recht in de toekomst in gevaar worden gebracht, aldus het Hof. Evenwel kon bij wijze van uitzondering rekening worden gehouden met de omstandigheid, dat door het gedrag van verscheidene Lid-Staten en het herhaaldelijk ter kennis van de betrokken kringen gebrachte standpunt van de Commissie, de belanghebbende partijen ertoe zijn gebracht lange tijd praktijken te blijven toepassen die, hoewel nog niet door hun nationaal recht verboden, in strijd waren met artikel 119. Bijgevolg kan op de rechtstreekse werking van artikel 119 geen beroep worden gedaan ter staving van loonaanspraken over tijdvakken voorafgaande aan de dag waarop dit arrest werd uitgesproken, behoudens wanneer een werknemer reeds een beroep in rechte of een daarmee gelijk te stellen klacht had ingediend.

502. Zoals we zagen, werd mevrouw Defrenne ontslagen op basis van de bepaling in haar overeenkomst die luidde dat vrouwelijk cabinepersoneel op

hun veertigste jaar ontslagen werd. Het *Derde Defrenne*-arrest[4] ging over de vraag, of deze discriminerende arbeidsvoorwaarde geoorloofd was. Mevrouw Defrenne stelde dat de bepaling die haar arbeidsovereenkomst deed eindigen in strijd was met artikel 119; ze kon immers slechts op dezelfde wijze als mannen betaald worden als zij dezelfde arbeidsvoorwaarden had. De leeftijdsgrens had voorts ook ongunstige financiële consequenties voor haar ontslaguitkering en haar pensioen. De vraag was nu of artikel 119 betrekking heeft op de aanstellings- en arbeidsvoorwaarden, ook als het niet om de eigenlijke bezoldiging gaat. Het Hof oordeelde dat artikel 119 moest worden gezien in samenhang met de artikelen 117 en 118. Deze bepalingen moesten worden beschouwd met het oog op een harmonisatie van de sociale stelsels van de Lid-Staten. Wegnemen van discriminatie op grond van geslacht is onderdeel van onder meer een richtlijn,[5] welke, in tegenstelling tot de voornamelijk programmatische bepalingen van de artikelen 117 en 118 en artikel 119, dat alleen betrekking heeft op het probleem van salarisdiscriminatie, een bijzondere regel vormt waarvan de toepassing aan nauwkeurige gegevens gebonden is. Artikel 119 mocht daarom niet worden uitgebreid tot andere elementen in de arbeidsverhouding dan die waarop het uitdrukkelijk betrekking had. Het Hof wilde, met andere woorden, de rechtstreekse werking van artikel 119 niet in gevaar brengen door de bewoordingen van dit artikel op te rekken of door een gebied te betreden dat door de artikelen 117 en 118 aan de beoordeling van de aldaar genoemde autoriteiten was voorbehouden.

503. Artikel 119 heeft niet alleen betrekking op directe discriminatie, maar ook op indirecte discriminatie. Ook in geval van indirecte discriminatie heeft dit artikel rechtstreekse werking. Dit bleek uit het *Jenkins*-arrest,[6] waarin het Hof oordeelde dat indien een aanzienlijk kleiner percentage vrouwen dan mannen mocht blijken voltijds te werken, ongunstige behandeling van deeltijdwerkers in strijd met artikel 119 zou zijn, indien – met inachtneming van de door vrouwen ondervonden moeilijkheden om full-time te werken – deze maatregel geen verklaring vindt in factoren die discriminatie op grond van geslacht uitsluiten. Daarom moet de onderneming aantonen dat de maatregel haar verklaring vindt in factoren die objectief gerechtvaardigd zijn.

§2. Artikel 119 en bedrijfspensioenen

A. Toepasselijkheid van artikel 119 op bedrijfspensioenen

504. Het voorgaande zal de vraag hebben doen rijzen wat artikel 119 met sociale zekerheid te maken heeft. Welnu, uit het *Eerste Defrenne*-arrest bleek

[4] HvJ 15 juni 1978, zaak 149/77, *Jur*. 1978, 1365.
[5] Richtlijn 76/207 van 9 februari 1976.
[6] HvJ 31 maart 1981, zaak 96/80, *Jur*. 1981, 911.

dat bepaalde vormen van pensioenen *niet* onder dit artikel konden vallen. Dit deed de vraag rijzen of andere typen pensioenen wèl onder dit artikel konden vallen en dat bleek inderdaad het geval te zijn. Dat is uitgemaakt in o.m. het *Bilka*-arrest;[7] Bilka Kaufhaus, een warenhuis, kende voor haar werknemers een aanvullende pensioenregeling (een bedrijfspensioen). Op grond van die regeling kwamen deeltijdwerkers slechts voor een bedrijfspensioen in aanmerking, wanneer zij in totaal twintig jaar in dienst waren geweest, waarvan ten minste vijftien jaar full-time. Mevrouw Weber voldeed niet aan deze eis, want ze had slechts elf jaar full-time gewerkt. Ze wilde haar uitsluiting aanvechten met behulp van artikel 119. Het Hof bleek van oordeel dat deze pensioenregeling onder artikel 119 van het EG-Verdrag valt. Een *wettelijk* stelsel van sociale zekerheid, zoals een ouderdomspensioen, valt er niet onder, zoals al was gebleken in het *Eerste Defrenne*-arrest. Bij een bedrijfspensioenregeling gaat het evenwel om een contractuele regeling en die valt wel onder artikel 119.

Voorts moest het Hof ingaan op de vraag of deze regeling, nu ze deeltijdwerkers behoudens uitzondering uitsloot, in strijd was met artikel 119. Het Hof overwoog dat er geen sprake was van directe discriminatie; de regeling gold niet alleen voor vrouwen of alleen voor mannen. Als er echter sprake zou zijn van een disproportioneel aantal vrouwelijke deeltijders in vergelijking met mannelijke, dan zou er sprake kunnen zijn van indirecte discriminatie. Het Hof ging hier vervolgens van uit en stelde de vraag of er een objectieve rechtvaardigingsgrond was voor de pensioenvoorwaarden. Het Hof gaf hierop als antwoord dat de nationale rechter moest beoordelen of de door Bilka aangevoerde gronden beantwoordden aan een echte behoefte van de onderneming, of ze geschikt waren voor het doel, en of ze noodzakelijk waren.

505. Naar aanleiding van dit arrest en latere uitspraken van het Hof wordt in de literatuur algemeen aangenomen dat voor de beantwoording van de vraag of een bepaalde regeling al dan niet een verboden indirect onderscheid oplevert, het volgende traject moet worden doorlopen.

Eerst dient men zich af te vragen of de betrokken regeling, hoewel ogenschijnlijk gebaseerd op neutrale criteria, al dan niet in overwegende mate vrouwen of mannen treft (een getalsmatige of statistische vraag).

Is dit het geval, dan komt de vraag aan de orde of de betrokken regeling gerechtvaardigd wordt door objectieve factoren die niets van doen hebben met discriminatie (rechtvaardigingsgrond).

Als ook die vraag bevestigend wordt beantwoord, dient de rechter zich nog af te vragen of het door de wetgever gekozen middel wel geschikt en noodzakelijk is voor het te bereiken doel (evenredigheidstoets).

[7] HvJ 13 mei 1986, zaak 170/84, *Jur.* 1986, 1607.

506. In het *Bilka*-arrest was de uitsluiting van deeltijders uit bedrijfspensioenen relevant. In bedrijfspensioenfondsen komt het voorts vaak voor dat voor mannen een andere pensioenleeftijd geldt voor vrouwen, vrouwen mogen vaak eerder met pensioen dan mannen. Op artikel 119 kan ook een beroep worden gedaan als mannen nadeliger beloond worden dan vrouwen.

Of de verschillen in pensioenleeftijden geoorloofd zijn, kwam aan de orde in het *Barber*-arrest.[8] Barber was verzekerd in een ondernemingsregeling waarvoor geen premie verschuldigd was. De pensioenregeling verving het loongerelateerde deel van het staatspensioen (het was een zgn. 'contracted out' regeling). Volgens de regeling die op Barber van toepassing was, was de normale pensioengerechtigde leeftijd voor een man tweeënzestig jaar en voor een vrouw van dezelfde categorie was de leeftijd zevenenvijftig jaar. In het geval van Barber was sprake van een reorganisatie, waarbij hij ontslagen werd; volgens de ontslagcondities hadden de aangeslotenen bij het pensioenfonds bij gedwongen ontslag op vijfenvijftigjarige leeftijd (mannen) en op vijftigjarige leeftijd (vrouwen) recht op een onmiddellijk ingaand pensioen. Barber was bij zijn gedwongen ontslag tweeënvijftig jaar oud, en aangezien hij nog niet de leeftijd had bereikt die voor mannen gold (vijfenvijftig), ontving hij niet een onmiddellijk ingaand pensioen. Een vrouw van tweenvijftig jaar in dezelfde situatie als Barber zou recht hebben gehad op een onmiddellijk ingaand pensioen plus de wettelijke schadeloosstelling bij gedwongen ontslag. Die uitkeringen zouden hoger zijn geweest dan het bedrag dat Barber ontving.

507. In het *Barber*-arrest was ten eerste de vraag aan de orde, of uitkeringen die door een werkgever aan een werknemer werden betaald in verband met diens gedwongen ontslag binnen de werkingssfeer van artikel 119 EG-Verdrag vallen. Het Hof antwoordde hierop, dat, gelet op de definitie van beloning in artikel 119, de aan een werknemer in verband met zijn gedwongen ontslag betaalde schadeloosstellingen aan te merken waren als een vorm van beloning. Het Verenigd Koninkrijk had betoogd, dat de *wettelijk verplichte* schadeloosstelling bij ontslag buiten de werkingssfeer van artikel 119 EG-Verdrag valt, omdat zij een sociale-zekerheidsuitkering is en niet een vorm van beloning. Het Hof antwoordde hierop, dat het niet zo kan zijn dat een door de werkgever betaalde schadeloosstelling bij ontslag geen vorm van beloning meer is, enkel omdat zij bij de wet is voorzien of vrijwillig wordt betaald.

Ook als discriminatie rechtstreeks haar oorsprong vindt in wettelijke bepalingen (de Britse wetgeving kende immers ook verschillen in pensioenleeftijd tussen mannen en vrouwen, en de leeftijden genoemd in de pensioenregeling waren hier in feite een afgeleide van), kan artikel 119 van toepassing zijn, aldus het Hof.

[8] HvJ 17 mei 1990, zaak 262/88, *Jur.* 1990, 1990.

508. Vervolgens was in het *Barber*-arrest de vraag aan de orde of ook een pensioen dat betaald werd in het kader van een particuliere bedrijfsregeling, die de wettelijke regeling vervangt (een zgn. 'contracted-out' regeling), binnen de werkingssfeer van artikel 119 EG-Verdrag valt. Ter beantwoording van die vraag verwees het Hof naar het *Eerste Defrenne*-arrest (zie nr. 499), waarin werd bepaald dat artikel 119 geen betrekking heeft op ouderdomspensioenen die zonder enig overleg binnen de betrokken onderneming rechtstreeks bij de wet zijn vastgesteld en verplicht van toepassing zijn op algemene categorieën werknemers. De 'contracted out'-regeling die hier in het geding is, hoort echter tot het type, dat op grond van een overeenkomst tussen werkgevers en werknemers, of op basis van een eenzijdig besluit van de werkgever tot stand gekomen is, en dat geheel door de werkgever, of door de werkgever en de werknemers tezamen, wordt gefinancierd, zonder dat de overheid er ooit aan bijdraagt. Derhalve maken dergelijke regelingen deel uit van de door de werkgever aan de werknemers geboden voordelen. In de tweede plaats zijn dergelijke regelingen niet verplicht van toepassing op algemene categorieën werknemers, maar slechts op bij bepaalde ondernemingen werkzame werknemers, zodat de aansluiting bij deze regelingen noodzakelijkerwijs voortvloeit uit de arbeidsverhouding met een bepaalde werkgever, aldus het Hof. Ook al vervangen deze uitkeringen gedeeltelijk de algemene wettelijke regeling, dit sluit de toepassing van artikel 119 niet uit.

Deze bedrijfsregelingen kunnen namelijk de bij de regeling aangesloten personen hogere uitkeringen toekennen dan die op basis van de wettelijke regeling zouden worden betaald, zodat zij een soortgelijke economische functie hebben als aanvullende regelingen in bepaalde andere Lid-Staten.

Het Hof concludeerde dat artikel 119 er aan in de weg stond, dat een man aan wie gedwongen ontslag was verleend, slechts aanspraak had op een uitgesteld pensioen op de normale pensioengerechtigde leeftijd, terwijl een vrouw in dezelfde omstandigheden recht had op een onmiddellijk ingaand pensioen.

B. Beperking van de werking in de tijd

509. Ten slotte was de vraag aan de orde, of het *Barber*-arrest al of niet terugwerkende kracht moest hebben, gelet op de vèrgaande financiële consequenties van een interpretatie waarin bedrijfspensioenen onder artikel 119 vallen. Zoals al in het *Tweede Defrenne*-arrest was overwogen, zie nr. 501, kan het Hof de terugwerkende kracht van een arrest beperken. In de *Barber*-zaak was van belang dat artikel 7, eerste lid van Richtlijn 79/7 uitzonderingen toelaat ten aanzien van de vaststelling van de pensioengerechtigde leeftijd bij pensioenen, zie nr. 579. Deze uitzondering is overgenomen in Richtlijn 86/378 over de sociale zekerheid in bedrijfstaks- en ondernemingsregelingen, zie nr. 600.

In het licht van deze bepaling mochten de Lid-Staten en belanghebbenden redelijkerwijs aannemen, dat artikel 119 niet van toepassing was op pensioenen in een 'contracted-out'-regeling. Het Hof oordeelde daarom, dat onder deze omstandigheden dwingende overwegingen van rechtszekerheid zich ertegen verzetten, dat rechtssituaties waarvan alle gevolgen in het verleden waren uitgewerkt weer in geding werden gebracht. In dergelijke gevallen zou het financiële evenwicht van een aantal vervangende pensioenregelingen met terugwerkende kracht verstoord kunnen worden. Anderzijds kan geen beperking van de gevolgen van deze interpretatie van het gemeenschapsrecht worden toegestaan ten aanzien van pensioenrechten die vanaf de datum van dit arrest ontstaan, aldus het Hof.

Het Hof verklaarde als volgt: 'Op de rechtstreekse werking van artikel 119 van het verdrag kan geen beroep worden gedaan om aanspraak te maken op een pensioen vanaf een tijdstip gelegen vóór de datum van dit arrest, behalve in geval van werknemers of hun rechtverkrijgenden die vóór die datum een rechtsvordering of een naar geldend nationaal recht daarmee gelijk te stellen vordering hebben ingesteld'.

510. De laatste overwegingen hebben tot veel discussie aanleiding gegeven. Heeft een pensioengerechtigde nu vanaf de datum van het *Barber*-arrest (17 mei 1990) recht heeft op een *gelijke pensioenuitkering* of vanaf die datum slechts aanspraak op een *gelijke opbouw* van pensioenrechten? Dit verschil in interpretatie heeft belangrijke financiële consequenties, omdat bij de actuariële berekening van de premies in het verleden geen rekening werd gehouden met het beginsel van gelijke behandeling. De tweede interpretatie zou echter meebrengen dat de consequenties van ongelijke behandeling in het verleden nog vele jaren merkbaar zullen zijn.

511. Met het oog op deze interpretatiekwestie werd aan het Verdrag van Maastricht een protocol toegevoegd.[9]

512. Dit zogenaamde 'Barber-Protocol' luidt:

> 'Voor de toepassing van artikel 119 van het verdrag worden uitkeringen uit hoofde van een ondernemings- of sectoriële regeling inzake sociale zekerheid niet als beloning beschouwd indien en voor zover zij kunnen worden toegerekend aan tijdvakken van arbeid vóór 17 mei 1990, behalve in het geval van werknemers of hun rechtverkrijgenden die vóór die datum een rechtsvordering of een naar geldend nationaal recht daarmee gelijk te stellen vordering hebben ingesteld.'

Dit Protocol sluit aan bij de tweede interpretatie (uit nr. 510) over de consequenties van het *Barber*-arrest.

[9] *PB C* 1992/229 blz. 104.

C. *Weduwnaarspensioenen en leeftijdsdiscriminatie*

513. Daarmee bleef echter de vraag nog open of het Hof deze interpretatie zou volgen. In het *Ten Oever*-arrest[10] bracht het Hof duidelijkheid over deze kwestie. In deze zaak wilde een weduwnaar een beroep doen op een nabestaandenuitkering uit hoofde van de bedrijfspensioenregeling waarbij zijn overleden echtgenote aangesloten was. Deze regeling werd gefinancierd door werkgevers en werknemers, en bepaalde dat een overlevingspensioen slechts aan weduwen werd betaald. Per 1 januari 1989 werd dit recht uitgebreid tot weduwnaars, maar zijn vrouw was al voor deze datum overleden. Ten Oever werd dan ook het weduwnaarspensioen geweigerd. Hij beriep zich op het *Barber*-arrest om te betogen, dat het pensioen beschouwd moest worden als een beloning in de zin van artikel 119 van het EG-Verdrag en dat daarom geen enkele discriminatie toegelaten was. Hierop antwoordde het pensioenfonds, dat het arrest pas na het overlijden van mevrouw Ten Oever uitgesproken was en de effecten daarvan in de tijd beperkt waren.

Het Hof bevestigde dat het overlevingspensioen onder het toepassingsbereik van artikel 119 valt. Met betrekking tot de exacte portee van de beperking in tijd van de effecten van het *Barber*-arrest, overwoog het Hof het volgende. De beperking in tijd bij uitkeringen van bedrijfsregelingen hield rekening met het speciale karakter van dit type uitkeringen, dat bestaat in een tijdelijke ontkoppeling van het betalen van de uitkeringen en de vorming van pensioenrechten. Het Hof voegde hieraan toe dat het de karakteristieken van de bedrijfspensioenen in beschouwing genomen had en de rekenkundige relaties tussen premies en latere uitkeringen, en dat het tot het oordeel was gekomen, dat de gelijkheid van behandeling bij beroepspensioenen slechts kan worden ingeroepen op basis van perioden van werk die na 17 mei 1990, de datum van het *Barber*-arrest, liggen. Het Hof kiest dus voor de tweede interpretatie als weergegeven in nr. 510.

514. In het *Moroni*-arrest[11] was de vraag aan de orde, of artikel 8, eerste lid van Richtlijn 86/378 (zie nr. 600) er aan in de weg stond dat men een beroep deed op artikel 119 met betrekking tot de betaling van pensioenen vóór 1 januari 1993, de datum waarop deze richtlijn ingevoerd moest zijn. Hierop antwoordde het Hof, dat artikel 119 direct van toepassing was op iedere vorm van discriminatie die kon worden geconstateerd met behulp van de enkele criteria van gelijkheid van werk en gelijkheid van beloning die in dit artikel opgenomen waren. Nu pensioenleeftijden direct kunnen worden vastgesteld met behulp van de elementen van artikel 119, hoeft men zich niet meer af te vragen wat de effecten van de richtlijn zijn.

Zoals het Hof echter in het *Ten Oever*-arrest had aangegeven, kan de gelijkheid van behandeling met betrekking tot beroepspensioenen slechts worden

[10] HvJ 6 oktober 1993, zaak 109/91, *Jur*. 1993, I-4879.
[11] HvJ 14 december 1993, zaak 110/91, nog niet gepubliceerd.

ingeroepen voor de uitkeringen verschuldigd op basis van perioden van werk die na 17 mei 1990 liggen.

515. In de zaak *Neath*[12] was de vraag aan de orde, of een werkgever verschil mocht maken tussen werkgeverspremies voor mannen en voor vrouwen. Neath was werkzaam onder een *contracted-out* regeling; op gegeven moment werd hij ontslagen. Neath had er recht op dat zijn verworven pensioenrechten werden overgedragen naar een andere pensioenregeling. Voor Neath zou de overdracht van zijn pensioen financieel gunstiger zijn, als het *Barber*-arrest zo uitgelegd werd, dat mannen die met pensioen gaan, na 17 mei 1990 recht hebben op een pensioen dat berekend werd op dezelfde wijze als bij vrouwen zou geschieden, en wel voor zijn totale dienstverband. Het Hof antwoordde hierop, dat uit het *Ten Oever*-arrest volgt, dat gelijke behandeling bij bedrijfspensioenen alleen gold in het geval van pensioenen die betaald worden met betrekking tot perioden die na 17 mei 1990 liggen. Dit geldt ook voor overdrachtswaarden.

516. Voorts ging het in het *Neath*-arrest over de geoorloofdheid van actuariële factoren die onderscheid maken naar geslacht. De regeling die in het geding was, was een eindloonregeling; deze bood werknemers die hun pensioenleeftijd halen een vastgesteld pensioen. Het pensioen wordt betaald uit premies van werkgevers en van werknemers. De *werknemerspremies* zijn gelijk voor mannen en vrouwen. Het Hof overwoog dat de *werkgeverspremies* variëren om de variaties in kosten voor de pensioenen op te vangen, en deze zijn hoger voor vrouwen dan voor mannen. Deze variatie en ongelijkheid zijn het gevolg van het gebruik van actuariële factoren in het mechanisme om het systeem te financieren. Deze zijn gebaseerd op een aantal objectieve factoren, zoals de rente op en het resultaat van investeringen, de stijging in salarissen en demografische aannamen, in het bijzonder die welke samenhangen met de levensverwachtingen van de werknemers. Het feit dat vrouwen gemiddeld langer leven dan mannen, is een van de actuariële factoren, die gelden voor het bepalen hoe het betreffende systeem gefinancierd moet worden. Daarom moet de werkgever hogere premies betalen voor zijn vrouwelijke werknemers dan voor de mannelijke. Bij overdracht van verworven rechten en het geval waarin een gedeelte van het pensioen in een geldsom wordt omgezet, heeft het feit dat rekening wordt gehouden met deze verschillende actuariële factoren tot gevolg, dat mannelijke werknemers recht hebben op sommen die lager zijn dan die waarop vrouwelijke werknemers recht hebben. De nationale rechter wilde weten of zulke verschillen verenigbaar waren met artikel 119 van het verdrag. Daarom is van belang of overdrachtssommen en omzettingen in geldsommen loon vormen in de zin van artikel 119. Het Hof antwoordde hierop dat

[12] HvJ 22 december 1993, zaak 152/91, nog niet gepubliceerd.

als het gaat om pensioenen, het duidelijk is dat deze onder artikel 119 vallen. Als de werkgever zichzelf verbindt om zijn werknemers pensioenen te betalen, dan vormt dit loon. Alles wat echter geen gevolg is van deze verplichting en daarmee niet binnen de verwachtingen van werknemers valt, valt niet onder het loonbegrip. De pensioenverplichting heeft niet te maken met de financieringsregelingen die nodig zijn om de periodieke betaling van het pensioen te verzekeren, en valt daarom buiten de toepassing van artikel 119. Werknemerspremies vallen wel onder het loonbegrip; werkgeverspremies daarentegen niet.

517. In het *Smith v. Advel Systems*-arrest[13] (wederom een Britse zaak) was een 'contracted-out' regeling aan de orde, die uit bijdragen van zowel werkgevers als werknemers werd gefinancierd. Tot en met 30 juni 1991 was de pensioengerechtigde leeftijd vastgesteld op 65 jaar voor mannen en 60 jaar voor vrouwen. Met ingang van 1 juli 1991 werd de pensioengerechtigde leeftijd voor beide geslachten op 65 jaar vastgesteld. Deze wijziging gold zowel voor uitkeringen die verschuldigd zijn uit hoofde van tijdvakken van arbeid van na 1 juli 1991, als voor uitkeringen die verschuldigd zijn uit hoofde van tijdvakken van arbeid van vóór die datum.

De verhoging van de pensioengerechtigde leeftijd had voor vrouwen tot gevolg dat met ingang van 1 juli 1991 hun uitkeringen aanmerkelijk werden verlaagd. Deze verlagingen waren overigens gedifferentieerd naar leeftijd en de datum waarop de vrouwen met pensioen wensten te gaan. De nationale rechter wilde vernemen welke handelingsvrijheid er bestond om maatregelen te treffen om voor zowel het verleden als de toekomst gelijkheid tussen mannen en vrouwen tot stand te brengen. Het Hof antwoordde dat de maatregel die hier in het geding was, was vastgesteld om aan het *Barber*-arrest te voldoen. Gelijke behandeling kan op twee manieren gerealiseerd worden, aldus het Hof; mannen kunnen op dezelfde leeftijd met pensioen gaan als vrouwen, maar ook kan de pensioenleeftijd voor vrouwen opgehoogd worden tot die van mannen. In de onderhavige zaak was de laatste optie gekozen, en dit met terugwerkende kracht. Het Hof merkte op dat het in het *Tweede Defrenne*-arrest (zie nr. 501) had verklaard, dat wanneer artikel 119 in verband werd gebracht met de onderlinge aanpassing van de arbeidsvoorwaarden op de weg van de vooruitgang, de tegenwerping dat deze bepaling ook op andere wijze dan door verhoging van de laagste lonen kon worden nageleefd, van de hand moest worden gewezen. De nationale rechter moet elke discriminerende nationale bepaling buiten toepassing laten, zonder dat hij de opheffing van die bepaling via collectieve onderhandelingen of een constitutionele procedure hoeft te vragen of af te wachten. Hij dient op de leden van de benadeelde groep dezelfde regeling dient toe te passen als op de andere werknemers,

[13] HvJ 28 september 1994, zaak 408/92, *Jur.* 1994, I-4435.

waarbij die regeling, zolang artikel 119 van het verdrag niet naar behoren in nationaal recht is omgezet, het enig bruikbare referentiekader blijft.

Toepassing van dit beginsel op het onderhavige geval betekent dat voor de periode tussen 17 mei 1990 en 1 juli 1991 de pensioenrechten van mannen moeten worden berekend op basis van dezelfde pensioengerechtigde leeftijd als die welke voor vrouwen gold, aldus het Hof. Met betrekking tot vóór 17 mei 1990 vervulde tijdvakken van arbeid kon worden volstaan met de opmerking, dat het *Barber*-arrest de toepasselijkheid van artikel 119 op uit hoofde van die tijdvakken verschuldigde pensioenuitkeringen heeft uitgesloten. Werkgevers en trustees zijn niet gehouden ten aanzien van die uitkeringen gelijkheid van behandeling te verzekeren. Hieruit volgt dat het gemeenschapsrecht ten aanzien van deze tijdvakken geen enkele verplichting oplegde die een grond kon zijn voor maatregelen waarbij de door vrouwen genoten voordelen achteraf worden verminderd.

Ten aanzien van tijdvakken van arbeid die liggen *na* de datum waarop de regels die bedoeld zijn om de discriminatie op te heffen, in werking zijn getreden, i.c. 1 juli 1991, verzet artikel 119 zich niet tegen maatregelen die de gelijkheid van behandeling tot stand brengen door de voordelen van de voordien bevoordeelde personen te verminderen. Artikel 119 vereist immers enkel dat mannen en vrouwen voor gelijke arbeid een gelijke beloning ontvangen, doch het schrijft niet een bepaald niveau van beloning voor.

Dit betekent dat uiteindelijk de benadering van het Hof wel voordelen voor mannen oplevert, en niet voor vrouwen.

518. In het *Van den Akker*-arrest[14] was een bedrijfsreglement van Shell Pensioenfonds (Nederland) aan de orde, dat tot 1984 een onderscheid maakte tussen mannelijke en vrouwelijke werknemers. Met ingang van 1 januari 1985 werd dat onderscheid ongedaan gemaakt, doordat de pensioengerechtigde leeftijd voor alle aangeslotenen op 60 jaar werd gesteld. In het kader van die wijziging werd een overgangsregeling getroffen. De vrouwelijke werknemers die op 1 januari 1985 reeds bij de regeling waren aangesloten, hadden de keuze tussen ofwel instemming met de verhoging van hun pensioengerechtigde leeftijd van 55 tot 60 jaar, ofwel handhaving van die leeftijd op 55 jaar. Die keuze moest uiterlijk op 31 december 1986 worden gemaakt, met dien verstande dat bij gebreke van een expliciete verklaring voor verhoging van de pensioengerechtigde leeftijd tot 60 jaar, men geacht werd te hebben gekozen voor handhaving van die leeftijd op 55 jaar. De dames in deze procedure hebben allen expliciet of impliciet gekozen voor handhaving van de pensioengerechtigde leeftijd op 55 jaar. Naar aanleiding van het *Barber*-arrest achtte het pensioenfonds het noodzakelijk zijn reglement aldus te wijzigen, dat de

[14] HvJ 28 september 1994, zaak 28/93, *Jur.* 1994, I-4527.

aan vrouwen geboden mogelijkheid om hun pensioengerechtigde leeftijd te handhaven op 55 jaar met ingang van 1 juni 1991 werd opgeheven. De dames vochten deze maatregel aan. De nationale rechter stelde daarop de vraag of artikel 119 van het verdrag zich ertegen verzet, dat in een bedrijfspensioenregeling na 17 mei 1990, de datum van het *Barber*-arrest, een naar geslacht verschillende leeftijdsvoorwaarde wordt gehandhaafd, wanneer dit verschil een gevolg is van het feit dat het voor vrouwelijke werknemers mogelijk bleef om, nadat de pensioengerechtigde leeftijd reeds vóór het *Barber*-arrest voor beide geslachten gelijk was getrokken en op zestig jaar was gesteld, die leeftijd te handhaven op 55 jaar.

Het Hof overwoog, dat het in het *Ten Oever*-arrest al heeft uitgemaakt, dat bedrijfspensioenregelingen vanaf 17 mei 1990 gelijke behandeling tot stand dienden te brengen. En in het *Tweede Defrenne*-arrest bepaalde het Hof, dat wanneer artikel 119 in verband wordt gebracht met de onderlinge aanpassing van de arbeidsvoorwaarden op de weg naar de vooruitgang, de tegenwerping dat deze bepaling ook op andere wijze dan door verhoging van de laatste lonen kan worden nageleefd, van de hand moet worden gewezen. Zodra het Hof discriminatie op het gebied van de beloning heeft vastgesteld en zolang in het kader van de regeling geen maatregelen zijn getroffen om de gelijkheid van behandeling tot stand te brengen, kan de naleving van artikel 119 slechts worden verzekerd, door de leden van de benadeelde groep dezelfde voordelen toe te kennen als de leden van de bevoordeelde groep genieten. Toepassing van dit beginsel op het onderhavige geval betekent, dat voor de periode tussen 17 mei 1990 en 1 juni 1991 (de datum dat de leeftijd in de pensioenregeling voor iedereen is vastgesteld op 60), de pensioenrechten van de mannelijke werknemers moeten worden berekend op basis van dezelfde pensioengerechtigde leeftijd als die welke voor de vrouwelijke werknemers gold.

Ten aanzien van na 1 juni 1991 vervulde tijdvakken van arbeid verzet artikel 119 van het verdrag zich daarentegen niet tegen maatregelen die een gelijkheid van behandeling tot stand brengen door de voordelen van de voordien bevoordeelde personen te verminderen. Artikel 119 vereist immers enkel, dat mannelijke en vrouwelijke werknemers voor gelijke arbeid een gelijke beloning ontvangen, doch het schrijft niet een bepaald niveau voor.

Aan deze conclusie wordt niet afgedaan door het feit dat, zoals in casu, aldus het Hof, het verschil in behandeling het gevolg is van overgangsmaatregelen die zijn getroffen in het kader van een pensioenregeling die reeds vóór het *Barber*-arrest de pensioengerechtigde leeftijd voor beide geslachten had gelijkgetrokken, doch vrouwen de mogelijkheid bood voor handhaving van die leeftijd beneden het voor mannen geldende niveau te kiezen.

We zien hier dezelfde benadering als in het *Advel*-arrest.

D. Uitsluiting van deeltijdwerkers

519. In bovenstaande zaken ging het om enerzijds weduwnaarspensioenen en anderzijds om verschillen in pensioenleeftijden. In die situatie hield het Hof rekening met een geleidelijke invoering van het beginsel van gelijke behandeling van mannen en vrouwen en gaf het een beperking in tijd aan de werking van het *Barber*-arrest. De beperking van werking in de tijd geldt echter niet met betrekking tot de uitsluiting van deeltijdwerkers van aanvullende pensioenregelingen, zoals bleek uit het *Vroege*-arrest.[15] Mevrouw Vroege werkte sinds 1 mei 1975 in deeltijd. Vóór 1 januari 1991 stond de pensioenregeling van haar werkgever alleen open voor mannelijke en ongehuwde vrouwelijke werknemers, die voor onbepaalde tijd in dienst waren en voor ten minste 80% een volledige dagtaak vervulden. Mevrouw Vroege voldeed niet aan deze voorwaarden en werd daarom niet toegelaten tot het fonds. Op 1 januari 1991 was een nieuw pensioenreglement in werking getreden, op grond waarvan zowel mannelijke als vrouwelijke werknemers die de leeftijd van 25 jaar hadden bereikt en minimaal 25% van de normale arbeidstijd werkzaam waren, zich bij de regeling konden aansluiten. Het reglement bepaalde dat vrouwelijke werknemers die vóór 1 januari 1991 niet waren aangesloten, extra aansluitingsjaren konden inkopen, mits zij op 31 december 1990 vijftig jaar of ouder waren. Mevrouw Vroege was echter nog geen vijftig jaar. Zij kon dus pas vanaf 1 januari 1991 pensioenrechten opbouwen en eiste aansluiting met terugwerkende kracht tot 8 april 1976, de datum van het *Tweede Defrenne*-arrest.

Het Hof overwoog dat al uit het *Bilka*-arrest (zie nr. 504) volgde dat bedrijfspensioenregelingen onder artikel 119 vallen; dit is nog eens bevestigd in het *Barber*-arrest. Een bedrijfspensioenregeling die de aansluiting van gehuwde vrouwen uitsluit, levert een rechtstreeks op het geslacht gebaseerde discriminatie op, die in strijd is met artikel 119. Wanneer de uitsluiting deeltijdwerknemers betreft, wordt deze bepaling geschonden wanneer die maatregel een veel groter aantal vrouwen dan mannen treft, tenzij de werkgever aantoont dat de bedoelde maatregel haar verklaring vindt in factoren die objectief gerechtvaardigd zijn, en niets van doen hebben met discriminatie op grond van het geslacht.

520. De tweede vraag in het *Vroege*-arrest was of de beperking in de tijd van het *Barber*-arrest nu ook gold voor deze deeltijdwerkers. Het Hof overwoog dat het bij wijze van uitzondering en gelet op de ernstige verstoringen die zijn arrest zou kunnen meebrengen voor rechtsbetrekkingen die in het verleden tegoedertrouw tot stand zijn gekomen, de werking in de tijd kan beperken. Er zijn twee criteria die essentieel zijn om tot een dergelijke beperking te kunnen

[15] HvJ 28 september 1994, zaak 57/93, *Jur.* 1994, I-4541.

besluiten, te weten de goede trouw van de belanghebbenden en het gevaar van ernstige verstoringen.

Met betrekking tot het criterium van de goede trouw, is Richtlijn 86/378 (zie nr. 600) relevant: de gelijke behandeling mocht op basis daarvan worden uitgesteld voor pensioenleeftijden. In het licht van die bepalingen mochten de Lid-Staten en de belanghebbende kringen redelijkerwijs aannemen, dat artikel 119 niet van toepassing was op pensioenen uit hoofde van een vervangende regeling. Wat het criterium van ernstige verstoringen betreft, overwoog het Hof in het *Barber*-arrest, dat indien alle belanghebbende mannelijke werknemers evenals Barber de mogelijkheid zouden hebben in geval van discriminaties die op grond van Richtlijn 86/378 geoorloofd waren, hun recht op gelijke behandeling met terugwerkende kracht te doen gelden, het financiële evenwicht van tal van bedrijfsregelingen met terugwerkende kracht verstoord zou worden. Hieruit volgde de *Ten Oever*-beslissing.

De beperking in de tijd van de werking van het *Barber*-arrest geldt daarom slechts voor de typen discriminatie waarvan de werkgevers en de pensioenregelingen, op grond van de tijdelijke uitzonderingen die waren voorzien in het gemeenschapsrecht dat op het gebied van bedrijfspensioenen van toepassing kan zijn, redelijkerwijs mochten aannemen, dat zij getolereerd werden. Met betrekking tot het recht op aansluiting bij bedrijfsregelingen moet evenwel worden vastgesteld, dat uit niets kon worden opgemaakt, dat de betrokken beroepskringen zich hebben kunnen vergissen met betrekking tot de toepasselijkheid van artikel 119. Sedert het *Bilka*-arrest is het immers duidelijk dat een schending van de gelijkheidsregel bij de toekenning van dat recht onder artikel 119 valt. In het *Bilka*-arrest is geen beperking in tijd voorzien en daarom kan artikel 119 worden ingeroepen met terugwerkende kracht tot het reeds aangehaalde *Tweede Defrenne*-arrest.

521. Vervolgens ging het Hof in het *Vroege*-arrest in op de vraag van de verwijzende rechter welke betekenis moet worden toegekend aan het zgn. *Barber*-protocol, dat onder Nederlands voorzitterschap van de EG opgesteld was, en dat vervolgens toegevoegd werd aan het Verdrag van Maastricht (zie nr. 512). Dit protocol behelst te bepalen dat het *Barber*-arrest slechts inhoudt, dat vanaf de datum van dit arrest pensioenen op gelijke manier *opgebouwd* moeten gaan worden, en niet dat vanaf die datum er geen verschillen meer mochten zijn met betrekking tot in het verleden opgebouwde pensioenen. Het Hof heeft het *Ten Oever*-arrest conform dit protocol gewezen, zonder het protocol te noemen. In het onderhavige arrest ging het Hof in op de vraag of dit protocol relevant is voor de onderhavige zaak. De vraag was of het protocol enkel de werking van het *Barber*-arrest in de tijd wilde preciseren, dan wel of het een ruimere strekking had. Het Hof overwoog dat het protocol door zijn algemene bewoordingen van toepassing is op de uitkeringen uit hoofde van een bedrijfspensioenregeling.

Deze vaststelling betreft echter de uitkeringen en niet het recht op aansluiting. Het protocol regelt ook niet de voorwaarden voor aansluiting; de aansluiting wordt dus beheerst door het *Bilka*-arrest.

522. In de *Fisscher*-zaak[16] was een vergelijkbare vraag aan de orde als het in de vorige nummers behandelde *Vroege*-arrest, met dien verstande, dat in dit geval gehuwde vrouwen van het pensioenfonds werden uitgesloten. Het Hof volgde dan ook grotendeels de overwegingen en antwoorden uit laatstgenoemd arrest. Interessant is dan de vraag, of de beheerders van een bedrijfspensioenregeling, evenals de werkgever, gehouden zijn het bepaalde in artikel 119 van het verdrag na te leven, en of de gediscrimineerde werknemer zijn rechten rechtstreeks tegenover die beheerder kan doen gelden. Het Hof overwoog dat het in het *Barber*-arrest heeft vastgesteld dat krachtens vervangende bedrijfsregelingen betaalde pensioenen binnen de werkingssfeer van artikel 119 vallen; voorts overwoog het Hof, dat deze conclusie ook geldt indien de regeling is opgezet in de vorm van een trust en wordt beheerd door trustees die formeel onafhankelijk zijn van de werkgever. Artikel 119 is namelijk ook van toepassing op voordelen die de werkgever indirect betaalt. De beheerders van een pensioenregeling moeten, ofschoon zij buiten de arbeidsverhouding staan, uitkeringen betalen die een beloning in de zin van artikel 119 vormen. Daarom dienen zij deze bepaling na te leven door alles te doen wat binnen hun bevoegdheden valt, om het beginsel van gelijkheid van behandeling te verzekeren. De bij de pensioenregeling aangesloten personen moeten zich tegenover hen op deze bepaling kunnen beroepen.

523. Een vervolgvraag is of werknemers die met terugwerkende kracht aanspraak kunnen maken op aansluiting bij een bedrijfspensioenregeling, ook premie moeten betalen voor de achterliggende periode. Het Hof antwoordde hierop dat wanneer zich discriminatie in strijd met artikel 119 heeft voorgedaan, gelijkheid van behandeling tot stand moet worden gebracht. De gediscrimineerde werknemer moet in dezelfde situatie worden geplaatst als de werknemers van het andere geslacht. De werknemer kan derhalve niet verlangen dat hij, in het bijzonder op het financiële vlak, gunstiger wordt behandeld dan wanneer hij regelmatig bij de regeling aangesloten was geweest. Dit betekent dus dat in beginsel premies met terugwerkende kracht verlangd kunnen worden.

524. *Conclusie.* Artikel 119 is van groot belang voor de bedrijfspensioenfondsen. Het Hof heeft artikel 119 – in een reeks van arresten – zo uitgelegd, dat er onderscheid is tussen elementen die uitgezonderd zijn van gelijke behandeling

[16] HvJ 28 september 1994, zaak 128/93, *Jur.* 1994, I-4583.

(met terugwerkende kracht) en andere onderdelen. De beperking in de tijd volgens het *Barber*-arrest geldt alleen voor de eerste categorie. Deze interpretatie lijkt me goed te verdedigen.

Merk overigens op deze wijze van interpreteren vaak vooral ongunstig is voor mannen.

Met betrekking tot de toekomst kan worden vastgesteld dat als mannen en vrouwen gelijk moeten worden behandeld, dit vaak ook een verslechtering voor vrouwen betekent. Ze krijgen dan immers vaak met een hogere pensioenleeftijd te maken dan die gold toen de regelingen voor mannen en voor vrouwen nog verschilden. Artikel 119 staat hieraan niet in de weg.

HOOFDSTUK XIX

GELIJKE BEHANDELING VAN MANNEN EN VROUWEN: DE RICHTLIJNEN

§ 1. De richtlijnen met betrekking tot de gelijke behandeling.

525. Artikel 119 heeft alleen betrekking op beloning en niet op de wettelijke sociale zekerheid. Om te bewerkstelligen dat ook op deze terreinen gelijke behandeling zou plaatsvinden, heeft de Raad een aantal richtlijnen aangenomen.

526. Richtlijn 79/7 betreft de geleidelijke tenuitvoerlegging van het beginsel van gelijke behandeling van mannen en vrouwen in de sociale zekerheid.[1] Deze richtlijn is van toepassing op een groot deel van de *wettelijke* sociale zekerheid.

527. Richtlijn 86/378 betreft de tenuitvoerlegging van het beginsel van gelijke behandeling van mannen en vrouwen in ondernemings- en sectoriële regelingen inzake sociale zekerheid.[2] Deze richtlijn heeft betrekking op de *niet-wettelijke regelingen*. In het *Barber*-arrest (zie nr. 506) kwam deze al aan de orde.

528. Richtlijn 86/613 betreft de toepassing van het beginsel van gelijke behandeling van zelfstandig werkzame mannen en vrouwen en tot bescherming van het moederschap.[3] Deze Richtlijn heeft betrekking op *zelfstandigen.*

529. Vervolgens is er een voorstel voor een Voltooiingsrichtlijn, een richtlijn om de tenuitvoerlegging van het beginsel van gelijke behandeling van mannen en vrouwen in de wettelijke en de beroepsregelingen inzake sociale zekerheid te voltooien.[4] Deze ligt nu al geruime tijd in een bureaula; gelet op de ingrijpende gevolgen die met name Richtlijn 79/7 heeft gehad, is de animo om de gelijke behandeling te voltooiing bij de Lid-Staten gering.

[1] Richtlijn van 19 december 1978, *PB L* 6 van 10 januari 1979, blz. 24.
[2] Richtlijn van 24 juli 1986, *PB L* 225 van 12 augustus 1986, blz. 40.
[3] Richtlijn van 11 december 1986, *PB L* 359 van 19 december 1986, blz. 56.
[4] *PB C* 309 van 19 november 1987, blz. 10.

§2. Richtlijn 79/7

A. *Algemeen*

530. Richtlijn 79/7 heeft ten doel de geleidelijke tenuitvoerlegging van het beginsel van gelijke behandeling van mannen en vrouwen op het gebied van de sociale zekerheid te verwezenlijken. De term *geleidelijk* duidt op de lange invoeringstermijn (zes jaar) en op het feit dat de richtlijn nog niet op alle onderdelen van de sociale zekerheid betrekking heeft. De invoeringstermijn liep af op 23 december 1984.

Artikel 7 van de richtlijn laat de Lid-Staten de mogelijkheid om bepaalde onderdelen van de wettelijke sociale zekerheid uit te sluiten van de werkingssfeer van de richtlijn (zie nr. 579).

B. *De personele werkingssfeer van Richtlijn 79/7*

531. Richtlijn 79/7 is van toepassing op de beroepsbevolking, met inbegrip van zelfstandigen. Tot de beroepsbevolking behoren ook werknemers en zelfstandigen wier arbeid onderbroken is door ziekte, ongeval of onvrijwillige werkloosheid. Ook werkzoekenden vallen onder de personenkring, evenals gepensioneerde of invalide werknemers en zelfstandigen (artikel 2 van de richtlijn).

De beroepsbevolking omvat dus alle personen die een band hebben, of een band gehad hebben of zullen hebben met het arbeidsproces, inclusief overheidspersoneel. Alleen personen die geen enkele band hebben met het arbeidsproces (zoals huisvrouwen), kunnen geen beroep doen op de richtlijn.

532. De betekenis van het begrip *beroepsbevolking* kwam aan de orde in het *Drake*-arrest.[5] Mevrouw Drake had op een gegeven moment ontslag genomen om haar ernstig gehandicapte moeder te gaan verzorgen. Zij was dus niet zelf arbeidsongeschikt. Voor de verzorgers van gehandicapten bestond in het Verenigd Koninkrijk een speciale uitkering, maar hiervan werden o.m. gehuwde vrouwen uitgesloten. Mevrouw Drake vocht deze uitsluiting aan. De vraag was nu of mevrouw Drake onder de personenkring viel van de richtlijn. Zij was immers niet zelf arbeidsongeschikt. Het Hof antwoordde op deze vraag dat ook personen als mevrouw Drake, die hun werk enkel hebben opgegeven vanwege één van de in artikel 3 genoemde risico's dat aan een andere persoon overkomen is, tot de personenkring horen. Ook personen die 'indirect' getroffen zijn door een van de risico's die onder de richtlijn vallen kunnen dus een beroep doen op de richtlijn.

[5] HvJ 24 juni 1986, zaak 150/85, *Jur.* 1986, 1995.

533. Personen die hun beroepsactiviteiten hebben onderbroken om zich bezig te gaan houden met de opvoeding van hun kinderen, vallen meestal niet onder de personenkring van de richtlijn. Zij hebben immers hun beroepsactiviteiten niet onderbroken vanwege een van de risico's genoemd in artikel 3. Dit uitgangspunt werd bevestigd in het *Johnson*-arrest.[6] Het Hof oordeelde in deze uitspraak dat de richtlijn niet van toepassing is op iemand die zijn of haar beroepswerkzaamheden heeft onderbroken om zijn of haar kinderen op te voeden, en die door ziekte verhinderd is weer te gaan werken. Deze uitspraak is met name in het nadeel van vrouwen, maar het Hof vond dat een oplossing voor deze problematiek alleen van de gemeenschapswetgever kan komen.

534. Een manier om onder de richtlijn te vallen, terwijl men eerder de beroepswerkzaamheden onderbroken had omdat men kinderen wilde gaan opvoeden, kan zijn dat men zich als werkzoekende weet te kwalificeren op het moment dat men getroffen wordt door een van de risico's uit artikel 3. Werkzoekenden vallen immers onder de personenkring van de richtlijn. In dat geval is niet relevant om welke reden betrokkene zijn vroegere werkzaamheden heeft opgegeven en het is zelfs niet van belang of betrokkene voordien een beroepsactiviteit heeft uitgeoefend. Dus als iemand als werkzoekende gekwalificeerd kan worden, valt die persoon onder de richtlijn, ook al heeft zij of hij niet eerder gewerkt. Het is aan de nationale rechter om te bepalen of iemand gekwalificeerd kan worden als werkzoekende. Wat daaronder verstaan moet worden staat immers niet vast en de definities van werkzoekende kunnen per Lid-Staat verschillen. Voor het begrip werkzoekend is, aldus het Hof in het *Johnson*-arrest (zie vorig nummer), met name relevant dat men ingeschreven is bij een arbeidsbureau of vergelijkbare organisatie, of dat men sollicitatiebrieven, of brieven van de werkgever waaruit blijkt dat men gesolliciteerd heeft, kan overleggen. Op deze wijze kon mevrouw Johnson toch voldoen aan de voorwaarden van de personenkring. Zie verder nr. 561.

535. Een arrest waaruit duidelijk bleek dat personen die niet gewerkt hebben, of die een beroepswerkzaamheden onderbroken hadden om een andere reden dan genoemd in artikel 3, niet onder de richtlijn vallen, was het *Achterberg-Te Riele*-arrest.[7] In dit arrest waren drie zaken gevoegd van vrouwen die zich gediscrimineerd voelden door een bepaling uit de Nederlandse Algemene Ouderdomswet. Een van de drie vrouwen had werkzaamheden in loondienst verricht, die zij vrijwillig had beëindigd bij haar huwelijk. De tweede heeft nooit beroepsarbeid verricht. De derde heeft in loondienst gewerkt, is werkloos geworden, en heeft op grond daarvan een werkloosheidsuitkering ontvangen,

[6] HvJ 11 juli 1991, zaak 31/90, *Jur.* 1991, I-3723.
[7] HvJ 27 juni 1989, zaken 48, 106 en 107/88, *Jur.* 1989, 1963.

maar heeft daarna niet meer naar werk gezocht. Het Hof oordeelde dat artikel 2 van de richtlijn aldus moet worden uitgelegd, dat de richtlijn niet van toepassing is op personen die geen arbeid hebben verricht en die geen werkzoekenden zijn.

De richtlijn geldt alleen voor personen die arbeid verrichten op het moment waarop zij aanspraak kunnen maken op een ouderdomspensioen, of wanneer hun arbeid voordien onderbroken was door een ander risico, genoemd in artikel 3 van de richtlijn. De richtlijn is dus niet van toepassing op personen die arbeid hebben verricht die onderbroken is door een ander dan de in artikel 3 genoemde risico's, en die geen werkzoekenden zijn.

Het voorgaande wordt niet anders, wanneer de betrokkene zijn werkzaamheden heeft gestaakt en niet meer voor de arbeidsmarkt beschikbaar is geweest vóór het verstrijken van de uitvoeringstermijn van de richtlijn, aldus het Hof.

536. Ook in het *Verholen*-arrest[8] kwam de vraag aan de orde van de personele werkingssfeer. In deze zaak werd de vraag gesteld of een persoon die niet onder de personele werkingssfeer valt, maar wel onder een door de richtlijn bestreken nationale wettelijke regeling (zoals de Nederlandse AOW – een ouderdomsregeling), toch een beroep kan doen op de richtlijn. Het Hof antwoordde ontkennend op deze vraag.

Een vervolgvraag was of de echtgenoot van een vrouw die door de omstreden regeling was getroffen, een beroep op de richtlijn kon doen; hijzelf was namelijk wel werknemer geweest en viel daarom onder de personenkring. Omdat het ook ging om de vraag of hijzelf een toeslag voor zijn vrouw kreeg, had hij een eigen belang bij deze zaak. De vraag was, met andere woorden, of een justitiabele een beroep kan doen op de richtlijn, als hij de gevolgen ondervindt van een discriminerende nationale bepaling die betrekking heeft op zijn echtgenote, die geen procespartij is. Het Hof antwoordde dat het recht om een beroep te doen op de richtlijn niet uitsluitend toekomt aan de justitiabelen die onder de personele werkingssfeer van de richtlijn vallen. De justitiabele die de gevolgen van een discriminerende nationale bepaling ondervindt, kan zich evenwel slechts op de richtlijn beroepen, indien zijn echtgenote, het slachtoffer van discriminatie, ook zelf onder de werkingssfeer van de richtlijn valt. Dus ook deze mogelijkheid was afgesloten.

537. In het *Megner en Scheffel*-arrest[9] was de vraag aan de orde, of personen die werken in kleine deeltijdbanen onder de personenkring van de richtlijn vallen. Het ging overigens niet om hele kleine deeltijdbanen: in de Duitse werkloosheidswet zijn banen tot achttien uur per week uitgezonderd van verzekering. In de onderhavige zaak ging het om twee schoonmaaksters, die

[8] Drie gevoegde zaken: HvJ 11 juli 1991, zaken 87/90, 88/90 en 89/90, *Jur*. 1991, I-3757.
[9] HvJ 14 december 1995, zaak 444/93, nog niet gepubliceerd.

ten hoogste tien uur per week werken, en die uitgezonderd waren van verzekering voor de ouderdoms- en invaliditeitsverzekering en de werkloosheidsverzekering. Zij dienden een verzoek in om toch verzekerd te zijn; dit verzoek werd afgewezen. Zij stelden vervolgens dat dit in strijd is met artikel 4 van Richtlijn 79/7. Als eerste vraag voor het Hof speelde de kwestie of zij wel onder de personele werkingssfeer van de richtlijn vielen, nu zij in kleine banen werkten. Het Hof overwoog, dat blijkens artikel 2 het begrip beroepsbevolking bijzonder ruim is, aangezien het doelt op iedere werknemer, daaronder begrepen hij die slechts op zoek is naar werk. De Duitse regering en de werkgever hadden gesteld dat personen met een beperkt dienstverband geen deel uitmaken van de beroepsbevolking in de zin van artikel 2 van de richtlijn, omdat zij met hun geringe inkomen dat zij met een dergelijk dienstverband verwerven, niet in hun behoeften kunnen voorzien. Deze stelling werd niet door het Hof aanvaard. Het feit dat het inkomen van de werknemer niet al zijn behoeften dekt, kan hem niet de hoedanigheid van werkende ontnemen. Uit de rechtspraak van het Hof blijkt immers, dat een werkzaamheid in loondienst waarmee een inkomen wordt verworven dat onder het bestaansminimum ligt, of waarvan de normale arbeidsduur niet meer dan achttien uur per week of twaalf uur per week bedraagt, niet belet dat de persoon die deze werkzaamheid uitoefent, kan worden aangemerkt als werknemer in de zin van artikel 48 of artikel 119 EG-verdrag of Richtlijn 79/7. Het Hof verwees naar het *Unger*-arrest[10], waarin het had verklaard, dat het begrip 'werknemer of een daarmee gelijkgestelde' in de zin van de coördinatieverordening, evenals de uitdrukking van het begrip 'werknemer' in de zin van de artikel 48 tot 51 van het verdrag, een gemeenschapsrechtelijke strekking had.

Het is opmerkelijk dat het Hof in dit verband de jurisprudentie op het terrein van de gelijke behandeling en het vrij verkeer van werknemers door elkaar behandelt, terwijl deze regelingen toch eigen definities van de personele werkingssfeer kennen. Zie verder nr. 573.

C. De materiële werkingssfeer van Richtlijn 79/7

538. De materiële werkingssfeer van Richtlijn 79/7 is beschreven in artikel 3, en betreft:

(a) de wettelijke regelingen die bescherming bieden tegen de volgende eventualiteiten: ziekte, invaliditeit, ouderdom, arbeidsongevallen en beroepsziekten en werkloosheid, en;
(b) de sociale-bijstandsregelingen, voor zover deze een aanvulling vormen op, of in de plaats komen van, de onder (a) bedoelde regelingen.

In het tweede lid van artikel 3 worden de prestaties aan nagelaten betrekkingen en de gezinsbijslagen uitgesloten van de werkingssfeer van deze richtlijn,

[10] HvJ 19 maart 1964, zaak 75/63, *Jur*. 1964, 369, zie nr. 85.

tenzij het gaat om toeslagen bij de onder (a) vallende prestaties omwille van de gezinslasten.

Kinderbijslagregelingen en nabestaandenuitkeringen vallen dus buiten de richtlijn.

539. We hebben in nr. 532 al gezien dat de werkingssfeer van artikel 3 volgens de jurisprudentie van het Hof ruim is. In het *Drake*-arrest werd bepaald dat ook een uitkering voor een verzorger van een invalide onder de materiële werkingssfeer van de richtlijn valt.

Ter motivering van dit oordeel overwoog het Hof, dat de bescherming tegen de gevolgen van invaliditeit op verschillende manieren geregeld kan worden. Een van de manieren is dat de verzorger een uitkering betaald wordt. Een alternatieve mogelijkheid is, dat direct aan de invalide een uitkering betaald wordt voor zijn verzorging. Om een geharmoniseerde uitvoering van de richtlijn te bevorderen moet artikel 3 ruim worden uitgelegd: het heeft betrekking op iedere prestatie die in de ruime zin des woords wordt toegekend krachtens een van de aldaar bedoelde wettelijke regelingen. Door het aanbrengen van formele wijzigingen mogen prestaties immers niet buiten de werkingssfeer van de richtlijn worden gebracht.

540. In het *Richardson*-arrest[11] was wederom een Britse regeling aan de orde. De Secretary of State heeft de bevoegdheid bepaalde categorieën personen vrij te stellen van een bijdrage in de medische kosten. Als criteria gelden hiervoor onder meer leeftijd, het soort aandoening waaraan zij lijden en de financiële draagkracht. De Staatssecretaris had o.m. mannen die de leeftijd van 65 jaar hadden bereikt, en vrouwen die de leeftijd van 60 jaar hebben bereikt, vrijgesteld. De vraag was of dit stelsel onder de materiële werkingssfeer van de richtlijn valt. Het Hof antwoordde hierop dat om binnen de werkingssfeer van Richtlijn 79/7 te vallen, een uitkering geheel of gedeeltelijk moet worden toegekend krachtens een wettelijke regeling die bescherming biedt tegen een van de in artikel 3 van de richtlijn genoemde eventualiteiten, dan wel een vorm van sociale bijstand moet zijn met hetzelfde doel. De toekenningsvoorwaarden zijn niet doorslaggevend, maar de uitkering moet rechtstreeks en daadwerkelijk verband houden met de bescherming tegen een van de in artikel 3, eerste lid opgesomde eventualiteiten. Een prestatie als die bedoeld in de onderhavige regeling voldoet aan deze voorwaarden. Allereerst maakt zij deel uit van een wettelijke regeling, aangezien zij bij wet is vastgesteld en nader is uitgewerkt bij een verordening. In de tweede plaats biedt zij rechtstreeks en daadwerkelijk bescherming tegen de in artikel 3, eerste lid van Richtlijn 79/7 bedoelde eventualiteit van ziekte, aangezien de toekenning ervan aan de ene of de andere van

[11] HvJ 19 oktober 1995, zaak 137/94, *Jur.* 1995, I-3407.

de aangegeven categorieën personen steeds afhankelijk is van het intreden van de betrokken gebeurtenis, aldus het Hof. Gelet tenslotte op het fundamentele belang van het beginsel van gelijke behandeling en het doel van Richtlijn 79/7, te weten de geleidelijke tenuitvoerlegging van dit beginsel op het gebied van de sociale zekerheid, kan een regeling niet reeds buiten de werkingssfeer van de richtlijn vallen, op de enkele grond dat zij formeel geen deel uitmaakt van een nationaal stelsel van sociale zekerheid.

541. In het *Jackson en Cresswell*-arrest[12] kwamen uitkeringen aan de orde, die niet onder de materiële werkingssfeer van de richtlijn vielen. Het betrof de Britse *income support*, een uitkering, die wordt betaald aan personen die minder dan vierentwintig uur per week werken en die alleenstaande ouders zijn. Een van de vrouwen in deze zaak ging deelnemen aan een scholingscursus en de ander aan part-time werk. Om beneden de normbedragen voor *income support* te blijven, wilden zij de kosten voor kinderopvang gedurende de perioden dat ze werkten opvoeren; de Britse autoriteiten stonden dit niet toe. De vrouwen wilden een beroep doen op de richtlijn, op grond dat de regel dat de kinderopvangkosten niet meetellen voor de berekening van *income support*, indirect discriminerend werkte voor vrouwen.

Het Hof overwoog dat een uitkering, wil zij binnen de werkingssfeer van de richtlijn vallen, rechtstreeks en daadwerkelijk verband moet houden met de bescherming tegen één van de in artikel 3, eerste lid van de richtlijn genoemde risico's. Het feit dat de dames zich *in feite* in een van deze situaties bevonden (ze waren werkloos), deed hier aan niet af. Het feit dat de uitkering rekening houdt met de risico's om de hoogte van de uitkering te berekenen is namelijk niet voldoende om die uitkering als zodanig onder de werkingssfeer van de richtlijn te brengen, aldus het Hof.

De uitsluiting van het bereik van de richtlijn is te meer gerechtvaardigd, als de wet die de normbedragen vaststelt, onafhankelijk is van overwegingen die te maken hebben met één van de risico's die genoemd zijn in de richtlijn. Daarvan is sprake bij *income support*. Volgens de nationale regeling hoeven aanvragers van *income support* niet beschikbaar te zijn voor de arbeidsmarkt; dit toont aan, aldus het Hof, dat de betreffende uitkering niet direct en effectief verbonden is met de bescherming tegen het werkloosheidsrisico. De dames konden dus geen beroep doen op de richtlijn.

542. Ook in het *Smithson*-arrest[13] werd een bepaalde regeling niet onder de materiële werkingssfeer van Richtlijn 79/7 gerekend. Het ging hier om een Britse huisvestingsuitkering, die werd betaald aan personen voor wie het werkelijke inkomen minder was dan een in de regeling vastgelegde norm. Eén

[12] HvJ 16 juli 1992, zaken 63/91 en 64/91, *Jur.* 1992, I-4973.
[13] HvJ 4 februari 1992, zaak 243/90, *Jur.* 1992, I-467.

van de factoren die relevant waren voor de verhoging van dit bedrag was, dat men een alleenstaande was van tussen de zestig en tachtig jaar, en een of meer andere sociale-zekerheidsuitkeringen genoot, waaronder een invaliditeitspensioen. Het invaliditeitspensioen wordt betaald, op basis van de SSA 1975, totdat de uitkeringsgerechtigde de pensioenleeftijd bereikt, zestig jaar voor vrouwen en vijfenzestig voor mannen. Wanneer een persoon boven deze leeftijdsgrenzen een normale, betaalde baan heeft, dan behoudt hij het recht gedurende een periode van vijf jaar volgend op de pensioenleeftijd. Personen die met pensioen gegaan zijn, maar die niet de leeftijd van vijfenzestig (vrouwen) of zeventig (voor mannen) bereikt hebben, kunnen echter het pensioenregime verlaten om recht te doen gelden op een invaliditeitspensioen.

Mevrouw Smithson vroeg vanaf haar zestigste verjaardag niet langer een invaliditeitspensioen aan. Vervolgens kreeg ze ook geen hogere huisvestingsuitkering meer, omdat ze niet langer voldeed aan de eis dat ze een invaliditeitspensioen ontving. Toen ze zevenenzestig was, en alsnog op die wijze een hogere huisvestingsuitkering had willen verkrijgen, had ze niet meer de mogelijkheid om het pensioenregime te verlaten om van het arbeidsongeschiktheidsregime, en de hogere uitkering, te profiteren. Het Hof overwoog dat de voorwaarden voor een uitkering niet decisief zijn om deze als een uitkering in de zin van Richtlijn 79/7 te kwalificeren; zo'n huisvestingsuitkering kan toch onder het bereik vallen als ze direct en daadwerkelijk verbonden is met de bescherming van een van de risico's genoemd in artikel 3. Artikel 3 heeft evenwel geen betrekking op huisvestingskosten. De leeftijd en de arbeidsongeschiktheid van de uitkeringsgerechtigde vormen slechts twee van de criteria om de financiële behoefte te bepalen van de aanvrager van zo'n uitkering. Ook al zijn die criteria bepalend voor een verhoging van de uitkering, dat is niet voldoende om de uitkering binnen het toepassingsbereik van de richtlijn te brengen.

D. Wanneer valt een regeling nu onder de richtlijn en wanneer onder artikel 119?

543. Nu we de materiële werkingsduur hebben beschreven van zowel artikel 119 (zie nr. 504 e.v. *supra*) en de richtlijn, is het interessant om in te gaan op het onderscheid tussen beide werkingssferen. Hierbij is met name een arrest van belang, dat betrekking had op een type uitkeringen waarvan het onzeker was onder welke bepalingen deze vielen. Het ging om de Nederlandse ABP-regeling, welke aanvullende pensioenen voor ambtenaren en met hen gelijkgestelden regelt. Deze ABP-pensioenen vullen de basisouderdomsvoorziening (de AOW-uitkering) aan, afhankelijk van het arbeidsverleden, tot max. 70 procent van het laatst verdiende loon. De ABP-uitkeringen zijn wettelijk geregelde aanvullende pensioenen voor ambtenaren. Hier zit dus een bedrijfstakelement (art. 119) in, maar anderzijds kan ook worden gezegd dat het een wettelijke regeling is (Richtlijn 79/7).

In het *ABP-Beune*-arrest[14] kwam de vraag aan de orde, of deze uitkeringen onder de richtlijn vallen of onder artikel 119. Het Hof overwoog dat om te bepalen of een pensioenregeling als die van het ABP onder Richtlijn 79/7 of onder artikel 119 valt, onder meer de volgende criteria relevant zijn: is een pensioenregeling bij wet vastgesteld, bestaat overleg tussen de werkgevers en de vertegenwoordigers van de werknemer, hebben de aan de werknemers toegekende voordelen ten opzichte van de uitkeringen van sociale zekerheid een aanvullend karakter, de wijze van financiering van de pensioenregeling is voorts relevant, toepasselijkheid daarvan op algemene categorieën van werknemers, en ten slotte is het verband tussen de uitkering en de dienstbetrekking van de werknemer van belang. Het feit dat een regeling als die van de ABP rechtstreeks bij wet wordt vastgesteld, volstaat niet om deze van de werkingssfeer van artikel 119 uit te sluiten. Al in het *Tweede Defrenne*-arrest (nr. 500) oordeelde het Hof immers, dat tot de rechtstreekse discriminaties die reeds met behulp van de criteria van artikel 119 zijn vast te stellen, met name moeten worden gerekend die welke hun oorsprong vinden in wettelijke bepalingen. Deze uitlegging is bevestigd in het *Barber*-arrest (zie nr. 506), waarin het Hof overwoog, dat het niet zo kan zijn, dat een door de werkgever betaalde schadeloosstelling bij ontslag geen vorm van beloning in de zin van artikel 119 meer is, enkel omdat zij niet voortvloeit uit een arbeidsovereenkomst, maar bij de wet is voorzien of vrijwillig wordt betaald. Het feit dat een uniforme toepassing van het verdrag in de gehele Gemeenschap moet worden gewaarborgd, brengt mee, dat artikel 119 onafhankelijk van de nationale voorschriften of praktijken moet worden uitgelegd.

In zijn jurisprudentie heeft het Hof het contractuele criterium belangrijker geacht dan het wettelijke om een bepaalde uitkering te classificeren. Vgl. het *Bilka*-arrest (zie nr. 504), waarin bepaald werd, dat een pensioenregeling die, ofschoon ingevoerd in overeenstemming met de wet, haar oorsprong vindt in een akkoord tussen de werkgever en de vertegenwoordigers van het personeel, en die tot gevolg heeft dat de krachtens de algemeen geldende nationale bepalingen verschuldigde sociale uitkeringen worden aangevuld door uitkeringen die uitsluitend door de werkgever worden gefinancierd, geen stelsel van sociale zekerheid is. De op grond van die regeling betaalde uitkeringen zijn aan te merken als een door de werkgever aan de werknemer uit hoofde van diens dienstbetrekking betaald voordeel in de zin van artikel 119. Vgl. ook het *Ten Oever*-arrest (zie nr. 513). Een pensioenregeling die het resultaat is van overleg tussen de sociale partners, en uitsluitend door de werknemers en de werkgevers in de betrokken sector wordt gefinancierd, zonder enige financiële hulp van de overheid, valt binnen de werkingssfeer van artikel 119, ook wanneer de overheid, op verzoek van de belanghebbende werkgevers- en

[14] HvJ 28 september 1994, zaak 7/93, *Jur.* 1994, I-4471.

werknemersorganisaties, de regeling voor de gehele bedrijfstak verbindend heeft verklaard. Bij het in die rechtspraak bedoelde overleg tussen werkgevers en vertegenwoordigers van de werknemers gaat het echter om overleg dat uitmondt in een formele overeenkomst. De door de Nederlandse regering aangevoerde omstandigheid, dat de representatieve ambtenarenorganisaties deelnemen aan het beheer van de regeling, en dat in de praktijk vóór een wijziging van die regeling daarover met hen overleg wordt gevoerd, kan in casu dan ook geen grond zijn om het criterium dat in het *Ten Oever*-arrest relevant werd geacht, de doorslag te laten geven. Dit overleg mondt immers niet uit in een formele overeenkomst waarin de modaliteiten van de regeling worden vastgelegd. De Nederlandse regering had betoogd, dat het door het ABP uitgekeerde ambtelijk pensioen een aanvulling vormt op het algemeen basispensioen. Het Hof antwoordde hierop, dat, zoals in het *Barber*-arrest naar voren komt, de toepassing van artikel 119 niet afhankelijk is van de voorwaarde dat een pensioen een aanvulling vormt op een uitkering uit hoofde van een wettelijke regeling van sociale zekerheid. Uitkeringen uit hoofde van een bedrijfsregeling die gedeeltelijk of geheel in de plaats komen van uitkeringen uit hoofde van een wettelijke regeling van sociale zekerheid, kunnen daarom binnen de werkingssfeer van artikel 119 vallen. Evenmin kan op basis van het criterium inzake de wijze waarop een pensioenregeling zoals die van de ABP wordt gefinancierd en beheerd, worden uitgemaakt of de regeling binnen de werkingssfeer van artikel 119 valt. Het lijdt geen twijfel, dat een pensioenfonds als het Nederlandse nagenoeg volledig wordt gefinancierd uit de door de verschillende werkgevers in de openbare sector betaalde bijdragen en uit inhoudingen op het loon van de ambtenaren. Het wordt ook autonoom, volgens regels die verwantschap vertonen met die welke van toepassing zijn op bedrijfspensioenfondsen, beheerd. Door deze kenmerken onderscheidt het ABP-stelsel zich echter niet wezenlijk van bepaalde onder Richtlijn 79/7 vallende stelsels van sociale zekerheid, die eveneens uit werkgevers- en werknemersbijdragen kunnen worden gefinancierd. Bovendien wordt de ABP-regeling niet uitsluitend door werkgevers- en werknemerspremies gefinancierd.

544. Uit al het voorgaande volgt, aldus het Hof, in feite dat enkel het criterium dat is ontleend aan de vaststelling dat het pensioen aan de werknemer wordt uitgekeerd op grond van de arbeidsverhouding tussen de betrokkene en zijn voormalige werkgever, dat wil zeggen het aan de bewoordingen van artikel 119 ontleende criterium van de dienstbetrekking, beslissend kan zijn. Zoals het Hof reeds in het *Eerste Defrenne*-arrest erkende, kan aan het criterium van de arbeidsverhouding geen exclusief karakter worden toegekend. Zo kan bij pensioenen die op grond van wettelijke regelingen van sociale zekerheid worden uitgekeerd, voor het ontstaan en de vaststelling van de rechten van de

betrokkenen geheel of gedeeltelijk rekening worden gehouden met het arbeidsloon. Toch vallen die pensioenen buiten de werkingssfeer van artikel 119.

Pas nu komt het Hof met het doorslaggevende criterium: overwegingen van sociaal beleid, betreffende de organisatie van de staat, van ethische of zelfs van budgettaire aard, die een rol hebben of kunnen hebben gespeeld toen de nationale wetgever een regeling als de in geding zijnde vaststelde, kunnen echter niet doorslaggevend zijn, indien het pensioen slechts geldt voor een bijzondere categorie van werknemers, indien het rechtstreeks afhankelijk is van het aantal dienstjaren en indien het bedrag ervan wordt berekend op basis van het eindloon van de ambtenaar. Hieruit volgt dat een ambtelijk pensioen als het ABP-pensioen, dat voornamelijk afhankelijk is van de door de betrokkene vervulde dienstbetrekking deel uitmaakt van de door deze ontvangen beloning, en onder artikel 119 valt.

E. Het verbod van discriminatie in Richtlijn 79/7

I. Introductie

545. Artikel 4 luidt:

> 'het beginsel van gelijke behandeling houdt in, dat iedere vorm van discriminatie op grond van geslacht uitgesloten is, hetzij direct, hetzij indirect door verwijzing naar met name echtelijke staat of gezinssituatie, in het bijzonder met betrekking tot:
> - de werkingssfeer van de regelingen alsmede de voorwaarden inzake toelating tot de regelingen;
> - de verplichting tot premiebetaling en de premieberekening;
> - de berekening van de prestaties, waaronder begrepen verhogingen verschuldigd uit hoofde van de echtgenoot en voor ten laste komende personen, alsmede de voorwaarden inzake duur en behoud van het recht op de prestaties.'

546. Het tweede lid luidt dat het beginsel van gelijke behandeling geen afbreuk doet aan de bepalingen betreffende de bescherming van de vrouw wegens moederschap.

547. Artikel 4 verbiedt dus directe en indirecte discriminatie.

II. De rechtstreekse werking van Richtlijn 79/7

548. Richtlijnen zijn op de eerste plaats gericht op de Lid-Staten; onder bepaalde omstandigheden kunnen ook burgers voor de nationale rechter een beroep kunnen doen op bepalingen van een richtlijn. Daarvan kan sprake zijn als de nationale wetgever de in een richtlijn neergelegde verplichting niet tijdig nakomt. Burgers kunnen zich op die bepalingen beroepen tegenover elk nationaal voorschrift dat niet met de richtlijn in overeenstemming is, of wanneer de betreffende richtlijn rechten vastlegt die de particulieren tegenover de staat kunnen doen gelden.

Voorwaarde daarvoor is wel dat de bepalingen van een richtlijn naar hun inhoud onvoorwaardelijk en voldoende nauwkeurig zijn.

De vraag of het discriminatieverbod van artikel 4 van de richtlijn rechtstreekse werking heeft, nadat de uitvoeringstermijn was verstreken, kwam aan de orde in het *FNV*-arrest.[15] In deze zaak was artikel 13, eerste lid, (l) van de Nederlandse Werkloosheidsvoorzieningswet (WWV) aan de orde, dat bepaalde dat de gehuwde vrouw, die geen kostwinner was en niet gescheiden leefde van haar echtgenoot, geen recht had op uitkering. Deze discriminerende bepaling was nog van kracht op het moment waarop de uitvoeringstermijn van de richtlijn was afgelopen.

549. Dit artikel betrof een duidelijk geval van directe discriminatie: geen recht op een WWV-uitkering heeft de gehuwde vrouw die geen kostwinner is. Artikel 4 van de richtlijn bepaalt, dat het beginsel van gelijke behandeling inhoudt, dat iedere vorm van discriminatie op grond van geslacht uitgesloten is, hetzij direct, hetzij indirect. Het Hof oordeelde dat dit artikel voldoende nauwkeurig is om in te roepen. Daarmee was aan de eerste voorwaarde voor rechtstreekse werking voldaan. Vervolgens was de vraag aan de orde, of ook aan de tweede voorwaarde voldaan was, namelijk dat de bepaling onvoorwaardelijk is. Hiertegen was ingebracht, dat er uitzonderingen genoemd worden in de richtlijn, namelijk in artikel 7 en artikel 5. In artikel 7 van de richtlijn worden pensioenregelingen uitgezonderd (zie nr. 579). Het Hof oordeelde dat, omdat artikel 7 niet relevant was (de omstreden uitkering was immers geen pensioenregeling), deze uitzondering niet betekende dat regeling niet onvoorwaardelijk was. Ook artikel 5, dat bepaalt dat de Lid-Staten de nodige uitvoeringsmaatregelen moeten nemen, doet naar het oordeel van het Hof niet af aan het onvoorwaardelijke karakter. Weliswaar hebben de Lid-Staten een zekere beoordelingsvrijheid ten aanzien van de middelen, maar de opdracht van de richtlijn is wel verbindend ten aanzien van het te bereiken resultaat, te weten de intrekking van alle met het beginsel van gelijke behandeling strijdige bepalingen. Hieruit volgt, dat artikel 4 de Lid-Staten niet de bevoegdheid geeft om de toepassing van het beginsel aan voorwaarden of beperkingen te binden. Artikel 4 is daarom voldoende nauwkeurig en onvoorwaardelijk om, ook zonder uitvoeringsmaatregelen, vanaf 23 december 1984 door particulieren voor de nationale rechter te kunnen worden ingeroepen.

550. Toen het Hof had vastgesteld dat de richtlijn directe werking had, moest ook de vraag beantwoord worden welke consequenties daaraan verbonden waren. Als een bepaling uit de nationale wetgeving verboden is, dan is nog niet duidelijk waarop de rechtzoekende dan wèl recht heeft. Hadden gehuwde

[15] HvJ 4 december 1986, zaak 71/85, *Jur.* 1986, 3855.

vrouwen die geen kostwinner waren nu ook recht op een WWV-uitkering? Of waren mannen die geen kostwinner waren nu ook uitgesloten van uitkering? Het Hof antwoordde op deze vraag, dat nu aan de richtlijn geen uitvoering was gegeven, vrouwen recht hadden op dezelfde behandeling, en op toepassing van dezelfde regeling als mannen die in een gelijke situatie verkeren, totdat de richtlijn wel uitgevoerd is. De nationale regeling bleef, zolang aan genoemde richtlijn geen uitvoering is gegeven, het enig bruikbare referentiekader, aldus het Hof in het *FNV*-arrest. Gehuwde vrouwen waren dus niet langer uitgesloten van het recht op WWV.

551. In het *FNV*-arrest ging het om directe discriminatie, omdat de richtlijn niet tijdig was uitgevoerd; een vergelijkbare situatie was aan de orde in het *McDermott en Cotter*-arrest.[16] Het ging hier om gehuwde vrouwen, van wie de werkloosheidsuitkering na één jaar beëindigd werd op grond dat een gehuwde vrouw slechts gedurende 312 dagen vanaf de eerste betaling werkloosheidsuitkering kan ontvangen. Een gehuwde man, een ongehuwde man of een ongehuwde vrouw zou achtenzeventig dagen langer recht op een werkloosheidsuitkering hebben gehad. De klaagsters vroegen om een nietigverklaring van de stopzetting van de uitkering na 312 dagen, op grond dat ze vanaf 23 december 1984 recht hadden op een even hoge uitkering als gehuwde mannen, en over een even lange periode. Het Hof was het hier mee eens: zolang aan de richtlijn geen uitvoering was gegeven, hebben vrouwen recht op toepassing van dezelfde regeling als mannen die in eenzelfde situatie verkeren.

III. Overgangsregelingen

552. Na deze directe discriminatiezaken kwamen met name zaken voor het Hof, waarin regelingen omstreden waren, die gelijke behandeling beoogden teweeg te brengen, maar die nog aanhaakten bij vroegere discriminerende regelingen. Het ging dus om *overgangsregelingen* die aanhaakten bij oudere discriminerende gevallen of situaties waarin nog de gevolgen te zien zijn van regelingen die in het verleden discrimineerden. Als gevolg van zo'n overgangsregeling kwam de zaak van de dames McDermott en Cotter (zie vorige nummer) nog een keer voor het Hof; dit leidde tot het *Cotter en McDermott*-arrest.[17] In geding was de regel dat gehuwde mannen op grond van de Social Welfare Act 1981 automatisch recht hadden op verhogingen van hun socialezekerheidsuitkeringen voor hun echtgenote en kinderen, zonder dat ze hoefden aan te tonen dat zij werkelijk de financiële zorg voor die personen hadden. Gehuwde vrouwen moesten aan extra voorwaarden voldoen. De wet van 1985 bracht hier verandering in. Volgens deze bepalingen werd, ongeacht het

[16] HvJ 24 maart 1987, zaak 286/85, *Jur.* 1987, 1453.
[17] HvJ 13 maart 1991, zaak 377/89, *Jur.* 1991, I-1155.

geslacht van de aanvrager, enkel een extra bedrag voor een volwassene die ten laste is van de aanvrager uitgekeerd, indien kon worden aangetoond dat deze persoon daadwerkelijk voor rekening van de aanvrager kwam. Deze wet bevatte ook een overgangsbepaling, volgens welke personen die niet daadwerkelijk de financiële zorg voor een echtgenoot hadden en derhalve met de inwerkingtreding van de Social Welfare Act 1985 hun recht op een extra bedrag voor de volwassene ten laste hadden verloren, recht hadden op een compenserende betaling. Deze gold enkel voor gehuwde mannen wier uitkering voorheen automatisch werd verhoogd, zelfs indien zij niet daadwerkelijk de financiële zorg voor personen hadden.

De Ierse regering had aangevoerd, dat het in artikel 4, eerste lid van de richtlijn neergelegde discriminatieverbod alleen geldt voor gevallen waarin de persoon, voor wie de verhoging was toegekend, financieel afhankelijk was. Het Hof wees deze stelling af. Artikel 4 van de richtlijn is in het bijzonder van toepassing met betrekking tot de berekening van prestaties, waaronder begrepen verhogingen verschuldigd uit hoofde van de echtgenoot en voor ten laste komende personen. Daaruit blijkt, dat dit artikel ook van toepassing is op eventuele verhogingen die verschuldigd zijn voor niet ten laste komende echtgenoten. De vaststelling van de voorwaarden waaraan voldaan moet worden om voor verhogingen van sociale-zekerheidsuitkeringen in aanmerking te komen, is, aldus het Hof, volledig aan de Lid-Staten overgelaten. Hierbij geldt echter de voorwaarde, dat zij daarbij het gelijkheidsbeginsel ten volle in acht nemen. Zolang aan de richtlijn geen uitvoering is gegeven, is het enig bruikbare referentiekader, zoals we al eerder hebben gezien, de toepassing van dezelfde regeling als die geldt voor mannen die in een zelfde situatie verkeren. Als gehuwde mannen na 23 december 1984 niet hoefden aan te tonen dat zij daadwerkelijk de financiële zorg voor die personen hadden en automatisch recht op verhogingen hebben, hebben in gelijke omstandigheden verkerende gehuwde vrouwen in die omstandigheden daarop ook recht, en mogen geen bijkomende, specifiek voor gehuwde vrouwen geldende voorwaarden worden gesteld.

553. Vervolgens werd in deze zaak de vraag aan het Hof gesteld, of nationale rechtsbeginselen het beginsel van gelijke behandeling mochten beperken. De Ierse regering voerde aan, dat doorkruising van de Ierse wet omtrent de verhogingen tot gevolg zou kunnen hebben, dat eenzelfde gezin tweemaal een verhoging ontvangt, namelijk wanneer beide echtgenoten in dezelfde periode sociale-zekerheidsuitkeringen ontvangen. Mocht de richtlijn nu ook leiden tot dergelijke 'ongerechtvaardigde verrijking'? Dit beginsel uit het Ierse recht gaat ervan uit dat betaling aan de betrokkene, ook al zou dit op zich rechtens juist zijn, niet hoeft plaats te vinden, indien de betaling zou leiden tot een ongerechtvaardigde verrijking van betrokkene. Ook de staat kan zich beroepen op dit beginsel.

Het Hof wees dit argument af; als een beroep op dit beginsel zou worden toegestaan, dan zouden nationale instanties hun eigen onwettige gedrag kunnen gebruiken als argument om artikel 4, eerste lid zijn volle werking te ontnemen.

De conclusie in dit arrest is dat vrouwen recht hebben op dezelfde verhogingen, ook indien dit in bepaalde omstandigheden tot dubbele betaling van die verhogingen leidt.[18]

554. Ook in het *Dik*-arrest[19] was sprake van een doorwerking van een oudere discriminerende bepaling. Artikel 13, eerste lid, (l) WWV, dat in het *FNV*-arrest (zie nr. 548) aan de orde was, was met terugwerkende kracht tot 23 december 1984 afgeschaft. Hierbij gold een overgangsbepaling, volgens welke de afschaffing van dit artikel niet gold voor werknemers die met ingang van een dag gelegen vóór 23 december 1984 werkloos zijn geworden, tenzij zij op die datum in het genot waren van een uitkering ingevolge de Werkloosheidswet (WW). Personen die dus niet in het genot waren van een WW-uitkering werden nu geconfronteerd met de gewraakte bepaling uit de WWV.

In deze zaak zijn de drie procederende vrouwen vóór 23 december 1984 werkloos geworden, en hun recht op een Werkloosheidsuitkering was al voor die datum afgelopen. Zij kwamen niet in aanmerking voor een WWV-uitkering.

Het Hof overwoog dat de richtlijn niet voorziet in uitzonderingen op het in artikel 4 neergelegde beginsel van gelijke behandeling, op grond waarvan oudere nationale bepalingen hun discriminerende werking zouden mogen behouden. De omstandigheid dat die ongelijke behandelingen uit overgangsbepalingen voortvloeien, leidt niet tot een andere beoordeling.

Indien een man die vóór 23 december 1984 zijn betrekking, alsmede zijn recht op een WW-uitkering heeft verloren en vóór die datum geen WWV-uitkering ontving, na 23 december 1984 in aanmerking kwam voor een WWV-uitkering, dan heeft een vrouw die zich in een gelijke situatie bevindt, eveneens recht op die uitkering, zonder dat zij behoeft te voldoen aan een aanvullende voorwaarde die voor die datum alleen voor gehuwde vrouwen gold, aldus het Hof.

Te laat vastgestelde uitvoeringsmaatregelen moeten ten volle rekening houden met de rechten die artikel 4, eerste lid, in een Lid-Staat ten gunste van particulieren heeft doen ontstaan vanaf het verstrijken van de termijn, waarbinnen de Lid-Staten zich aan de richtlijn hadden moeten aanpassen, aldus het Hof. Een Lid-Staat die, na het verstrijken van de in de richtlijn gestelde termijn, uitvoeringsmaatregelen vaststelt, kan daaraan terugwerkende kracht verlenen tot de datum waarop die termijn verstreek. Hij moet daarbij wel

[18] Zie over de doorwerking van discriminerende regelingen uit het verleden, ook het arrest HvJ 24 juni 1987, zaak 384/85, *Borrie Clarke*, *Jur*. 1987, 2865.

[19] HvJ 8 maart 1988, zaak 80/87, *Jur*. 1988, 1601.

rekening houden met alle rechten die artikel 4, eerste lid, in de Lid-Staten ten gunste van particulieren heeft doen ontstaan vanaf het verstrijken van bedoelde termijn.

555. Het *Verholen*-arrest[20] betreft eveneens doorwerking van oudere discriminerende bepalingen. Het geschil betrof een Nederlandse bepaling die tot 1 april 1985 luidde, dat een gehuwde vrouw niet zelfstandig verzekerd was voor de AOW, gedurende de periode dat haar echtgenoot niet verzekerd was omdat hij in het buitenland werkte, en daar verzekerd was. De vrouw was dus zelfs niet verzekerd voor de desbetreffende tijdvakken als zij ingezetene van Nederland was gebleven. Omgekeerd was dat niet het geval; een in Nederland wonende gehuwde man, die niet in het buitenland werkte, wiens echtgenote van de verzekering was uitgesloten omdat ze in het buitenland werkte, bleef wel verzekerd. Omdat de AOW een opbouwverzekering is, leverde deze regeling, waardoor tijdvakken als niet-verzekerd golden, een lagere uitkering op voor de vrouwen in kwestie.

Het Hof overwoog dat in het *Dik*-arrest al bepaald was, dat de richtlijn niet voorziet in uitzonderingen op het gelijke-behandelingsbeginsel, op grond waarvan oudere nationale bepalingen hun discriminerende werking zouden mogen behouden. Na 23 december 1984 mogen aldus geen ongelijke behandelingen voortduren die te wijten zijn aan de omstandigheid, dat de aan het ontstaan van het recht op uitkering verbonden voorwaarden reeds vóór die datum golden. Het is de Lid-Staat dus niet toegestaan na het verstrijken van de uitvoeringstermijn de gevolgen te handhaven van een oudere nationale wettelijke regeling die onder bepaalde omstandigheden gehuwde vrouwen van het recht op ouderdomspensioen uitsloot. Dit betekent dat betrokkenen recht hadden op een ongekorte uitkering.

556. In de vervolgprocedure voor de Centrale Raad van Beroep bracht de uitkeringsorganisatie (de SVB) in, dat gelet op het *Ten Oever*-arrest (zie nr. 513) dat ging over de terugwerkende kracht bij aanvullende pensioenen (artikel 119), ook voor de AOW-uitkeringen beperking in de tijd voor de hand zou liggen. De raad oordeelde dat deze stelling niet gevolgd kon worden; het gemeenschapsrecht kan verschillend uitwerken al naar gelang het terrein waar het betrekking op heeft. Het oordeel van het Hof over artikel 119 hoeft dus niet van belang te zijn voor Richtlijn 79/7.[21]

Een korting wegens niet-verzekerde jaren mag dus niet worden toegepast op AOW-uitkeringen en -toeslagen die na 23 december 1984 tot uitbetaling komen, indien betrokkene niet verzekerd was op grond van de regeling dat de echtgenote van een man die in het buitenland werkzaam was voor die tijdvakken

[20] HvJ 11 juli 1991, zaken 87/90, 88/90 en 89/90, *Jur.* 1991, I-3757.
[21] CRvB 26 november 1993, RSV 1994/125, m.nt. Keunen.

niet verzekerd was. Voorwaarde om de korting te kunnen bestrijden is wel dat de vrouw op het moment dat ze AOW-uitkering aanvroeg onder de personenkring van de richtlijn viel.

557. In het *Van Gemert-Derks*-arrest[22] kwam de vraag aan de orde of de intrekking geoorloofd was van een arbeidsongeschiktheidsuitkering bij personen die een weduwepensioen kregen. De overgang van de arbeidsongeschiktheidsuitkering naar de weduwe-uitkering zou voor betrokkene een nettoverlaging van haar inkomen van zo'n honderd gulden inhouden. Deze regel lijkt op het eerste gezicht discriminerend, omdat volgens de wet weduwnaars geen recht op een nabestaandenpensioen hadden. Zij werden dus op grond van deze wet niet met deze achteruitgang geconfronteerd. De Nederlandse rechter had echter de uitsluiting van weduwnaars van de weduwe-uitkering in strijd met artikel 26 IVBP geacht, waardoor het onderhavige effect ook voor weduwnaars zou kunnen optreden.

Het Hof moest eerst de vraag beantwoorden, of de nationale rechter de vrijheid had om artikel 26 IVBP toe te passen op nabestaandenpensioenen. Het Hof overwoog, dat, bij ontbreken van harmonisatie op dit terrein, deze prestaties beheerst worden door het in de betrokken Lid-Staat geldende nationale en internationale recht. Een uitspraak van een nationale rechter, die, zich baserend op artikel 26 van het IVBP, het beginsel van gelijke behandeling uitbreidt tot een terrein dat thans niet door Richtlijn 79/7 wordt gedekt, tast de geleidelijke tenuitvoerlegging van dit beginsel niet aan. Het gemeenschapsrecht staat er daarom niet aan in de weg, aldus het Hof, dat een nationale rechter artikel 26 IVBP aldus interpreteert, dat dit artikel de gelijke behandeling van mannen en vrouwen op het gebied van nabestaandenpensioenen voorschrijft, voor zover dit gebied buiten de werkingssfeer van Richtlijn 79/7 valt.

558. De volgende vraag in het *Van Gemert-Derks*-arrest was, of artikel 4 verhindert dat de arbeidsongeschiktheidsuitkering van een arbeidsongeschikte weduwe mag worden ingetrokken, als ze een weduwepensioen ontvangt, terwijl een dergelijke intrekking niet plaatsvindt in het geval van weduwnaars die in het genot zijn van een arbeidsongeschiktheidsuitkering. Het probleem hier was dat de richtlijn volgens artikel 3, tweede lid niet van toepassing is op nabestaandenuitkeringen. Heeft de richtlijn wel betrekking op de samenloop van een arbeidsongeschiktheidsuitkering met een nabestaandenuitkering? Het Hof antwoordde hierop dat de omstreden bepaling betrekking heeft op de intrekking van een arbeidsongeschiktheidsuitkering, en dat de richtlijn wel op die uitkeringen van toepassing is.

Vervolgens kwam de vraag aan de orde of hier sprake was van discriminatie. In verband met artikel 4 zou een nationale bepaling die vrouwen de aanspraak

[22] HvJ 27 oktober 1993, zaak 337/91, nog niet gepubliceerd.

op een uitkering ontneemt die mannen in dezelfde omstandigheden blijven ontvangen, een discriminatie in de zin van de richtlijn vormen. De Nederlandse uitkeringsinstantie had evenwel betoogd, dat de toekenning van een weduwe-uitkering die de intrekking van een arbeidsongeschiktheidsuitkering inhoudt, enkel op aanvraag geschiedde. Sinds medio juli 1989 worden verzekerden die een weduwe-uitkering aanvragen voorgelicht over de consequenties die de toekenning van een dergelijke uitkering kan hebben. Het Hof antwoordde hierop dat geen inbreuk wordt gemaakt op de gelijkheid van behandeling, indien een weduwe vrijwillig afstand doet van de arbeidsongeschiktheidsuitkering. Voorwaarde is dat zij duidelijke en nauwkeurige informatie ontvangt over de eventuele financiële consequenties van de vervanging van haar uitkering door een weduwe-uitkering. De nationale rechter moet beoordelen, of een dergelijke afstand inderdaad heeft plaatsgevonden.

IV. Beperking van de terugwerkende kracht van de gelijke behandeling

559. Kan nu een Lid-Staat zeggen: u hebt weliswaar recht op gelijke behandeling vanaf de implementatie van de richtlijn, maar u had uw claim eerder bij de rechter moeten leggen? Deze vraag kwam aan de orde in het *Emmott*-arrest.[23] Dit betrof een situatie die nauw aansloot bij het (eerste) *McDermott en Cotter*-arrest (nr. 551) en ging over dezelfde nationale sociale-zekerheidsregeling. In 1987 had mevrouw Emmott al een brief geschreven aan de minister om een uitkering te krijgen. De minister had geantwoord dat er geen besluit kon worden genomen, omdat over de richtlijn nog een zaak aanhangig was (namelijk de *McDermott en Cotter*-zaak). Nadat arrest in die zaak gewezen was, diende Emmott een aanvraag in ter verkrijging van dezelfde uitkering die werd verstrekt aan mannen in dezelfde situatie als zij, met terugwerkende kracht vanaf 23 december 1984. Inmiddels was echter de in de nationale regeling genoemde termijn verlopen waarbinnen een procedure gestart moest worden. Aan het Hof werd de vraag gesteld, of, als een vrouw een beroep doet op artikel 4, de nationale autoriteiten de algemene beginselen van het gemeenschapsrecht schenden, als zij zich beroepen op nationale procesrechtelijke bepalingen, met name met betrekking tot beroepstermijnen.

Het Hof antwoordde op deze vraag dat, ook al hebben de Lid-Staten de vrijheid om procedureregels vast te stellen, ze rekening moeten houden met het bijzondere karakter van de richtlijnen. De Lid-Staten zijn verplicht de volledige werking van de richtlijnen te verzekeren op een wijze die voldoende duidelijk en precies is, opdat, wanneer zij rechten creëren voor particulieren, dezen in staat zijn de volheid van hun rechten te kennen en er zich op kunnen beroepen voor de nationale rechter.

[23] HvJ 25 juli 1991, zaak 208/90, *Jur.* 1991, I-4269.

Een beroep van een particulier op een richtlijn is immers vaak niet succesvol (het is immers niet altijd duidelijk, of een bepaling onvoorwaardelijk en precies is), aldus het Hof. Slechts in bijzondere omstandigheden, namelijk wanneer een Lid-Staat heeft verzuimd de vereiste uitvoeringsmaatregelen te treffen, of maatregelen getroffen heeft die niet in overeenstemming zijn met een richtlijn, bestaat de mogelijkheid bij de rechter een beroep te doen op de richtlijn. Daarom kan een beperking aan zo'n beroep voor een Lid-Staat niet als rechtvaardiging dienen om zich te onttrekken aan het tijdig nemen van uitvoeringsmaatregelen.

De onzekerheid bij particulieren omtrent hun rechten bestaat ook nog na een uitspraak van het Hof, waarin is gesteld dat de Lid-Staat niet aan zijn verplichtingen heeft voldaan, aldus het Hof. Slechts de correcte doorvoering van de richtlijn maakt een einde aan die onzekerheid, en pas op dat moment is de juridische zekerheid ontstaan die nodig is om van de justitiabelen te kunnen eisen, dat zij hun rechten doen gelden. Hieruit volgt, dat tot het moment van juiste transpositie van de richtlijn, de in gebreke zijnde staat zich niet kan beroepen op het te laat instellen van een actie door een particulier. Een nationaalrechtelijke beroepstermijn kan daarom pas vanaf dat moment beginnen te lopen.

560. In het *Steenhorst*-arrest[24] kwam de vraag aan de orde of de *Emmott*-benadering ook doorgetrokken kon worden tot nationale bepalingen die de mogelijkheid beperken om uitkering met terugwerkende kracht aan te vragen. Hier zijn dus niet, zoals in het *Emmott*-arrest, procesrechtelijke bepalingen in het geding. De vraag was, in hoeverre uitkeringsinstanties de betaling van uitkering met terugwerkende kracht mochten beperken, indien er sprake was geweest van discriminatie. Het ging om een Nederlandse regeling, die in het verleden een arbeidsongeschiktheidsuitkering op grond van de AAW onthield aan gehuwde vrouwen; bij de Wet invoering gelijke uitkeringsrechten voor mannen en vrouwen werd het recht op uitkering uitgebreid tot gehuwde vrouwen. Een uitzondering bestond echter voor degenen van wie de arbeidsongeschiktheid reeds vóór 1 oktober 1975 was ingetreden. De Nederlandse Centrale Raad van Beroep oordeelde echter,[25] dat nu die uitzondering uitsluitend gold voor gehuwde vrouwen, deze een discriminatie vormde op grond van geslacht, die onverenigbaar was met artikel 26 IVBP. Gehuwde vrouwen wier arbeidsongeschiktheid was ingetreden vóór 1 oktober 1975, konden daarom vanaf 1 januari 1980, de datum van inwerkingtreding van de wet Invoering gelijke uitkeringsrechten, eveneens aanspraak op een AAW-uitkering doen gelden.

Complicatie was nu, dat de Arbeidsongeschiktheidswet bepaalde dat de arbeidsongeschiktheidsuitkering niet vroeger kon ingaan dan een jaar vóór de dag, waarop de aanvraag werd ingediend, behoudens afwijking door de

[24] HvJ 27 oktober 1993, zaak 338/91, *Jur.* 1993, I-5475.
[25] CRvB 5 januari 1988, *RSV* 1988, 104.

bedrijfsvereniging in bijzondere gevallen. Aan het Hof werd gevraagd, of het gemeenschapsrecht zich verzet tegen de toepassing van een bepaling van nationaal recht, volgens welke een arbeidsongeschiktheidsuitkering niet vroeger dan een jaar vóór de datum van aanvraag kan ingaan, wanneer een particulier zich beroept op de rechtstreeks door artikel 4, eerste lid van de richtlijn toegekende rechten. Het Hof antwoordde hierop, dat de aanspraak op een arbeidsongeschiktheidsuitkering onder dezelfde voorwaarden als voor mannen moet gelden, overeenkomstig de door de nationale rechter gestelde voorwaarden. Deze voorwaarden mogen niet ongunstiger zijn dan die welke voor soortgelijke nationale vorderingen gelden. Voorts mogen zij de uitoefening van de door de communautaire rechtsorde verleende rechten in de praktijk niet onmogelijk maken, zoals geoordeeld is in het *Emmott*-arrest. De nationale bepaling die de terugwerkende kracht van een aanvraag om een arbeidsongeschiktheidsuitkering beperkt, voldoet aan deze twee voorwaarden.

De Europese Commissie had ingebracht, dat volgens het *Emmott*-arrest de termijn waarbinnen de justiabelen hun rechten geldend moeten hebben gemaakt, hun eerst kan worden tegengeworpen vanaf het moment waarop een Lid-Staat de bepalingen van een richtlijn naar behoren heeft omgezet. Deze rechtspraak zou ook in dit geval moeten gelden. Het Hof was het hier niet mee eens. De situatie van Emmott verschilde immers duidelijk van die in deze zaak.

Anders dan in de *Emmott*-zaak, waarin een nationale rechtsregel aan de orde was, waarbij een beroepstermijn wordt vastgesteld, was in de *Steenhorst*-zaak het recht van de justitiabelen niet aangetast om zich voor een nationale rechterlijke instantie tegen een Lid-Staat, die in gebreke is gebleven, op Richtlijn 79/7 te beroepen. De regeling beperkt enkel de terugwerkende kracht van aanvragen tot verkrijging van de betreffende uitkering. Het verval van rechten, voortvloeiend uit het verstrijken van beroepstermijnen, beantwoordt, zoals in het *Emmott*-arrest, aan de noodzaak te voorkomen dat de wettigheid van administratieve beslissingen te allen tijde kan worden aangetast. De bepaling die de terugwerkende kracht van aanvragen om een arbeidsongeschiktheidsuitkering beperkt, zoals in de onderhavige zaak, dient een geheel ander doel dan een regel die een dwingende beroepstermijn vastlegt. Een dergelijke bepaling beantwoordt aan de eisen van een goede administratie, en aan de noodzaak het financieel evenwicht te bewaren in een omslagstelsel.

Vandaar dat de beperking aan de mogelijkheid van aanvragen met terugwerkende kracht geoorloofd was.

561. Op mevrouw Johnson (vgl. het *Eerste Johnson*-arrest[26], nr. 533 en 534) had nog een tweede arrest, het *Tweede Johnson*-arrest[27], betrekking. Ter herinnering, het eerste arrest betrof een vrouw die in 1970 ophield met werken om

[26] Vgl. HvJ 11 juli 1991, zaak 31/90, *Jur.* 1991, I-3723.
[27] HvJ 6 december 1994, zaak 410/92, *Jur.* 1994, I-5483.

voor haar toen zes jaar oude dochter te zorgen. In 1980 wilde ze weer gaan werken, maar wegens een rugkwaal kon zij dat niet. Daarom werd haar in 1981, toen zij alleen woonde, een niet op premiebetaling berustende invaliditeitsuitkering toegekend. In 1982 ging zij samenwonen met een partner. Haar uitkering werd toen stopgezet, omdat in die tijd een vrouw die met een man samenwoonde en voor deze arbeidsongeschiktheidsuitkering in aanmerking wilde komen, moest aantonen dat zij ongeschikt was voor het verrichten van normale huishoudelijke werkzaamheden. Deze voorwaarde gold niet voor mannen. In 1984 werd deze uitkering afgeschaft en werd de *Severe Disablement Allowance* (SDA) ingevoerd, die aan mannen en vrouwen onder gelijke voorwaarden kon worden toegekend. Degenen die recht hadden op de vroegere invaliditeitsuitkering kwamen automatisch in aanmerking voor de nieuwe uitkering, zonder dat zij behoefden aan te tonen, dat zij aan de nieuwe voorwaarden voldeden. De aanvraag van mevrouw Johnson werd afgewezen, omdat zij niet aan de nieuwe voorwaarde voldeed, en niet in het genot was van de oude uitkering. Het Hof oordeelde dat deze bepaling tot gevolg heeft, dat iemand die niet heeft verzocht om betaling van de oude uitkering voordat deze werd afgeschaft, niet automatisch aanspraak kan maken op toekenning van de SDA. Artikel 4 staat in de weg aan de doorwerking van oudere discriminerende bepalingen.

Na dit arrest kenden de Social Security Commissioners bij uitspraak van 16 december 1991 verzoekster een SDA toe vanaf 16 augustus 1986, dat wil zeggen twaalf maanden vóór de aanvraag, maar zij weigerden de toekenning van deze uitkering voor het tijdvak dat vóór dat tijdstip lag. Deze weigering berustte op de regel die bepaalt: 'Niettegenstaande de krachtens deze Section vastgestelde bepalingen, kan geen uitkering worden toegekend (..) voor tijdvakken die meer dan twaalf maanden vóór de datum van aanvraag liggen'. De vraag was nu of het *Emmott*-arrest met zich meebracht dat mevrouw Johnson een uitkering kon krijgen vanaf de datum waarop de omzettingstermijn van de richtlijn was verstreken, te weten 22 december 1984.

Uit de tekst van de omstreden bepaling blijkt, aldus het Hof, dat zij van algemene toepassing is en dat vorderingen op grond van het gemeenschapsrecht derhalve niet aan minder gunstige voorwaarden worden onderworpen dan voor soortgelijke nationale vorderingen gelden. Verder maakte deze bepaling, die enkel het tijdvak vóór de indiening van de aanvraag beperkte waarover achterstallige uitkeringen konden worden verkregen, de vordering van de justiabele die zich op het gemeenschapsrecht beroept, niet praktisch onmogelijk.

Het Hof oordeelde dat de nationale bepaling waarop de vordering van verzoekster voor de verwijzende rechter afstuitte, overeenkwam met de bepaling die in de *Steenhorst*-zaak in geding was. In beide gevallen ging het om een voorschrift dat de vordering niet uitsloot, maar enkel het tijdvak vóór de indiening van de aanvraag waarover achterstallige uitkeringen kunnen worden verkregen beperkt.

Ter terechtzitting had mevrouw Johnson betoogd dat haar zaak niet met de *Steenhorst*-zaak kon worden vergeleken, omdat de omstandigheden ervan verschilden. In de eerste plaats betoogde zij, dat op bepaalde gebieden van sociale zekerheid, en meer bepaald in het onderhavige geval, zonder problemen kon worden vastgesteld, of de aanvrager vóór de datum van indiening van de aanvraag aan de voorwaarden voor het recht op uitkering voldeed. In de tweede plaats betoogde zij, dat de uitkering waarom het in de onderhavige zaak ging, niet op premiebetaling berustte, zulks in tegenstelling tot die welke in de *Steenhorst*-zaak in geding was. In casu bestond derhalve geen noodzaak het financiële evenwicht van een fonds met beperkte reserves te bewaren. De betaling van achterstallige uitkeringen vanaf het einde van de omzettingstermijn zou de staatsmiddelen niet zwaarder belasten dan wanneer de richtlijn tijdig naar behoren was omgezet. Het Hof oordeelde dat beide argumenten niet beslissend waren. De persoonlijke situatie van verzoekster in het hoofdgeding en de uitkering waarop zij aanspraak maakt, verschilden inderdaad in bepaalde opzichten van de situatie en de uitkering waarvan in het *Steenhorst*-arrest sprake was. Dat neemt niet weg, dat de bepaling waarom het thans ging, identiek is aan die in de *Steenhorst*-zaak, en dat de toepassing van deze bepaling de uitoefening van op de richtlijn gebaseerde rechten niet onmogelijk maakte. Ze was daarom geoorloofd.

562. Het is tijd voor een conclusie. In geval een richtlijn niet op tijd of op onjuiste wijze uitgevoerd is, kunnen nationale beroepstermijnen niet worden tegengeworpen aan de belanghebbende (het *Emmott*-arrest). Daarentegen kunnen termijnen die verband houden met de aanvraag van een uitkering wel worden tegengeworpen. In ieder geval lijken termijnen toegestaan die toekenning van uitkeringen met terugwerkende kracht beperken tot een zekere periode voorafgaand aan het moment van de aanvraag (*Steenhorst*-arrest).

V. Indirecte discriminatie

563. Of er sprake is van indirecte discriminatie is veel moeilijker vast te stellen dan of een regeling direct discrimineert. Een bepaling die indirect discrimineert op basis van geslacht, is een regeling die zelf geen verwijzing naar het geslacht bevat, maar die in haar effecten wel tot een verschillend resultaat leidt voor één van de geslachten. Een vermoeden van indirecte discriminatie bestaat, zodra een ogenschijnlijk neutrale maatregel in feite in overwegende mate slechts één van beide geslachten treft. Of er een bedoeling heeft bestaan om te discrimineren is dus niet van belang.

564. Uit artikel 4 van Richtlijn 79/7 blijkt dat ook indirecte discriminatie verboden is en wel door verwijzing naar met name echtelijke staat of gezinssituatie,

in het bijzonder met betrekking tot de berekening van de prestaties. Hieronder zijn begrepen verhogingen die verschuldigd zijn uit hoofde van de echtgenoot en voor ten laste komende personen. Artikel 4 noemt hier een onderdeel van de sociale zekerheid waarop een aanzienlijk deel van de indirecte-discriminatiezaken betrekking heeft: toeslagen om uitkeringen op het bestaansminimumniveau te brengen voor een gezin. Als deze toeslagen immers alleen betaald worden aan personen met een afhankelijke partner, dan zullen het vooral mannen zullen zijn die een toeslag krijgen. Het zijn immers in de huidige maatschappij vooral mannen, die de financiële zorg voor een persoon hebben die geen eigen inkomsten heeft.

565. Nu is deze vorm van ongelijke behandeling niet zo eenvoudig op te lossen. De keus is immers tussen afschaffen van de toeslag, maar dan komen gezinnen onder het bestaansminimum, of toekennen van de toeslag aan alle uitkeringsgerechtigden, maar dat is wel een ondoelmatige toedeling van sociale-zekerheidsgelden. Ze komen dan immers ook daar terecht waar ze niet nodig zijn.

566. Of toeslagen in strijd zijn met Richtlijn 79/7 kwam als eerste aan de orde in het *Teuling*-arrest.[28] Mevrouw Teulings had eerst een arbeidsongeschiktheidsuitkering, waarin een individueel minimum was opgenomen, gerelateerd aan het minimumloon. Later werd de Nederlandse Wet op de Arbeidsongeschiktheidsverzekering (WAO) gewijzigd; deze voorzag nu in toeslagen aan personen met gezinslasten. Op zo'n toeslag had mevrouw Teuling echter geen recht in verband met het inkomen van haar man. Ze ging daarom aanmerkelijk in inkomen achteruit. Het Hof was van oordeel, dat het hier ging om toeslagen die niet direct verband houden met het geslacht van de uitkeringsgerechtigde, maar die rekening houden met zijn echtelijke staat of gezinssituatie. Indien blijkt, dat een aanzienlijk lager percentage vrouwen dan mannen voor deze toeslagen in aanmerking komt, dan zou dit in strijd zijn met artikel 4, eerste lid, indien de regeling geen rechtvaardiging vindt in redenen die discriminatie op grond van geslacht uitsluiten. Het is immers onomstreden dat een aanzienlijk groter aantal getrouwde mannen dan getrouwde vrouwen een verhoging wegens gezinslasten ontvangen. Voor de vraag of de toekenning van de verhoging rechtvaardiging vond in redenen die iedere discriminatie op grond van geslacht uitsluiten, was een onderzoek naar het doel van de verhogingen nodig. Volgens de Nederlandse regering was het doel van de arbeidsongeschiktheidsregeling het garanderen van een bestaansminimum in gevallen waarin ieder inkomen uit arbeid ontbrak. Het Hof oordeelde dat verhogingen gerechtvaardigd kunnen zijn, waar deze moeten voorkomen dat in gevallen

[28] HvJ 11 juni 1987, zaak 30/85, *Jur.* 1987, 2497.

waarin ieder inkomen uit arbeid ontbreekt, de uitkering daalt tot beneden het bestaansminimum voor uitkeringsgerechtigden die, doordat zij de financiële verantwoordelijk hebben voor een echtgenoot of kinderen, zwaardere lasten hebben te dragen dan alleenstaanden. Als de nationale rechter vaststelt dat verhogingen, als de hier bedoelde, overeenkomen met de zwaardere lasten die uitkeringsgerechtigden met een echtgenoot of kinderen ten laste in vergelijking met alleenstaanden hebben te dragen, en dat zij geschikt en ook noodzakelijk zijn om een bestaansminimum te garanderen, dan is de omstandigheid dat die verhogingen aan een veel groter aantal gehuwde mannen dan gehuwde vrouwen toekomen niet voldoende om te concluderen dat de toekenning in strijd met de richtlijn is. De beantwoording van de vraag of daarvan sprake is liet het Hof over aan de nationale rechter.

567. In deze uitspraak zien we dat in de benadering van de vraag of een regeling indirect discriminerend is, drie stappen moeten worden genomen. Eerst moet onderzocht worden of de regeling meer personen van het ene geslacht dan van het andere treft (de statistische benadering). Vervolgens moet, als het antwoord hierop bevestigend is, nagegaan worden of de regeling noodzakelijk is. Ten slotte moet nagegaan worden of de regeling ook geschikt is voor het doel (met andere woorden, is er geen alternatief dat hetzelfde doel bereikt, terwijl dit niet de onderhavige effecten heeft?).

568. Toepassing van de criteria 'noodzakelijk en geschikt' is niet zo eenvoudig. In de vervolgprocedure oordeelde de Raad van Beroep Amsterdam[29] dat het toeslagensysteem van de arbeidsongeschiktheidsregeling niet noodzakelijk en geschikt was. Het was namelijk niet zo dat in alle gevallen slechts een uitkering op het niveau van het sociaal minimum werd gegarandeerd. Soms kon immers een toeslag ontvangen worden als de uitkeringsgerechtigde een inkomen had boven het sociale minimum (dit was namelijk het geval als betrokkene een WAO-uitkering of een arbeidsgeschiktheidspensioen ontving). De rechter vond dat deze vrijstellingen de regeling te 'royaal' maakten om nog aan de eis van *noodzakelijkheid* en *geschiktheid* te voldoen. In hoger beroep oordeelde de rechter anders; de Centrale Raad van Beroep[30] overwoog, dat de door de lagere rechter vermelde vrijstellingen alle betrekking hadden op uitkeringen ingevolge arbeidsongeschiktheidsverzekeringen. Deze zijn in verband te brengen met het kennelijk oogmerk van de wetgever om het niveau van de bodemuitkering niet ten nadele van die overige verzekeringen te laten aantasten. Dit nevenoogmerk doet geen afbreuk aan de hoofddoelstelling van het toeslagensysteem. Niet gezegd kan worden, dat deze toeslagen niet geschikt of noodzakelijk zijn.

[29] RvB Amsterdam 29 december 1987, *RSV* 1988/173.
[30] CRvB 19 april 1990, *RSV* 1990/323.

We zien hier een illustratie van de moeilijkheden die een nationale rechter kan hebben met de criteria van het Hof.

569. Ook een ander onderdeel van de Algemene Arbeidsongeschiktheidswet werd beticht van indirecte discriminatie. De kwestie betrof de afwijking van de algemene regel, dat een AAW-uitkering een percentage vormt (afhankelijk van de mate van arbeidsongeschiktheid) van het minimumloon. De uitzondering gold bij mensen die minder hadden verdiend dan het minimumloon voordat ze arbeidsongeschikt werden; in dat geval werd de uitkering een percentage van het loon dat ze eerder verdienden. Deze regel trof personen die in kleine deeltijdbanen werkten, en het ging hier in de praktijk wederom voornamelijk om vrouwen. In de *Ruzius-Wilbrink*-zaak[31] werd de vraag aan het Hof voorgelegd of deze regeling geoorloofd was. Hierop antwoordde het Hof dat artikel 4 van de richtlijn verbiedt dat een bepaling van een nationale wettelijke regeling die aan arbeidsongeschikten een sociaal minimum garandeert, van dat beginsel afwijkt ten aanzien van deeltijdwerkers. Dit is slechts anders als die wettelijke regeling wordt gerechtvaardigd door objectieve factoren die niets van doen hebben met discriminatie op grond van geslacht.

570. In de vervolgprocedure oordeelde de Centrale Raad van Beroep,[32] dat er geen sprake is van indirecte discriminatie. De Raad overwoog dat de wetgever niet de vrijheid ontzegd was uitvoering te geven aan nevendoelstellingen van sociaal beleid, er op gericht om enkele groepen die in een bijzondere verhouding tot de arbeidsmarkt staan, in de inkomensbescherming van de AAW te laten delen. De regeling voor de bijzondere groepen staat, bezien in het totale kader van de AAW, zodanig op zichzelf en is zodanig aan eigen doelstellingen onderworpen, dat zij de geldigheid van de AAW-regeling niet raakt.

571. Later wees het Hof een arrest, waarin meer duidelijkheid werd geschapen over de toelaatbaarheid van toeslagen. In het *Commissie tegen België*-arrest[33] ging het om een regeling waarin gezinshoofden die de financiële zorg hadden voor een echtgenoot, samenwonende partner, ouder of kind, een hogere werkloosheids- of invaliditeitsuitkering ontvingen, dan alleenstaanden en degenen die samenwonen met iemand voor wie ze niet de financiële verantwoordelijkheid hadden. De uitkeringen die in geding waren, waren loongerelateerde werkloosheidsuitkeringen.

Het Hof bleek van oordeel dat dit stelsel, waarin minder vrouwen dan mannen een beroep op een toeslag konden doen, discriminerend was, behalve als

[31] HvJ 13 december 1989, zaak 102/88, *Jur.* 1989, 4311. Zie voor een commentaar Heerma van Voss (1990).

[32] CRvB 6 juni 1991, *RSV* 1992/75, m.nt. Keunen.

[33] HvJ 7 mei 1991, zaak 229/89, *Jur.* 1991, I-2205.

hiervoor objectieve rechtvaardigingsgronden konden worden aangevoerd. De Belgische regering had aangevoerd dat het omstreden effect van de regeling, dat mannen en vrouwen verschillend over de uitkeringscategorien verdeeld zijn, op het feit berustte dat meer mannen dan vrouwen beroepsarbeid verrichtten. Dit verschil was, volgens het Hof, echter geen voldoende reden om de regeling niet discriminerend te achten.

Voor een objectieve rechtvaardiging is noodzakelijk, dat de gekozen middelen overeenkomen met een noodzakelijk doel van zijn sociale politiek, en dat ze geschikt zijn om dat doel te bereiken en daarvoor noodzakelijk zijn. De regering moest aantonen dat de gekozen middelen aan deze voorwaarden voldeden. De Belgische regering betoogde vervolgens, dat het nationale stelsel binnen de grenzen van zijn budgettaire middelen aan ieder persoon een minimuminkomen wilde toekennen, dat rekening hield met de familiesituatie van de rechthebbende. Daarnaast wilde het stelsel een te grote inkomensval in het eerste jaar vermijden en een voorziening bieden in geval van langdurige werkloosheid van personen die de financiële zorg voor iemand hebben. Hierop antwoordde het Hof dat deze principes passen in het kader van maatregelen van sociale politiek, die Lid-Staten een zekere beleidsruimte toelaat. De plafonnering die gerelateerd is aan het oude inkomen enerzijds, en een maximale hoogte van de uitkeringen anderzijds, en de betaling van een aanvullende uitkering als niet een bepaald minimum bereikt wordt, vormen elementen die het stelsel een karakter geven van een sociaal minimum. Bij een sociaal minimum verzet het gemeenschapsrecht zich er niet tegen, dat een Lid-Staat rekening houdt met de relatief grotere behoeften van personen die iemand tot hun last hebben.

572. In de lijn van het *Commissie-België*-arrest past het *Molenbroek*-arrest.[34] In deze zaak werd de vraag aan het Hof gesteld, of het toeslagenstelsel dat in de Nederlandse Algemene Ouderdomswet (AOW) opgenomen is, in strijd was met artikel 4 van de richtlijn. In deze regeling werd een toeslag betaald aan een bejaarde, als deze een echtgenoot had die nog niet de leeftijd van vijfenzestig jaar bereikt had. Voorwaarde voor deze toeslag was dat de partner ontoereikende eigen inkomsten had. De maximale toeslag voor een partner was dertig procent van het minimumloon, maar hiervan werd wel het eventuele inkomen van die partner afgetrokken.

Niet ter discussie stond dat het vooral mannen zijn die van de toeslag profiteerden; dit was het gevolg van het feit, dat bij een paar van man en vrouw, de man meestal de oudere is. En al is die man jonger dan zijn echtgenote, dan zal hij veel vaker inkomsten uit beroep hebben, en daarom geen toeslag krijgen.

[34] HvJ 19 november 1992, zaak 226/91, *Jur.* 1992, I-5943.

Deze toeslagenregeling was ruimer dan noodzakelijk om een minimumuitkering te garanderen en royaler dan de regeling die in het *Teuling-Worms*-arrest (zie nr. 566) in het geding was; de AOW-regeling hield namelijk geen rekening met het inkomen van de gepensioneerde zelf. Ter beantwoording van de vraag of deze toeslagenregeling geoorloofd was, overwoog het Hof dat er objectieve rechtvaardigingsgronden voor deze regeling aanwezig zijn, als de wijze waarop een regeling is vormgegeven correspondeert met een gerechtvaardigd doel van de sociale politiek van de Lid-Staat, waarvan de wetgeving wordt beticht van indirecte discriminatie. De middelen die een Lid-Staat in zijn regeling hanteert, moeten geschikt zijn om het doel van de sociale politiek te bereiken en moeten hiervoor noodzakelijk zijn. Het Hof overwoog dat de AOW-uitkering het karakter had van een basisuitkering, in die zin dat deze bestemd was om aan de betrokkenen een minimumuitkering te garanderen, onafhankelijk van eventuele andere inkomsten. De regeling houdt echter geen rekening met de eigen inkomsten van een gepensioneerde. De reden hiervoor was, volgens het Hof, dat de AOW-regeling er op gericht was om aan echtgenoten een inkomen te verlenen, dat globaal gelijk is aan het niveau waarop ze recht zouden hebben gehad, als ze beiden recht op een AOW-uitkering hadden gehad en er dus geen recht zou zijn geweest op een toeslag. Het stelsel van toeslagen is daarom onmisbaar voor het karakter van een basisvoorziening in de AOW. Onder deze voorwaarden is het feit, dat in bepaalde situaties de toeslag ook wordt toegekend aan personen voor wie het, in verband met hun andere inkomsten, niet noodzakelijk is om een bestaansminimum te garanderen, niet van dien aard dat dit het noodzakelijke karakter van de gekozen middelen aantast, gelet op het nagestreefde doel. Uit deze overwegingen volgt, dat de nationale wetgeving past bij een gerechtvaardigd doel van sociale politiek en dat de verhogingen geschikt zijn om dit doel te bereiken en ook noodzakelijk zijn. Ze zijn gerechtvaardigd door redenen die vreemd zijn aan iedere discriminatie op basis van geslacht.

In het *Molenbroek*-arrest beantwoordde het Hof dus zelf de vraag of de regeling indirect discriminerend was en liet het de beantwoording van deze vraag niet over aan de nationale rechter.

573. Deze lijn werd nog verder doorgetrokken in het *Megner en Scheffel*-arrest.[35] In deze uitspraak was de vraag aan de orde, of uitsluiting van kleine deeltijdbanen van de sociale verzekering in strijd is met het discriminatieverbod van artikel 4 van de richtlijn. In de onderhavige zaak ging het om twee schoonmaaksters, die ten hoogste tien uur per week werken, en die uitgezonderd waren van verzekering voor de ouderdoms- en invaliditeitsverzekering en de werkloosheidsverzekering. Zij dienden een verzoek in om toch verzekerd te

[35] HvJ 14 december 1995, zaak 444/93, nog niet gepubliceerd.

zijn; dit verzoek werd afgewezen. Zij stelden vervolgens dat dit in strijd is met artikel 4 van Richtlijn 79/7. Als eerste vraag voor het Hof speelde de kwestie of zij wel onder de personele werkingssfeer van de richtlijn vielen, nu zij in kleine banen werkten; dit is al behandeld in nr. 537.

Vervolgens was de vraag aan de orde of artikel 4, eerste lid van de richtlijn aldus moet worden uitgelegd dat een nationale regeling die kleine banen uitsluit van een werkloosheidsregeling en een pensioenregeling, discriminatie oplevert op grond van geslacht. Dit is het geval indien hierdoor aanmerkelijk meer vrouwen dan mannen worden getroffen en deze regelingen niet gerechtvaardigd zijn door objectieve factoren die niets van doen hebben met discriminatie op grond van geslacht. Dit laatste is het geval, wanneer de gekozen middelen beantwoorden aan een legitieme doelstelling van het sociale beleid van de Lid-Staat waarvan de wettelijke regeling in geding is, en zij ter bereiking van dat doel geschikt en noodzakelijk zijn. De Britse en Deens regering hadden beklemtoond, dat in een op bijdragebetaling gebaseerd stelsel een evenwicht moet worden bewaard tussen de door de verzekerden en de werkgevers betaalde premies en de betaling van uitkeringen, wanneer een van de door dit stelsel gedekte risico's zich voordoet. De huidige structuur van dit stelsel zou niet kunnen worden gehandhaafd, indien de betrokken bepalingen moesten worden afgeschaft.[36]

De Duitse regering had betoogd dat er een maatschappelijke vraag naar beperkte dienstverbanden bestaat. De regering achtte het in het kader van haar sociale beleid noodzakelijk aan deze vraag te voldoen. Dit deed ze door de beschikbaarheid en het aanbod van dergelijke dienstverbanden aan te moedigen. Zij betoogde dat het enige middel om dit in het structurele kader van het Duitse sociale-zekerheidsstelsel te doen, bestond in de uitsluiting van beperkte dienstverbanden van de verplichte verzekering. Bovendien zouden de vervallen banen niet worden vervangen door onder de verplichte verzekering vallende voltijd- of deeltijdbanen. Integendeel, gelet op de maatschappelijke vraag naar beperkte dienstverbanden, zou er een toename zijn van het aantal illegale banen en van het aantal ontduikingen, aldus de Duitse regering.

Het Hof memoreerde, dat het aan de Lid-Staten staat de maatregelen te kiezen die geschikt zijn voor de verwezenlijking van hun doelstellingen van sociaal en werkgelegenheidsbeleid. Bij de uitoefening van deze bevoegdheid beschikken de Lid-Staten over een ruime beoordelingsmarge. De doelstelling van een sociaal en werkgelegenheidsbeleid waarop de Duitse regering zich heeft beroepen, heeft volgens het Hof niets van doen met discriminatie op grond van geslacht. Daarom is er geen sprake van indirecte discriminatie.

[36] Bedacht moet worden dat de Ierse en Britse stelsels loongerelateerde premies kennen en flat-rate uitkeringen, zodat er voor die stelsels inderdaad een probleem zou zijn. Dat geldt echter niet op dezelfde wijze voor het Duitse stelsel.

In het *Nolte*-arrest[37] werd de redenering uit het voorgaande arrest gevolgd. Volgens het Duitse sociale-zekerheidsrecht heeft een arbeidsongeschikte verzekerde recht op een arbeidsongeschiktheidsuitkering, indien hij kan aantonen dat hij gedurende de laatste vijf jaren vóór het intreden van zijn arbeidsongeschiktheid gedurende ten minste drie jaar aan de verplichte premie- en bijdragebetaling onderworpen is geweest. Beperkte dienstverbanden zijn vrijgesteld van de verplichte pensioenverzekering. Nolte had van 1977 tot maart 1987, de datum waarop zij haar werkzaamheden beëindigde, een beperkt dienstverband als schoonmaakster. Sinds juni 1988 was zij ernstig ziek, zodat zij niet meer in staat was een regelmatige bezoldigde werkzaamheid uit te oefenen. Op 28 november 1988 vroeg Nolte een arbeidsongeschiktheidsuitkering aan. Deze werd afgewezen op grond dat Nolte gedurende de laatste zestig kalendermaanden voorafgaande aan het intreden van haar arbeidsongeschiktheid niet gedurende 36 maanden bijdragen had betaald uit hoofde van een premieplichtige werkzaamheid. Het enige punt waarin de overwegingen van het Hof in dit arrest afwijken van die in het voorgaande, is dat de Duitse regering had gesteld dat Nolte om een ander reden niet onder de personele werkingssfeer van de richtlijn viel. Zij had namelijk meer dan een jaar vóór het intreden van haar arbeidsongeschiktheid, haar beroepswerkzaamheden om onbekende redenen volledig beëindigd en niets wees er op dat zij op dat moment op zoek was naar werk. Het Hof merkte echter op dat Nolte krachtens de Duitse wettelijke regeling aanspraak zou kunnen maken op een arbeidsongeschiktheidsuitkering, indien de tijdvakken gedurende welke zij beperkte dienstverbanden had, als tijdvakken van verplichte verzekering werden aangemerkt. Vandaar dat zij wel onder de personenkring viel. Zie verder nr. 575.

In het *Posthuma-van Damme en Öztürk*-arrest[38] was de voorwaarde, gesteld in een wettelijke regeling betreffende de verzekering tegen arbeidsongeschiktheid, aan de orde, die van aanvragers verlangde dat zij een bepaald inkomen hadden verdiend in het jaar voordat ze uitkering aanvroegen. De Commissie had ter terechtzitting in twijfel getrokken, of personen die niet aan de inkomenseis voldoen, onder de personele werkingssfeer van richtlijn 79/7 vallen. Hierop antwoordde het Hof, dat deze richtlijn ingevolge artikel 2 'van toepassing (is) op de beroepsbevolking – met inbegrip etc'. Zoals het Hof voorts heeft vastgesteld in zijn arresten van 14 dec. 1995, het *Nolte*-arrest en het *Megner*-arrest, volgt uit deze bepaling, dat het begrip beroepsbevolking bijzonder ruim is, aangezien het doelt op iedere werknemer, daaronder begrepen hij die slechts op zoek is naar werk. Het niet van toepassing op personen die nooit ter beschikking van de arbeidsmarkt zijn geweest of die dit niet meer zijn om een reden die geen verband houdt met het intreden van een van de in de richtlijn bedoelde risico's. Uit het voorgaande volgt, dat iemand die in het

[37] HvJ 14 december 1995, zaak 317/93, nog niet gepubliceerd.
[38] HvJ 1 februari 1996, zaak 280/94, nog niet gepubliceerd.

jaar voorafgaand aan het intreden van zijn arbeidsongeschiktheid, niet enig inkomen uit of in verband met een beroepswerkzaamheid heeft verworven, niet noodzakelijkerwijs buiten de personele werkingssfeer van richtlijn 79/7 valt. Zie verder nr. 577.

574. We zien dat het Hof de ruimte voor objectieve rechtvaardigingsgronden steeds verder oprekt. In het *Teuling*-arrest[39] overwoog het Hof dat een regeling geschikt, noodzakelijk en evenredig moet zijn om objectief gerechtvaardigd te zijn in geval van een vermoeden van indirecte discriminatie. De Raad van Beroep Amsterdam (zie nr. 568) nam deze criteria zo streng op, dat in de betreffende regeling daar niet aan voldaan was. In het *Commissie tegen België*-arrest werd de Lid-Staten de ruimte gegeven om bij hun sociale politiek met betrekking tot minimumuitkeringen zelf de inrichting tot op zekere hoogte te bepalen. Hier ging het echter om voorzieningen die dienden om huishoudens een minimuminkomen te verschaffen. In de *Megner en Scheffel*-zaak is deze ruimte nog groter geworden, nu ook de sociale politiek betreffende banen tot 18 uur per week tot de discretionaire ruimte van de Lid-Staten behoort.

575. In het *Nolte*-arrest[40] werd de redenering uit het voorgaande arrest gevolgd. Zij viel wel onder de personenkring van de richtlijn. Gelet op de eerdere redenering van het Hof, à la het *Megner en Scheffel*-arrest, had zij echter uiteindelijk geen succes met haar beroep op de richtlijn.

576. In het *Roks-de Weerd*-arrest[41] was een zaak aan de orde, waarin het Hof nog streng leek te zijn op het terrein van de indirecte discriminatie. Tot 1979 waren gehuwde vrouwen uitgesloten van de Nederlandse AAW. De wet van 3 mei 1989 bepaalde dat de discriminatie van gehuwde vrouwen moest worden opgeheven; in artikel III werd vastgelegd, dat personen die vóór 1 januari 1979 arbeidsongeschikt waren geworden en na 3 mei 1989 een AAW-uitkering aanvroegen, aan de zgn. inkomenseis moesten voldoen (ze moesten een bepaald bedrag verdiend hebben in het laatste jaar voordat ze arbeidsongeschikt waren geworden). Artikel IV bepaalde dat de AAW-uitkering van personen die vóór 1 januari 1979 arbeidsongeschikt waren geworden werd ingetrokken, indien niet aan de inkomenseis was voldaan.

Op 8 mei 1989 vroeg Roks, die op 1 januari 1976 arbeidsongeschikt was geworden, een AAW-uitkering aan. Die aanvraag werd afgewezen op grond van artikel III van de wet van 3 mei 1989. Een Lid-Staat mag, aldus het Hof, in de nationale wettelijke regeling die strekt tot uitvoering van artikel 4, geen voorwaarden opnemen waardoor gehuwde vrouwen rechten worden ontzegd

[39] HvJ 11 juni 1987, zaak 30/85, *Jur.* 1987, 2497.
[40] HvJ 14 december 1995, zaak 317/93, nog niet gepubliceerd.
[41] HvJ 24 februari 1994, zaak 343/92, *Jur.* 1994, I-571.

die zij bij het verstrijken van die termijn aan de rechtstreekse werking van de bepaling van gemeenschapsrecht ontleenden. De bedrijfsverenigingen hadden evenwel aangevoerd, dat enkel gehuwde vrouwen die na de datum van inwerkingtreding van die nationale wettelijke regeling een uitkering aanvroegen, rechten werden ontzegd die hun ingevolge de rechtstreekse werking van artikel 4, eerste lid toekwamen. Die regeling gold ook voor mannen die na die datum een aanvraag indienen. Het Hof merkte hierover op, dat mannen wier arbeidsongeschiktheid dateert van voor 1 januari 1979 voor de vaststelling van de wet van 3 mei 1979 recht hadden op een AAW-uitkering, zonder dat zij aan de inkomenseis behoefden te voldoen, zodat zij redelijkerwijs voor die datum een dergelijke uitkering hebben kunnen aanvragen. Gehuwde vrouwen die niet aan de inkomenseis voldeden hadden evenwel geen reden een aanvraag in te dienen, omdat zij op basis van de toen geldende regelingen niet voor een AAW-uitkering in aanmerking kwamen. In die omstandigheden leidde artikel III van de wet van 3 mei 1989, door van die vrouwen te verlangen dat zij hun uitkering vóór de datum van inwerkingtreding van de wet hadden aangevraagd, tot een bevestiging van de discriminatie zoals deze voor die tijd bestond.

Het Hof ging vervolgens in op de vraag, of het gemeenschapsrecht zich verzet tegen de invoering van een nationale wettelijke regeling die het behoud van het recht op een arbeidsongeschiktheidsuitkering afhankelijk stelt van een voorwaarde die voortaan voor zowel mannen als vrouwen gold. De vraag speelde omdat deze regeling tot gevolg had, dat vrouwen voor de toekomst rechten werden ontnomen die zij ontleenden aan de rechtstreekse werking van artikel 4, eerste lid van Richtlijn 79/7. Het Hof antwoordde hierop dat het gemeenschapsrecht zich hier niet tegen verzet. De volgende vraag was of artikel 4 zich verzet tegen de toepassing van een nationale wettelijke regeling die de toekenning van een arbeidsongeschiktheidsuitkering afhankelijk stelt van de voorwaarde, dat de betrokkene in het jaar voordat de arbeidsongeschiktheid is ingetreden, enig inkomen heeft genoten. Ofschoon deze voorwaarde geen onderscheid maakte naar geslacht, trof ze een veel groter aantal vrouwen dan mannen. Is deze voorwaarde geoorloofd, zelfs als zij haar rechtvaardiging vindt in budgettaire overwegingen?

Het Hof verwees naar het *Commissie/België*-arrest (zie nr. 571) en het *Molenbroek*-arrest (zie nr. 572), waarin de criteria voor een objectieve rechtvaardiging ontwikkeld waren; er is een objectieve rechtvaardiging wanneer de gekozen middelen beantwoorden aan een legitieme doelstelling van het sociaal beleid van de Lid-Staat waarvan de wettelijke regeling in geding is, en zij ter bereiking van dat doel geschikt en noodzakelijk is. Ofschoon budgettaire overwegingen aan de basis kunnen liggen van de sociale beleidskeuzen van een Lid-Staat en de aard of de omvang van de sociale beschermingsmaatregelen die de Lid-Staat wenst vast te stellen kunnen beïnvloeden, vormen zij op zichzelf evenwel niet een doelstelling van dat beleid. Zij kunnen dus niet een discriminatie ten nadele van een der geslachten rechtvaardigen. Het Hof voegde hieraan toe, dat als zou worden aanvaard dat budgettaire overwegingen een rechtvaardiging kunnen vormen voor een verschil in behandeling tussen mannen en vrouwen, dat een door artikel 4, eerste lid, verboden indirecte discriminatie op grond van geslacht zou opleveren. Dit zou bovendien impliceren, dat de toepassing en de strekking van een zo fundamenteel gemeenschapsrechtelijk beginsel als dat van gelijke behandeling van mannen en vrouwen zowel in de tijd als in de ruimte kunnen variëren, al naargelang de toestand van de openbare financiën van de Lid-Staten. De conclusie is dus dat de inkomenseis niet is toegestaan, als zij een veel groter aantal vrouwen dan mannen treft, zelfs wanneer de vaststelling van deze wettelijke regeling haar rechtvaardiging vindt in budgettaire overwegingen.

577. In het *Posthuma-van Damme en Öztürk*-arrest[42] werd een vervolg gegeven aan deze uitspraak. Mevrouw Posthuma en de heer Öztürk voldeden niet aan de inkomenseis van de AAW. De CRvB wilde nu weten of de inkomensvoorwaarde, gesteld in een wettelijke regeling betreffende de verzekering tegen arbeidsongeschiktheid, verenigbaar is met het gemeenschapsrecht, en wat precies de reikwijdte is van de dienaangaande door het Hof in het *Roks*-arrest gegeven antwoorden.

Het Hof antwoordde hierop dat het in het *Roks*-arrest voor recht had verklaard, dat het gemeenschapsrecht zich niet verzet tegen de invoering van een nationale wettelijke regeling die, door het behoud van het recht op een arbeidsongeschiktheidsuitkering afhankelijk te stellen van een voorwaarde die voortaan zowel mannen als vrouwen geldt, tot gevolg heeft, dat vrouwen voor de toekomst rechten worden ontnomen die zij ontleenden aan de rechtstreekse werking van artikel 4, eerste lid van Richtlijn 79/7. Het Hof heeft eveneens voor recht verklaard, dat artikel 4, eerste lid van Richtlijn 79/7 zich verzet tegen de toepassing van een nationale wettelijke regeling die de toekenning van een arbeidsongeschiktheidsuitkering afhankelijk stelt van de voorwaarde, dat de betrokkene in het jaar voordat de arbeidsongeschiktheid is ingetreden, enig inkomen heeft verworven, welke voorwaarde, ofschoon zij geen onderscheid maakt naar geslacht, een veel groter aantal vrouwen treft dan mannen, zelfs wanneer de vaststelling van deze regeling haar rechtvaardiging vindt in budgettaire overwegingen. Toen het Hof vervolgens de vraag aan de orde stelde, aldus het Hof in het onderhavige arrest, of het gemeenschapsrecht zich verzet tegen de invoering van een nationale wettelijke regeling die, door het behoud van het recht op een arbeidsongeschiktheidsuitkering afhankelijk te stellen van een voorwaarde die voortaan voor zowel mannen als vrouwen

[42] HvJ 1 februari 1996, zaak 280/94, nog niet gepubliceerd.

geldt, tot gevolg heeft, dat vrouwen voor de toekomst rechten worden ontnomen, die zij ontleenden aan de rechtstreekse werking van artikel 4, eerste lid, hield het uitdrukkelijk de vraag aan, of een inkomensvoorwaarde als in het hoofdgeding aan de orde, als zodanig in overeenstemming is met beginsel van gelijke behandeling van mannen en vrouwen.

Volgens vaste rechtspraak verzet artikel 4, eerste lid zich tegen de toepassing van een nationale maatregel die, al is hij op neutrale wijze geformuleerd, in feite een veel groter percentage vrouwen dan mannen benadeelt, tenzij die maatregel zijn rechtvaardiging vindt in objectieve factoren, die geen verband houden met discriminatie op grond van geslacht. Dit is het geval, wanneer de gekozen middelen beantwoorden aan een legitieme doelstelling van het sociale beleid van de Lid-Staat waarvan de wettelijke regeling in geding is, en zij ter bereiking van dat doel geschikt en noodzakelijk zijn.

De Detam, de Nieuwe Algemene Bedrijfsvereniging en de Nederlandse regering betoogden dat de wet van 20 december 1979, door de inkomensvoorwaarde in de AAW te introduceren, de Nederlandse arbeidsongeschiktheidsregeling heeft getransformeerd van een zuivere volksverzekering in een inkomensdervingsverzekering die de verzekerden een minimuminkomen garandeert. Door te bepalen, dat de inkomenseis voortaan gold voor alle verzekerden, mannen en vrouwen, gehuwden en ongehuwden, die op of na 1 januari 1979 arbeidsongeschikt zijn geworden, zou de wet van 3 mei 1989 dit inkomensdervingsbeginsel hebben aangescherpt. De Nederlandse wetgever zou hiermee een legitieme doelstelling van sociaal beleid hebben nagestreefd, dat inherent is aan tal van regelingen op het gebied van de sociale zekerheid en hierin bestaat, dat een bepaalde uitkering wordt gegarandeerd aan personen die als gevolg van het intreden van het door de betrokken regeling gedekte risico in inkomen zijn achteruitgegaan.

Het Hof overwoog dat de ingevolge de artikelen 117 en 118 van het verdrag aan de Lid-Staten toekomende bevoegdheid om, in het kader van de door de Commissie georganiseerde nauwe samenwerking, hun sociaal beleid en, bijgevolg, de aard en de omvang van de sociale-beschermingsregels, daaronder begrepen die op het gebied van de sociale zekerheid, alsmede de concrete uitvoeringsmodaliteiten ervan te bepalen, door richtlijn 79/7 onverlet wordt gelaten. Bij de uitoefening van deze bevoegdheid beschikken de Lid-Staten over een ruime beoordelingsmarge, aldus het Hof. Het garanderen van een minimuminkomen aan degenen die een inkomen genoten uit of in verband met een beroepswerkzaamheid waarvan zij de uitoefening wegens arbeidsongeschiktheid hebben moeten staken, beantwoordt aan een legitieme doelstelling van sociaal beleid. De regel, dat dat minimuminkomen enkel wordt uitgekeerd indien de betrokkene in het jaar voorafgaand aan het intreden van zijn arbeidsongeschiktheid, een dergelijk inkomen heeft verworven, is een geschikt en, naar de nationale wetgever in de uitoefening van zijn bevoegdheid in redelijkheid heeft kunnen oordelen, noodzakelijk middel om dat doel te bereiken. Aan deze vaststelling wordt niet afgedaan door de omstandigheid, dat een dergelijke regeling in de plaats is gekomen van een zuivere volksverzekering en dat de groep van personen die voor een uitkering ingevolge die regeling in aanmerking komen, later is verkleind tot degenen die op het moment van het intreden van het risico daadwerkelijk inkomen uit of in verband met een beroepswerkzaamheid derfden, aldus het Hof.

578. *Conclusie.* Indirecte discriminatie is een lastig onderwerp. Indien de jurisprudentie streng is, waar overigens veel voor te zeggen valt, dan bestaat de kans dat veel nationale regelingen strijdig blijken te zijn met de richtlijn. Sociale maatregelen, zoals de toeslagen voor gezinnen met een laag inkomen, komen dan in het bijzonder in het gedrang, althans in de huidige situatie waarin het met name gezinnen zullen zijn met een traditionele rolverdeling (de vrouw werkt niet), die in aanmerking komen voor een toeslag. Een radicale toepassing van het gelijkheidsbeginsel zou enerzijds een zeer sterke invloed betekenen op het nationale recht van de Lid-Staten; anderzijds ontstaan dan ook nieuwe problemen voor de Lid-Staten, zoals hoe in het vervolg het gezinsinkomen op niveau gehouden kan worden. Het is echter jammer, dat het Hof de terughoudendheid bij de toetsing van toeslagen ook toegepast heeft in sociale-verzekeringszaken, zoals het *Megner*-arrest. Een stelsel dat banen van minder dan 18 uur per week onverzekerd laat, is aan het verouderen en kan een tweedeling van de arbeidsmarkt bewerkstelligen, waar vrouwen in belangrijke mate de nadelen van ondervinden.

F. De uitzondering van artikel 7

579. Artikel 7 van de richtlijn luidt:

> '1. Deze richtlijn doet geen afbreuk aan de bevoegdheid van de Lid-Staten om van de werkingssfeer uit te sluiten:
> (a) de vaststelling van de pensioengerechtigde leeftijd met het oog op de toekenning van ouderdoms- en rustpensioenen en de gevolgen die hieruit kunnen voortvloeien voor andere prestaties;
> (b) de voordelen die op het gebied van ouderdomsverzekering zijn toegekend aan hen die kinderen hebben opgevoed; het verkrijgen van rechten op prestaties na tijdvakken van onderbreking van het werk wegens de opvoeding van kinderen;
> (c) het verlenen van rechten op prestaties inzake ouderdom of invaliditeit uit hoofde van de afgeleide rechten van de echtgenote;
> (d) de toekenning van verhogingen van prestaties op lange termijn inzake invaliditeit, ouderdom, arbeidsongevallen of beroepsziekten voor de ten laste komende echtgenote;
> (e) de gevolgen van het, vóór de aanneming van deze richtlijn uitoefenen van een keuzerecht waardoor geen rechten werden verkregen of geen verplichtingen werden aangegaan in het kader van een wettelijke regeling'.

580. Deze bepaling leidde tot een aantal arresten, waarin de verschillen in pensioenleeftijd tussen mannen en vrouwen in geding waren: het ging met name om situaties waarin die verschillen waren afgeschaft, maar toch nog op een bepaalde manier bleven doorwerken.

581. In het *Van Cant*-arrest[43] was het Belgisch Koninklijk Besluit van 24 oktober 1967 aan de orde. Dit bepaalde dat de normale pensioenleeftijd op 65 voor mannen en op 60 voor vrouwen lag. De berekening van de pensioenrechten gebeurde door per jaar een breuk van het inkomen te nemen, waarvan de noemer 45 voor mannen is en 40 voor vrouwen.

De pensioenleeftijden werden veranderd bij de wet van 20 juli 1990, die nu aan alle werknemers, mannen en vrouwen, toestaat om op de leeftijd van 60 met pensioen te gaan. De berekening van de hoogte van het pensioen bleef echter op de oude wijze geschieden. Omdat deze berekeningswijze voor vrouwen gunstiger is dan voor mannen, startte Van Cant een procedure om deze aan te vechten.

Het Hof oordeelde dat een nationale regeling, zoals hierboven beschreven, een discriminatoir karakter in de zin van de richtlijn kent. Deze discriminatie kan slechts worden gerechtvaardigd op basis van artikel 7, eerste lid, (a) van de richtlijn. Lid-Staten mogen op grond hiervan de leeftijdbepalingen voor de toekenning van ouderdomspensioenen uitsluiten van de invoering van gelijke behandeling. Zodra in een nationale wetgeving het leeftijdsverschil is opgeheven, kan deze echter niet meer worden ingeroepen om het behoud van een verschil in berekening van ouderdomspensioenen te rechtvaardigen die verbonden was aan dit verschil in pensioenleeftijd, aldus het Hof.

582. In het *Richardson*-arrest[44] was een Britse regeling aan de orde. De Secretary of State heeft de bevoegdheid bepaalde categorieën personen vrij te stellen van een bijdrage in de medische kosten. Als criteria gelden hiervoor onder meer leeftijd, het soort aandoening waaraan zij lijden en de financiële draagkracht. De Staatssecretaris had o.m. mannen die de leeftijd van 65 jaar hadden bereikt, en vrouwen die de leeftijd van 60 jaar hebben bereikt vrijgesteld. De vraag was of dit stelsel onder de materiële werkingssfeer van de richtlijn viel. We hebben dit besproken in nr. 540. Vervolgens was de vraag van belang of een Lid-Staat, die met de toepassing van artikel 7 de pensioengerechtigde leeftijd voor vrouwen op 60 jaar en voor mannen op 65 jaar heeft vastgesteld, krachtens deze bepaling eveneens vrouwen vanaf 60 jaar en mannen eerst vanaf 65 jaar vrij kan stellen van betaling van de eigen bijdrage. Het Hof antwoordde hierop dat wanneer een Lid-Staat met toepassing van artikel 7 voorziet in een voor mannen en vrouwen verschillende pensioenleeftijd voor

[43] HvJ 1 juli 1993, zaak 154/92, nog niet gepubliceerd.
[44] HvJ 19 oktober 1995, zaak 137/94, *Jur.* 1995, I-3407.

de ouderdomspensioenen, de werkingssfeer van de toegestane afwijking uit artikel 7 (a) – geformuleerd als 'en de gevolgen die hieruit kunnen voortvloeien voor andere prestaties' – beperkt is tot de in de andere uitkeringsregelingen bestaande discriminaties die een objectieve en noodzakelijke band hebben met het verschil in pensioenleeftijd. Dat is het geval, indien deze discriminaties objectief noodzakelijk zijn om te vermijden dat het financiële evenwicht van het sociale-zekerheidsstelsel wordt verstoord, of om de samenhang tussen het stelsel van rustpensioenen en de andere uitkeringsregelingen te bewaren. Uitkeringen die krachtens niet op bijdragen berustende regelingen worden betaald, hebben ongeacht een eventueel recht geen rechtstreekse invloed op het financiële evenwicht van op bijdragen berustende pensioenstelsels.

In dat geval bestaat, aldus het Hof, er een band in omgekeerde richting tussen het recht op de prestatie in de vorm van de vrijstelling van de eigen bijdrage en de betaling van bijdragen aan het pensioenstelsel: eerst wanneer iemand de pensioengerechtigde leeftijd heeft bereikt en geen bijdragen aan het pensioenstelsel meer hoeft te betalen, kan krachtens deze bepaling aanspraak worden gemaakt op vrijstelling van de eigen bijdrage. Gelet op deze omstandigheden moet worden aangenomen, aldus het Hof, dat opheffing van de discriminatie geen invloed zou hebben op het financiële evenwicht van het pensioenstelsel. De enkele omstandigheid dat uitbreiding van het recht op vrijstelling van de eigen bijdrage tot mannen vanaf 60 jaar voor de staat een verzwaring van de financieringslasten van zijn nationale stelsel van ziektekostenverzekering zou betekenen, kan een dergelijk oordeel hoe dan ook niet aantasten.

Ten slotte stelde het Hof vast dat de in het hoofdgeding bestreden discriminatie niet objectief noodzakelijk was om de samenhang tussen het pensioenstelsel en een regeling als die van de eigen-bijdrage-regeling te verzekeren. De overweging dat ouderen over het algemeen met hogere medische kosten worden geconfronteerd dan jongeren, en wel juist op een moment waarop hun inkomen gewoonlijk achteruit gaat, moge grond op kunnen leveren om hen vanaf een bepaalde leeftijd van de eigen bijdrage vrij te stellen. Dit brengt echter nog niet mee, dat dit voordeel moet worden toegekend op de wettelijke pensioenleeftijd en dus op verschillende leeftijden voor mannen en vrouwen. Net zoals een vrouw haar beroep na het bereiken van de wettelijke pensioenleeftijd kan voortzetten en dus in dezelfde situatie kan verkeren als een man van dezelfde leeftijd die nog altijd deel uitmaakt van de beroepsbevolking, kan een man immers een rustpensioen ontvangen vóór de wettelijke pensioenleeftijd te hebben bereikt en aldus in dezelfde situatie verkeren als een vrouw van dezelfde leeftijd die het rustpensioen waarop zij gerechtigd is ontvangt.

De derde vraag betrof de kwestie of de werking van dit arrest moet worden beperkt in de tijd. Het Hof overwoog, dat in het algemeen het door het Hof uitgelegde voorschrift kan en moet worden toegepast op rechtsbetrekkingen die zijn ontstaan en tot stand gekomen vóór het arrest waarbij op het verzoek om uitlegging is beslist. Slechts bij uitzondering kan het Hof hiervan afwijken. In dit geval oordeelde het Hof dat er geen omstandigheden zijn die afwijking van het beginsel te rechtvaardigen dat een interpretatief arrest tot de datum van inwerkingtreding van het uitgelegde voorschrift terugwerkt.

583. In het *Graham*-arrest[45] was een Britse regeling aan de orde, die bepaalde dat degene die voor een periode van 168 dagen wegens arbeidsongeschiktheid ziekengeld heeft ontvangen, recht had op een invaliditeitspensioen voor elke volgende dag van arbeidsongeschiktheid. Voorwaarde was dat hij de pensioenleeftijd, die voor mannen op 65 jaar en voor vrouwen op 60 jaar is gesteld, nog niet had bereikt. Het invaliditeitspensioen van degenen die de pensioenleeftijd nog niet hadden bereik, was gelijk aan een volledig ouderdomspensioen. Degenen die de pensioenleeftijd waren gepasseerd, doch ervoor hadden gekozen de betaling van hun ouderdomspensioen op te schorten, ontvingen een bedrag dat gelijk was aan hun reële ouderdomspensioen. Degene die op het moment waarop hij arbeidsongeschikt werd, meer dan vijf jaar onder de pensioenleeftijd was, ontving gedurende de periode van onderbreking van zijn arbeidscontract naast zijn invaliditeitspensioen een invaliditeitstoeslag. Hoe jonger de rechthebbende op het moment van het begin van de arbeidsongeschiktheid was, des te hoger werd het bedrag van de invaliditeitstoeslag.

Het Hof merkte op dat deze regeling een discriminatoir karakter had, in de eerste plaats, omdat het bedrag van het invaliditeitspensioen van vrouwen vanaf de zestigjarige leeftijd werd beperkt tot het bedrag van het ouderdomspensioen waarop zij recht zouden hebben. Voor mannen gold dit eerst vanaf de 65-jarige leeftijd. In de tweede plaats was dit het geval omdat vrouwen niet in aanmerking konden komen voor een invaliditeitstoeslag naast hun invaliditeitspensioen, wanneer hun arbeidsongeschiktheid na de 55-jarige leeftijd was ontstaan, terwijl dit voor mannen slechts gold, indien hun arbeidsongeschiktheid na de 60-jarige leeftijd was ontstaan. De vraag was wederom of artikel 7, eerste lid dit toestond. Zoals het Hof in het arrest van het vorige nummer bepaalde, is de werkingssfeer van de in artikel 7 toegestane afwijking beperkt tot de discriminaties in de andere uitkeringsregelingen, die een objectieve en noodzakelijke band hebben met het verschil in pensioenleeftijd. Wat de in deze zaak relevante discriminaties betreft, stelde het Hof, dat deze een objectieve band hebben met de vaststelling van een voor mannen en vrouwen verschillende pensioenleeftijd. Ze vloeien rechtstreeks voort uit het feit dat de pensioenleeftijd voor eerstgenoemden op 60 en voor laatstgenoemden op 65 jaar is gesteld. Hebben deze discriminaties eveneens een noodzakelijke band met de verschillende pensioenleeftijd van mannen en vrouwen? Hierop

45 HvJ 11 augustus 1995, zaak 92/94, *Jur.* 1995, I-2546.

antwoordde het Hof, dat invaliditeitsuitkeringen het door de beroepsbezigheid verworven inkomen moeten vervangen. Niets belet een Lid-Staat te bepalen, dat de betaling ervan wordt stopgezet en dat de invaliditeitsuitkeringen worden vervangen door ouderdomspensioenen op het moment waarop de begunstigden hun werk hoe dan ook wegens het bereiken van de pensioenleeftijd zouden staken. Als een Lid-Staat, die verschillende pensioenleeftijden heeft vastgesteld, niet voor personen die vóór de pensioenleeftijd arbeidsongeschikt worden, de invaliditeitsuitkeringen zou mogen beperken tot het reële bedrag van het ouderdomspensioen waarop zij krachtens de ouderdomspensioenregeling recht hebben, dan zou dit erop neerkomen, dat men in zoverre een beperking aanbrengt op de bevoegdheid van een Lid-Staat om op grond van artikel 7, eerste lid, (a) van Richtlijn 79/7 verschillende pensioenleeftijden vast te stellen, aldus het Hof. Een dergelijk verbod zou eveneens de samenhang tussen de ouderdomspensioenregeling en de regeling van de invaliditeitsuitkeringen in ten minste twee opzichten in gevaar brengen. In de eerste plaats zou het de betrokken Lid-Staten worden belet om mannen die arbeidsongeschikt zijn geworden, doch die de pensioenleeftijd nog niet hebben bereikt, invaliditeitsuitkeringen te verlenen die meer bedragen dan de ouderdomspensioenen die hun daadwerkelijk verschuldigd zouden zijn, indien zij tot de pensioenleeftijd waren blijven werken. Dit is slechts anders als vrouwen die de pensioenleeftijd hebben overschreden, hogere ouderdomspensioenen worden verleend dan die welke hun daadwerkelijk verschuldigd zijn. In de tweede plaats zou het volgende probleem zich voordoen bij vrouwen, indien hun invaliditeitspensioen pas met 65 jaar, zoals bij mannen, werd verminderd tot het niveau van hun ouderdomspensioen. Zij zouden tussen hun 60 en 65e jaar, dat wil zeggen nadat zij de pensioenleeftijd zijn gepasseerd, een invaliditeitspensioen genieten ter hoogte van hun volledige ouderdomspensioen als hun arbeidsongeschiktheid vóór de pensioenleeftijd is ontstaan. Zij zouden een ouderdomspensioen genieten ter hoogte van het daadwerkelijk verschuldigde bedrag als de arbeidsongeschiktheid niet vóór de arbeidsongeschiktheid was ontstaan. Het Hof concludeerde op grond hiervan dat de afwijking van artikel 7 zich eveneens uitstrekt tot de verschillen tussen de bedragen van het invaliditeitspensioen dat mannen en vrouwen genieten vanaf het moment waarop zij de pensioenleeftijd bereiken. Gezien het verband tussen het invaliditeitspensioen en de invaliditeitstoeslag, die wordt betaald als aanvulling op het invaliditeitspensioen en derhalve alleen aan de rechthebbenden op dat pensioen, gold deze conclusie eveneens voor het verschil tussen de referentiedata die zijn vastgesteld voor de toekenning van de invaliditeitstoeslag.

584. In het *Bramhill*-arrest[46] was onderdeel (d) van artikel 7 aan de orde. In dit arrest ging het om een vrouw, die een ouderdomspensioen had aangevraagd,

[46] HvJ 7 juli 1994, zaak 420/92, *Jur.* 1994, I-3191.

met een verhoging hiervan voor haar ten laste komende echtgenoot. De verhoging werd afgewezen. Vóór de wetswijziging van 1984 hadden alleen gepensioneerde mannen recht op zo'n verhoging voor hun echtgenote. Als nieuwe voorwaarde gold dat het ouderdomspensioen van de vrouw moest zijn ingegaan onmiddellijk na afloop van een periode waarvoor zij recht had gehad op een verhoging van een werkloosheids-, ziekte- of invaliditeitsuitkering in verband met de echtgenoot. De Britse regering had als toelichting hierop gegeven, dat vrouwen in deze omstandigheden een verhoging van hun ouderdomspensioen krijgen, om te voorkomen dat zij bij het bereiken van de pensioengerechtigde leeftijd een aanzienlijk inkomensverlies leden. Zij hadden immers, sedert de wetswijziging van 1984, vóór hun pensionering recht op een verhoging van hun ziekte-, invaliditeits- of werkloosheidsuitkering voor een ten laste komende persoon. Mevrouw Bramhill bevond zich echter niet in een dergelijke situatie.

Het Hof oordeelde dat de vraag was of artikel 7 zich ertegen verzet, dat een Lid-Staat die de verhogingen van ouderdomsuitkeringen voor de ten laste komende echtgenoot uitsluitend aan mannen toekende, dit verschil in behandeling enkel opheft ten aanzien van vrouwen die aan bepaalde voorwaarden voldoen. Mevrouw Bramhill stelde dat uit artikel 7 volgt dat de Lid-Staten enkel de toekenning van verhogingen van prestaties voor de 'ten laste komende echtgenote' kunnen uitsluiten. Regelingen zoals de onderhavige voorzien voor de beide echtgenoten in verhogingen, maar op verschillende voorwaarden. Dit houdt een discriminatie in, die niet door de afwijkingsbepaling van artikel 7 van de richtlijn werd gedekt.

Het Hof was het hier niet mee eens. Het sloot zich aan bij de Britse regering, die had opgemerkt, dat een regeling, zoals die welke in het Verenigd Koninkrijk gold vóór de wetswijziging, waarbij het recht op de verhoging aan bepaalde categorieën vrouwen is toegekend, ontegenzeglijk binnen de werkingssfeer van deze afwijking blijft. Verhoging van de ouderdomspensioenen was destijds slechts mogelijk was voor de 'ten laste komende echtgenote'. De richtlijn beoogt slechts een geleidelijke tenuitvoerlegging van het beginsel van gelijke behandeling van mannen en vrouwen op het gebied van de sociale zekerheid; een uitlegging van de richtlijn zoals door mevrouw Bramhill gewenst, zou derhalve onverenigbaar zijn met dit doel en de uitvoering van genoemd beginsel in gevaar dreigen te brengen. Zij zou ertoe leiden, dat een Lid-Staat zich met betrekking tot prestaties die hij krachtens artikel 7, eerste lid aanhef en (d), van de werkingssfeer van de richtlijn heeft uitgesloten, niet meer op deze afwijkingsbepaling kan baseren ingeval hij een maatregel zou nemen die tot gevolg heeft dat de draagwijdte van een ongelijke behandeling op grond van geslacht wordt verkleind. Het verschil in behandeling past derhalve binnen het kader van genoemde afwijkingsbepaling.

585. *Conclusie*. Richtlijn 79/7 heeft tot veel jurisprudentie aanleiding gegeven. Deze is zeer gecompliceerd. Het Hof heeft in hoofdzaak een radicale benadering gekozen, zoals bij de uitleg van de personele en materiële werkingssfeer en de doorwerking van oudere discriminerende bepalingen. Er bestaat in de richtlijn wel nog een lacune, nu vrouwen die niet gewerkt hebben of die hun werk onderbroken hebben om kinderen op te voeden, niet onder de personenkring van de richtlijn vallen.

Met betrekking tot de toepassing van het indirecte-discriminatiebegrip zien we een omslag in de jurisprudentie van het Hof. In eerste instantie formuleerde het Hof criteria die leken te wijzen op een strenge toepassing. Bij teruglezing van die oudere criteria is overigens de latere interpretatie niet geheel uitgesloten, maar als het Hof de criteria inderdaad niet streng had bedoeld, dan had het dit wel veel duidelijker kunnen formuleren. De huidige jurisprudentie over indirecte discriminatie laat weinig ruimte voor ingrijpen in vermeend indirect discriminerende regelingen.

§3. Richtlijn 86/378

A. Algemeen

586. Richtlijn 86/378 is op 24 juli 1986 vastgesteld.[47] De richtlijn beoogt het beginsel van gelijke behandeling van mannen en vrouwen in ondernemings- en bedrijfstaksregelingen te realiseren en is daarom een belangrijke aanvulling op Richtlijn 79/7, die immers alleen betrekking heeft op de wettelijke regelingen.

587. Deze richtlijn kende een uitvoeringstermijn tot 1 januari 1993. Deze datum heeft geen betrekking op de rechten en verplichtingen die verband houden met een periode van aansluiting bij een ondernemings- of sectoriële regeling die voorafging aan de herziening van deze regeling. Deze blijven vallen onder de bepalingen van de regeling die van kracht was tijdens de bedoelde periode (aldus artikel 8). Geen gelijke behandeling met terugwerkende kracht, zie echter nr. 596.

588. De uitvoeringstermijn geldt ook niet voor het vaststellen van de pensioengerechtigde leeftijd voor de toekenning van het ouderdoms- of rustpensioen. Lid-Staten kunnen dit onderdeel naar eigen keuze uitstellen tot het tijdstip waarop die gelijke behandeling is gerealiseerd in de wettelijke regelingen, hetzij uiterlijk totdat deze gelijke behandeling bij richtlijn wordt voorgeschreven.

De Lid-Staten mogen de verplichte tenuitvoerlegging van het beginsel van gelijke behandeling ook uitstellen met betrekking tot de pensioenen aan

[47] *PB L* 225 van 12 augustus 1986.

nagelaten betrekkingen, totdat dat beginsel bij richtlijn wordt voorgeschreven in de wettelijke sociale-zekerheidsregelingen op dit gebied.

589. Met betrekking tot de toepassing van regelingen betreffende premies mag het beginsel van gelijke behandeling ook uitgesteld worden om rekening te houden met de verschillende actuariële berekeningselementen. Hierbij geldt een termijn van uiterlijk dertien jaar, te rekenen vanaf de kennisgeving van deze richtlijn.[48]

In nr. 507 e.v. is het *Barber*-arrest aan de orde geweest, in welk arrest het gelijke behandelingsprincipe uit artikel 119 EG-Verdrag op aanvullende sociale-zekerheidsregelingen werd toegepast. De in de richtlijn genoemde invoeringstermijnen en ook de uitzonderingen van de richtlijn kunnen achterhaald zijn door dit arrest.

B. Personele werkingssfeer van Richtlijn 86/378

590. De personele werkingssfeer van de richtlijn is op vrijwel dezelfde wijze gedefinieerd als bij Richtlijn 79/7. De richtlijn is namelijk van toepassing op de beroepsbevolking – met inbegrip van zelfstandigen, van werknemers van wie de arbeid is onderbroken door ziekte, moederschap, ongeval of onvrijwillige werkloosheid, en van werkzoekenden – alsmede op gepensioneerde of invalide werknemers (artikel 3). Het ligt voor de hand dat de interpretatie van deze begrippen uit Richtlijn 79/7 ook van belang is voor de onderhavige richtlijn.

C. Materiële werkingssfeer van Richtlijn 86/378

591. In artikel 2 worden de ondernemings- of sectoriële regelingen inzake sociale zekerheid gedefinieerd. Dit zijn regelingen die niet vallen onder de Richtlijn 79/7 en die tot doel hebben aan de werknemers of zelfstandigen uit een onderneming, een groep ondernemingen, een tak van de economie of één of meer bedrijfstakken omvattende sector, prestaties te verstrekken in aanvulling op de wettelijke prestaties. Niet van belang is of aansluiting bij de aanvullende regelingen verplicht is.

592. Een aantal gebieden zijn uitgesloten van het bereik van de richtlijn. Zo is de richtlijn niet van toepassing op individuele overeenkomsten en regelingen die slechts één lid kennen. Evenmin is de richtlijn van toepassing op verzekeringsovereenkomsten voor werknemers waarbij de werkgever geen partij is. Ten slotte zijn de facultatieve bepalingen uitgesloten van de ondernemings- of sectoriële regelingen die de deelnemers individueel worden aangeboden; het

[48] De datum van kennisgeving is 30 juli 1986.

gaat om bepalingen die hun aanvullende prestaties waarborgen, hetzij hun de keuze van het tijdstip bieden waarop voor hun de normale prestaties zullen ingaan of de keuze tussen verscheidene prestaties waarborgen.

593. De volgende regelingen zijn gedekt in termen van risico's: ziekte, invaliditeit, ouderdom, met inbegrip van vervroegde uittreding, arbeidsongevallen en beroepsziekten en werkloosheid. In Richtlijn 79/7 werden de VUT-regelingen niet genoemd.

Voorts is de richtlijn van toepassing op ondernemings- en sectoriële regelingen die voorzien in andere sociale prestaties in natura of geld, en met name prestaties aan nagelaten betrekkingen en gezinsbijslagen, indien deze prestaties voor werknemers zijn bestemd en derhalve voordelen vormen die de werkgever aan de werknemer uit hoofde van zijn dienstbetrekking betaalt.

D. Het verbod van discriminatie van Richtlijn 86/378

594. Artikel 5 bepaalt dat iedere vorm van discriminatie op grond van geslacht uitgesloten is. Dat geldt zowel bij directe als indirecte discriminatie. De richtlijn noemt met name discriminatie door middel van verwijzing naar de echtelijke staat of de gezinssituatie. Dat geldt in het bijzonder met betrekking tot het toepassingsgebied van de regelingen, alsmede de voorwaarden inzake toelating tot de regelingen. Tevens moet hiermee rekening worden gehouden in verband met de verplichting tot premiebetaling en -berekening. Ten derde geldt dit in het bijzonder voor de berekening van de prestaties, waaronder begrepen verhogingen verschuldigd ten behoeve van afhankelijke gezinsleden, alsmede de voorwaarden inzake duur en behoud van het recht op prestaties.

595. De richtlijn noemt een reeks onderwerpen waarop bepalingen gerekend worden in strijd te zijn met het beginsel van gelijke behandeling, indien ze hetzij direct hetzij indirect uitgaan van het geslacht. Met name criteria ontleend aan de echtelijke staat of de gezinssituatie zijn gevaarlijk. Deze onderwerpen bevatten voorschriften om te bepalen welke personen aan een ondernemings- of een sectoriële regeling mogen deelnemen. Tevens vallen voorschriften om te bepalen of verplicht, dan wel vrijwillig, aan een dergelijke regeling wordt deelgenomen onder de genoemde onderwerpen. Voorschriften om uiteenlopende regels vast te stellen ten aanzien van de leeftijd voor toetreding tot de regeling, of ten aanzien van de minimumduur van arbeid, of aansluiting bij de regeling om in aanmerking te komen voor de prestaties zijn het derde terrein. Behoudens voor zover bepaald onder (h) en (i) (zie hierna in nr. 596) gaat het voorts om bepalingen die uiteenlopende regels vaststellen ten aanzien van de terugbetaling van de premies of bijdragen wanneer de aangeslotene uit de regeling treedt, zonder te voldoen aan de voorwaarden die hem een uitgesteld

recht op de prestaties op lange termijn waarborgen. Ook bepalingen die uiteenlopende voorwaarden vaststellen voor de toekenning van de prestaties of deze aan één van beide geslachten voorbehouden horen tot de verboden terreinen, evenals bepalingen die uiteenlopende pensioenleeftijden opleggen. Ook voorschriften die het behoud of de verwerving van rechten doen onderbreken gedurende de wettelijke of krachtens collectieve arbeidsovereenkomsten voorgeschreven en door de werkgever uitbetaalde perioden van moederschapsverlof of van verlof om gezinsredenen zijn verboden als ze dat doen door verwijzing naar geslacht.

596. Onderdeel (h) van artikel 6, eerste lid noemt criteria die direct of indirect van het geslacht uitgaan om uiteenlopende uitkeringniveaus vast te stellen in strijd met het beginsel van gelijke behandeling. Een uitzondering geldt echter als dit onderscheid nodig is om rekening te houden met actuariële berekeningselementen die voor de twee geslachten verschillen bij prestaties die als door de premies of bijdragen bepaald worden beschouwd.

Het gaat hier om regelingen waarbij een zekere prestatie wordt toegezegd. Bijvoorbeeld een pensioenregeling die garandeert dat men aan het eind van de carrière tachtig procent van het laatst verdiende loon ontvangt. In dat geval mogen geen uiteenlopende prestaties worden vastgesteld, behoudens voor zover nodig om rekening te houden met actuariële berekeningselementen die voor de twee geslachten verschillen. Deze clausule geldt bij prestaties die door de premies of bijdragen bepaald worden. Met name als de levensverwachtingen van mannen en vrouwen statistisch gezien verschillen, mag er een verschil worden gemaakt in de prestaties.

Het onderdeel (i) betreft het verbieden van het bepalen van verschillende premieniveaus van werknemers en werkgevers bij prestaties die bepaald geacht worden te zijn door premies; deze regelingen betreffen geen toezegging in de eindprestatie, en worden beschikbare-premieregelingen genoemd. Werkgeverspremies mogen hier wel verschillen als het erom gaat de prestaties dichter bij elkaar te brengen.[49]

Met betrekking tot onderdeel (i) geldt een langere uitvoeringstermijn dan bij andere onderdelen van de Richtlijn, namelijk tot 1999; deze uitvoeringstermijn is in verband met het *Barber*-arrest achterhaald. Dit is bevestigd in het *Moroni*-arrest[50] (zie ook nr. 514).

597. Het laatste onderdeel dat aangewezen is als verboden discriminatie betreft bepalingen die verschillende normen of uitsluitend voor de personen van een bepaald geslacht geldende normen vaststellen met betrekking tot de garantie of het behoud van het recht op uitgestelde prestaties wanneer de

49 Zie Curtin (1987) en Saelaert (1988).
50 HvJ 14 december 1993, zaak 110/91, nog niet gepubliceerd.

aangeslotene de regeling verlaat. Dit geldt behoudens voor zover bepaald onder (h) en (i).

598. De richtlijn bepaalt dat de Lid-Staten de nodige maatregelen nemen opdat de bepalingen in wettelijk verplichte cao's, arbeidsreglementen van bedrijven of alle andere regels in verband met ondernemings- of sectoriële regelingen die in strijd zijn met het beginsel van gelijke behandeling nietig zijn of nietig kunnen worden verklaard en kunnen worden gewijzigd. Ook mogen de regelingen die dergelijke bepalingen bevatten niet door bestuursrechtelijke maatregelen worden goedgekeurd of algemeen verbindend verklaard.

599. Artikel 10 bepaalt dat de Lid-Staten in hun interne rechtsorde de nodige voorschriften opnemen om eenieder die meent te zijn benadeeld door de niet-toepassing van het beginsel van gelijke behandeling, de mogelijkheid te bieden om zijn rechten voor de rechter te doen gelden, na eventueel een beroep op andere bevoegde instanties te hebben gedaan. De prestaties waarop de richtlijn betrekking heeft zijn verschuldigd door werkgevers(fondsen) of onafhankelijke fondsen opgezet ten behoeve van deze regelingen. Vandaar dat, ter realisering van de mogelijkheid voor een individu om naleving af te dwingen, de bepaling in artikel 10 van groot belang is. Richtlijnen hebben immers geen horizontale werking.

E. De gebieden waar gelijke behandeling uitgezonderd kan worden

600. Net als bij Richtlijn 79/7 (artikel 7), staat de onderhavige richtlijn toe dat de verplichte tenuitvoerlegging van het beginsel van gelijke behandeling ten aanzien van een aantal gebieden mogen uitstellen.

Ten eerste gaat het om de vaststelling van de pensioengerechtigde leeftijd voor de toekenning van het ouderdomspensioen of het rustpensioen en de eventuele gevolgen daarvan voor andere prestaties. Dit kan geschieden, naar de keuze van de Lid-Staten:

- hetzij uiterlijk tot het tijdstip waarop die gelijke behandeling gerealiseerd is in de wettelijke regelingen;
- hetzij uiterlijk totdat deze gelijke behandeling bij richtlijn wordt voorgeschreven.

Uitstel is ook mogelijk met betrekking tot nabestaandenpensioenen, totdat het beginsel van de gelijke behandeling bij richtlijn wordt voorgeschreven in de wettelijke sociale-zekerheidsregelingen;

De derde uitgestelde categorie is de materie van artikel 6, eerste lid (i).

601. In het *Moroni*-arrest was de vraag of artikel 8, eerste lid van Richtlijn 86/378 er aan in de weg staat dat men gevolgen ontleent aan de onverenigbaarheid

met artikel 119 van het verdrag van de verschillen in pensioenleeftijd met betrekking tot de betaling van pensioenen voor 1 januari 1993, de datum waarop de Lid-Staten als gevolg van die bepaling ieder noodzakelijke maatregel moeten hebben genomen om zich aan te passen aan de richtlijn. Deze vraag betreft de relatie tussen artikel 119 van het verdrag en richtlijn 86/378.

Hierop antwoordde het Hof dat artikel 119 direct van toepassing is op iedere vorm van discriminatie die kan worden geconstateerd met behulp van de enkele criteria van gelijkheid van werk en gelijkheid van beloning die in dit artikel opgenomen zijn. Nu bij de vaststelling van pensioenleeftijden deze direct kunnen worden vastgesteld met de elementen van artikel 119 hoeft men zich niet meer af te vragen wat de effecten van de richtlijn zijn.

Dit betekent dat de hier genoemde uitzonderingen niet zonder meer gelden; eerst zal moeten worden gekeken of artikel 119 van het verdrag ze nog toelaat.

§4. Richtlijn 86/613

A. Algemeen

602. Richtlijn 86/613 is bedoeld om het beginsel van gelijke behandeling van zelfstandig werkzame mannen en vrouwen, de landbouwsector daarbij inbegrepen, en tot bescherming van het moederschap.[51]

Deze richtlijn beoogt te waarborgen dat in de Lid-Staten ten aanzien van mannen en vrouwen die een zelfstandige activiteit uitoefenen of die daartoe bijdragen, het beginsel van gelijke behandeling wordt toegepast. De richtlijn moest uiterlijk op 30 juni 1989 uitgevoerd zijn; alleen als het huwelijksgoederenrecht veranderd moet worden, gold de termijn van 30 juni 1991.

B. Personele werkingssfeer van Richtlijn 86/613

603. De Richtlijn is van toepassing op zelfstandigen. Zelfstandigen zijn allen die onder de in de nationale wetgeving bepaalde voorwaarden voor eigen rekening een winstgevende activiteit uitoefenen. Hieronder vallen ook landbouwers en beoefenaars van vrije beroepen. Voorts is de richtlijn van toepassing op hun echtgenoten, die anders dan als loontrekkende of als vennoot, door verrichting van dezelfde aanvullende werkzaamheden gewoonlijk en onder de in de nationale wetgeving bepaalde voorwaarden aan de uitoefening van de activiteiten van de zelfstandige deelnemen.

C. Materiële werkingssfeer van Richtlijn 86/613

604. De richtlijn bepaalt dat als in een Lid-Staat voor zelfstandigen een op eigen bijdragen gebaseerd stelsel van sociale zekerheid bestaat, dan neemt de

[51] Richtlijn van 11 december 1986, *PB L* 359 van 19 december 1986.

Lid-Staat de nodige maatregelen, opdat de onder de personele werkingssfeer vallende echtgenoten zich op vrijwillige basis en tegen betaling van een eigen bijdrage kunnen aansluiten bij die regeling.

De richtlijn bepaalt voorts dat de Lid-Staten zich verbinden te onderzoeken of, en op welke wijze, vrouwelijke zelfstandigen en echtgenoten van zelfstandigen tijdens de onderbreking van hun werkzaamheden wegens zwangerschap of moederschap aanspraak kunnen maken op vervangingsdiensten of op het grondgebied bestaande sociale diensten. Ook moeten ze onderzoeken of ze in aanmerking kunnen komen voor uitkeringen in het kader van een stelsel van sociale zekerheid of een ander openbaar stelsel van sociale bescherming.

D. Het discriminatieverbod van Richtlijn 86/613

605. Iedere vorm van discriminatie op grond van geslacht, hetzij rechtstreeks, hetzij onrechtstreeks, met name door verwijzing naar echtelijke staat of gezinssituatie, is op basis van de richtlijn uitgesloten (artikel 3).

§5. Voorstel voor een Voltooiingsrichtlijn

A. Algemeen

606. Het voorstel voor de voltooiingsrichtlijn[52] heeft betrekking op van de Richtlijn 79/7 en Richtlijn 86/378 uitgezonderde prestaties. De richtlijn beoogt uitbreiding van het beginsel van gelijke behandeling tot de wettelijke regelingen inzake gezinsbijslagen en prestaties aan nagelaten betrekkingen, en de in artikel 7 van richtlijn 79/7 genoemde onderdelen, die de Lid-Staten van de werkingssfeer van die richtlijn mogen uitsluiten. Ook Richtlijn 86/378 kent beperkingen omtrent de werkingssfeer, welke door de ontwerp-Voltooiingsrichtlijn worden aangevuld. De voltooiingsrichtlijn is nog niet vastgesteld door de Raad.

B. Personele werkingssfeer van de Voltooiingsrichtlijn

607. De ontwerp-richtlijn heeft betrekking op de beroepsbevolking, met inbegrip van zelfstandigen, van werknemers en zelfstandigen wier arbeid onderbroken is door ziekte, moederschap, ongeval of onvrijwillige werkloosheid, en van werkzoekenden. Ook is de richtlijn van toepassing op gepensioneerde werknemers en zelfstandigen en op invalide werknemers en zelfstandigen. Ten slotte is de richtlijn van toepassing op gezinsleden, nagelaten betrekkingen.

[52] Com (87) 494 def, *PB C* 1987 309/11. Eveneens te vinden in Jacobs en Van Herk (1996).

C. De materiële werkingssfeer van de Voltooiingsrichtlijn

608. Onder de in deze richtlijn vastgestelde voorwaarden wordt het beginsel van gelijke behandeling uitgebreid tot de bepalingen van de wettelijke regelingen inzake prestaties aan nagelaten betrekkingen en gezinsbijslagen. Ook geldt de uitbreiding de overeenkomstige bepalingen van de beroepsregelingen, met inbegrip van die betreffende de gezinsbijslagen van de beroepsregelingen voor zelfstandigen. Voorts vallen de gebieden er onder waarop de tenuitvoerlegging van het beginsel van gelijke behandeling wordt uitgesloten of uitgesteld krachtens artikel 7 van Richtlijn 79/7[53] of artikel 9 (a) van Richtlijn 86/378. De laatste categorie vormen de bepalingen inzake sociale bijstand, voorzover deze een aanvulling vormen op of in de plaats komen van de hiervoor genoemde wettelijke regelingen inzake prestaties aan nagelaten betrekkingen en gezinsbijslagen en op de onderdelen genoemd in artikel 7 van Richtlijn 79/7.

D. De betekenis van het discriminatieverbod van de Voltooiingsrichtlijn.

609. Wat de prestaties aan de *overlevende echtgenoot* betreft, houdt het beginsel van gelijke behandeling in dat iedere vorm van discriminatie op grond van het geslacht is uitgesloten. Daarbij gelden twee mogelijkheden. Het recht op pensioenen en andere prestaties dat voor weduwen geldt wordt onder dezelfde voorwaarden erkend voor weduwnaars. De tweede variant is dat de prestaties aan weduwen worden vervangen door de totstandbrenging of uitbreiding van een stelsel van eigen rechten aan iedere overlevende echtgenoot, zonder onderscheid naar geslacht toegekend.

Bij wezenuitkeringen en andere nagelaten betrekkingen houdt het beginsel in dat iedere vorm van discriminatie is uitgesloten die gegrond is op het geslacht van de overledene of de wees c.q. nagelaten betrekking.

610. Het tweede hoofdstuk bevat bepalingen inzake de *kinderbijslagen*. Artikel 7 bepaalt dat iedere vorm van discriminatie op grond van geslacht is uitgesloten met betrekking tot kinderbijslagen en prestaties ten behoeve van ouders om hen te helpen bij het dragen van hun verantwoordelijkheid als ouder. Het op dit gebied aldus aangevulde beginsel van gelijke behandeling is zowel van toepassing op de natuurlijke ouders als op andere personen die een kind te hunnen laste hebben en uit dien hoofde voldoen aan de voorwaarden (anders dan die welke met dit beginsel onverenigbaar zijn) voor de toekenning van de in het eerste lid bedoelde prestaties.

[53] Behalve onderdeel (e) van artikel 7 (over de gevolgen van een eerder uitgeoefend keuzerecht).

611. Een apart hoofdstuk is gewijd aan de *ouderdomsregelingen*. Het betreft de uitbreiding van het beginsel van gelijke behandeling tot de gebieden waarop de tenuitvoerlegging kon worden uitgesloten of uitgesteld krachtens artikel 7 van Richtlijn 79/7 of artikel 9 van Richtlijn 86/378. Indien een pensioengerechtigde leeftijd geldt, dan dient deze, onverminderd de overgangsbepalingen, met het oog op de toekenning van ouderdoms- en rustpensioenen voor mannen en vrouwen dezelfde te zijn, aldus artikel 9.

Gelijke behandeling kan ook betekenen dat de leeftijd voor de ene sexe verhoogd wordt om die gelijk te stellen met die van de andere ('even slecht is ook gelijk'). Daaromtrent bepaalt het tweede lid dat een overgangstermijn moet gelden. Als de vaststelling van een zelfde leeftijd voor mannen of voor vrouwen tot een verlaging of een verhoging van de leeftijd leidt, dient te worden voorzien in een geleidelijke toepassing en in tijdelijke waarborgen voor degenen die reeds een bepaalde leeftijd hebben bereikt, zodat zij, indien zij dat wensen, kunnen verzoeken om op de vroeger geldende leeftijd in het genot van hun pensioen te worden gesteld.

612. Iedere discriminatie dient te worden opgeheven ten aanzien van de voordelen die op het gebied van de ouderdomsverzekering worden toegekend aan hen die kinderen hebben opgevoed. Dat geldt ook bij het verkrijgen van rechten op prestaties na tijdvakken van onderbreking van werk wegens de opvoeding van kinderen, mits de betrokkenen hun werk daartoe daadwerkelijk hebben onderbroken.

Het verlenen van rechten op prestaties inzake ouderdom of invaliditeit uit hoofde van de afgeleide rechten van de echtgeno(o)t(e), of de toekenning van verhogingen van prestaties op lange termijn inzake invaliditeit, ouderdom, arbeidsongevallen of beroepsziekten voor de afhankelijke echtgenoot is alleen toegestaan ten behoeve van echtgenoten die niet zelf, op de datum waarop deze richtlijn in werking treedt, rechten op prestaties hebben kunnen opbouwen.

613. *Conclusie*. In voorgaande nummers zijn een aantal richtlijnen aan de orde geweest waarin het beginsel van gelijke behandeling van mannen en vrouwen is vastgelegd. In het algemeen kan de jurisprudentie van het Hof als consequent worden beschouwd. Net als bij het vrij verkeer van werknemers redeneert het Hof sterk vanuit het beginsel dat ten grondslag ligt aan de regeling. Een moeilijk te voorspellen terrein blijkt echter, zoals we hebben gezien, dat van de indirecte discriminatie.

HOOFDSTUK XX

VRIJ VERKEER VAN DIENSTEN EN SOCIALE POLITIEK

614. Naast het recht op vrij verkeer van werknemers, dat in voorafgaande hoofdstukken aan de orde kwam, is een ander aspect de mededinging, zoals geregeld in art. 85 en 86 van het verdrag, van belang voor de sociale politiek. Deze bepalingen hebben op eerste gezicht weinig van doen met de wettelijke sociale zekerheid; ze kunnen echter van belang zijn als verzekerden stellen dat de aansluitingsplicht bij de wettelijke sociale zekerheid in strijd is met deze artikelen. Aangezien steeds meer regeringen lijken te overwegen om gedeelten van de wettelijke sociale zekerheid te privatiseren, krijgen deze bepalingen een toenemend belang voor de sociale zekerheid.

615. Deze artikelen luiden als volgt:

> Art. 85: '1. Onverenigbaar met de gemeenschappelijke markt en verboden zijn alle overeenkomsten tussen ondernemingen, alle besluiten van ondernemersverenigingen en alle onderling afgestemde feitelijke gedragingen welke de handel tussen Lid-Staten ongunstig kunnen beïnvloeden en ertoe strekken of ten gevolge hebben dat de mededinging binnen de gemeenschappelijke markt wordt verhinderd, beperkt of vervalst (...)'
> Art. 86: 'Onverenigbaar met de gemeenschappelijke markt en verboden, voor zover de handel tussen Lid-Staten daardoor ongunstig kan worden beïnvloed, is het, dat een of meer ondernemingen misbruik maken van een machtspositie op de gemeenschappelijke markt of een wezenlijk onderdeel daarvan (...)'

616. Een beroep op deze artikelen werd gedaan het *Poucet*-arrest,[1] een zaak waarin twee kunstenaars hun verplichte aansluiting betwistten bij een stelsel van wettelijke sociale zekerheid.

In concreto ging het om de verplichte aansluiting bij bepaalde organen van het sociale zekerheidsregime voor ziekte en moederschap voor kunstenaars. De heren stelden het principe van verplichte aansluiting op zich niet ter discussie, maar stelden dat ze zich moeten kunnen wenden tot iedere maatschappij van particuliere verzekering, opgericht op het grondgebied van de

[1] HvJ 17 februari 1993, zaken 159/91 en 160/91, *Poucet*, *Jur.* 1993, I-637. Vgl. ook Laigre, 'Les Organismes de sécurité sociale, sont ils entreprises?' *Droit Social* 1993, 488; F. de Pré, 'Klein Duimpje en de Nederlandse ziektekostenverzekeringen'. In: *Sociaal recht*, 1993, 138; H. Hermans, en I. Tiems, 'Convergentie in de ziektekostenverzekering; mogelijkheden en belemmeringen in Europees perspectief'. In: *Sociaal recht* 1995, 113; K. Mortelmans, 'Marktgerichte arbeidsongeschiktheidsregelingen onder de loep van algemene leerstukken van het EG-recht'. In: *Sociaal recht*, 1995, 326.

Gemeenschap. Ze betwistten dus dat ze zich moeten onderwerpen aan de voorwaarden die unilateraal zijn vastgesteld door bovengenoemde organen, die een dominante positie zouden spelen. Deze verplichting zou in strijd zijn met de regels van vrije mededinging, zoals in het verdrag opgenomen. De vraag was of sociale-zekerheidsinstanties onder de regel van artikel 85 en 86 van het verdrag vallen: daarvoor is van belang of ze ondernemingen zijn of niet.

Het Hof overwoog ter beantwoording van deze vraag dat van belang was dat de onderhavige verzekeringen uitgaan van de solidariteitsgedachte. Dit blijkt uit het feit dat loongerelateerde premies geheven worden over de beroepsinkomsten, terwijl de uitkeringen uniform zijn. Ook zijn er vormen van gratis verzekering. Hieruit volgt dat de sociale-zekerheidsregimes, die op een stelsel van verplichte aansluiting berusten, onmisbaar zijn voor de toepassing van het solidariteitsprincipe evenals voor het financiële evenwicht van deze regimes. De verzekeringsinstanties bieden dekking ongeacht de gezondheidstoestand op het moment van de aansluiting bij het Regime. De uitvoering van deze stelsels zijn opgedragen per wet aan de staat. In de uitvoering van hun taak passen deze kassen de wet toe en hebben geen enkele mogelijkheid om de hoogte van de premies te beïnvloeden, evenmin als het gebruik van middelen en de bepaling van de hoogte van de uitkeringen.

Opmerkelijk is dat de uitvoering van een gedeelte van de verzekering is overgedragen aan particuliere maatschappijen, maar ze hebben daarbij geen eigen ruimte: ze zijn slechts mandatarissen van de ziekenkassen. Welnu, in het kader van het mededingingsrecht is een onderneming iedere identiteit die een economische activiteit uitoefent, onafhankelijk van het juridisch statuut van de entiteit en zijn financieringswijze. De ziekenkassen verrichten een *exclusieve sociale* functie. Deze is gebaseerd op nationale solidariteit en *ontbreken van ieder winstdoel* (cursiveringen van de auteur). Dit is niet een economische activiteit en daarom vormen deze organen geen onderneming in de zin van art. 85.

617. In bovenstaand arrest worden organen van de wettelijke sociale zekerheid dus niet als onderneming gekwalificeerd in de zin van art. 85, en daarom wordt hier niet de mogelijkheid van mededinging door andere instellingen afgedwongen door het Hof. Als criterium noemt het Hof o.a. de door mij gecursiveerde elementen, dat de onderhavige instanties een exclusieve sociale functie hadden en dat ieder winstdoel ontbrak. Dit kan betekenen dat hier de grens ligt en dat instanties die hier niet aan voldoen, zich wel moeten openstellen voor concurrentie.

618. Indien een orgaan winst mag maken, in het kader van 'meer marktwerking' in de betreffende sector, dan kan een protectionistische aanpak niet langer mogelijk zijn. Een zaak waarin deze kwestie gesteld werd, maar die niet tot een inhoudelijk oordeel geleid heeft van het Hof, is de *Van Schijndel-*

zaak.[2] Volgens art. 2, eerste lid van de Nederlandse Wet verplichte deelneming in een beroepsgroepenregeling (WVD) is de minister van Sociale zaken bevoegd, op verzoek van een of meer volgens hem voldoende representatieve organisaties van beroepsgenoten, het deelnemen in een door beroepsgenoten vastgestelde beroepspensioenregeling voor alle of een of meer bepaalde groepen van beroepsgenoten verplicht te stellen. In 1978 hebben de fysiotherapeuten het Pensioenfonds opgericht. Volgens art. 2, eerste lid van het door dit fonds vastgestelde pensioenreglement is deelnemer 'iedere fysiotherapeut die in Nederland als zodanig werkzaam is en de pensioendatum nog niet heeft bereikt'. Bepaalde categorieën fysiotherapeuten zijn uitgezonderd. Dit zijn met name degenen die uitsluitend werkzaam zijn in dienstverband, uit hoofde waarvan de in de Algemene Burgerlijke Pensioenwet vervatte regeling dan wel een andere pensioenvoorziening, welke ten minste gelijkwaardig is aan de regeling van dit reglement, van toepassing is, mits betrokkenen daartoe schriftelijk aan het pensioenfonds de wens te kennen geven. De Staatssecretaris heeft deelneming aan dit fonds verplicht gesteld. Deelneming is alleen niet verplicht indien de door een in dienstverband werkzame fysiotherapeut afgesloten pensioenverzekering geldt voor 'alle in dienst van de besloten vennootschap werkzame beroepsgenoten'.

De betrokkenen wilden vrijgesteld worden van de verplichte deelname. Zij hadden bij een particuliere maatschappij een pensioenregeling getroffen; deze gold echter niet voor alle in dienst van de betrokken werkgever werkzame beroepsgenoten. In deze zaak kwam het echter niet op een antwoord van het Hof of deze verplichtstelling geoorloofd was, omdat bij de Nederlandse rechters niet de betreffende kwestie van verenigbaarheid met art. 85 EG-Verdrag was aangekaart. Gelet op het Nederlandse procesrecht, waarin lijdelijkheid van de rechter geldt in civiele zaken, was het Hof van oordeel dat het gemeenschapsrecht de nationale recht er niet toe verplicht ambtshalve een rechtsgrond in het geding te brengen die ontleend is aan schending van gemeenschapsbepalingen, wanneer hij voor het onderzoek van dat middel de hem passende lijdelijkheid zou moeten verzaken door zich te baseren op andere feiten en omstandigheden dan die welke de partij die bij de toepassing belang heeft, aan haar vordering ten grondslag heeft gelegd.

[2] HvJ 14 december 1995, zaak 430/93 en 431/93, nog niet gepubliceerd.

HOOFDSTUK XXI

EPILOOG

619. Dit boek is gewijd aan het sociale zekerheidsrecht van de Europese Unie. Daarover vallen vele pagina's te vullen, zoals we hebben gezien. Bovendien is datgene wat aan de orde kwam bijzonder relevant voor betrokkenen: enerzijds de migrerende werknemers en anderzijds zij die getroffen werden door discriminerende bepalingen die verband houden met sexe.

620. Als we ons echter realiseren dat armoede in menige Lid-Staat op nog vrij omvangrijke schaal voor komt, hetgeen niet ontkend wordt door de Europese Commissie, dan moet worden vastgesteld dat het Europese sociale-zekerheidsrecht nog slechts een fractie bestrijkt van wat cruciaal is voor een sociaal Europa.

621. Het credo van de Unie is momenteel echter dat het sociale beleid een zaak van de Lid-Staten is. Nu zal er inderdaad een brede consensus bestaan over de wenselijkheid dat de Lid-Staten een belangrijke rol moeten spelen in de sociale politiek. 'We' willen immers niet dat hoge uitkeringsniveaus worden afgebroken op instigatie van 'Brussel'. En andere Lid-Staten willen niet met hoge kosten opgescheept raken. Aan de andere kant hebben steeds meer zaken grensoverschrijdende kanten, en dat geldt ook voor de sociale politiek. In alle Lid-Staten is nu onrust ontstaan omdat overheden moeten bezuinigen om aan de EMU-criteria te voldoen. Dit bezuinigen gebeurt op de eerste plaats door de sociale-zekerheidsuitkeringen aan te pakken.

Daarnaast verdwijnen ook banen als gevolg van de toenemende concurrentiedruk en door de steeds voortgaande automatisering. Bij deze ontwikkelingen kan de EU eigenlijk niet met de handen over elkaar blijven zitten.

622. De geringe animo van de Lid-Staten om te komen tot een Europees sociaal beleid is voor een groot gedeelte van principiële aard. De meeste stelsels van Lid-Staten zouden een hogere toets aan het beschermingsniveau wel kunnen doorstaan. Zo is IAO-Verdrag 102 voor een aanzienlijk gedeelte door alle Lid-Staten al onderschreven. De weerstand tegen een verdergaande normering lijkt dan ook voornamelijk tijdgebonden te zijn. Groot-Brittannië, de grote tegenstander van Europese sociale politiek, voldoet immers wel aan de eisen van een algemeen dekkend stelsel, en daar bestaat – in dit stadium – niet de noodzaak om, althans met het oog op de hier genoemde problemen, het stelsel ingrijpend te veranderen.

623. Vandaar dat een mogelijkheid is om een gemeenschapsinstrument te ontwikkelen dat veel beter dan de aanbeveling over de minimumuitkeringen en de convergentie omtrent sociale politiek aansluit bij wat al gerealiseerd is. De Commissie zou daartoe een inventarisatie moeten maken van de feitelijke stand van zaken. Tevens zou de Commissie moeten inventariseren welke minimale beschermingsmaatregelen nog ontbreken om de knelpunten die hier voor de coördinatie genoemd zijn te ondervangen.

624. Meer concreet, de Europese Commissie zou, aansluitend bij IAO-Verdrag 102, en aansluitend bij de problemen in de beschermingsniveaus die relevant zijn voor de coördinatie, een analyse kunnen maken van de huidige situatie: in hoeverre voldoen de Lid-Staten in feite al aan Verdrag 102? Vervolgens zou gekeken moeten worden welke maatregelen nodig zijn om geheel aan die eisen te voldoen. Gelet op het overgangskarakter, zou er ruimte moeten zijn voor (financiële) ondersteuning van de EU op die terreinen waar nog niet voldaan is aan deze normen. Ten slotte zou gekeken moeten worden wat er aan aanvullende bescherming nodig is om op de voor coördinatie omstreden gebieden de problemen oplosbaar te maken. Deze laatste inventarisatie levert daarmee een lange-termijn-doelstelling op. Deze werkwijze heeft het voordeel dat ze ingegeven is door de noodzaak om problemen op te lossen en is veel minder uitdrukking van de door sommige Lid-Staten omstreden wens om op gemeenschapsniveau de sociale bescherming te vergroten. Deze werkwijze voldoet ook aan de invalshoek die met 'subsidiariteitsprincipe' aangeduid wordt.

625. Wat het thema van het vrij verkeer van werknemers en gelijke behandeling van mannen en vrouwen betreft, heeft de jurisprudentie van het Hof van Justitie een centrale plaats ingenomen in deze studie. In deze jurisprudentie zijn vooral de beginselen belangrijk gebleken die aan Verordening 1408/71 en Richtlijn 79/7 ten grondslag liggen. We hebben ook gezien dat het Hof cruciale begrippen van de respectievelijke instrumenten extensief geïnterpreteerd heeft. Het Hof heeft kennelijk een taak voor zich gezien om het beginsel van vrij verkeer en van gelijke behandeling een maximale betekenis te geven; het Hof benadrukt tevens regelmatig de noodzaak van een eenvormige uitleg, die de Lid-Staten de mogelijkheid moet ontnemen zich te onttrekken aan de gemeenschapswetgeving. Het Hof heeft hiermee een belangrijke bijdrage geleverd aan de ontwikkeling van een sociaal Europa.

626. Anderzijds werden ook de grenzen aan de mogelijkheden van het Hof duidelijk. Deze bestaan met name bij onderdelen waar de verschillen tussen de Lid-Staten erg groot zijn. Daarom zien we regelmatig dat het Hof (al is het niet

explicièt) terugkomt van eerder uitspraken. Dit is het geval in het *Newton*-arrest over de gemengde uitkeringen, het arrest *Lenoir* met indirect discriminerende regelingen, het arrest *Commissie-België* en het arrest *Molenbroek*, het arrest *Posthuma* waarin het Hof zijn criteria voor indirecte discriminatie in verband met de Derde Richtlijn aanmerkelijk versoepelt. Het arrest *Ten Holder*, dat als problematisch gezien werd, is door de *Daalmeijer*-jurisprudentie van de belangrijkste voetangels ontdaan.

627. Bij deze onderwerpen is er een aanzienlijk grotere wisselwerking tussen het Hof en de overheden (vertegenwoordigers van de Commissie en van de Lid-Staten) dan we op het nationale vlak kennen. Daarmee is ook de politieke invloed groter. Die invloed is geïnstitutionaliseerd in de inbreng van deze instanties in de procedures voor het Hof. Daarnaast zijn er nog andere methoden, waarvan het Protocol bij het Verdrag van Maastricht over artikel 119 EG-Verdrag er een is. Opmerkelijk is ook de actieve houding van de wetgever om Verordening 1408/71 aan te passen in reactie op de arresten van het Hof. Deze wijze van beïnvloeding maakt een gemeenschappelijk beleid en een consequente rechtspraak wel moeilijk. We zien dan ook een aanzienlijke groei in de regelgeving.

628. De coördinatieproblematiek hangt voor een groot deel samen met verschillen in niveaus van sociale bescherming. Deze zijn zonder aanvullende maatregelen van de gemeenschapswetgever niet op te lossen. Het Hof zou wel sterker kunnen vasthouden aan zijn principes, maar het verzet tegen de Lid-Staten wordt dan te groot. Radicale doorvoering van zulke uitspraken levert geen fraaie resultaten op. Ten eerste zou die doorvoering dan ongereguleerd geschieden met alle gevolgen van dien, anderzijds zullen de Lid-Staten dan weer overgaan tot ontwijking. Daarom ligt hier een taak voor de gemeenschapswetgever.

629. Daarnaast wordt het tijd dat de raad een definitief besluit neemt over een aantal dossiers die al geruime tijd ligt te wachten op afhandeling en die essentieel zijn vor een aan deze tijd aangepaste verordening.

Het gaat hier over de coördinatieregels voor ambtenaren, derde-landonderdanen, en aanvullende pensioenen. Voorts gaat het om de export van werkloosheidsuitkeringen en vut-uitkeringen.

630. Als deze operatie achter de rug zou de Commissie zich eens moeten gaan bezinnen op vereenvoudiging van de verordening. De tekst is steeds verder uitgedijd en dit zal alleen maar toenemen als er meer Lid-Staten bijkomen. Dat maakt de verordening tot een onoverzichtelijke tekst die het vrij verkeer van werknemers meer zal tegenwerken dan zal helpen. Herbezinning op een aantal

principes zal noodzakelijk zijn, evenals herbezinning om deze zo consistent mogelijk bij de verschillende uitkeringen door te voeren.

Dat zal enige aanpassing van de Lid-Staten vereisen. De grens tussen coördinatie en harmonisatie is, als gezegd, flinterdun. Een 'convergerende' ontwikkeling is echter noodzakelijk voor een beter vrij verkeer van werknemers en voor een alomvattende sociale politiek.

BIBLIOGRAFIE

Addison, J. en W. Siebert (1991), 'The social charter of the European community: evolution and controversies.' In: *ILRR* 1991, 597.

Altmaier, P. (1995), 'Europäisches koordinierendes Sozialrecht – Endes des Territorialitätsprinzips?'. In: Eichenhofer en Zuleeg (1995: 69).

Amoroso, B. (1990), 'A Danish perspective: the impact of the internal market on the labour unions and the welfare state'. In: *Comparative labor law journal* 1990, 483 e.v.

Berg, C. van den (1990), 'Geen Handvest; toch handvat voor Europa 1992.' In: *PS* 1990, 1.

Betlem, G. (1991), 'Een vierde type van rechtsvinding.' In: *NJB* 1991, 1363.

Betlem, G. en E. Rood (1992), 'Francovich-aansprakelijkheid'. In: *NJB* 1992, 250.

Bieback, K.J. (1995), 'Diskriminierungs- und Behinderungsverboten im europäischen Arbeits- und Sozialrecht'. In: Eichenhofer en Zuleeg (1995: 103).

Blanpain R. en C. Engels (1994), *Europees arbeidsrecht*, Reeks Europees recht, Leuven, 1994.

Brenninkmeijer, A. (1992), 'Het Francovich-arrest'. In: *NJB* 1992, 256.

Borgesius, J. (1990), 'De invloed van het communautaire recht op de Nederlandse sociale verzekering.' In: SVr, *Van alle kanten bekeken.* Zoetermeer, 1990, 63.

Borchardt, K.D. (1995), 'Der Gerichtshof der EG als Ersatzgesetzgeber?'. In: Eichenhofer en Zuleeg (1995: 53).

Brenninkmeyer, A. (1981), 'De ongelijke behandeling van mannen en vrouwen in de AAW.' In: *NJB* 1981, 613.

Brinkman, O. (1992) 'Post-actieven en de aanwijsregels van Verordening (EEG) 1408/71.' In: *MR* 1992, 108.

Brinkman, O. (1994) 'Enkele aantekeningen bij het arrest Zinnecker.' In: *MR* 1994, 86.

Bruce, M. (1961), *The Coming of the Welfare State.* London, 1961.

Buitenen, L. van e.a. (1983), 'Gelijkberechtiging van mannen en vrouwen in de AAW?' In: *SMA* 1983, 502.

Busquin, Ph. (1990), 'De sociale Slang en het Europees programma ter bestrijding van armoede.' In: *BTSZ* 1990, 557.

Catala, N. en R. Bonnet (1991), *Droit social européen.* Paris, 1991.

Chassard, Y. (1991), 'Pour une convergence des politiques des Etats-Membres de la Communauté dans la domaine de la protection sociale'. In: *Droit sociale* 1991, 157.

Clever, P. (1989), 'Tendenzen zur Aufgabe des Territorialitätsprinzips', In: *Der Arbeitgeber* 1989, 988.

Cornelissen, R.C. (1984), *Europese coördinatie van invaliditeits- en weduwenverzekeringen*, Antwerpen, 1984.

Cornelissen, R.C., 'Communautaire en Nederlandse jurisprudentie inzake conflictregels in het Europees sociaal zekerheidsrecht', *SEW* 1986, 799-823.

Cornelissen, R. (1988), 'Invaliditeit, Ouderdom en overlijden (pensioenen), Uitkeringen bij overlijden'. In: Pieters (1988: 89-118).

Cornelissen, R. (1989), '[bespreking van] Levelt-Overmars, *Halen de volksverzekeringen het jaar 2000?*'. In: *SMA* 1989, 197.
Cornelissen, R. (1991), 'De Nederlandse volksverzekeringen en de Europese verordeningen inzake sociale zekerheid'. in: Schell (1991; 59).
Cornelissen, R. (1993), 'Detachering binnen de Europese Gemeenschap: juridisch kader'. In: A. van Regenmortel en Y. Jorens (1993: 16).
Crijns, L. (1986), 'Het sociaal beleid van de Europese Gemeenschap'. In: F.A.J. van den Bosch en A.M. Dancot-Devriendt (red.), *Sociaal en zeker*. Deventer, 1986, 149-175.
Curtin, D. (1987), 'Occupational pension schemes and article 119: beyond the fringe?'. In: *C.M.L.Rev*. 1987, 254.
Dierx, J. (1991), 'Barberisme'. In: *Nemesis*, 1991, no 5, 1
Dispersyn, e.a. (1992), 'De constructie van een Europese sociale slang. Haalbaarheidsstudie'. In: *Belgisch tijdschrift voor sociale zekerheid* 1992, 335 e.v.
Donders, P. (1995), *Temporary employment across borders – posting in accordance with Regulation 1408/71 in practice*. Utrecht, 1995, mimeo.
Driessen, M. (1992), 'Algemene achtergrondinformatie'. In: Jacobs (1992a: ix).
Dijt, E. (1988), 'De gevolgen van het arrest Teuling-Worms.' In: *SMA* 1988, 769.
Edward, E. (1995), 'Secondary Community Law, Treaty Law and General Principles of Law'. In: Eichenhofer en Zuleeg (1995: 45).
Eichenhofer, E. en M. Zuleeg (1995), *Die Rechtsprechung des Europäischen Gerichtshof zum Arbeits- und Sozialrecht im Streit*, Schriftenreihe der Europäischen Rechtsakademie Trier, Köln, 1995.
Feenstra, S. (1990), 'De Verordening (EEG) nrs. 1408/71 en 574/72 in het licht van 1992'. In: *SMA* 1990, 729.
Fitzpatrick, B. (1992), 'Community social law after Maastricht.' In: *ILJ* 1992, vol. 3, blz. 199.
Forde, M. (1980), 'The vertical conflict of social security law in the European Community'. In: *LIEI* 1980, 21 e.v.
Fraser, D. (1973), *The Evolution of the British Welfare State*. London etc, 1973.
Fuchs, M. (losbladig) (red.), *Nomos Kommentar zum Europäischen Sozialrecht*. Baden-Baden, losbladig.
Gauthier, P. (1988), 'Les prestations familiales face au droit communautaire: suite du feuilleton "Pinna"'. In: *Droit social*, 1988, 288.
Govers, A. (1973), 'Het Hof van Justitie en het EEG sociale zekerheidsrecht.' In: *SEW* 1983, 286.
Govers, A. (1977), 'Communautaire jurisprudentie inzake het EEG sociale zekerheidsrecht.' In: *SEW*, 1977, 758.
Govers, A. (1981),'Gelijkheid van vrouw en man in het Europees recht.' In: *Geschriften VAR*, 1981.
Govers, A.W. (1983), 'Het Hof van Justitie en het EEG sociale zekerheidsrecht.' In: *SEW* 1983, 286.
Harris, J. (1977), *William Beveridge*. Oxford, 1977.
Heerma van Voss, G. (1990), 'Hoe het Hof van Justitie van de EEG de AAW op haar grondvesten doet wankelen.' In: *SR* 1990, 108.
Heerma van Voss, G. (1996), 'De lange, kronkelige weg naar toepassing van het EVRM in het sociale-zekerheidsrecht.' In: *NJCM-bulletin* 1996, 203.
Hermans, H. en I. Tiems (1995), 'Convergentie in de ziektekostenverzekering; mogelijkheden en belemmeringen in Europees perspectief'. In: *Sociaal recht* 1995, 113
Heukels, T. (1995), 'Van Munster: een opmerkelijke uitspraak van het EG-Hof van Justitie inzake het vrij verkeer van werknemers met potentieel verstrekkende implicaties'. In: *Ars Aequi* 1995, 296.

Heijden, P. van der en G. Heerma van Voss (1990), 'Sociaal recht en EVRM'. In: A. Heringa e.a. (red.), *40 jaar Europees verdrag voor de rechten van de mens*. Leiden, 1990, 209.

Jacobs, A. (1985), *De rechtstreekse werking van internationale normen in het sociaal recht*. Alphen aan den Rijn, 1985.

Jacobs, A. (ed) (1992a), *Het Nederlandse sociale zekerheidsrecht en de minimumnormen van de IAO en de Raad van Europa*. Deventer, 1992.

Jacobs, A. (1992b), 'Algemene minimum-normen'. In: Jacobs (1992a: 1).

Jacobs, A. en E. van Herk (1996), *Teksten Europees recht*. Deventer, 1996.

Jaspers A. en L. Betten (ed) (1988), *25 Years European Social Charter*. Deventer, 1988.

Jorens, Y. (1992), *Wegwijs in het Europees sociale zekerheidsrecht*. Brugge, 1992.

Kavelaars, P. (1992), *Toewijzingsregels in het Europees sociaal-verzekeringsrecht*. Deventer. Diss. EUR. Deventer, 1992.

Keunen, F. (1987), 'Het arrest Ten Holder en de wijziging van K.B. 557'. In: *SMA* 1987, 98 e.v.

Keunen, F. (1992), 'Coördinatie en gelijke behandelingnormen'. In: Jacobs (1992a: 131).

Klees, B. (1984), *Arbeitslosigkeit und Recht, ein Handbuch zur Gegenwehr*. Frankfurt, 1984.

Köbele, B. en G. Leutschner (1995) (ed), *Dokumentation der Konferenz 'Europäischer Arbeitsmarkt Grenzenlos mobil?,' 6 bis 8 März*, Bonn, 1995.

Köhler, P. en H. Zacher (1983), *Beiträge zu Geschichte und aktueller Situation der Sozialversicherung*. Berlin, 1983.

Kuile, B. ter (1992), 'Pensioenrecht als kansspel. Schrijnende rechtsonzekerheid bij aanvullende pensioenen.' In: *SMA* 1992, 727.

Laigre, Ph. (1993), 'Les Organismes de sécurité sociale, sont ils entreprises?' *Droit Social* 1993, 488.

Levelt-Overmars, W.M. (1988), *Halen de volksverzekeringen het jaar 2000?* Oratie. Deventer, 1988.

Loenen, M. (1986) 'Artikel 119 EEG-Verdrag en de gelijke behandeling van mannen en vrouwen in de aanvullende pensioenregelingen.' In: *SMA* 1986, 390.

Lutjens, E. (1992), *Pensioenrecht*. Deventer, 1992.

Lyon-Caen G. & A. (1991), *Droit social international et européen*. Paris, 1991.

Mortelmans, K. (1995), 'Marktgerichte arbeidsongeschiktheidsregelingen onder de loep van algemene leerstukken van het EG-recht'. In: *Sociaal recht* 1995, 326.

Neal, A.C. and S. Foyn (1995), *Developing the Social Dimension in an Enlarged European Union*. Oslo, 1995

Nielsen, R. en E. Szyszcak (1993), *The social dimension of the European community*. Tweede druk. Kopenhagen, 1993.

O'Keeffe, D. (1981), 'The scope and content of social security regulation in European Community law'. In: O'Keeffe, D. en Schermers, H. (eds.) *Essays in European Law and Integration*. Leiden, 1981, 105-122.

O'Keeffe, D., 'Equal Rights for Migrants; the Concept of Social Advantages in Article 7(2), Regulation 1612/68', *YER*, 1985, 93-123.

Limberghen, G. van (1991), *Pensioenen van Belgen in het buitenland*. Antwerpen, 1991.

Overeem, P.C.G. (1982), 'Het vrij verkeer van werklozen in EEG-verband'. In: *Ars Aequi* 1982, 267-273.

Pennings, F. (1990), *Benefits of Doubt. A Comparative Study of the Legal Aspects of Employment and Unemployment Schemes in Great Britain, Germany, France and the Netherlands*. Deventer, 1990.

Pennings, F. (1992a), '"Bijstandsuitkeringen" en het recht op vrij verkeer van werknemers'. In: *MR* 1992, 146-155.
Pennings, F. (1992b), 'Groeiende ruimte voor woonplaatsbepalingen in het EG-coördinatierecht'. In: *SMA* 1992, 503-518.
Pennings, F. (1992c), 'Een Ontwerp-aanbeveling voor minimumuitkeringen. Kleine stapjes naar een sociaal Europa'. In: *PS* 1992, 1040-1049.
Pennings, F. (1993), 'Is the subsidiarity principle useful to guide the European integration process.' In: *Tilburg Foreign law review*. 1993, vol. 2, 153.
Pennings, F.J.L. (1993), *Grondslagen van het Europese sociale-zekerheidsrecht*. Deventer, 1993
Pennings, Frans (1994), *Introduction into European social security law*. Deventer, 1994.
Penninx, R. en P. Muus (1989), *Grenzeloos migreren na 1992?* Den Haag, 1989.
Perrin, G. (1961), 'Les prestations non contributives et la sécurité sociale', *Droit Social* 1961, 179-183
Perrin, G. (1969), 'De aktie van de internationale arbeidsorganisatie ten gunste van de coördinering en van de harmonisering van de wetgevingen betreffende de sociale zekerheid', *BTSZ*, 1969, 1165-1253.
Pieters, D. (1987), *Europees en internationaal sociale zekerheidsrecht*, Antwerpen, 1987.
Pieters, D. (ed.) (1988a), *Europees sociale zekerheidsrecht, commentaar*. Antwerpen, 1988.
Pieters, D. (1988b), 'Situering van het Europees sociale zekerheidsrecht'. In: Pieters (1988, 17-45).
Pieters, D. (1989a), *Sociale Zekerheid na 1992: één over twaalf*. Tilburg, 1989.
Pieters, D. (1989b), 'Brengt '1992' coördinatie en harmonisatie van de sociale zekerheid?'. In: *NJB* 1989, 831.
Pieters, D. (1992), *Sociale-zekerheidsrechtsvergelijking ten dienste van Europa*. Deventer, 1992.
Pieters, D. en S. Vansteenkiste (1993), *The Thirteenth State. Towards a European Community social insurance scheme for intra-community migrants*. Leuven, 1993.
Pré, F. de (1993), 'Klein Duimpje en de Nederlandse ziektekostenverzekeringen'. In: *Sociaal recht* 1993, 138.
Prechal, S. (1992), 'Bommen ruimen in Maastricht: wijziging van art. 119 EEG'. In: *NJB* 1992, 134.
Raepenbusch, S. van (1985), 'La jurisprudence communautaire en matière de règles anticumul de sécurité sociale.' In: *CDE* 1985, 251.
Raepenbusch, S. van (1988), 'Werkloosheid'. In: Pieters (1988: 119).
Rammeloo, S.F. (1992), *Das neue EG-Vertragskollisionsrecht*, Köln, 1992.
Regenmortel A. van, en Y. Jorens (red.) (1993), *Internationale Detachering*, Brugge, 1993.
Rijn, J. van (1991), 'Een belangrijk stuk communautair internationaal privaatrecht. Het Verdrag van Rome van 19 juni 1980 inzake het toepasselijke recht op verbintenissen uit overeenkomst'. In: *AA* 1991, 399.
Saelaert, C., A. Taghon en J. Zeijen (1988), 'Gelijke behandeling van mannen en vrouwen in de sociale zekerheid.' In: Pieters (1988: 165).
Schell, J.L.M. (1988), 'Gezins- en kinderbijslagen.' In: Pieters (1988: 147).
Schell, J.L.M. (1991) (red.), *De toekomst van de volksverzekeringen in Europa*. Tilburg, 1991.

Schuler, R. (1985), 'Zwischenstaatliche und gemeinschaftsrechtliche Sozialrechtsintegration im Vergleich'. In: *Europarecht* 1985, 113.
Schuler, R. (1988), *Das Internationale Sozialrecht der Bundesrepublik Deutschland.* Baden-Baden, 1988.
Schulte, B. (1982), 'Auf dem Weg zu einem europäischen Sozialrechts? – der Beitrag zur Entwicklung des Sozialrechts in der Gemeinschaft'. In: *Europarecht* 1982, 357 e.v.
Schulte, B., 'Das Sozialrecht in der Rechtsprechung des Europäisches Gerichtshofs'. In G. Wannagat (ed.), *Jahrbuch des Sozialrechts der Gegenwart.* Band 6. Berlin, 1984.
Schulte, B. en H. Zacher (1991), *Wechselwirkungen zwischen dem Europäischen Sozialrecht und dem Sozialrecht der Bundesrepublik Deutschland.* Berlin, 1991.
Schulte, B. (1988), 'Algemene bepalingen'. In: Pieters (1988: 47).
Schulte, B. (1995), 'Konfliktfelder im Verhältnis zwischen mitgliedstaatlichem und europäischem Recht.' In: Eichenhofer en Zuleeg (1995: 11).
Schultz (1991), 'Grundsätze, Inhalte und institutionelle Verankerung im EWG-Vertrag.' In: *Sozialer Fortschritt* 1991, blz. 135.
Steen, I. van der (losbladig), 'Thema Grensarbeid en sociale zekerheid'. In: *Sociale Verzekeringsrecht* (losbladig commentaar), Deventer.
Steimeyer, H.D. (1995), 'Die Berücksichtigung der wirtschaftlichen, finanziellen und sozialpolitischen Folgen in der Rechtsprechung des Gerichthofs der EG'. In: Eichenhofer en Zuleeg (1995: 93).
Steyger, E. (1988), 'De gemeenschappelijke arbeidsmarkt en het sociale beleid van de Gemeenschap, over discriminatie, distorsies, en ingebakken dispariteiten'. in: *NJB*, 1988, 249.
Steyger, E. (1990), 'Het vervolg van de Ruzius-zaak of: hoe ver ligt Groningen van Luxemburg.' In: *NJB* 1990, 1405
Stiemer, N. (1988), 'Ziekte en moederschap'. In: Pieters (1988: 69).
Subsidiarity: the Challenge of Change (1991). Proceedings of the Jacques Delors Colloquium 1991. Maastricht, 1991.
Tamburi, G. (1983), 'L'Organisation internationale du Travail et l'évolution des assurances sociales dans le monde.' In: Köhler en Zacher (1983: 647).
Tantaroudas, C. (1976), *La protection jurdidique des travailleurs migrants,* Paris, 1976.
Tantaroudas, C. (1979), 'L'égalité de traitement en matière de sécurité sociale dans les règlements communautaires'. In: *RTDE*, 1979, 63.
Tegtmeier, W. (1991), 'Wechselwirkungen zwischen dem Europäischen Sozialrecht und dem Sozialrecht der Bundesrepublik Deutschland – Erfahrungen und Vorstellungen aus deutscher Sicht.' In: Schulte und Zacher (1991: 27).
Timmermans, C. (1982), 'Verboden discriminatie of geboden differentiatie'. In: *SEW* 1982, 427-460.
Urbanetz, H. (1991), 'Modaliteiten voor het behoud van de rechten en de berekening van de prestaties in het Europees Verdrag inzake sociale zekerheid en andere samenordeningsinstrumenten'. In: *BTSZ* 1991, 359.
Vansteenkiste, S. (1995), *Sociale zekerheid, federalisme en de Europese Gemeenschap.* Leuven. Diss KUB.
Verschueren, H. (1993), 'Het arrest Taghavi en de tegemoetkoming van gehandicapten aan niet-EG-familieleden van EG-werknemers'. In: *MR* 1993/4, 74.
Villars, C. (1979), *Le Code européen de sécurité sociale et le Protocole additionnel.* Genève, 1979.

Vogel-Polsky, E. (1990), 'Welk juridisch instrumentarium is nodig voor een sociaal Europa?'. In: *SMA* 1990, 60-69

Vonk, G. (1988), 'De Ten Holder problematiek opnieuw aanhangig bij het Hof van Justitie van de Europese Gemeenschap'. In: *SR* 1988, 371.

Vonk, G. (1991), *De coördinatie van bestaansminimumuitkeringen in de Europese Gemeenschap*. Diss. KUB. Deventer, 1991.

Vonk G. (1992), 'Migranten in Europa en het recht op gezinsbijslagen'. In: *MR* 1992.

Vonk, G.B., (1995), 'Internationale detacheringen en sociale zekerheid', in: *Sociaal recht*, 1995, 263.

Voogsgeerd, H.H. (1995), 'Vrij verkeer, nationale ambtenaren en de Verordening 1408/71'. In: *SMA* 1995, 296.

Watson, Ph. (1980), *Social Security Law of the European Communities*. London, 1980.

Whiteford, E. (1993), 'Collectief geheugenverlies? Het EG-recht en de aanvullende pensioenen'. In: *NJCM-bulletin* 1993, 998.

Wiebringhaus, H. (1983), 'Die Sozialversicherung im Rahmen der Funktionen, der Möglichkeiten und der sozialpolitischen Vorhaben des Europarats.' In: Köhler en Zacher (1983: 507).

Zacher, H. (1991), 'Wechselwirkungen zwischen dem Europäischen Sozialrecht und dem Sozialrecht der Bundesrepublik Deutschland – Einführungsreferat aus sozialrechtlicher Sicht.' In: Schulte und Zacher (1991: 11).

Zeijen, J. (1991), 'Nieuwe Europese regels over deeltijdarbeid en tijdelijke arbeid op komst?'. In: *Sociaal recht* 1991, 177.

Zuleeg, M. (1994), 'Die Rechtsprechung des Europäischen Gerichtshofs zum Arbeits- und Sozialrecht im Streit'. In: *Arbeit und Recht*, 42 (1994), 77.

RECHTSPRAAK

Arrest van 19 maart 1964, zaak 75/63, Unger, *Jur*. 1964, 369
Arrest van 9 juni 1964, zaak 92/63, Nonnenmacher, *Jur*. 1964, 559
Arrest van 15 juli 1964, zaak 100/63, Van der Veen, *Jur*. 1964, 1161
Arrest van 1 december 1965, zaak 33/65, Dekker, *Jur*. 1965, 1135.
Arrest van 30 juni 1966, zaak 61/65, Vaassen-Goebbels, *Jur*. 1966, 257
Arrest van 13 juli 1966, zaak 4/66, Labots, *Jur*. 1966, 293
Arrest van 5 juli 1967, zaak 1/67, Ciechelski, *Jur*. 1967, 223
Arrest van 5 december 1967, zaak 19/67, Van der Vecht, *Jur*. 1967, 431
Arrest van 19 december 1968, zaak 19/68, Cicco, *Jur*. 1968, 658
Arrest van 7 mei 1969, zaak 28/68, Torrekens, *Jur*. 1969, 125
Arrest van 15 oktober 1969, zaak 15/69, Ugliola, *Jur*. 1969, 363
Arrest van 10 december 1969, zaak 34/69, Duffy, *Jur*. 1969, 597
Arrest van 17 december 1970, zaak 35/70, Manpower, *Jur*. 1970, 1251.
Arrest van 25 mei 1971, zaak 80/70, Eerste Defrenne-arrest, *Jur*. 1971, 446
Arrest van 27 oktober 1971, zaak 23/71, Janssen, *Jur*. 1971, 859
Arrest van 22 juni 1972, zaak 1/72, Frilli, *Jur*. 1972, 457
Arrest van 1 maart 1973, zaak 73/72, Bentzinger, *Jur*. 1973, 283
Arrest van 11 april 1973, zaak 76/72, Michel S. *Jur*. 1973, 457
Arrest van 7 juni 1973, zaak 82/72, Walder, Jur. 1973, 599
Arrest van 7 november 1973, zaak 51/73, Smieja, *Jur*. 1973, 1213
Arrest van 6 december 1973, zaak 140/73, Mancuso, *Jur*. 1973, 1449
Arrest van 12 februari 1974, zaak 152/73, Sotgiu, *Jur*. 1974, 153
Arrest van 15 mei 1974, zaak 184/73, Kaufmann, *Jur*. 1974, 517
Arrest van 28 mei 1974, zaak 187/73, Callemeyn, *Jur*. 1974, 553
Arrest van 28 mei 1974, zaak 191/73, Niemann, *Jur*. 1974, 571
Arrest van 9 oktober 1974, zaak 24/74, Biason, *Jur*. 1974, 999
Arrest van 13 november 1974, zaak 39/74, Costa, *Jur*. 1974, 1251
Arrest van 3 december 1974, zaak 33/74, van Binsbergen, *Jur*. 1974, 1299
Arrest van 12 december 1974, zaak 36/74, Walrave en Koch, *Jur*. 1974, 1405
Arrest van 17 juni 1975, zaak 7/75, Echtelieden F., *Jur*. 1975, 679
Arrest van 25 juni 1975, zaak 17/75, Anselmetti, *Jur*. 1975, 781
Arrest van 9 juli 1975, zaak 20/75, D'Amico, *Jur*. 1975, 891
Arrest van 30 september 1975, zaak 32/75, Cristini, *Jur*. 1975, 1085
Arrest van 21 oktober 1975, zaak 24/75, Petroni, *Jur*. 1975, 1149
Arrest van 8 april 1976, zaak 43/75, Tweede Defrenne-arrest, *Jur*. 1976, 455
Arrest van 29 september 1976, zaak 17/76, Brack, *Jur*. 1976, 1429
Arrest van 23 november 1976, zaak 40/76, Kermaschek, *Jur*. 1976, 1669
Arrest van 15 december 1976, zaak 39/76, Mouthaan, *Jur*. 19765, 1901
Arrest van 16 december 1976, zaak 63/76, Inzirillo, *Jur*. 1976, 2057
Arrest van 3 februari 1977, zaak 62/76, Strehl I, *Jur*. 1977, 211
Arrest van 17 februari 1977, zaak 76/76, Di Paolo, *Jur*. 1977, 315
Arrest van 31 maart 1977, zaak 79/76, Fossi, *Jur*. 1977, 667
Arrest van 31 maart 1977, zaak 87/76, Bozzone, *Jur*. 1977, 687

Arrest van 5 mei 1977, zaak 102/76, Peerenboom, *Jur*. 1978, 815
Arrest van 13 oktober 1977, zaak 112/76, Manzoni, *Jur*. 1977, 1647
Arrest van 13 oktober 1977, zaak 37/77, Greco, *Jur*. 1977, 1711
Arrest van 13 oktober 1977, zaak 22/77, Mura I, *Jur*. 1977, 1699
Arrest van 20 oktober 1977, zaak 32/77, Giuliani, *Jur*. 1977, 1857
Arrest van 9 november 1977, zaak 41/77, Warry, *Jur*. 1977, 2085
Arrest van 29 november 1977, zaak 35/77, Beerens, *Jur*. 1977, 2249
Arrest van 30 november 1977, zaak 64/77, Torri, *Jur*. 1977, 2299
Arrest van 1 december 1977, zaak 66/77, Kuyken, *Jur*. 1977, 2311
Arrest van 15 juni 1978, zaak 149/77, Derde Defrenne-arrest, *Jur*. 1978, 1365
Arrest van 19 januari 1978, zaak 84/77, Recq, *Jur*. 1978, 7
Arrest van 14 maart 1978, zaak 98/77, Schaap I, *Jur*. 1978, 707
Arrest van 14 maart 1978, zaak 83/77, Naselli, *Jur*. 1978, 683.
Arrest van 15 maart 1978, zaak 126/77, Frangiamore, *Jur*. 1978, 724
Arrest van 16 maart 1978, zaak 117/77, Pierik, Jur.1978, 825
Arrest van 16 maart 1978, zaak 115/77, Laumann, *Jur*. 1978, 805
Arrest van 28 juni 1978, zaak 1/78, Kenny, *Jur*. 1978, 1489
Arrest van 6 juli 1978, zaak 9/78, Gillard, *Jur*. 1978, 1661
Arrest van 5 oktober 1978, zaak 26/78, Viola, *Jur*. 1978, 1771.
Arrest van 12 oktober 1978, zaak 10/78, Belhouab, *Jur*. 1978, 1915
Arrest van 6 maart 1979, zaak 100/78, Rossi, *Jur*. 1979, 831
Arrest van 20 maart 1979, zaak 139/78, Coccioli *Jur*. 1979, 991
Arrest van 31 mei 1979, zaak 182/78, Pierik II, *Jur*. 1979, 1977
Arrest van 31 mei 1979, zaak 207/78, Even, *Jur*. 1979, 2019
Arrest van 19 juni 1979, zaak 180/78, Brouwer, *Jur*. 1979, 2111
Arrest van 12 juli 1979, zaak 237/78, Toia, *Jur*. 1979, 2645
Arrest van 12 juli 1979, zaak 266/78, Brunori, *Jur*. 1979, 2705
Arrest van 10 januari 1980, zaak 69/79, Jordens-Vosters, *Jur*. 1980, 75
Arrest van 28 februari 1980, zaak 67/79, Fellinger, *Jur*. 1980, 535
Arrest van 24 april 1980, zaak 110/79, Coonan, *Jur*. 1980, 1445
Arrest van 22 mei 1980, zaak 143/79, Walsh, *Jur*. 1980, 1639
Arrest van 12 juni 1980, zaak 733/79, Laterza, *Jur*. 1980, 1915
Arrest van 19 juni 1980, zaken 41, 121 en 796/79, Testa, Maggio en Vitale, *Jur*. 1980, 1979
Arrest van 26 juni 1980, zaak 793/79, Menzies, *Jur*. 1980, 2085
Arrest van 9 juli 1980, zaak 807/79, Gravina, *Jur*. 1980, 2205
Arrest van 5 oktober 1980, zaak 4/80, D'Amico, *Jur*. 1980, 2951
Arrest van 27 januari 1981, zaak 70/80, Vigier, *Jur*. 1981, 229
Arrest van 19 februari 1981, zaak 104/80, Beeck, *Jur*. 1981, 503
Arrest van 31 maart 1981, zaak 96/80, Jenkins, *Jur*. 1981, 911
Arrest van 31 maart 1981, zaak 99/80, Galinsky, *Jur*. 1981, 941
Arrest van 14 mei 1981, zaak 98/80, Romano, *Jur*. 1981, 1241
Arrest van 17 juni 1981, zaak 113/80, Cie-Ierland, *Jur*. 1981, 1625
Arrest van 2 juli 1981, zaak 116/80, Strehl II, *Jur*. 1981, 177
Arrest van 17 december 1981, zaak 22/81, Browning, *Jur*. 1981, 3357
Arrest van 14 januari 1982, zaak 65/81, Reina, *Jur*. 1982, 33
Arrest van 19 januari 1982, zaak 8/81, Becker, *Jur*. 1982, 53
Arrest van 3 februari 1982, zaken 62 en 63/81, Seco, *Jur*. 1982, 223
Arrest van 23 maart 1982, zaak 53/81, Levin, *Jur*. 1982, 1035
Arrest van 27 mei 1982, zaak 227/81, Aubin, Jur. 1982, 1991
Arrest van 10 juni 1982, zaak 92/81, Camera, *Jur*. 1982, 2213

Arrest van 23 september 1982, zaak 276/81, Kuijpers, *Jur*. 1982, 3027
Arrest van 6 oktober 1982, zaak 302/81, Eggers, *Jur*. 1982, 3443
Arrest van 3 februari 1983, zaak 149/82, Robards, *Jur*. 1983, 171
Arrest van 5 mei 1983, zaak 139/82, Piscitello, *Jur*. 1983, 1427
Arrest van 17 mei 1984, zaak 101/83, Brusse, *Jur*. 1984, 1285
Arrest van 12 juli 1984, zaak 237/83, Prodest, *Jur*. 1984, 3153
Arrest van 12 juli 1984, zaak 242/83, Patteri, *Jur*. 1984, 3171
Arrest van 12 juli 1984, zaak 261/83, Castelli, *Jur*. 1984, 3199
Arrest van 13 november 1984, zaak 191/83, Salzano, *Jur*. 1984, 3741
Arrest van 29 november 1984, zaak 181/183, Weber, *Jur*. 1984, 4007
Arrest van 29 januari 1985, zaak 147/83, Binderer, *Jur*. 1985, 2577
Arrest van 13 februari 1985, zaak 293/83, Gravier, *Jur*. 1985, 606
Arrest van 27 maart 1985, zaak 249/83, Hoeckx, *Jur*. 1985, 982
Arrest van 27 maart 1985, zaak 122/84, Scrivner, *Jur*. 1985, 1029
Arrest van 28 maart 1985, zaak 275/83, Commissie tegen België, *Jur*. 1985, 1097
Arrest van 6 juni 1985, zaak 157/84, Eerste Frascogna, *Jur*. 1985, 1739
Arrest van 20 juni 1985, zaak 94/84, Deak, *Jur*. 1985, 1873
Arrest van 4 juli 1985, zaak 104/84, Kromhout, *Jur*. 1985, 2205
Arrest van 15 januari 1986, zaak 41/84, Eerste Pinna, *Jur*. 1986, 1
Arrest van 26 februari 1986, zaal 152/84, Marshall, Jur. 1986, 723
Arrest van 13 maart 1986, zaak 296/84, Sinatra, *Jur*. 1986, 1047
Arrest van 17 april 1986, zaak 59/85, Reed, *Jur*. 1986, 1283
Arrest van 13 mei 1986, zaak 170/84, Bilka-Kaufhaus, *Jur*. 1986, 1607
Arrest van 3 juni 1986, zaak 139/85, Kempf, *Jur*. 1986, 1741
Arrest van 3 juni 1986, zaak 307/84, Commissie tegen Frankrijk, *Jur*. 1986, 1725
Arrest van 12 juni 1986, zaak 1/85, Miethe, *Jur*. 1986, 1837
Arrest van 24 juni 1986, zaak 150/85, Drake, *Jur*. 1986, 1995
Arrest van 10 juli 1986, zaak 60/85, Luijten, *Jur*. 1986, 2365
Arrest van 12 juni 1986, zaak 302/84, Ten Holder, *Jur*. 1986, 1821
Arrest van 3 juli 1986, zaak 66/85, Blum, *Jur*. 1986, 2121
Arrest van 10 juli 1986, zaak 79/85, Segers, *Jur*. 1986, 2375
Arrest van 23 oktober 1986, zaak 300/84, Van Roosmalen, *Jur*. 1986, 3097
Arrest van 4 december 1986, zaak 71/85, FNV, *Jur*. 1986, 3855
Arrest van 24 februari 1987, zaken 379-381/85 en 93/86, Giletti e.a., *Jur*. 1987, 955
Arrest van 12 maart 1987, zaak 22/86, Rindone, *Jur*. 1987, 1339
Arrest van 24 maart 1987, zaak 286/85, McDermott en Cotter, *Jur*. 1987, 1453
Arrest van 4 juni 1987, zaak 375/85, Campana, *Jur*. 1987, 2387
Arrest van 11 juni 1987, zaak 30/85, Teuling-Worms, *Jur*. 1987, 2497
Arrest van 18 juni 1987, zaak 316/85, Lebon, *Jur*. 1987, 2811
Arrest van 24 juni 1987, zaak 384/85, Borrie Clarke, *Jur*. 1987, 2865
Arrest van 9 juli 1987, zaak 377/85, Burchell, *Jur*. 1987, 3329
Arrest van 24 september 1987, zaak 43/86, De Rijke-Van Gent, *Jur*. 1987, 3611
Arrest van 29 september 1987, zaak 126/86, Zaera, *Jur*. 1987, 3697
Arrest van 6 oktober 1987, zaak 197/85, Stefanutti, *Jur*. 1987, 3855
Arrest van 17 december 1987, zaak 323/86, Collini, *Jur*. 1987, 5489
Arrest van 17 december 1987, zaak 147/87, Zaoui, *Jur*. 1987, 5551
Arrest van 8 maart 1988, zaak 80/87, Dik, *Jur*. 1988, 1601
Arrest van 7 juni 1988, zaak 20/85, Roviello, *Jur*. 1988, 2805
Arrest van 21 juni 1988, zaak 39/86, Lair, *Jur*. 1988, 3161
Arrest van 21 juni 1988, zaak 197/85, Brown, *Jur*. 1988, 3205

Arrest van 29 juni 1988, zaak 58/87, Rebmann, *Jur*. 1988, 3467
Arrest van 22 september 1988, zaak 236/87, Bergemann, *Jur*. 1988, 5125
Arrest van 27 september 1988, zaak 313/86, Lenoir, *Jur*. 1988, 5391
Arrest van 28 februari 1989, zaak 29/88, Schmitt, *Jur*. 1989, 581
Arrest van 2 maart 1989, zaak 359/87, Pinna II, *Jur*. 1989, 585
Arrest van 14 maart 1989, zaak 1/88, Baldi, *Jur*. 1989, 667
Arrest van 12 mei 1989, zaak 388/87, Warmerdam, *Jur*. 1989, 1203
Arrest van 27 juni 1989, zaken 48, 106 en 107/88, Achterberg, *Jur*. 1989, 1963
Arrest van 27 juni 1989, zaak 24/88, Georges, *Jur*. 1989, 1905
Arrest van 5 december 1989, zaak 114/88, Delbar, *Jur*. 1989, 4067
Arrest van 14 december 1989, zaak 168/88, Dammer, *Jur*. 1989, 4553
Arrest van 13 december 1989, zaak 322/88, Grimaldi, *Jur*. 1989, 4407
Arrest van 13 december 1989, zaak 102/88, Ruzius-Wilbrink, *Jur*. 1989, 4311
Arrest van 22 februari 1990, zaak 228/88, Bronzino, *Jur*. 1990, 531
Arrest van 21 maart 1990, zaak 199/88, Cabras, *Jur*. 1990, 1023
Arrest van 2 mei 1990, zaak 293/88, Winter-Lutzins, *Jur*. 1990, 1623
Arrest van 3 mei 1990, zaak 2/89, Kits van Heijningen, *Jur*. 1990, 1755
Arrest van 8 mei 1990, zaak 175/88, Biehl, *Jur*. 1990, 1779
Arrest van 17 mei 1990, zaak 262/88, Barber, *Jur*. 1990, 1990
Arrest van 14 oktober 1990, zaak 105/89, Buhari Haji, *Jur*. 1990, 4211
Arrest van 8 november 1990, zaak 177/88, Dekker-VJV, *Jur*. 1990, 3941
Arrest van 13 november 1990, zaak 216/89, Reibold, *Jur*. 1990, 4163
Arrest van 13 november 1990, zaak 308/89, Di Leo, *Jur*. 1990, 4185
Arrest van 13 november 1990, zaak 106/89, Marleasing, *Jur*. 1990, 4135
Arrest van 31 januari 1991, zaak 18/90, Kziber, *Jur*. 1991, I-199
Arrest van 7 februari 1991, zaak 227/89, Rönfeldt, *Jur*. 1991, I-323
Arrest van 21 februari 1991, zaak 140/88, Noij, *Jur*. 1991, I-387
Arrest van 21 februari 1991, zaak 245/88, Daalmeijer, *Jur*. 1991, I-555
Arrest van 7 maart 1991, zaak 10/90, Masgio, *Jur*. 1991, I-1119
Arrest van 13 maart 1991, zaak 377/89, Cotter en McDermott, *Jur* 1991, I-1155
Arrest van 20 maart 1991, zaak 93/90, Cassamali, *Jur*. 1991, I-1401.
Arrest van 7 mei 1991, zaak 229/89. Commissie/België, *Jur*. 1991, I-2205
Arrest van 16 mei 1991, zaak 272/90, Van Noorden, *Jur*. 1991, I-2543
Arrest van 11 juni 1991, zaak 251/90, Athanasopoulos, *Jur*. 1991, I-2797
Arrest van 20 juni 1991, zaak 356/89, Newton, *Jur*. 1991, I-3017
Arrest van 27 juni 1991, zaak 344/89, Vidal, *Jur*. 1991, I-3245
Arrest van 11 juli 1991, zaak 31/90, Johnson, *Jur*. 1991, I-3723
Arrest van 11 juli 1991, zaken 87/90, 88/90 en 89/90, Verholen e.a. *Jur*. 1991, I-3757
Arrest van 25 juli 1991, zaak 208/90, Emmott, *Jur*. 1991, I-4269
Arrest van 4 oktober 1991, zaak 196/90, Madelein de Paep, *Jur*. 1991, I-4815
Arrest van 4 oktober 1991, zaak 15/90, Middleburgh, *Jur*. 1991, I-4655
Arrest van 19 november 1991, zaak 6/90, Francovich, *Jur*. 1991, I-5357
Arrest van 28 november 1991, zaak 198/90, Commissie tegen Nederland, *Jur*. 1991, I-5799
Arrest van 28 november 1991, zaak 186/90, Durighiello, *Jur*. 1991, I-5773
Arrest van 16 januari 1992, zaak 57/90, Commissie tegen Frankrijk, *Jur*. 1992, I-75
Arrest van 28 januari 1992, zaak 204/90, Hanns-Martin Bachmann tegen België, *Jur*. 1992, I-249
Arrest van 4 februari 1992, zaak 243/90, Smithson, *Jur*. 1992, I-467
Arrest van 5 februari 1992, zaak 253/90, Commissie tegen België, *Jur*. 1992, 531
Arrest van 10 maart 1992, zaak 215/90, Twomey, *Jur*. 1992, I-1823

Arrest van 19 maart 1992, zaak 188/90, Doriguzzi, *Jur*. 1992, I-2039
Arrest van 8 april 1992, zaak 62/91, Gray, *Jur*. 1992, 2039
Arrest van 3 juni 1992, zaak 45/90, Paletta-Brennet, *Jur*. 1992, I-3423
Arrest van 11 juni 1992, zaak 90/91, Di Crescenzo, *Jur*. 1992, I-3851
Arrest van 7 juli 1992, zaak 295/90, Parlement tegen Raad, n.n.g.
Arrest van 8 juli 1992, zaak 243/91, Taghavi, *Jur*. 1992, I-4401
Arrest van 8 juli 1992, zaak 102/91, Knoch, *Jur*. 1992, I-4341
Arrest van 16 juli 1992, zaken 63/91 en 64/91, Jackson en Cresswell, *Jur*. 1992, I-4973
Arrest van 16 juli 1992, zaak 78/91, Hughes, *Jur*. 1992, I-4839
Arrest van 22 september 1992, zaak 153/91, Petit, *Jur*. 1992, I-4973
Arrest van 1 oktober 1992, zaak 201/91, Bernard Grisvard en Georges Kreitz, *Jur*. 1992, I-5009
Arrest van 10 november 1992, zaak 326/90, Commissie tegen België, *Jur*. 1992, I-5517
Arrest van 19 november 1992, zaak 226/91, Molenbroek, *Jur*. 1992, I-5943
Arrest van 9 december 1992, zaak 119/91, Una McMenamin, *Jur*. 1992, I-6393
Arrest van 17 februari 1993, zaken 159/91 en 160/91, Poucet, *Jur*. 1993, I-637
Arrest van 18 februari 1993, zaak 193/92, Bogana, *Jur*. 1993, I-755.
Arrest van 1 juli 1993, zaak 154/92, Remi van Cant, n.n.g.
Arrest van 2 augustus 1993, zaak 66/92, Acciardi, *Jur*. 1993, I-4567
Arrest van 2 augustus 1993, zaak 23/92, Grana-Novoa, *Jur*. 1993, I-4505.
Arrest van 6 oktober 1993, zaak 109/91, Gerardus ten Oever, *Jur*. 1993, I-4879
Arrest van 13 oktober 1993, zaak 121/92, Zinnecker, n.n.g.
Arrest van 27 oktober 1993, zaak 337/91, Van Gemert-Derks, n.n.g.
Arrest van 27 oktober 1993, zaak 338/91, Steenhorst-Neerings, *Jur*. I-5475
Arrest van 14 december 1993, zaak 110/91, Moroni, n.n.g.
Arrest van 22 december 1993, zaak 152/91, Neath, n.n.g.
Arrest van 27 januari 1994, zaak 287/92, Toosey, *Jur*. 1994, I-279
Arrest van 24 februari 1994, zaak 343/92, Roks, *Jur*. 1994, I-571
Arrest van 24 maart 1994, zaak 71/93, Van Poucke, Jur. 1994, I-1101
Arrest van 20 april 1994, zaak 58/93, Yousfi, *Jur*. 1994, I-1353
Arrest van 29 juni 1994, zaak 60/93, Aldewereld, *Jur*. 1994, I-2991
Arrest van 7 juli 1994, zaak 420/92, Bramhill, *Jur*. 1994, I-3191
Arrest van 9 augustus 1994, zaak 406/93, Reichling, *Jur*. 1991, 4061
Arrest van 20 september 1994, zaak 12/93, Drake, *Jur*. 1994, I-4337
Arrest van 28 september 1994, zaak 408/92, Smith v. Advel Systems, *Jur*. 1994, I-4435
Arrest van 28 september 1994, zaak 128/93, Fisscher, *Jur*. 1994, I-4583
Arrest van 28 september 1994, zaak 57/93, Vroege, *Jur*. 1994, I-4541
Arrest van 28 september 1994, zaak 28/93, Van den Akker, *Jur*. 1994, I-4527
Arrest van 28 september 1994, zaak 7/93, Beune, *Jur*. 1994, I-4471
Arrest van 28 september 1994, zaak 200/91, Colorollol, *Jur*. 1994, I-4389
Arrest van 28 september 1994, zaak 305/92, Hoorn, *Jur*. 1995, I-1525
Arrest van 5 oktober 1994, zaak 165/91, Van Munster, *Jur*. 1994, I-4661
Arrest van 6 december 1994, zaak 410/92, Johnson, *Jur*. 1994, I-5483
Arrest van 16 februari 1995, zaak 425/93, Calle Grenzshop, *Jur*. 1995, I-269
Arrest van 5 april 1995, zaak 103/94, Krid, *Jur*. 1995, I-719
Arrest van 6 april 1995, zaak 325/93, Del Grosso, *Jur*. 1995, I-939
Arrest van 18 mei 1995, zaak 327/92, Rheinhold en Mahla, *Jur*. 1995, I-1223
Arrest van 8 juni 1995, zaak 451/93, Delavant, *Jur*. 1995, I-1545
Arrest van 29 juni 1995, zaak 454/93, Van Gestel, *Jur*. 1995, I-1707
Arrest van 13 juli 1995, zaak 391/93, Perrotta, *Jur*. 1995, I-2079

Arrest van 11 augustus 1995, zaak 98/94, Schmidt, *Jur*. 1995, I-2559
Arrest van 11 augustus 1995, zaak 92/94, Graham, *Jur*. 1995, I-2546
Arrest van 5 oktober 1995, zaak 321/93, Imbernon-Martínez, *Jur*. 1995, I-2821
Arrest van 17 oktober 1995, zaak 227/94, Olivieri-Coenen, *Jur*. 1995, I-3301
Arrest van 19 oktober 1995, zaak 137/94, Richardson, *Jur*. 1995, I-3407
Arrest van 26 oktober 1995, zaak 481/93, Moscato, *Jur*. 1995, I-3525
Arrest van 26 oktober 1995, zaak 482/93, Klaus, *Jur*. 1995, I-3551
Arrest van 9 november 1995, zaak 475/93, Thévenon, n.n.g.
Arrest van 22 november 1995, zaak 443/93, Vougioukas, n.n.g.
Arrest van 14 december 1995, zaak 444/93, Megner en Scheffel, n.n.g.
Arrest van 14 december 1995, zaak 317/93, Nolte, n.n.g.
Arrest van 14 december 1995, zaak 430/93 en 431/93, Van Schijndel, n.n.g.
Arrest van 1 februari 1996, zaak 280/94, Posthuma-van Damme en Özturk, n.n.g.

Verklaring: n.n.g. = nog niet gepubliceerd in de *Jurisprudentie van het Hof*

RECHTSPRAAKREGISTER

De nummers verwijzen naar de paragraafnummers